U0554706

FINANCIAL
POWERHOUSE

THE PATH
OF
CHINA

中国之路

金融强国

吴晓求 等 著

中国人民大学出版社
· 北京 ·

# 目　录

# Contents

# 金融强国：艰难而伟大的目标

**摘　要：**金融强国是一个艰难而伟大的目标。金融强国不仅要有深厚的经济基础、强大的科技创新能力，还要有完善的法治和强大的国家软实力作为支撑，它的实现比经济强国、贸易强国、军事强国等目标更为艰难而复杂。金融强国是中国通向社会主义现代化国家的重要力量，并具有不可替代的作用。中国要建设的金融强国是为现代化建设提供源源不断的动能，为中国乃至全球投资者提供优质的金融资产和交易平台，有效改善全球金融体系和金融结构。

中国从金融大国迈向金融强国，一方面需要遵循金融强国形成和发展的一般规律，坚持市场化、法治化和国际化的基本原则，把人民币国际化和资本市场开放作为双支柱；另一方面，要以推动金融功能多元化支持科技创新，完善法律制度与监管体系，并通过中央银行功能再造，实现金融稳定从机构稳定为主的单一目标转向机构稳定和市场稳定并重的双重目标。

金融强国这一伟大目标，将是中国成为现代化强国、走向现代文明的重要标志。中国正处于从金融大国迈向金融强国的关键时期，既要通过改革来提升经济、科技等硬实力，也要通过完善法治来提升契约精神、市场透明度等国家软实力。本导论归纳总结金融强国的内涵及其形成和发展的一般规律，剖析中国建设金融强国的必要性和复杂性，为中国实现金融强国这一目标提供发展思路和可行路径。

## 一、金融强国：通向现代文明之路

现代文明所倡导的科学、民主、法治、平等、自由等价值观是现代社会的基石，引导了现代社会中生产力与生产关系的演变，实现了现代社会公平、法治与人的全面发展的结合。金融强国是现代文明的产物，是先进生产力、高水平法治、自由开放的市场高度结合的有机体。从这个意义来看，建设金融强国之路，就是通向现代文明之路。

## （一）金融强国的内涵

金融强国是基于强大的经济、科技、军事等硬实力，以完善的法治、高度的契约精神以及高度的市场透明度为软实力的现代文明国家制度和体系。金融强国必然是经济强国、贸易强国、科技强国，但反之不然。大国乃至强国的金融不一定强，这是因为金融强国对法治、契约精神、市场透明度等软实力有着极高的要求，而这些软实力的形成往往比硬实力需要更漫长的时间。因此，世界上真正公认的金融强国非常少，目前只有英国和美国。

金融强国有两个最重要标志：一是自由化、国际化的本币；二是高度开放的金融市场以及国际金融中心的形成。首先，从过去的英镑到现在的美元，它们都是有巨大全球影响力的世界货币。尽管如今的欧元也有很大的国际影响力，但欧元不是独立国家发行的货币。日元作为一种国际性货币，其影响力则远不如美元、英镑或者欧元。其次，金融市场的高度开放，为国际金融中心的形成提供了可能。随着金融市场的开放，外国投资者或者境外投资者在资本市场的比重不断提高。当外国投资者或境外投资者占比超过一定比例，规模达到一定数量后，这个市场就可以成为国际金融中心。国际金融中心的地位可以有所差异，既可以是货币交易和定价中心，也可以是某种货币计价的资产交易中心，但本质上都是全球财富管理中心。因此，具有强大影响力的货币和国际金融中心是金融强国的两个最重要的标志。

就中国而言，金融强国不仅是经济发展的工具和手段，更是中国实现现代化的一个伟大目标。目前，中国的实体经济已经取得了举世瞩目的成就，但是不能必然地认为实体经济强大了，金融强国就一定能建成。金融强国目标的实现将从法治、契约精神和市场透明度三个维度去推动中国式现代化。

金融强国要求国家要有很强的软实力。软实力来自完善的法治；有了完善的法治，社会才会有高度的契约精神。金融市场的运行是靠契约来维系的，契约精神是建立在法治基础上的。同时，金融强国还要有很高的透明度，透明度与法治和契约精神共同组成现代社会的基石。所以，金融强国的建设能够极大地推进中国社会的现代化，而中国社会的现代化是中国成为现代化国家的重要基础。

从历史角度来看，无论是过去的英国还是今天的美国，其金融强国的地位都带有金融霸权的特征。中国要建设的金融强国不是为了谋求金融霸权，它谋求的是为现代化建设提供源源不断的动能，为中国乃至全球投资者提供优质的金融资产和交易平台，有效地改善全球金融体系和金融结构。

## （二）金融强国的特征

英国和美国之所以能成为金融强国，其发展路径有脉络可循，大致可以总结为三个层面：一是思想解放和制度变革形成强大的软实力；二是金融变革和技术进步铸就雄厚的硬实力；三是本币国际化和金融市场开放扩大国际影响力。

1. 文化与制度根基：自由的市场、完善的法治与高度的契约精神

西方的启蒙运动是一场思想解放运动，其真正有价值的地方不仅在于它带有科学主义色彩的理性精神，而更在于它的反思和批判精神，在于它对迷信和教条的质疑态度（马德普，2014）。在启蒙思想的长期影响下，西方诞生了不少伟大的哲学家、法学家以及经济学家，使得自由市场、法治和契约精神等价值理念深入人心，进而影响了西方文化和制度的形成。

完善的法治和高度的契约精神解决了金融的信心和预期问题。金融一旦失却信心、不可预期，就会导致混乱。社会契约精神来源于深厚的法治理念和悠久的法治传统，是法治精神的社会延伸。金融如果缺乏契约精神，一切将无从谈起，社会就会变得混乱不堪。金融活动优先考虑的是安全问题，如果缺乏安全感，强大信心和良好预期的基础都将不复存在。

市场化和法治对创新的包容，使得金融能够高质量地服务于实体经济。无论是来自居民部门的需求，还是来自投资者、企业家的需求，他们的金融需求日渐多样化。这种多样化的金融需求必须通过金融创新来满足，而金融创新的平台是市场化机制。金融的市场化改革是推动金融高质量服务实体经济最重要的机制，只有市场化的金融创新才可以满足多样化的金融需求。然而，金融创新往往需要法律的认可和保护，如新型金融工具和交易方式的发展。英美法系的灵活性为金融创新提供了支持，为金融创新提供了合法性和正当性。英美合同法的核心理念是契约自由，即当事人有权自由决定是否缔约、与谁缔约，以及决定契约的内容。这种自由不仅提升了经济效率，也为金融创新提供了广阔的空间。

2. 经济基础：金融创新与科技创新的耦合

从历次工业革命的发展历程可以看出，产业革命的发生离不开金融创新的支持。金融创新与科技创新的紧密结合，是推动经济结构优化和产业升级的重要力量，也是金融强国建设的必经之路。

英国的金融创新，不仅使得英国的产业革命得以发生，迅速提升了英国的经济实力，也推动了伦敦国际金融中心的形成。Hicks（1969）曾指出："英国的工业革命不是技术创新的结果，而是金融革命的结果。"在第一次工业革命期间，英国的金融革命为产业革命提供了大规模的资金支持。在这一时期，以蒸汽机为代表的技术创新推动了生产力的发展，而金融创新则通过现代商业银行和国债市场的发展，为这些技术创新的产业化提供了资金保障。例如，英格兰银行的设立和国债市场的形成，为政府提供了战争融资，同时也为私人企业提供了资金来源。这一时期的金融创新不仅促进了英国经济的快速增长，也为后来的全球工业化奠定了基础。没有金融创新的支持，科技创新很难实现规模化和产业化，产业革命也就无法全面展开。金融创新通过提供有效的融资机制和风险分散工具降低了科技创新的门槛和成本，使得产业革命得以顺利进行。

美国的金融创新和高科技产业的发展以及二者的良性循环，更是帮助美国取代英国成为新的金融强国，引领了世界的发展潮流。在第二次工业革命期间，美国抓住了以电力技术为核心的重工业发展机遇，电力的广泛应用和工业流水线的发明推动了生产力的飞跃。在这一时期，美国的金融业态进一步发展，现代投资银行的兴起和股票市场的发展为新兴产业提供了更为有效的融资渠道。资本市场为大规模工业发展提供了基础设施建设等重大项目的资本支撑，如运河的修建成功直接造就了当时美国经济的繁荣。同时，美国的金融创新，如大规模的兼并收购，帮助企业实现了规模经济，推动了产业的集中和优化。在第三次工业革命期间，美国形成现代创业投资体系，为信息科技企业提供了从初创到成熟的全链条支持。美国资本市场，特别是纳斯达克的发展，为高科技产业提供了融资平台，也为风险投资提供了退出渠道。美国的创业投资体系不仅成就了硅谷和大批高科技企业的辉煌，还成就了美国资本市场的长期繁荣和强大的国际影响力。

3. 核心元素：强大的本国货币与繁荣开放的金融市场

光有金融强国所需的硬实力和软实力还不够，必须还要有强大的本国货币和繁荣开放的金融市场，并以此促进国际金融中心的形成。这也是英国和美国真正实现金融强国的重要标志。

第一，金融强国的货币一定有着强大的国际地位。英美都是通过强大的经济和科技实力、开放的国际贸易和国际金融制度安排等方式来确保本币的国际主导地位。19世纪中后期，英镑成为全球最重要的国际货币。英国建立的全球殖民体系，满足了英国工业革命的发展所需要的庞大市场和原材料供应，促使英镑成为英国与殖民地贸易的首选货币。19世纪末，英镑与黄金挂钩，确立了国际金本位制，为英镑提供了极大的稳定性和可信度，吸引了其他国家使用英镑作为国际贸易结算货币，进一步确立了其国际货币的地位。

然而，英镑的国际货币地位随着英国经济和政治地位的下降而被削弱。美国经济的崛起以及国际贸易的繁荣，使得美元成为国际贸易结算、外汇储备和国际债务等的主要货币。随着布雷顿森林会议的召开，美国进一步确定了"美元与黄金挂钩、其他货币与美元挂钩"的双挂钩制度，确立了美元在国际货币体系中的中心地位以及美国在国际金融组织中的主导地位。尽管美元在 1971 年后与黄金脱钩，但美国通过与主要石油出口国达成协议，推动全球石油贸易以美元计价，通过"石油美元"体系稳固了美元在国际货币体系中的主导地位。时至今日，美元在国际货币体系中的主导地位依然稳固如山。

第二，金融强国一定有着繁荣开放的金融市场和具有强大国际影响力的金融中心。英美都通过具有开放性、透明性和流动性的金融市场吸引全球投资者，确立并巩固其金融强国的地位。美国拥有全世界最为发达的金融市场，尤其是发达的资本市场，不仅为全球提供多样化的、高标准的金融服务，也为全球投资者提供种类丰富的、层次多样的金融产品。美国金融市场的长期繁荣开放，始终支撑着纽约在全球国际金融中心的领导地位。尽管英国的经济实力和英国的国际地位都大幅下降，但是英国仍是金融强国，这与伦敦的国际金融中心有密不可分的关系。凭借其丰富的金融经验、成熟的银行体系和创新的金融产品，伦敦在外汇交易、保险与再保险交易、大宗商品交易等市场中依然保持了全球领先地位。

总而言之，金融强国，既要有强大的硬实力和软实力，也要有强大的货币和具有国际影响力的金融市场。所以，英国和美国可以称为金融强国，但是德国、日本、法国、荷兰等都满足不了这样的标准。金融强国一旦建成，其影响力是长久而深远的。

## 二、迈向金融强国：中国艰难而必然的选择

### （一）建设金融强国是中国式现代化的必然要求

1. 内在要求：与构建高水平社会主义市场经济相适应

经济是肌体，金融是血脉，中国建设金融强国与构建高水平社会主义市场经济高度相关。中国建设金融强国需要经济保持增长活力，加快向创新驱动的增长模式转型，从追赶式创新逐步迈向原始创新、颠覆式创新。同时，要健全与高水平社会主义市场经济相适应的制度体系和治理框架，加强理论

创新、制度创新，进一步释放企业活力、促进财富积累，为金融强国建设提供良好的制度环境和市场条件。

中国一直格外重视科技的作用，相关投入和产出均取得了十足的进步。加入世界贸易组织（WTO）以来，中国研发支出的规模及其占GDP比重一直保持正增长。中国研发支出规模从2001年的125.95亿美元增长到2021年的4 335亿美元，增加了33倍；研发支出占GDP比重也从2001年的0.94%增长到2021年的2.43%（见表0-1）。美国研发支出规模及其占GDP比重一直处于世界领先地位，在规模上长期超过中、日、德三国之和，且这种差距在近年存在拉大的趋势。相比日本和德国而言，中国研发支出占GDP比重虽然较低，但研发支出规模在十多年前就已经超过它们，到2018年以后，甚至超过二者规模之和。从PCT[①]国际专利申请来看，中国所占的比重一直保持快速增长态势，从2002年的0.92%增长到2023年的25.57%（见图0-1）。近年来，中国PCT国际专利申请不仅超过了美国，还超过了日本和德国之和。

表0-1　2001—2021年中美日德研发支出规模及其占GDP比重情况

| 国家 | 中国 | | 美国 | | 日本 | | 德国 | |
|---|---|---|---|---|---|---|---|---|
| 指标 | 研发支出（亿美元） | 研发支出占GDP比重（%） | 研发支出（亿美元） | 研发支出占GDP比重（%） | 研发支出（亿美元） | 研发支出占GDP比重（%） | 研发支出（亿美元） | 研发支出占GDP比重（%） |
| 2001 | 125.95 | 0.94 | 2 790.61 | 2.64 | 1 278.94 | 2.92 | 467.84 | 2.40 |
| 2002 | 155.56 | 1.06 | 2 784.14 | 2.55 | 1 240.27 | 2.97 | 506.36 | 2.44 |
| 2003 | 186.01 | 1.12 | 2 921.57 | 2.55 | 1 352.80 | 2.99 | 619.06 | 2.47 |
| 2004 | 237.57 | 1.21 | 3 038.25 | 2.49 | 1 458.76 | 2.98 | 685.35 | 2.44 |
| 2005 | 298.99 | 1.31 | 3 262.32 | 2.50 | 1 512.69 | 3.13 | 695.18 | 2.44 |
| 2006 | 376.64 | 1.37 | 3 516.69 | 2.55 | 1 485.26 | 3.23 | 740.39 | 2.47 |

---

①　PCT是专利合作条约（Patent Cooperation Treaty）的简称，是在专利领域进行合作的国际性条约。其目的是解决就同一发明创造向多个国家或地区申请专利时，减少申请人和各个专利局的重复劳动。

续表

| 国家 | 中国 | | 美国 | | 日本 | | 德国 | |
|------|------|------|------|------|------|------|------|------|
| 指标 | 研发支出（亿美元） | 研发支出占GDP比重（%） | 研发支出（亿美元） | 研发支出占GDP比重（%） | 研发支出（亿美元） | 研发支出占GDP比重（%） | 研发支出（亿美元） | 研发支出占GDP比重（%） |
| 2007 | 487.70 | 1.37 | 3 785.24 | 2.62 | 1 507.92 | 3.29 | 842.86 | 2.46 |
| 2008 | 664.30 | 1.45 | 4 054.05 | 2.74 | 1 681.24 | 3.29 | 979.44 | 2.62 |
| 2009 | 849.33 | 1.66 | 4 042.02 | 2.79 | 1 690.47 | 3.20 | 935.59 | 2.74 |
| 2010 | 1 043.17 | 1.71 | 4 084.97 | 2.71 | 1 788.16 | 3.10 | 928.19 | 2.73 |
| 2011 | 1 344.43 | 1.78 | 4 271.25 | 2.74 | 1 997.95 | 3.21 | 1 051.89 | 2.81 |
| 2012 | 1 631.47 | 1.91 | 4 344.43 | 2.67 | 1 990.67 | 3.17 | 1 016.40 | 2.88 |
| 2013 | 1 912.05 | 2.00 | 4 561.41 | 2.70 | 1 709.10 | 3.28 | 1 058.90 | 2.84 |
| 2014 | 2 118.62 | 2.02 | 4 785.65 | 2.72 | 1 649.25 | 3.37 | 1 119.22 | 2.88 |
| 2015 | 2 275.38 | 2.06 | 5 098.82 | 2.79 | 1 440.47 | 3.24 | 985.05 | 2.93 |
| 2016 | 2 359.37 | 2.10 | 5 365.98 | 2.85 | 1 554.47 | 3.11 | 1 020.27 | 2.94 |
| 2017 | 2 604.94 | 2.12 | 5 695.98 | 2.90 | 1 561.28 | 3.17 | 1 124.64 | 3.05 |
| 2018 | 2 974.32 | 2.14 | 6 217.82 | 3.01 | 1 622.76 | 3.22 | 1 236.10 | 3.11 |
| 2019 | 3 205.32 | 2.24 | 6 823.34 | 3.17 | 1 647.09 | 3.22 | 1 232.01 | 3.17 |
| 2020 | 3 534.84 | 2.41 | 7 394.31 | 3.47 | 1 652.66 | 3.27 | 1 216.78 | 3.13 |
| 2021 | 4 335.00 | 2.43 | 8 156.57 | 3.46 | 1 659.32 | 3.30 | 1 344.50 | 3.14 |

资料来源：世界银行、Wind 数据库。

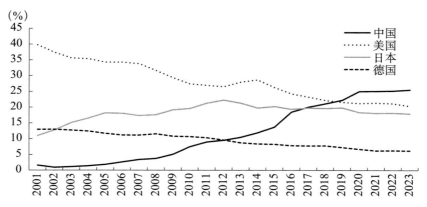

**图 0-1　2001—2023 年中美日德 PCT 国际专利申请占比变化趋势**

资料来源：世界知识产权组织、Wind 数据库。

进入高质量发展阶段，中国更加重视技术进步的作用，既要保持对科技创新的持续投入，又要不断完善科技创新体制机制。过去，中国的研发产出存在重"量"轻"质"的问题，其突出表现为专利数量多但成果转化率低。这种现象主要来源于两方面：一是产业政策的激励，二是高校、科研院所等机构的考核与奖励制度。受产业政策激励的公司，更加追求"数量"而忽略"质量"，形成策略性创新，而非推动技术进步和获取竞争优势的实质性创新（黎文靖和郑曼妮，2016）。科技奖励和人才支持政策存在类似的问题，导致基础研究与科技成果转化存在明显的脱节。因此，中国需要持续优化科技创新体系，进而更好地推动技术进步、企业核心竞争力提升以及现代化产业体系构建，实现经济高质量发展。

技术进步既需要科技创新的支持，更离不开金融的发展。金融的发展，特别是资本市场的发展，能够更好地支持技术进步，提升企业核心竞争力。金融在为企业提供服务的同时形成了大量金融资产，包括信贷、股票、债券等，进而推动了自身的发展。一方面，要不断完善激励机制和知识产权保护，激发科技人才和企业的创新活力，充分发挥金融支持实体经济的作用；另一方面，要顺应金融脱媒的趋势，推动金融业态和产品的多样化，落实投资者保护制度，充分发挥金融资产的财富管理功能。为此，要持续推动理论创新、制度创新，提升法治水平，为实现金融强国这一目标提供有利的制度环境和市场条件。

2. 外部需要：推动国际金融秩序的变革与调整

美国主导了二战以后的国际金融秩序，美元也牢牢掌握了国际货币体系的主导地位，长期稳居世界外汇储备、国际支付、贸易融资、外汇交易和债务发行的第一位。

近年来，美元在国际货币体系中的地位虽然较战后有所下降，但其全球主导地位依然不可撼动。根据国际货币基金组织（IMF）的数据，截至2023年末，全球央行储备货币前五位分别是美元（58.44%）、欧元（19.94%）、日元（5.69%）、英镑（4.86%）和人民币（2.29%）。根据环球银行金融电信协会支付系统（SWIFT）的数据，截至 2023 年末，国际支付体系全球市场份额前五位分别为美元（47.54％）、欧元（22.41％）、英镑（6.92％）、人民币（4.74％）和日元（3.62％）。

在国际金融组织中，美国同样占据主导地位，在世界银行和 IMF 的重大决策中具有决定性影响力。美国在世界银行和 IMF 中的投票权占比都是最高的，分别为 15.61％ 和 16.50％；日本仅次于美国，其投票权占比分别为 7.13％ 和 6.14％；中国则位于第三位，其投票权占比分别为 5.96％ 和 6.08％。世界银行和 IMF 的重大事项或改革的决议，都必须有 85％ 以上的同意票方可通过，这意味着美国具有事实上的一票否决权。

然而，美国经济对全球增长的贡献已显著缩小，而美国经济权重与美元主导地位的不对称性却显著扩大。美国在世界 GDP 中所占比重已从二战结束后的 45％ 下降至近年的 25％ 左右，而中国占世界 GDP 的比重已经达到 17％ 左右（见图 0-2）。从国际贸易来看，中国的货物进出口金额已经连续七年超过美国，货物和服务进出口总额也在 2020 年实现反超（见图 0-3）。显然，人民币的国际地位与中国经济地位存在明显的不对称性，人民币与美元的差距远超中美经济地位差距，甚至显著低于日元和英镑。中国在重要国际金融组织中的投票权地位也反映了相似的情况。这一现象不仅体现在中国，甚至体现在整个发展中经济体群体上。如图 0-2 所示，金砖五国占世界 GDP 比重与七国集团相比，差距在不断缩小，但发展中经济体在国际金融秩序中的整体影响力与发达经济体相差甚远。

如今，国际货币体系格局和国际金融组织的投票权分布，已经不能反映世界经济格局的变化。美元主导的储备货币体系存在单一化风险，导致美国的金融危机、财政赤字恶化、通货膨胀等问题向全球产生严重的溢出效应和负面冲击。同时，经济全球化退潮、贸易保护主义抬头，地区冲突、地缘政治紧张局势升级，国际贸易体系出现碎片化倾向。在诸多因素的推动下，国际货币体系正在加速多元化进程。这一进程不是为了彻底推翻现有的国际金融秩序，而是为了让更多的新兴市场经济体和发展中经济体拥有更大的话语权和选择权。

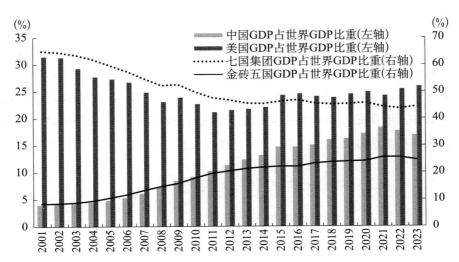

**图 0 - 2　2001—2023 年全球主要经济体 GDP 规模及其占世界 GDP 比重变化情况**

注：金砖五国包括中国、巴西、俄罗斯、印度和南非；七国集团包括美国、英国、法国、德国、日本、意大利和加拿大。

资料来源：世界银行、Wind 数据库。

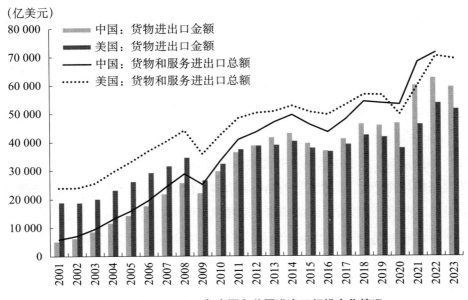

**图 0 - 3　2001—2023 年中国和美国进出口规模变化情况**

资料来源：中国海关总署、美国经济分析局、Wind 数据库。

因此，中国建设金融强国，要不断加强科技创新、理论创新、制度创新，推动技术进步和产业升级转型，健全与高水平社会主义市场经济相适应的制度体系和治理框架，提升人民币资产的全球竞争力和影响力。同时，中国要通过参与全球金融基础设施建设和国际金融秩序改革，积极承担提供国际公共产品的责任，努力为发展中国家争取更大的话语权，实现共商共建共享的国际金融市场。

### （二）建设金融强国的艰巨性与复杂性

#### 1. 现实问题：中国金融业大而不强

不论是规模、结构、业态多样化，还是制度、功能、国际影响力，中国金融业在改革开放以后都发生了重大变革并取得了显著的成就。中国建设金融强国，需要走市场与银行双峰主导型金融体系下的新模式，既要发挥资本市场对科技创新的推动作用，又要借助以银行为主的传统金融机构来保持工业的持续繁荣（吴晓求等，2022）。然而，中国金融业存在大而不强的问题，主要表现为资本市场发展相对不足、金融机构能力相对不强。

目前来看，中国仍是以间接融资为主导的金融体系。从资产的存量规模来看，中国金融业的证券化资产规模越来越大，其占 GDP 比重已经从 2004 年的 0.60 提升至 2023 年的 1.85，已经与人民币贷款余额占 GDP 比重（1.88）基本相当。但从社会融资规模的增量来看，人民币贷款仍占据主导地位，而企业债券和非金融企业股票的发行规模则相差甚远。例如，2023 年人民币贷款新增 22.75 万亿元，而企业债券和非金融企业股票的发行规模仅新增 2.64 万亿元。从金融机构资产规模来看，中国银行业不论是总资产还是所有者权益都处于绝对主导地位，而保险业和证券业规模则明显小得多（见表 0-2）。相较于美国而言，中国的银行贷款规模与之差距较小，但是债券市场和股票市场规模及其占 GDP 比重则差距显著，其中股票市场尤为明显（见表 0-3）。中国银行业总资产已经是美国的 2 倍之多，但保险业和证券业都只达到美国的三分之一左右（见表0-2)[1]。由此可见，中国资本市场仍有很大发展空间。

表0-2　2023年中国和美国主要金融业资产规模比较

| 行业 | 资产类型 | 中国 | | 美国 | |
|---|---|---|---|---|---|
| | | 规模（万亿元） | 占比（%） | 规模（万亿元） | 占比（%） |
| 银行业 | 总资产 | 417.29 | 90.50 | 202.59 | 60.08 |
| | 所有者权益 | 34.16 | 84.74 | 20.52 | 51.56 |
| 保险业 | 总资产 | 29.96 | 6.50 | 95.48 | 28.32 |
| | 所有者权益 | 2.73 | 6.77 | 12.61 | 31.69 |
| 证券业 | 总资产 | 13.84 | 3.00 | 39.10 | 11.60 |
| | 所有者权益 | 3.42 | 8.48 | 6.67 | 16.75 |
| 合计 | 总资产 | 461.09 | —— | 337.18 | —— |
| | 所有者权益 | 40.31 | —— | 39.80 | —— |

注：（1）中国证券业机构包括证券公司、期货公司和基金管理公司，证券公司和期货公司总资产均包括自身及客户资产；美国证券业仅包括证券经纪公司和交易公司。（2）美国金融机构资产按照中国人民银行公布的2023年末人民币汇率（7.10）进行换算所得，下同。

资料来源：中国人民银行、美国联邦储备委员会。

表0-3进一步统计了中美两国主要基金产品的市场规模，发现美国的货币市场基金、共同基金和ETF都要远远超过中国。可见，美国有着发达的资产管理业务来支撑资本市场的发展。除此之外，美国在金融机构的业务能力与国际化水平、金融业态的多样化、金融产品的创新力等方面都处于世界领先地位。

如前所述，中国建设金融强国，需要采用市场与银行双峰主导型金融体系下的新模式，既要发挥资本市场对科技创新的推动作用，又要借助以银行为主的传统金融机构来保持工业的持续繁荣（吴晓求等，2022），因此，中

---

[1]　需要注意的是，表0-2仅统计了美国证券经纪公司和交易公司，没有统计美国的基金管理公司。这是因为，美国的共同基金绝大部分是公司型基金，即以发行股份的方式募集资金而组成公司形态的基金。美国基金管理公司的资产包括客户投资股份形成的资产，而中国的公募基金则以契约型基金为主，统计基金管理公司时则不统计基于契约代理的客户资产。

国要充分了解金融深化在经济发展中的功能与作用，认识到中国金融业大而不强的发展现状，找到提升金融业高质量发展的方向和重点。

表 0-3  2023 年中国和美国主要金融资产规模比较

| 资产类型 | 中国 | | 美国 | |
| --- | --- | --- | --- | --- |
| | 规模（万亿元） | 占 GDP 比重 | 规模（万亿元） | 占 GDP 比重 |
| 银行贷款 | 237.59 | 1.88 | 277.35 | 1.43 |
| 债券 | 155.73 | 1.24 | 419.46 | 2.16 |
| 股票 | 77.76 | 0.62 | 458.40 | 2.36 |
| 货币市场基金 | 11.28 | 0.09 | 45.14 | 0.23 |
| 共同基金 | 16.32 | 0.13 | 139.16 | 0.72 |
| ETF | 2.05 | 0.02 | 57.41 | 0.30 |

注：这里将中国公募基金分为货币型基金和非货币型基金，分别对应表中货币市场基金和共同基金，且共同基金中包含封闭式基金；美国共同基金不包含封闭式基金。

资料来源：美国联邦储备委员会、Wind 数据库。

2. 制约因素：要素流动、市场经济与法治建设

中国从金融大国迈向金融强国，需要进行体制机制的创新与优化，消除制约资本要素自由流动的不利影响，通过提高市场化和法治化水平为建设金融强国提供良好的经济环境和制度保障。

第一，要进一步促进资本自由流动和提高直接融资比重。首先，多层次债券市场的发展有待加强。中国债券市场是以机构投资者、大宗交易为主的发展模式，需要进一步扩大柜台债券投资品种，健全风险定价体系，优化相关机制安排，以便利居民和其他机构投资者进行债券投资，增加居民财产性收入。其次，股权融资多元化和多层次股票市场的合作衔接有待提高。多层次资本市场有利于股权融资的多元化发展，但中国资本市场的不同交易所和板块之间存在较强的市场分割，不利于提升市场之间的竞争效率，且不同层次板块之间缺乏灵活的"升"和"降"，导致多层次资本市场的合作衔接性不足。虽然中国资本市场的股票发行制度已经逐步市场化，但仍需要从单一的 IPO 上市制度向直接上市等多样化上市制度转变，以满足不同企业的股权

融资和交易需求。最后，资本市场对外开放机制有待优化。中国通过债券通、合格境外机构投资者（QFII）、人民币合格境外机构投资者（RQFII）、合格境内机构投资者（QDII）、沪深港通、沪伦通等过渡性制度安排实现资本市场的对外开放，但这些渐进式改革属于"管道式"开放，存在较多限制，导致开放程度有限，不利于境外投资者持有中国境内金融资产比重的提升。

第二，要进一步正确处理好市场与政府的关系。市场在资源配置中起决定性作用，政府是市场秩序和公平的维护者、宏观经济的调控者以及公共服务的提供者。在社会主义市场经济的发展过程中，新事物和新变化不断涌现，导致一些体制机制出现不适应不匹配的问题，急需政府通过改革来进一步释放市场活力。首先，政府需要制定和执行一系列法律法规，进一步规范市场主体的行为，确保市场交易的透明度和公正性。其次，政府应当通过立法来实现简政放权，保障要素的自由流动；通过确立负面清单制度来拓宽企业经营范围和创新边界，放松市场准入条件；通过反垄断法和反不正当竞争法来防止市场垄断行为，确保市场资源的合理配置和自由流动。最后，市场的价格机制应由市场供求决定，政府应减少对价格的干预，通过法律手段来维护市场的正常运行，防止因政策失误或不当干预导致的市场扭曲。政府还应让国有企业完善激励机制和薪酬制度，优化知识产权的归属认定和收益分配，激发国有企业员工的积极性和创造性。

第三，要进一步健全法律制度与监管体系。近年来，金融业的各类违法违规处罚案件快速增加，既可能与金融市场快速扩张有关，也可能是因为监管部门执法水平的提高。违法违规案件的增加对法律制度建设和监管体系完善提出了更高的要求。首先，一些违规行为的判定依据仍存在法律漏洞，加大了对违规行为认定的难度。在法律可能存在漏洞的情况下，需要从大量案例中进行总结，或是为相关案件判定提供参考，或是为相关法律法规的完善提供依据，但是实际中可能存在现有可参考的案例有限的问题。其次，违规案件判定以后，还需要合理的处罚才能有效促进法律威慑力的形成。由于违规处罚的高低是一个区间概念，处罚的力度取决于监管部门的自由裁量权，可能会导致实际违规处罚力度有限或不明确等问题。再次，多层级的内部行政程序、模糊的行政处罚委员会机制、存疑的听证程序矫正功能等问题的存在，对监管部门的裁量之治形成了制约。最后，传统监管重心在于事前、事中，不仅监管成本高、监管压力大，而且事后较低的违法成本导致法律的威慑力有限，不利于促进市场自律行为的形成。

3. 国际环境：全球分工体系和经贸规则的演变

世界百年未有之大变局加速演进，全球分工体系和经贸规则也随之演变，要求金融业更快适应这样的变化。从全球分工体系来看，出现了诸多新的趋势：

第一，全球价值链分工不断深化。产品生产流程被进一步细分，不同国家和地区专注于特定的价值链环节，如全球集成电路产业。同时，随着制造业与服务业的融合发展，服务在全球价值链中的地位日益突出。一些发达国家凭借在高端服务业方面的优势，在全球分工中占据着重要地位。

第二，全球分工体系的区域化趋势日益明显。近年来，各种区域经济合作组织不断涌现，区域经济合作组织内部的贸易和投资自由化程度不断提高，促进了区域内国家之间的产业分工与合作。全球贸易保护主义抬头、地缘政治冲突等因素，导致全球供应链的稳定性受到挑战，进而导致企业更倾向于就近建立供应链，使得区域化的分工体系更加紧密。

第三，新兴经济体承接产业转移能力持续增强。新兴经济体通过不断加强自身的技术创新和产业升级，逐渐在全球分工体系中承担起更多的高附加值环节，积极承接从发达国家转移出来的产业，不断提升自身的制造业水平和产业规模。同时，新兴经济体庞大的人口基数和不断增长的消费需求，为全球分工体系提供了巨大的市场空间。

第四，数字化转型加速全球分工体系重塑。人工智能、大数据、云计算、物联网等数字技术的广泛应用，推动了全球分工体系的生产模式向数字化、智能化方向转变。这既方便了企业通过数字化平台实现全球范围内的资源配置和协同生产，提高了生产效率和灵活性，也催生出了许多新的产业和业态，打破了传统的贸易和分工模式，为全球分工体系带来了新的发展机遇。

第五，绿色可持续发展成为重要影响因素。为应对气候变化和环境保护的要求，全球产业正加速向绿色低碳方向转型，带动全球范围内的产业结构调整和分工布局的变化。企业在全球采购和生产过程中越来越注重绿色供应链管理，要求供应商满足一定的环境标准和可持续发展要求，推动全球分工体系向绿色可持续方向发展。

从全球经贸规则来看，主要呈现出以下趋势：

第一，经贸规则向高标准与自由化推进。"零关税、零壁垒、零补贴"规则成为国际经贸规则变革的方向之一。虽然短期内难以完全实现，但长期来看，各经济体都在朝着减少关税、消除贸易壁垒以及规范产业补贴的方向努力，以促进贸易自由化和便利化。同时，准入前国民待遇加负面清单管理模式在国际投资领域愈发成为主流。越来越多的国家和地区在签订贸易和投资协定时采用负面清单方式，明确列出不对外资开放或限制外资进入的行业和领域，而在清单之外的领域则给予外资准入前国民待遇，大大提高了投资的开放性和透明度。

第二，经贸规则区域化与碎片化并行。由于全球多边贸易体制进展缓慢，区域经济合作组织不断涌现，区域内的经贸规则制定和合作更加紧密，但也形成了相对独立的区域经贸规则体系。全球层面缺乏统一的投资和贸易规则，不同国家和地区之间的贸易协定和规则存在差异，导致国际投资规则呈现碎片化的特点。与此同时，贸易保护主义抬头、单边主义盛行，一些国家采取单边的贸易限制措施，对多边贸易体制造成了冲击。世界贸易组织等多边贸易机构的改革进展缓慢，其权威性和有效性受到一定程度的削弱。

第三，经贸规则覆盖领域拓宽。一方面，传统经贸规则主要关注商品、服务或投资跨越关境时的措施，如今规则重构向边境后措施延伸，不仅涵盖贸易本身的规则，还涉及法律法规、生态环境、商业模式、竞争政策、知识产权、劳动者权利、数据流动等众多非经济因素，对成员国的约束范围更广。另一方面，服务贸易和数字贸易在国际贸易中的比重不断增大，相关规则也在加速制定和完善。例如，在数字贸易方面，关于数据跨境自由流动、数字产品的非歧视待遇、知识产权保护、网络安全等规则的制定成为焦点，各国都在积极争取在这一新兴领域的规则制定中占据优势地位。

第四，绿色可持续发展理念融入经贸规则。环境保护和劳工权益保护在全球经贸规则中的地位日益重要。越来越多的贸易协定开始纳入环保和劳工标准，要求成员国在贸易活动中遵守相关的环境保护法规和劳工权益保障措施，推动企业在生产经营过程中更加注重可持续发展和社会责任。部分国家和地区开始探讨和实施碳关税等机制，对高碳排放的进口产品征收额外的关税，以应对气候变化和减少温室气体排放。这不仅会影响国际贸易的格局和流向，也促使各国加快产业的绿色转型，推动全球产业链向低碳、环保的方向发展。

## 三、从金融大国到金融强国：中国之路

从金融大国迈向金融强国，中国需要遵循金融强国形成和发展的一般规律，坚定不移地走改革开放之路，坚定不移地走中国特色社会主义市场经济道路，坚持全面依法治国，把健全法治放在头等位置，那么金融强国的目标是能实现的。从这个意义上说，中国有可能成为继英、美之后的第三个金融强国。

### （一）双支柱架构：人民币国际化与资本市场开放

没有哪个全球性大国的金融不是开放的。中国要实现金融强国这一目标，不仅意味着人民币必须是可自由交易的货币，还意味着中国资本市场既是中国投资者的市场，也是全球投资者的市场。为此，中国需要把人民币国际化和资本市场开放作为金融强国建设的双支柱，努力打造人民币计价资产交易中心和全球财富管理中心，持续推进新的国际金融中心建设。

1. 稳慎推进人民币自由化和国际化

稳步推进资本项目高水平开放，是进一步推动人民币自由化的改革重

点。1996 年，中国人民银行接受《国际货币基金组织协定》的第八条款，实现了经常项目的自由兑换，中国外汇管制改革的重点转向资本项目的可自由兑换。经过多年的改革，人民币资本项目可自由兑换的范围和程度都取得了显著提升。按照 IMF《汇兑安排与汇兑限制年报》中 7 大类 40 项跨境资本交易分类，中国有 37 项实现了不同程度的开放（王蕾，2021）。进一步推动资本项目可兑换的范围和程度，要与国际收支均衡管理和宏观审慎相配合，推动资金流入和资金流出子项目的同时开放，避免资金的单向大规模流动，保证跨境资金流动风险的基本可控。

推动人民币离岸市场建设，是进一步推动人民币国际化的重要方向。优化基础性制度安排，完善离岸市场人民币流动性供给机制，优化人民币清算行布局，发挥好货币互换机制作用，促进人民币在岸、离岸市场形成良性循环。发展香港等人民币离岸市场，形成多元化人民币计价的金融产品体系，降低国际投资者持有和交易人民币的成本，提升人民币国际使用的便利性和接受程度，扩大人民币资产的全球竞争力和影响力。加强与"一带一路"共建国家和东盟等区域经济体合作，充分利用中国经济的溢出效应和全球影响力，不断提高人民币在跨境贸易结算中的份额，打造以人民币自由为基础的互利合作关系。

积极推动国际货币体系改革和参与国际金融治理，是推动人民币国际化的重大机遇。随着新兴经济体在全球经济中的比重不断上升，中国等国家的货币在国际货币体系中的地位却没有相应提高，依然严重依赖美元等国际货币进行国际结算和储备，增加了新兴经济体的交易成本和汇率风险。为此，要推动国际货币体系和金融监管改革，稳步提升人民币在国际货币体系中的接受度，加强与中国经贸关系紧密经济体的货币锚效应，促进人民币在国际投资和储备领域占比的提升，进而提升人民币的国际地位和话语权。同时，要提高参与国际金融治理能力，积极参与全球金融安全网构建和国际金融规则制定，完善国际金融协调合作治理机制。

2. 扩大资本市场开放与国际金融中心建设

中国资本市场采取的是渐进式开放路径，经历了 B 股、合格境外机构投资者（QFII）与人民币合格境外机构投资者（RQFII）、合格境内机构投资者（QDII）、沪深港通、债券通等过渡性制度创新，取得了显著的成就。目前，中国资本市场仍处于不完全开放的状态，需要进一步提升资本市场对外开放程度，以打造人民币计价资产交易中心和全球财富管理中心为目标而继续努力。

中国证券业协会数据显示，2023 年末全行业共有 17 家外资参控股证券公司，总资产超 6 500 亿元，实现营业收入超 275 亿元。中国人民银行数据显示，2023 年底中国证券业总资产为 13.84 万亿元，那么外资证券公司总资产占比为 4.7％。2024 年 6 月底，中国境外机构和个人持有境内股票和债券分别为 2.70 万亿元和 4.36 万亿元，其中外资股票持有占 A 股总市值的比重约为 3.7％，外资债券持有占中国债券市场存量余额的 2.6％。从长期来看，尽管中国的境外机构和个人持有股票和债券的占比在整体上均有一定程度的提升（见图 0-4），但明显低于美国市场外资持有股票（15％左右）和债券（20％左右）的占比水平。因此，不论是外资证券机构数量，还是境外机构和个人持有的人民币金融资产规模，中国资本市场的开放程度都处于较低的水平。

优化合格境外机构投资者相关制度和跨境投资管理是进一步扩大资本市场双向开放的关键举措。进一步提升资本市场开放程度，要完善准入前国民待遇加负面清单管理模式，放宽境外投资者投资比例、投资范围等方面限制，鼓励境外投资机构设立分支机构。境外财富管理机构的进入，既有助于中资机构学习和竞争，也有助于丰富境内外投资者的选择，促进市场的良性发展和开放水平的提升。在有效防控风险的前提下，适当放宽汇出币种限制、简化登记和汇兑手续、简化账户等，有助于提升境外投资者通过 QFII/RQFII 渠道投资的便利性，进一步提高资本项目开放的质量。要进一步扩大资本市场双向开放，推进 QDII 制度改革和额度管理，完善私募股权投资基金跨境投资管理，对合格境内有限合伙人（QDLP）、合格境外有限合伙人（QFLP）、合格境内投资企业（QDIE）和人民币海外投贷基金等管理制度进行规范和完善，逐步放宽跨境投资的限制。

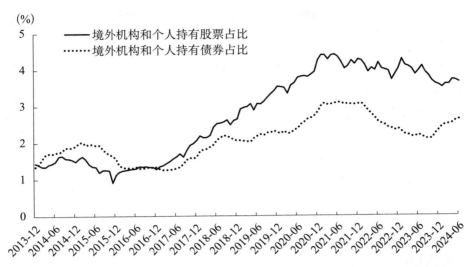

**图 0 - 4　2013 年 12 月—2024 年 6 月中国境外机构和个人持有金融资产占比变化情况**
资料来源：中国人民银行、Wind 数据库。

打造人民币计价资产交易中心和全球财富管理中心，是中国建设国际金融中心的重要指向。对国际资产的定价能力是衡量国际金融中心影响力的重要指标。国际金融中心通常具有全品类的金融资产交易市场，权益产品、利率产品、主要商品交易活跃，参与者来自全球各地。中国建设国际金融中心，不仅需要保持经济增长的可持续性、坚持走开放道路、维护人民币长期信用基础和强大的国防能力，还需要不断增强法治、契约精神和市场透明度。在此基础上，要积极推进人民币国际化，参与国际资产定价，发挥全球财富管理功能。通过改革交易制度、发展衍生品市场，进一步完善人民币资产种类，打造阵容齐全的人民币资产，提升人民币资产的国际接受度，扩展人民币资产价格的国际影响力。

### （二）科技创新与金融功能多元化

**1. 助力科技创新：丰富金融业态与优化市场机制**

资本市场与科技创新之间存在密切的耦合关系，资本市场丰富的金融业态能够更好地在不同生命周期匹配科创企业和投资者的多样化需求，从而更好地支持科技创新。一方面，中国要重视资本市场和风险投资等金融新业态对科技创新的作用；另一方面，中国需要不断优化资本市场体制机制，遵循市场规律，促进一级市场和二级市场的良性循环，更好地为科创型企业提供全生命周期金融服务。

创业投资基金作为金融新业态，不仅能够为成长型中小企业提供直接融资，还能够凭借自身的资源、能力和网络，帮助企业快速发展并形成竞争优势。随着投资机构专业化水平的日益提高，投资活动的事前筛查和投后管理越来越系统化，能够对被投资企业形成有效的指导和监督。如图 0 - 5 所示，2002—2023 年，不论是募资金额、新增募集基金数，还是投资金额、投资案例数，中国股权市场整体上均呈现快速上升趋势，但是 2021 年以后有较为明显的下降趋势。从 A 股 IPO 市场来看，2021 年 IPO 企业数量达到历史高点，为 524 家，之后逐年下降。IPO 市场的热度下降，导致了一级市场投资的下降。

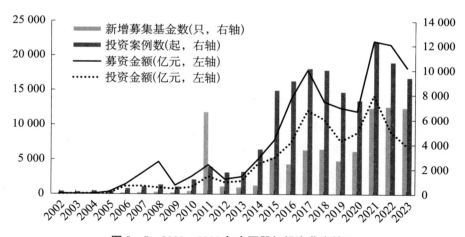

**图 0 - 5　2002—2023 年中国股权投资募资情况**

资料来源：清科研究中心。

与此同时，股权投资市场的股权属性分布变化值得关注。以 2023 年为例，国有控股和国有参股的有限合伙人（LP）出资占比分别为 66.30% 和 11.40%，合计为 77.70%，比 2022 年提升了 4.6%，可见国有资本在中国股权投资市场中的重要地位（见图0-6）。国资背景的股权投资可能存在两方面问题：一是有一定的产业政策导向，容易引发重复投资、盲目投资等问题；二是可能存在政绩考核影响，权责不够明晰。这些问题既可能导致国资背景的股权投资与市场机制存在一定的脱节，也可能产生对私人股权投资的挤出效应。

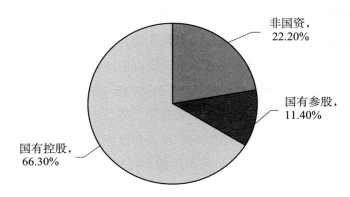

非国资，22.20%

国有参股，11.40%

国有控股，66.30%

**图0-6　2023年中国股权投资市场LP出资股权属性分布**
资料来源：清科研究中心。

随着中国多层次资本市场的形成，多个市场和板块为创业投资的退出提供了更多选择，既促进了一级市场的投资活动，又为二级市场提供了优质的标的公司，从而形成"投资—退出—投资"的良性循环。中国资本市场的股票发行制度已经逐步市场化，但仍需要从单一的IPO上市制度向直接上市等多样化上市制度转变，满足不同企业的股权融资和交易需求。要优化上市和转板制度，加强多层次资本市场内部的合作衔接，加强区域性股权市场和全国性证券市场板块间的合作衔接。要打破多层次资本市场的不同市场和板块之间的独立性，允许上市公司在不同交易所市场的转移，实现不同层次板块之间的"升"和"降"，加强不同市场之间的竞争，更好地促进资本要素流动、推动科技创新、减轻企业融资成本、降低系统性金融风险。

2. 金融功能多元化：平衡投融资功能

资本市场是现代金融体系的基石，在服务实体经济、促进科技创新、增加居民财产性收入等方面至关重要。企业融资的过程，也是投资者参与市场投资的过程。长期以来，中国资本市场以融资为主，为企业发展和经济增长做出了巨大贡献，但其投资属性一直较弱，未充分发挥财富管理的潜力，对投资者信心产生了一定的影响。健全投资和融资相协调的资本市场功能，不仅对活跃资本市场、健全资本市场功能至关重要，也对加快建设金融强国、推动中国式现代化具有积极作用。

健全资本市场财富管理功能，必须优先提升上市公司质量。第一，必须推动上市公司进行原始创新、颠覆式创新，促进产业链、供应链、创新链的升级，引领所在产业进行数字化转型、绿色转型，加强公司治理能力，持续提升创新能力和盈利能力，增强投资者预期。第二，必须完善上市公司分红激励约束机制，合理安排公司长期投资项目和投资者回报，推动公司市场估值得到有效评估，减轻超额现金流产生的委托代理问题，提振投资者信心。第三，必须强化上市公司监管，加强信息披露监管和交易监测，优化上市公司财务造假发现查处机制，对一切违法违规行为零容忍、严打击、严处罚，严惩导致上市公司重大违法强制退市的责任人员。第四，必须完善大股东、实际控制人行为规范约束机制，对其减持、再融资、资金占用等行为进行严格监管，彻查其违法违规行为，依法实施证券市场禁入措施。

中国要健全投资和融资相协调的资本市场功能，必须严格落实投资者利益保护和赔偿，完善相关体制机制。第一，完善信息披露制度，是投资者利益保护的重要前提。投资作为一项经济活动，基本的依据就是公司的基本财务状况。上市公司有义务按照最大诚信原则，如实、及时地披露相关信息。如果上市公司没有按照法律规定披露信息，不论投资者是否受这些信息影响，都是违法行为。第二，推动健全行政、刑事和民事赔偿立体化追责体系，落实投资者赔偿救济，是投资者利益保护的关键举措。若上市公司违反信息披露规则，使投资者因虚假信息遭受了损失，投资者不仅可以要求上市公司予以赔偿，而且可以直接起诉会计师、承销商等相关责任人，要求他们予以赔偿。第三，随着退市机制逐步常态化，要督促公司及早揭示退市风险，加大对违规规避退市行为的监管力度，触及退市标准的坚决退市，严惩导致上市公司重大违法强制退市的责任人员。第四，完善大股东、实际控制人行为规范约束机制，对其减持、再融资、资金占用等行为进行严格监管，完善集体诉讼制度，依法依规赔偿因其违法违规行为对投资者造成的损失。

要充分发挥资本市场的功能，必须支持长期资本、耐心资本入市，建立增强资本市场内在稳定性长效机制。中国资本市场要引入更多的长期投资者，如社保基金、保险基金等长期投资者，提高长期投资者的持股比例。蓝筹股往往有着较为稳定的经营和分红，能够较好地满足这些长期投资者的资产管理需求。在科技创新方面，需要长期投资者进行战略投资，能够忍受中长期的低回报甚至亏损，持续支持企业的研发。在创业投资方面，需要长期投资者的积极参与，忍耐初创企业的高风险、高投入、长周期，为二级市场培育优质的上市公司资产，保持资本市场的成长性。在公司治理方面，需要长期投资者发挥积极的治理作用，监督和约束大股东的掏空行为，促进公司经营的持续稳定发展。

### （三）法律制度与监管体系完善

#### 1. 法律制度完善与治理能力提升

推进金融业的法治化，是深化金融改革、推进金融强国建设的必然要求。不论是维护市场秩序和金融稳定、保护投资者和金融消费者利益，还是提升金融市场的国际竞争力、营造良好的国际金融投资环境，都离不开完善的法律制度和高水平的法治能力。中国必须打好法律制度基础、营造良好的金融法治环境，为建设金融强国奠定坚实的制度基础。

完善法律制度体系，是健全金融监管、提升法治能力的根本保障。一切金融活动都要在法治化轨道上运行，及时推进金融重点领域和新兴领域立法，依法将所有金融活动全部纳入监管，避免由监管真空和监管套利造成金融风险积聚的问题。第一，制定和出台国家层面的金融法，加快推进金融领域的基本立法，统一金融行业基础性法律制度，进一步提高中国金融行业法制化程度。第二，加快金融稳定法的出台，健全金融稳定的法律保障体系，维护国家金融安全稳定与高质量发展，提升国家金融治理能力。第三，积极推进金融领域相关法律法规的修订和完善工作，如《中华人民共和国中国人民银行法》《中华人民共和国商业银行法》《中华人民共和国证券法》《中华人民共和国保险法》《中华人民共和国信托法》《存款保险条例》等相关法律、条例的修订工作，保持金融领域法律体系的系统性、统一性和一致性。第四，完善《中华人民共和国公司法》《中华人民共和国企业破产法》《中华人民共和国反垄断法》等与金融密切相关的法律法规，加强不同领域之间的立法协调，形成系统性的监管合力。第五，完善地方金融领域相关法律法规，为地方金融监管、金融风险防范和处置提供法律依据，切实有效维护地方金融稳定。

强化法治思维，是推进金融法治化进程的重要前提。金融风险普遍存在的特性决定了金融领域一直是强监管、重规则的领域。金融业活力来自市场，市场稳定运行依赖于秩序，市场秩序则离不开法治。法治化的目的是维护市场秩序，保证市场公平、有序、有效地运行，并以此促进金融市场的发展。在金融工作实践过程中，既要以法治思维为基础，运用法治方式认识问题、处理问题、解决问题、不断深化法治认识、提高法治素养、树立法治意识、守护法治底线，也要遵循金融市场的运行规律和特征，处理好金融发展和金融稳定的关系，兼顾金融创新与监管改革的协调。金融管理部门、金融机构和从业人员要牢固树立法治意识，严格遵纪守法，自觉依法行政、依法经营。在此基础上，要稳步推进金融法治化进程，不断推进法律制度的完善和法治能力的提升。必须坚持有法可依、有法必依、执法必严、违法必究，加大执法力度，提高并统一执法尺度，持续以零容忍态度严厉打击非法金融活动，保持对市场正常秩序的不干预。

2. 建设现代金融监管体系

合理有效管控风险是金融工作的永恒主题，也是金融监管的直接目的。一国金融监管架构和监管重点虽然与该国文化、传统、法律有密切关系，但更与其金融模式和金融结构有着直接的关联（吴晓求，2017）。中国金融体系仍是以银行主导的间接融资体系，但是资本市场的不断发展和直接融资需求的扩张，正在推动中国走向银行和市场双峰主导的金融发展模式。中国金融结构中的证券化资产占比呈现出不断上升的趋势，正在深刻地改变着中国金融风险的来源和构成。商业银行的基础风险来源于资本不足，资本市场的基础风险则来源于透明度不足，两类基础风险的构成随金融资产结构的变化而变化（吴晓求和方明浩，2021）。

建设与现代金融体系相适应的现代金融监管体系，必须重视金融结构和风险结构的演变，从资本监管向资本监管与透明度监管并重转变，从分业监管向混业监管、穿透式监管转变。因此，中国建设现代金融监管体系可以从以下五方面推进。

第一，遵循市场化、法治化等基本原则，制定国家层面的金融法，依法将所有金融活动纳入监管，营造严厉打击金融犯罪的法治环境，切实保护金融消费者权益，维护金融市场稳定。第二，提高金融监管的协调性和有效性，强化监管责任和问责制度，加强中央和地方监管协同，促进宏观审慎与微观审慎、功能监管与行为监管的有机结合。第三，在金融稳定的基础上还要稳信心、稳预期，不断提升政策透明度和预期管理能力，打造专业化的监管队伍，加快金融监管数字化智能化转型，形成精准、快速、坚决的响应与决策机制。第四，优化监管方式、提升监管效率，从传统的事前、事中监管转变为事中、事后监管，推动监管重心后移，加大对违法违规行为的稽查能力和惩处力度，减少事前监管的效率损失和无效性。第五，引导金融机构树立正确的义利观，坚持国家利益优先、人民利益至上，平衡好"功能性"与"盈利性"，不断加强公司治理和内部控制，增强金融产品和金融服务的多样性、普惠性、可及性，切实履行好社会责任。

### （四）中央银行功能再造

1. 健全现代货币政策框架

现代货币政策框架包括透明的货币政策目标、有效的货币政策工具和畅通的货币政策传导机制。中央银行通过不断创新和丰富货币政策工具体系推进货币政策传导机制的优化和畅通，高效地实现货币政策目标，从而形成系统性的整体架构。

货币政策目标分为最终目标和中介目标。《中华人民共和国中国人民银行法》规定，中国人民银行以"保持货币币值的稳定，并以此促进经济增长"为货币政策目标。这意味着保持币值稳定是促进经济增长的前提，也是货币政策的首要目标。坚持币值稳定为最终目标，就是对内保持物价稳定、对外保持人民币汇率总体在合理均衡水平上基本稳定，为经济发展营造适宜且稳定的货币金融环境。在此基础上，要健全货币政策和宏观审慎政策双支柱调控框架，促进币值稳定和金融稳定的结合，加强与财政、监管等政策的协调配合，更加关注充分就业和经济增长，实现多重目标的均衡发展。如图0-7所示，自2023年3月起，中国居民消费价格指数（CPI）同比增速一直保持在1%以下，部分月份甚至出现负值，而中国工业生产者出厂价格指数（PPI）自2022年10月起一直处于负增长状态，二者都说明当前中国经济的有效需求不足。在这种情况下，执行扩张性财政、货币政策以促进充分就业

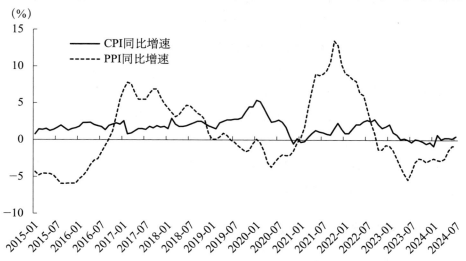

图 0-7　2015 年 1 月—2024 年 7 月中国 CPI 和 PPI 当月同比增速变化情况

资料来源：国家统计局、Wind 数据库。

和缓解通货紧缩压力是可行的。2024 年 9 月 24 日，中国人民银行首次推出结构性货币政策工具来支持资本市场的稳定发展，表明央行越来越关注金融市场特别是资本市场的稳定。央行此次创新的货币政策工具，既是为了稳定资本市场、提振投资者信心，也旨在通过股市的财富效应来带动投资和消费。

必须优化货币政策中介目标的选择和调控。在中国经济高速增长阶段，货币政策比较注重金融总量，对广义货币供应量（M2）、社会融资规模等增速设有具体的数值目标。随着经济增速的放缓，中国经济进入中高速增长阶段，货币政策逐步淡出具体的量化目标，转为保持 M2 和社会融资规模增速与名义经济增速基本匹配（见图 0－8）。截至 2024 年 6 月末，中国国内生产总值（GDP）达 61.7 万亿元，同比增长 5.0%；M2 余额为 305.0 万亿元，同比增长 6.2%；社会融资规模存量为 395.1 万亿元，同比增长 8.1%。考虑到 2024 年 6 月 CPI 同比增速为 0.2%，可见 M2 增速较通胀水平与经济增速之和的缺口已经很小了。进入 21 世纪以来，主要发达经济体央行均采用

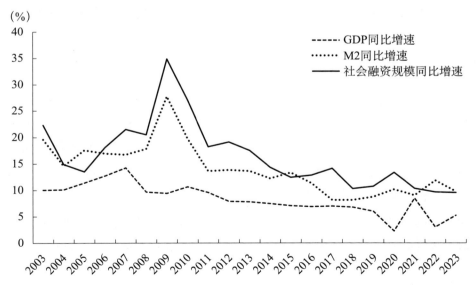

**图 0－8　2003—2023 年中国 GDP、M2 和社会融资规模同比增速变化情况**
资料来源：中国人民银行、Wind 数据库。

以价格型调控为主的货币政策。中国经过长期实践探索，初步形成了具有自己特色的数量型调控和价格型调控并行的政策体系，并不断发展完善。随着进一步改革的深化，中国人民银行要以市场化方式对银行体系的货币创造活动进行调控，更加优化货币政策的中间目标，逐步转向价格型调控为主。

必须创新货币政策工具体系和畅通货币政策传导机制。通过进一步深化利率汇率市场化改革，完善市场化的利率形成机制和调控机制，逐步将二级市场国债买卖纳入货币政策工具箱，健全精准适度的结构性货币政策工具体系，不断畅通货币政策传导机制。在 2014 年以前的很长一段时间，外汇占款成为中国基础货币被动投放的主渠道和市场流动性的重要来源，但随着外汇占款的下降，中国人民银行发展并完善了通过公开市场操作和中期借贷便利等工具主动投放基础货币的机制。将国债买卖纳入货币政策工具箱，丰富基础货币投放渠道和流动性管理工具，与其他工具组合搭配，共同营造良好的流动性环境。为了专注于实现货币政策目标和维护金融稳定，中国人民银行要落实独立的财务预算管理制度，保持资产负债表的健康可持续，提高货币政策的独立性和透明度，健全可置信、常态化、制度化的政策沟通和引导机制。

### 2. 构建宏观审慎监管体系

构建宏观审慎监管体系，既是维护金融稳定的关键，也是建设现代中央银行制度的基础性工作。习近平总书记指出："防范化解金融风险，事关国家安全、发展全局、人民财产安全，是实现高质量发展必须跨越的重大关口。"[①] 守住不发生系统性金融风险的底线，可以避免国家安全遭受冲击，为中国经济社会持续健康发展创造稳定的环境。尽管改革开放至今，中国尚未出现大的金融危机，但仍需要进一步健全金融风险防范、化解、处置长效机制，推动处置机制市场化、法治化、常态化。为此，要进一步完善宏观审慎

---

① 中共中央宣传部、国家发展和改革委员会. 习近平经济思想学习纲要. 北京：人民出版社，学习出版社，2022.

政策框架，丰富宏观审慎政策工具箱，强化金融稳定保障体系建设。

第一，加强金融政策统筹协调，强化系统性风险监测评估和处置机制。建立金融政策统筹协调机制，持续加强金融政策出台前的协调沟通。优化中央和地方协调机制，建立高风险地方金融机构通报制度，加强金融风险研判和沟通，及时向地方政府、监管部门进行风险提示。监测评估金融市场的整体风险和各行业风险，强化对房地产、跨境资本流动等重点领域的风险监测，形成风险预警机制。完善金融风险识别、预警和处置机制，加强金融风险源头管控。按照市场化、法治化原则处置金融风险，对重大金融风险早识别、早预警、早处置，形成行之有效的风险处置机制。

第二，完善系统重要性金融机构监管，兼顾金融市场稳定，特别是资本市场的稳定。识别与监测系统重要性金融机构，督促系统重要性银行按时满足附加资本要求和附加杠杆率要求，推进系统重要性保险公司评估工作。对金融控股公司进行准入管理和持续监管，以并表为基础强化股东和股权结构监管，要求其保持资本充足，完善公司治理，加强风险管理。规范金融控股公司关联交易行为，加强对利益输送、风险传染和监管套利的监管与防范，促进金融控股公司健康有序发展。金融稳定的监管目标要从以金融机构为主的单一目标，逐步转向金融机构与金融市场并重的双重目标，特别是资本市场的稳定。既要防范资本市场风险的外溢和跨市场传染，也要警惕资产价格下跌和投资者信心不足引发的资本市场流动性危机。

第三，稳步推进金融稳定立法工作，建立金融稳定保障基金管理框架。健全金融稳定法律保障体系，坚持科学立法、民主立法、依法立法，加快金融稳定法的出台和相关法律法规的修订，保证不同法律规范之间的一致性和协调性，使之各有侧重、互为补充，共同形成有机整体，充分发挥法治固根本、稳预期、利长远的作用。加快金融稳定保障基金积累，丰富基金筹集资金来源渠道，完善资金使用和重大风险处置机制。中央银行要切实履行最后贷款人职能，必须在事前、事中、事后全过程承担起防控系统性金融风险的重任。

第四，加强金融基础设施监督管理，密切跟踪数字金融、金融科技创新风险。明确金融基础设施统筹监管范围和总体安排，完善金融基础设施准入制度，强化金融基础设施运营和风险管理要求，优化金融基础设施监督管理规则，规定金融基础设施相关主体法律责任。发挥数字金融正向作用，适应金融数字化转型发展需要，利用数字技术强化金融基础设施建设和管理，防范金融风险跨区域、跨市场、跨境传递共振。积极关注金融科技和加密资产的快速发展，依法将金融科技企业的金融业务纳入监管，强化金融科技领域的反垄断监管，制定加密资产的监管范围和监管规则。

### 3. 完善金融基础设施体系

建设自主可控、安全高效的金融基础设施体系，是中央银行履行好宏观调控职责的基础。随着中国经济的高质量发展和高水平对外开放，对金融基础设施服务的便利性、互联性、安全性提出更高的要求，需要持续完善金融基础设施体系建设，深化金融供给侧结构性改革，优化结构布局和监管标准，确保金融市场安全高效运行。这不仅要求完善现代支付体系、清算结算体系、全社会征信体系等金融基础设施，推进重要金融基础设施统筹监管和互联互通，还要积极发展科技金融、绿色金融、普惠金融、养老金融、数字金融，加强对重大战略、重点领域、薄弱环节的优质金融服务，满足经济转型、科技创新、小微企业发展、应对人口老龄化等方面需要。

金融基础设施的建设和完善，既要坚持服务于实体经济和科技创新，顺应时代发展的新要求，又要充分运用先进技术来提升金融运行效率和服务质量。随着新一轮科技革命和产业革命的推进，要格外重视科技金融体制的优化和调整，加强对关键核心技术和创新链企业的金融支持，健全重大技术攻关风险分散机制。高科技企业在技术创新方面具有长周期、高投入、高风险、高收益等特点，既需要风险投资、战略投资等金融业态的支持，也需要科技保险等金融产品的创新与优化。与此同时，在数字化和智能化快速发展的趋势下，要顺应大数据时代的要求，积极推进监管大数据平台建设，开发智能化风险分析工具和服务产品，打通信息孤岛，有效保护数据安全，避免大型互联网企业利用平台优势在金融业务上无序扩张和形成垄断。

　　加快完善自主可控的跨境支付体系建设，强化开放条件下的金融安全机制。坚持市场驱动和企业自主选择的基本原则，优化跨境人民币业务政策与部门协调，完善人民币使用的网络基础设施，创造更加有利于人民币使用的政策制度和市场环境。加强跨境人民币业务监管，推进数字人民币在跨境支付领域的研发和应用，提高交易的安全性。完善服务人民币跨境支付清算业务的金融市场基础设施，加强人民币跨境支付系统（CIPS）的开发与建设，提供安全、高效、便捷的资金支付清算服务，为全球人民币跨境使用和"走出去"战略提供有力支撑。①

　　总而言之，金融强国是一个艰难而伟大的目标。这一目标实现起来可能比建设经济强国、贸易强国、军事强国等要难得多，因为金融强国除了要有强大的经济基础、蓬勃的科技创新能力，还必须有完善的法治和强大的国家软实力作为支撑。但我们相信，只要中国坚持市场化、法治化和国际化的发展方向，就一定能够实现金融强国这一伟大目标。

**参考文献**

　　[1] 黎文靖，郑曼妮. 实质性创新还是策略性创新？——宏观产业政策对微观企业创新的影响. 经济研究，2016，51（4）：60 - 73.

　　[2] 马德普. 论启蒙及其在中国现代化中的命运. 中国社会科学，2014（2）：34 - 48.

　　[3] 王蕾. 探索资本项目开放的中国方案. 中国外汇，2021（13）：78 - 80.

　　[4] 吴晓求. 中国金融监管改革：逻辑与选择. 财贸经济，2017，38（7）：33 - 48.

　　[5] 吴晓求，方明浩. 中国资本市场 30 年：探索与变革. 财贸经济，2021，42（4）：20 - 36.

　　[6] 吴晓求，何青，方明浩. 中国资本市场：第三种模式. 财贸经济，2022，43（5）：19 - 35.

　　[7] Hicks，John. *A Theory of Economic History*. Oxford：Clarendon Press，1969.

---

　　① 据 CIPS 网站披露，截至 2024 年 8 月末，CIPS 共有 152 个直接参与者和 1 412 个间接参与者，分布在全球 117 个国家和地区，业务可通过 4 700 多家法人银行机构覆盖全球 184 个国家和地区。

溯源篇

金融强国的特征与回望

### 第一章

# 金融强国：内涵与类型

　　**摘　要：**金融强国既包含了国家发展的战略目标，也涵盖了目标实现的现实路径，是一个有着丰富内涵的完整概念。从英国和美国金融强国地位确立的历史进程可以看出：第一，金融强国意味着国家拥有领先世界的经济实力、科技实力和综合国力，为孕育强大的金融体系提供物质基础；第二，金融强国意味着国家拥有自由的思想、良好的法治环境、市场透明度以及契约精神，为孕育强大的金融体系提供合适的制度土壤；第三，金融强国意味着国家拥有完善的金融体系，有效发挥金融各项基础功能；第四，金融强国意味着国家在全球金融体系中占据举足轻重的地位，发挥重要作用。金融强国的建设过程同时也是一个国家通向现代文明的过程。

　　中国金融强国的建设首先要培育金融强国的共同基因，不断推动思想解放、要素自由流动以及法制体系不断完善。其次，要深入探索在社会主义市场经济条件下，在公有制为主体、多种所有制经济共同发展的制度背景下，金融强国建设的独特路径。再次，要不断提升金融监管和治理能力，构建科学合理的监管制度体系，统筹金融发展、金融开放和金融安全。最后，要处理好金融与经济社会发展之间的关系，全面提升金融服务实体经济的效率和水平，以金融强国建设推进实现中国式现代化。

　　金融强国概念的提出为新时代金融高质量发展指明了方向。正如导论所强调的，金融强国是一个艰难而伟大的目标。金融强国的实现过程是一个国家经济、科技、军事实力大幅提升，国家法律体系不断完善，思想解放，文化繁荣，国际影响力不断彰显的过程，是一个国家通向现代文明的过程。我们需要站在大国兴衰更迭的历史维度，在遵循现代金融发展的客观规律的前提下，从理论上准确把握金融强国内涵，从实践上探索建设金融强国的实现路径。

# 一、金融强国的内涵和标志

## （一）金融强国的内涵

金融是国民经济的血脉，是国家核心竞争力的重要组成部分。作为一个特定概念，我们对金融强国的理解往往有两种简单化的倾向：一种是简单地把"金融强国"等同于"强国金融"，认为金融强国就是与一个强大经济体对应的金融体系；另一种则是把"强"作为一个动词，将"金融强国"静态理解为通过金融助力一国综合实力的提升。虽然金融强国的确包含了上述两种含义，但绝不仅仅限于这种作用。我们首先需要厘清金融强国概念的准确内涵。

第一，经济规模的强大未必意味着国家拥有强大的金融体系。根据麦迪逊（Maddison）于 2001 年的测算，1500—1820 年间，中国和印度的 GDP 占世界 GDP 的份额长期位居世界前两位，两个国家 GDP 总额占世界份额一度超过 50％。与之相比，即便在第一次工业革命爆发之后的四五十年，英国 GDP 占世界 GDP 的份额也仅有 5.2％，远低于中国和印度（见表 1-1）。然而，强大的国民经济并没有给中国和印度带来强大的金融体系。以中国为例，明末和清代前期的金融业主要有典当业、钱庄、账局和票号。刘秋根（1995）的研究显示，1685 年全国有当铺 7 695 家，1724 年有 9 904 家，1753 年有 18 075 家，1812 年有 23 139 家。根据《明实录》《盐政因革议》《雍正朝奏折》等记载和 20 世纪初期的调查（张仲礼，2001），18 世纪初期当铺资本平均约为 5 000 两，1840 年这一数值约为 1 万两。钱庄主要经营货币兑换业务，张仲礼（2001）估计钱庄业的净产值高出当铺业约 10％。账局和票号主要经营存贷款和汇兑业务。黄鉴晖（2002）认为，账局的平均资本金约在 4 万两，是清末民初当铺平均资本的 2 倍以上。关于票号，韩业芳（1921）估计，每家票庄"三年之中即获利六七十万、二三十万"。陈其田（1935）估计票号兴盛时期每年净收入总额（不包括雇员的薪酬）为银 500 万两（张仲礼估计薪酬约为 100 万两）。刘逖（2009）据此测算，1840 年中国金融业净产值约为 1.7 亿两，按照 44.8 亿两 GDP 规模计算，金融业产值占 GDP 的比例约为 3.79%。中国的钱庄、账局和票号在两百多年的时间里虽然在规模上得到了一定的发展，但是在思想被严重禁锢的情况下，经济规模的强大并没有带来司法的完善、科技的创新、贸易的扩张，现代商业银行体系、金融市场体系以及国债、股票、保险等创新性的金融产品并未能在中国生根发芽，金融强国对于彼时的中国而言更是遥不可及的梦想。由此可见，经济大国与金融强国之间并没有必然的关系。

表 1-1  主要国家 GDP 占世界 GDP 的份额（%）

| 国家 | 1500 年 | 1600 年 | 1700 年 | 1820 年 | 1870 年 | 1913 年 |
|------|---------|---------|---------|---------|---------|---------|
| 中国 | 25.0 | 29.2 | 22.3 | 32.9 | 17.2 | 8.9 |
| 印度 | 24.5 | 22.6 | 24.4 | 16.0 | 12.2 | 7.6 |
| 英国 | 1.1 | 1.8 | 2.9 | 5.2 | 9.1 | 8.3 |
| 美国 | 0.3 | 0.2 | 0.1 | 1.8 | 8.9 | 19.1 |

资料来源：Maddison, A. The World Economy: A Millennial Perspective. Brussels: OECD, 2001.

第二，强大的经济规模往往是金融强国的前提而非结果。不可否认，大国崛起离不开强大金融体系的有力支撑。纵观世界几次工业革命的发展历程可以看出，金融是推动工业革命蓬勃发展的巨大力量。在第一次工业革命期间，英国伦敦证券交易所为蒸汽机的产业化以及棉纺织业、铁矿业、煤矿业的机械化提供了大量金融资本，推动了技术改进与制造业发展。在评价英国工业革命爆发原因时，白芝浩（Bagehot）于 1873 年指出，英国金融体系为英国工业革命孕育过程中的大型工业项目融资，推动了工业革命的发生。著名经济学家约翰·希克斯在考察了工业革命前的技术创新和商业网络扩张后发现，蒸汽机技术在工业革命几十年之前就已经成熟，但直到有大量廉价资金的投入才能把蒸汽机转化成航运业、铁路业和纺织业的生产能力。因此，在《经济史理论》中希克斯指出："工业革命不得不等候金融革命。"这句话道出了金融对经济发展的重要作用。然而，从历史的角度看，无论是英国还是美国，它们在成为金融强国之前早已在全球经济格局中占据重要的领导者地位。19世纪中叶，英国的GDP已经超过法国、德国，成为仅次于中国和印度的经济大国。如果考虑到当时英国人口只有1 800万，按照人均GDP计算，英国则远远超过中国和印度。与之类似，在金融强国地位确立之前数十年的时间里，美国GDP也是长期稳居世界第一。第二次世界大战后，美国经济体量占世界的比重超过50%，强大的经济基础成为金融循环的有力支撑，为金融强国的实现提供了基础性保障。从这个意义上讲，金融强国并不是简单地把金融作为国家实现经济发展的一种技术工具，而是在经济实力达到一定程度之后国家发展更高的追求和更加宏大的目标。

第三，金融强国既包含了国家发展的战略目标，也涵盖了目标实现的现实路径，是一个有着丰富内涵的完整概念。首先，金融强国意味着国家拥有领先世界的经济实力、科技实力和综合国力，从而为金融体系提供规模庞大的内生金融资产，为孕育强大的金融体系提供物质基础。这是金融强国物质基础准备阶段。其次，金融强国意味着国家拥有强大的软实力，包括完善的法治、高度的契约精神和高度的市场透明度，为孕育强大的金融体系提供合适的制度土壤。这是金融强国发展的提升阶段。再次，金融强国意味着国家拥有完善的金融体系，有效发挥金融各项基础功能，服务实体经济，助力强国建设。最后，金融强国意味着国家在全球金融体系中占据举足轻重的地位，在国际金融事务中承担重要责任，发挥重要作用。这是金融强国的实现阶段。

## （二）金融强国的标志

习近平总书记指出，金融强国的关键核心金融要素是拥有强大的货币、强大的中央银行、强大的金融机构、强大的国际金融中心、强大的金融监管、强大的金融人才队伍。这"六个强大"是关于现代金融发展的规律性认识，是加快建设金融强国的核心要义。这里仅着重讨论其中的四个方面。

第一，强大的货币是金融强国的核心标识。货币是一国国家信用的集中体现。一国的信用货币若要成为国际支付手段和国际储备货币，要求发行这种信用货币的国家要有强大的经济实力，能够维持货币的稳定性，并在国际经济活动中同各国保持广泛的贸易和金融联系，在世界范围内的商品、技术和资本输出中占有重要地位。回顾英镑成为国际货币的历程可以发现，从1717年牛顿将黄金和英镑价格固定，到1816年英国从法律上正式确定这一制度，经历了一个世纪。在这期间英国经济的持续发展离不开工业革命和"金融革命"的促进。1870年之后英国将金本位制推广到欧洲其他国家和美洲国家，逐步巩固了英镑的国际货币地位，并由此形成了以黄金为基础、以英镑为世界货币的国际金本位体系（1870—1914年），这也是历史上最早的国际货币体系。在鼎盛时期，全球40%以上的国际贸易用英镑结算，直到第一次世界大战之后，英国国际货币的地位才逐步衰落。第二次世界大战之后，随着英国经济、科技、军事实力的相对下降，美国在电子、汽车、航空航天等领域快速崛起，综合国力远远超过同时期其他国家。美国实施的马歇尔计划助力了欧洲的重建，又通过贸易和经济援助增强了与亚洲国家和拉丁美洲国家的联系，这些因素共同促进了美国在战后国际贸易中的主导地位。与此同时，美元通过布雷顿森林体系彻底击败英镑，成为新的国际货币体系的主导货币。由此可见，要成为国际核心货币需要具备如下三个方面的基本条件：一是本国拥有庞大的国际贸易规模，确保本国货币在国际贸易过程中处于主要标价货币和交易货币的地位。二是本国拥有庞大的金融资产规模，本国货币在国际货币储备中的占比较高。三是币值相对稳定，能够维护本币持有者的利益。

第二，强大的中央银行是金融强国的重要基石。在现代金融体系下，中央银行扮演着重要的角色。一方面，中央银行通过货币政策的制定和实施，对内调节经济活动，促进经济增长；对外稳定货币价值，确保国际贸易和投资顺利进行。另一方面，中央银行作为整个金融体系的最后贷款人，在金融危机时为金融机构提供流动性支持，防止系统性风险的发生和蔓延。1844 年之前，随着英国综合国力的提升，英格兰银行成为全球最强大的中央银行，并在相当长的时期内成功维持了英镑币值的稳定，确立了英镑和英国国债在国际市场上的良好信誉，为英镑的国际霸权地位打下了良好的基础。布雷顿森林体系建立之后，英格兰银行对全球经济金融的影响日渐衰减，美联储成为全球主导型中央银行。当美国经济过热时，美联储选择加息，推高美元汇率，资金从新兴市场国家流向美国。为稳定币值，其他国家被迫选择加息，资金成本提升，本国经济增长受到抑制。美联储货币政策的变化从利率、汇率、资本流动等多个方面影响全球经济。一个强大的中央银行需要具备三个方面的条件：一是本国拥有规模庞大的、开放的金融市场，能够容纳全球资金的进出。二是本国货币已成为国际货币体系中主要的交易货币和储备货币，本国货币政策能够对全球经济金融体系造成重要影响。三是拥有高效的、市场化的货币政策传导机制，通过利率、汇率等价格调控本国货币在国际的流动，维护开放经济条件下的商品均衡和货币均衡。

第三，强大的金融机构是金融强国的重要支撑。金融机构是金融政策的执行者，是各项金融功能的落实者，一个强大的金融体系必然要有众多能够高效服务实体经济、参与国际竞争、主导国际金融市场定价权的金融机构。

以英国为例，早期英国金融体系的主导者是商业银行。英国在 1694 年成立了英格兰银行，并且该银行在后来成为英国的中央银行；1690 年成立的巴克莱银行、1865 年成立的汇丰银行都成为全球最大的金融服务机构，业务内容覆盖全球多个国家和地区，伦敦也由此成为 19 世纪最有影响力的国际贸易融资中心和长期资金跨境流动中心。在美国，花旗银行（1812 年成立）、富国银行（1852 年成立）、高盛（1869 年成立）、J. P. 摩根（1871 年成立）、美国银行（1904 年成立）等金融机构参与了大量工业和基础设施项目的融资，推动了美国的工业化进程。这些金融机构通过国际化战略，在全球范围内推动美元成为主要国际储备货币，巩固了美国的经济和金融影响力。在金融机构繁荣发展的同时，随着实体产业对金融服务需求的变化，资本市场成为促进新兴产业发展和科技创新的重要舞台。纽约证券交易所、芝加哥期货交易所、芝加哥商品交易所成为全球最大的股票、衍生工具和大宗商品交易中心。华尔街成为美国金融强国崛起的标志。这些强大的金融机构、金融市场和国际金融中心，是美国作为金融强国的重要构成，也是美国通过金融将其自身影响力辐射到全球的重要工具。金融机构要想具备服务全球的能力，并在全球竞争中脱颖而出，最起码要具备一些基本条件：一是要有雄厚的资本基础。大规模、全球性业务的开展要求金融机构拥有充足的资本金和多元化的融资渠道，以确保资金链的稳定和流动性充足，并应对金融市场非预期性波动。二是要有服务全球的业务能力。这包括全球战略视野、跨境业务开展和全球资源整合能力、复杂产品创新设计能力、全球合规与风险管理能力、跨文化沟通协作能力等。三是要有卓越的品牌声誉。一家全球化金融机构的影响力一方面依赖于机构的业务能力，但更重要的是金融机构在长期建立的良好信誉、品牌形象和社会声誉。这是金融机构实现可持续全球领导地位不可或缺的因素。

第四，强大的金融监管是金融强国的重要保障。无论是资本市场上的投融资行为还是商业银行体系的信贷活动或者微观企业的经营管理活动，金融活动参与者之间权利义务的分配关系本质上就是一种契约安排。从这个角度来讲，金融是一种以契约为基础的经济活动。而契约的有效性、执行力以及公平性都依赖于一个健全的法律框架和制度保障。没有法治的保障，契约的签署和履行就缺乏约束力，也就无法有效保障当事方的权益，金融活动参与者的预期和信心也就无从建立。因此，完善的金融监管制度是一个强大的金融体系诞生的前提和基本保障。从过去200多年金融发展的历史可以看到，"金融创新—金融危机—金融监管"三者始终处于一种螺旋式发展的态势。金融体系中的金融监管制度是在一次次整治金融危机的过程中逐步确立起来的，每一次危机都迫使监管当局对监管重点和监管方式进行调整变革，以适应金融环境变化的新要求（张晓晶，2023）。18 世纪 20 年代初的南海泡沫事件催生了英国的《泡沫法令》；20 世纪初美国频繁发生的银行危机催生了美国的《联邦储备法》；20 世纪 30 年代初美国的"大萧条"催生了《格拉斯-斯蒂格尔法案》；2007 年美国的次贷危机催生了《多德-弗兰克华尔街改革和消费者保护法》（简称《多德-弗兰克法案》）。监管体系的不断完善是金融体系走向成熟的前提，也是金融强国的保障。完善的金融监管制度设计要遵循几个原则：一是坚持信息披露的透明性。信息不对称是金融市场面临的核心问题。严重的信息不对称不但会导致逆向选择、道德风险、市场失灵，还会加剧市场波动、投资者损失和信任危机。信息披露的透明性是维护市场"三公"原则的基础，也是防范化解金融风险的有效途径。二是坚持制度设计的科学性。金融市场运行有其自身的规律，无论是资产价格变化、公司投融资决策，还是市场参与者博弈、社会福利平衡都要遵循一定之规。制度设计的科学性首先取决于对市场运行规律的清醒认识和准确把握。三是坚持制度设计的系统性和严谨性。资本市场作为一个复杂的经济系统，其制度设计还要统筹兼顾不同市场部门、不同业务环节的运行，充分考虑市场其他各方参与者对政策规定的可能反应，既要避免出现监管漏洞，防止制度套利，又要避免监管重复甚至监管冲突。

## 二、历史上的金融强国

纵观东西方历史，国力强盛的国家并不少见，然而，金融强国的数量却屈指可数，现代意义上的金融强国只有英国和美国。由此可见，金融强国的诞生是一个更加艰难的过程。

### （一）英国金融强国的确立

英国作为现代金融体系的先驱之一，其金融强国的地位并非一蹴而就，而是长期历史积淀和多种因素作用的结果。通过回顾历史，我们能够更深刻地理解英国在国际金融舞台上占据重要地位的原因所在。

### 1. 制度创新

制度创新为英国提供了稳定而灵活的金融环境。1688 年光荣革命推翻英国封建统治一年之后颁布的《权利法案》规定："凡未经议会同意，以国王权威停止法律或停止法律实施之僭越权力，为非法权力。"法案充分体现了国家权力向议会的转移，标志着君主立宪制政体在英国的正式确立，为后续的金融革命以及工业革命提供了坚实的制度基础和法律保障。此后，英国颁布的《公司法》《金融服务法》等同样为资本主义扫清了制度障碍，推动了金融市场的不断发展。

在《泡沫法令》颁布后的一百多年间，英国公司制度的发展一度停滞。直至 1844 年英国通过《合股公司法》，它的诞生初步奠定了英国公司法律体系的框架。该法案对合伙与合股公司进行了明确的区分，规定股份可以自由转让，要求公司必须公示，初步建立起信息披露制度。1855 年通过的《有限责任法》和 1856 年修订的《合股公司法》使得有限责任进入立法实践，标志着现代英国有限责任公司制度的确立。该制度从法律上保障了工业革命中新兴资本家根据其投资承担有限责任，极大提高了投资热情，也使得英国经济实现了飞速发展。

20 世纪 70 年代以来，英国证券欺诈案件和丑闻层出不穷，人们逐渐意识到现有监管体系不能很好地保护投资者权益。英国议会于 1986 年通过《金融服务法》，极大改变了英国的金融监管体系。该法案规定不同金融机构受不同类型的部门监管。随着时代的发展，各类金融服务界限逐渐模糊，金融服务管理局于 1997 年成立，承担起主要的金融监管责任。《2000 年金融服务与市场法》在此背景下颁布，标志着新的金融监管体系建设完毕。英国从分业监管变为混业监管。2008 年国际金融危机之后英国再次反思监管体系的不足，通过了《2012 年金融服务法》，监管体制发展为"超级央行＋双峰"形式。《2016 年英格兰银行与金融服务法》则在此基础上又做出了一些新的改革。总而言之，英国的金融服务法一直在结合金融体系发展中的特点进行调整，不断创新，提高了金融市场的透明度和稳定性。

2. 第一次工业革命带来的国家经济实力扩张

18世纪后期，第一次工业革命率先在英国发生，这次革命以技术革新和生产方式的转变为核心，极大改变了英国乃至世界的经济面貌。英国经济实力的扩张主要体现在以下几个方面：

纺织革命是英国工业转型的象征，为了应对纺纱效率和织布效率之间的不平衡问题，机械织布机应运而生，蒸汽动力不久后便应用于此，最终形成了大规模的工厂生产。纺织业在19世纪初以非凡的速度持续扩张，得益于快速的机械化和廉价劳动力的使用，纺织业实现了大量的资本积累，同时，纺织品大量出口也对英国国际贸易做出了巨大的贡献。

钢铁和煤炭产业是工业革命的支柱之一。为了支持日益增长的能源需求及建设铁路网所需的材料，英国的煤炭开采量显著增加；同时，铁矿石提炼技术的进步（如使用焦炭代替木炭炼铁）促进了钢铁生产的飞跃式发展。这些行业的兴起和相互作用推动了英国的工业扩张，并帮助英国在整个19世纪确立了国际经济霸主地位。

铁对运输行业的建设至关重要，运输行业也随着煤、铁等行业的进步而取得了巨大发展。1830—1850年，英国开通了约6 000英里的铁路，铁路网络已大致成型（霍布斯鲍姆，2016）。交通基础设施的改善极大方便了货物运输，降低了物流成本。

工业革命带来的深刻的社会和经济变革还包括从根本上改变了工作方式和组织结构，建立起以大机器生产和分工劳动为主要特征的现代化生产模式，带动英国乃至世界脱离农业社会的低水平产出，进入"机器时代"。

3. 以英格兰银行为代表的强大金融体系的建立

18世纪中后期，以纺织机、蒸汽机等技术的发明和广泛应用为主要特征的第一次工业革命在英国率先拉开序幕，大规模工业产业得以快速实现离不开英国强大金融体系的支持。经历几个世纪的演变和发展，英国的银行网络和以伦敦为中心的证券交易市场成为支撑英国工业发展资金需求的关键要素。

1694 年建立的英格兰银行在英国银行网络中占据着重要地位。英格兰银行是一家股份制银行公司，其成立的首要目的是解决政府的债务融资问题。在建立之初，其股份由私人认购，募集到的资本金再以较低的利率贷放给政府。英格兰银行的主要业务是为政府提供信贷，除此之外也进行与一般商业银行相同的业务，如接受存款、为客户提供清算和贴现服务等。英格兰银行成立后即开始努力稳固自身地位，成为此后一个多世纪内英国唯一的股份制银行。英国政府 1697 年颁发的特许状允许英格兰银行发行不经背书即可转让的银行券，同时不再颁发新的股份制银行公司特许状。1708 年通过的法案禁止 6 名以上合伙人成立银行，进一步明确了英格兰银行的地位。

1825 年银行危机之后，英格兰银行股份制结构的垄断权逐渐被打破。《1826 年银行法》允许在伦敦城外 65 英里的地区建立私营股份制银行。《1833 年英格兰银行法》则允许股份制银行在伦敦开展发行银行券以外的业务，英国股份制银行逐渐兴起，并成为英国金融体系的重要组成部分。1925年银行危机也使英格兰银行"逐步从私人银行过渡为'政府的银行'和'银行的银行'"（张晓晶和王庆，2023）。《1826 年银行法》允许英格兰银行在其他城市设立分支机构，其目的是通过分行对乡村银行进行更好的管控，促进金融稳定。《1844 年银行特许法案》禁止成立新的银行券发行机构，已存在的不得扩大银行券流通，将银行券发行权逐步集中于英格兰银行。1946 年，英国议会通过《1946 年银行法》，英格兰银行被国有化。

英格兰银行在维护英国金融体系稳定中扮演着关键角色。早期英格兰银行的危机救助行为并非主动，18 世纪英国多次面临金融危机，英格兰银行实际发挥着最后贷款人的作用，通过向市场注入流动性，最终平息危机，维护了金融稳定。1890 年，英格兰银行主动介入并顺利解决巴林银行危机，标志着英格兰银行开始主动承担维护金融体系稳定的责任。1973—1979 年次级银行危机爆发，英格兰银行启动了著名的"救生艇"行动，危机得以解决，由此催生的《1979 年银行法》以法律形式赋予了英格兰银行金融监管的权力。

1984 年约翰逊·马修银行倒闭事件暴露出过去监管制度中存在的弊端，1987 年出台的新法案进一步加强了英格兰银行的监管权力。1997 年英格兰银行获得实施货币政策的独立权，而银行监管职能则交由英国金融服务管理局（FSA）执行。经历 2008 年国际金融危机后，英格兰银行内部设立"金融政策委员会"和"审慎监管局"，监管权回归，强化了中央银行在维护金融稳定中的作用。

到 18 世纪时，英国已初步形成由英格兰银行、伦敦私人银行和伦敦以外的乡村银行构成的三级银行网络（陈雨露，2021）。虽然存在诸多限制，银行体系仍然对 18 世纪下半期英国工业革命的发展起到了一定的促进作用。银行通过短期贷款为公司提供所需的流动性资金，使公司的利润能够用于再投资，缓和工业地区出现的资金短缺问题，推动了工业化的发展。

光荣革命后英国逐渐确立起现代政府财政体系，政府债务规模大幅增加。英国的公债在 1697 年时为 1 450 万英镑，到 1720 年时英国国债超过 5 000 万英镑，政府债务持有人数量达到 4 万左右（王志军，2013）。南海公司泡沫破灭后，伦敦证券市场稳步发展，英国国债成为理想的投资品种，主导着市场交易。市场活跃程度的不断提高使新的交易技术被引进，基础设施不断完善，1801 年伦敦证券交易所正式诞生。1720 年通过的《泡沫法令》规定股份公司必须获得特定的特许状才能成立，直至 1825 年《泡沫法令》被废除，英国才出现了股份公司成立热潮，其中铁路公司以其相对可预测的收益及庞大的规模吸引了大量投资者，证券市场在对包括交通运输业在内的工业革命融资中表现突出。随着各种股份制公司的发展，公司证券在市场中的份额大幅提高。

### （二）美国金融强国的确立

英国之后的美国是人类历史上一个重要的金融强国。19 世纪后期，随着发电机、电动机、内燃机、人造纤维、合成塑料等技术发明的集中出现，以及这些科学技术在工业生产领域的迅速及广泛应用，人类历史上的第二次工业革命爆发了。美国不仅是这次工业革命的积极参与者，同时也是将其不断引向深入的有力推动者。由于这次工业革命是在"金融和技术的交汇处实现的"（应展宇、张强和谭松涛，2023），美国不仅积极参与其中，而且积极助其发展，因此，美国所受第二次工业革命的影响程度也较其他资本主义国家更为深远。这种深远既指由工业革命所带来的国家经济实力的增长方面，也指借由工业革命所带来的以完善相关法律体系、创新金融监管模式为核心的国家金融创新方面。

1. 第二次工业革命带来的经济实力增长

第二次工业革命给美国带来的经济实力增长主要体现在三个方面：

其一，科技与生产的结合直接提升了国家经济发展的水平。以爱迪生的发明为例，他在1868—1931年的这段时间里，一共获得1 093项技术专利，其中最有影响力的莫过于电灯的发明。电灯的发明不仅改变了美国人的生活习惯和生活模式，而且极大催生了其发电事业的迅猛发展，直接提升了其国家经济的发展品格。据相关资料，美国在1882年左右就因此建成5 000座发电厂，至1887年左右，又扩建12 000多座发电厂。仅仅是爱迪生一个人的技术发明，就使得"美国政府在50年内的税收增加了15亿美元"（李明传，2013）。

其二，科技与生产的结合有效提升了国家经济发展的效率。在第二次工业革命中，美国的科技发明由模仿阶段进入到真正的创新阶段，它不仅有效地推动了钢铁、纺织、机械制造等传统产业的改造升级，而且催生出了电力、电子、汽车、航空等一大批新兴产业。据相关资料，美国在1914年已有30％的工厂实现电气化，但是到了1929年，这一数字已经达到70％。与此同时，美国的电机制造业也成为众多行业中扩张最为迅速的机械行业，其用工人数在1929年已经有110万人，这都是其他行业所不具备的。随着新技术的不断推广和普遍应用，美国工业的生产效率得到了明显提升。有资料表明，美国制造业在1929年"平均每个工人每小时的产出比1919年的水平大致增加了3/4"（法拉格等，2021）。

其三，科技与生产的结合提升了国家的综合经济实力。相关资料显示，1885 年，美国制造业产出的世界占比超过了英国；1886 年，美国取代英国成为世界最大的钢铁生产国；美国在 1894 年的工业总产值已超过英国，成为世界第一大经济体。从衡量工业时代国家经济实力的最佳指标之一能源消耗来看，美国工业的能源消耗在 1890 年已经超过英国，表明它已经成为名副其实的工业强国。如果从国民生产总值的视角考察，情况亦大致如此。据美国经济史学家罗伯特·高尔曼估算，依据 1990 年国际美元计算，美国的国民生产总值在 1870 年就已经超过英国，当年英国的国民生产总值为美国的 97%；由于美国的人口远远多于英国，所以，美国的人均收入直到 1913 年才超过英国，这一年，英国的人均收入占到了美国人均收入的 95%（Gallman，2008）。可以看到，美国在这个时候已经成为当时无可争议的经济强国。

### 2. 法律体系不断完善

在工业革命发生的整个过程中，金融始终扮演着重要的角色。由于技术创新和工业生产的每一个环节都需要资本的投入，而企业自身又很难独自完成这一时期所需的资本积累，所以，金融革命也就往往会成为"从技术革命向产业革命转变的技术支撑"。美国金融业态就是在这一背景之下发生和发展起来的，而为了更好、更有效地满足技术创新和工业生产的融资需求，国家对它的管理也经历了一个不断改进和完善的过程。

在 19 世纪 70 年代之前，美国政府对其金融业的干预不多，大体属于自由发展的状态。第二次工业革命之后，美国的证券市场迎来了突飞猛进的发展，但随之各州政府对其交易的管制也日趋严格，1911 年之后，很多州所通过的"蓝天法"就是一个典型的例子。1929 年，美国股市大崩盘，这让人们感受到了"蓝天法"的无力，《1933 年证券法》的制定就是对这一事件的直接回应。《1933 年证券法》的主要内容有三：一是构建证券发行的注册登记制度；二是制定发行证券注册登记的程序；三是界定一级市场上证券发行的法律责任。此法的颁布不仅奠定了它在美国联邦证券法律体系中的基石作用，而且为后面金融法律体系的完善奠定了基础。

在《1933 年证券法》之后，美国又前后颁布了《1934 年证券交易法》、《1939 年信托契约法》、《1940 年投资顾问法》、《1940 年投资公司法》、《1970 年证券投资者保护法》、《2000 年商品期货现代化法》、《萨班斯-奥克斯利法》（2002）和《多德-弗兰克法案》（2010）等等。美国国会之所以不断出台新的法律或修正案，主要是为了弥补和完善《1933 年证券法》的不足，但最终也使美国构建出了"以专门立法为主的证券法律体系"（李朝晖，2000）。毫无疑问，上述系列法律文本的制定与颁布，不仅在制度的意义上加强了对证券市场的规范作用，而且为其金融强国地位的获得提供了较为坚实的制度保障。

3. 监管理念和监管模式的不断创新

美国金融强国地位的生成，除了仰仗以《1933 年证券法》为主体的证券法律体系之外，还依赖其监管理念和监管模式的不断创新。众所周知，在 19 世纪初期，美国信奉的是古典自由主义的经济学理念，其金融监管处于自由状态。直到 1913 年，美国国会通过了《联邦储备法》，宣告了美联储的成立，这种自由状态才得以结束。自此以后，美国围绕金融创新的动态需求不断地调节其监管模式，从而对其金融市场的繁荣和发展起到了良好的促进作用。考察其主要调节之处，大致有以下几点。

第一，鼓励金融科技发展，重新调节金融监管与金融创新之间的关系。尽管金融科技的创新给传统意义上的金融监管带来了挑战，但美国秉承主动监管的理念，有力地缓解了对金融科技进行监管的不确定性因素。譬如，构建金融创新网络，调整联邦与州之间合作监管的力度和范围。考虑到联邦与州金融科技监管机构的所属类型不同，美国主要将它们的合作集中在安全性和稳健性、证券和衍生品市场、保险、住房金融、消费者金融保护、并表监管和系统性风险等方面，比较好地适应了金融科技的创新发展。

第二，落实金融消费者权益保护的主体责任，保障金融消费者合法权益。美联储设立消费者金融保护局来专门负责制定那些向消费者提供金融服务和产品的相关规则。此外，美联储扩展了"最后贷款人"的职能，不仅将金融工具由传统银行延展至投资银行、货币市场等领域，而且通过直接干预公司债务、市政债务等主要信用市场来预防流动性危机。

第三，监管的重点表现出由微观审慎向宏观审慎的转变趋势。譬如，基于对各监管机构之间缺少相互协调的不足问题，美国在2010年成立了金融稳定监督委员会，意在通过构建一个具有全国性质的监管体系来在宏观审慎视域中实现监管资源的统筹调用，从而对危及美国金融稳定的各类风险进行有效的防范和应对。

在金融创新活动的规模日益扩大的客观现实面前，如何构建一种有效的金融监管体系以适应其发展，绝非一件容易的事情。美国的金融监管体系虽然已相对完善，但仍处于不断创新和调整之中。当然，它们的"创新和调整"也并非完美无缺，但是基于现实问题而来的对监管模式的不断创新，或许正是美国之所以能居于金融强国地位所不可缺少的一种关键要素。

## 三、金融强国的特征与中国金融强国建设构想

### （一）金融强国的生成基因

纵观英国和美国的经济发展史可以看到，一些共同的因素影响着两个国家的金融崛起，这些因素可以视为金融强国的生成基因。其中包括：

第一，思想文化基础。17—19世纪是英国成为金融强国的重要时期，这段时间英国通过第一次工业革命、航海贸易和海外殖民扩张积累了大量财富，在为伦敦金融市场的形成和发展奠定了物质基础的同时，也促进了自由贸易思想的成长。1776年，亚当·斯密的《国富论》批判了重商主义，提出重商主义就其性质与实质来说，是一种限制与管理的学说，是实现国民财富增进的最大阻碍。矫正和克服这种弊端的出路，在于实现真正的自由放任，确立最明白最单纯的自然自由制度。《国富论》奠定了资本主义自由经济的

理论基础，标志着古典政治经济学理论体系的建立，推动了自由市场经济的普及和金融市场的成长。美国在 19 世纪后半期的快速工业化带来了巨大的资本需求，推动了其金融市场的扩展，促进了华尔街的崛起，成为全球资本中心之一。在这一过程中，美国强调企业家精神、创新和机会平等。这种对新事物的开放态度和试错精神使金融市场具有强大的适应性和创新性，孕育了金融市场的繁荣发展。

第二，市场自由和经济要素的自由流动。中世纪晚期，随着封建制度的约束逐渐被打破，经济资源和市场要素在英国全社会范围内的自由流动逐渐放开。经过垦殖运动、土地买卖、宗教改革运动、圈地运动等一系列涉及产权变动的制度变革，土地变成一种可以进入市场与货币进行交换的市场要素。18 世纪中后期，英国从自由国际贸易中获得了巨大的利益，英国的企业家数量不断增加，他们不再依赖政府补贴、垄断特权和关税保护，而是越来越多地依靠产品的低价格与高质量进行竞争。在 1762 年之前，国家和地方政府管理劳动力和工作条件，地方治安司法机构对工资的管理在英国长达几个世纪，但通常只规定工资上限。这一措施在 1762 年被取消，工资水平开始由市场对劳动力的供给需求来决定。一支自由的、能够流动的、低工资的劳动力大军也涌现出来。土地、劳动力和资本等要素市场逐渐形成，极大活跃了英国的市场经济。

在美国，联邦政府通过多种方式不断推动土地私有化进程。一方面，政府不断缩小土地可交易的最小规模。1785 年《土地令》规定土地可交易的最小规模是 640 英亩，1800 年联邦政府将土地可交易的最小规模缩小到 320 英亩，1804 年缩小到 160 英亩，1832 年进一步缩小到 40 英亩。土地可交易最小规模的缩小使得更多的个人有机会参与到土地市场的交易中，加快了土地私有化进程。另一方面，政府针对特定人群直接赠予土地。例如，退伍军人可以获得联邦政府的某些赠地；20 世纪 50—70 年代，联邦政府直接赠予几百万英亩的土地以鼓励那些定居人数不多的地区修建铁路；州政府也获得处理联邦土地的权利，以发展诸如教育等有价值的事业。到 1890 年，大量公地被转移到私人手中，联邦政府以一种空前的速度完成了领土的私有化，作为自然资源的财富被迅速转化为作为生产资料的经济资源。

第三，不断完善的法律体系。在 19 世纪之前，英国已经形成相对完善的财产权保护体系，普通法（common law）对土地和动产的所有权提供了明确的法律保障。然而，随着工业革命带来的社会经济结构的变化，传统的财产权保护制度略显滞后。从 19 世纪 30 年代开始，英国进行了为期四十余年的司法改革，其中，1873 年颁布、1875 年正式实施的《司法制度法》标志着普通法和衡平法两个并行法律体系的融合，使法院能够在解决私有财产纠纷时同时参考普通法的严格规则和衡平法的灵活调节手段。与此同时，司法体系通过对合同法的精细化规定，巩固了私有产权的法律地位。法院通过判例逐步确立了合同的核心原则，即契约自由和意思自治，这意味着任何合法的财产交易和转让，只要当事双方达成合意，就应当受到法律的尊重和保护。随着商业活动的扩展，法院的判决逐渐奠定了契约履行的严肃性，确保了交易中的各方都能够依赖合同条款使其财产得到应有的保护。合同法的完善不仅保障了当时日益增多的商业交易，还确保私有财产的流通在秩序与规则的框架下进行。

在美国金融崛起之前，同样经历了法律制度不断完善的过程。南北战争之后，美国资本市场的发展突飞猛进，但周期性的恐慌、崩盘也揭示出美国金融体系的不稳定性。1907 年，纽约市的投机家弗里茨·奥古斯塔斯·海因策（Fritz Augustus Heinze）试图通过一场股票收购战控制联合铜业公司（United Copper Company），计划失败导致股票价格大跌，尼克博克信托公司破产，大量存款人进行恐慌性提款，随后其他金融机构也面临类似挤兑。公众对银行和其他信托公司的信任迅速瓦解，银行挤兑潮在纽约及其他城市蔓延，部分银行破产倒闭，股市也随之进一步大幅下跌。这场由股票市场价格波动带来的严重的银行危机，使得美国金融市场一度陷入瘫痪，美国经济一度陷入衰退，工业生产、就业和投资都出现大幅下降。最终，J. P. 摩根等金融领袖不得不出面干预，注入大量资金以稳定局势。危机之后，公众和政府都意识到美国金融体系的缺陷，尤其是缺乏一个强有力的中央银行来调控货币和处理银行挤兑问题。经过多年讨论和研究，1913年，美国国会通过了《联邦储备法》，成立了联邦储备系统（Federal Reserve System，简称"美联储"）。该系统由12个地区联邦储备银行组成，负责发行货币、管理货币供应、调控信贷和处理经济危机；设置联邦公开市场委员会（FOMC），通过公开市场操作来调节货币供应和利率；为银行提供紧急贷款，以应对银行挤兑和信贷危机。美联储自成立起即成为货币政策的核心制定者，享有干预经济危机的权力，这标志着美国金融体系进入了一个更加现代化和规范化的时代。大萧条之后，美国于1933年通过了《格拉斯-斯蒂格尔法案》（Glass-Steagall Act），通过将商业银行和投资银行业务分离来减少金融风险，遏制了银行业的过度冒险行为，通过设立联邦存款保险公司（FDIC）来为银行存款提供保险保障，也使得美国银行系统变得更加稳健。1934年，美国国会通过了《1934年证券交易法》，全面加强了对证券市场的监管，建立了公开完善的上市公司信息披露制度，成立了美国证券交易委员会（SEC），由该委员会负责监督股票和债券的交易，防止市场操纵、内幕交易和欺诈行为。证券交易委员会的成立和法律体系的完善促进了美国金融体系的快速发展，也使美国资本市场成为全世界顶尖企业理想的融资场所，为美国在二战后迈向金融强国奠定了基础。

## （二）英美金融强国基因比较

比较英美两国金融强国的形成过程可以看到，虽然两个金融强国崛起的历史背景和国际环境有所差异，但是思想的解放、经济要素的自由流动、完善的法律体系是金融强国的种子得以萌芽发展的共同基因。

首先，思想的解放激发了技术创新和经济变革，推动了社会结构和思想观念的转型。17—18世纪欧洲启蒙运动强调理性和科学，提倡用实验和观察来理解世界，推动人们质疑传统的信仰和思维方式，转而依靠科学发现和技术创新来解决问题。经济思想的解放则推动了政府对经济活动管制的放松，提升了对个人财产权的尊重，私有财产的观念得到加强，促使人们更加大胆地进行投资和创新。在社会阶层方面，思想的解放打破了封建社会的等级结构，个人主义思想的崛起激发了个人创业精神，大量企业家就此涌现。在国际贸易方面，思想的解放使得人们意识到全球市场的重要性，为自由贸易的发展和金融的全球扩张提供了可能。

其次，资本、土地和劳动力等经济要素的自由流动为提高资源配置效率、促进大规模工业生产提供了可能。资本的自由流动使得资本得以在本国乃至国际迅速集中，获取资源和投资机会，为工业生产提供充足的资金支持。土地资源的自由流动促进了农业的集约化经营，推动了生产效率的提高，农业生产力的提升解放了大量劳动力。劳动力的自由流动使得农村劳动力向城市聚集，为新兴工业部门生产提供了大量廉价劳动力，推动了大规模生产的实施。与此同时，技术工人和工程师的自由流动的加速使得新技术和工艺得以在各地传播和应用。原材料、商品和服务在国内的流动促进了市场经济的繁荣和消费需求的增长；全球原材料的供应和产品出口既为大规模工业生产提供了低成本的原材料，保持了生产成本的竞争力，又为商品销售提供了全球市场需求。

再次，完善的法律体系为金融强国提供了制度保障。法治化是金融和经济运行的基础。产权的明确激励了投资者对新兴工业的投入；对私人财产安全的保护给投资者带来了安全感和稳定的预期，推动了资本积累；专利法的施行保护了发明者权益，鼓励了技术创新；合同法的施行确保了商业交易的合法性和可执行性，促进了商业活动的繁荣；公司法的施行为推动多个投资者共同承担风险提供了可能；证券交易法的施行提高了金融市场的透明度，成为资本市场发展的基石。

最后，英美金融的不同更多体现在金融功能定位的不同以及由此带来的特征差异上。作为19—20世纪初期全球经济和金融的霸主，英国金融体系延续了当时以商业银行为主导的金融体系的某些特征。时至今日，英国依旧是全球联系最紧密的银行中心，最大的国际债务发行、商业保险和外汇交易中心。根据 2023 年的数据，伦敦约有 250 家外国银行在此设有分支机构，是全球外资银行数量最多的城市之一。根据 2022 年国际清算银行（BIS）的数据，伦敦每天的外汇交易量超过 3.2 万亿美元，占全球外汇市场交易量的 40%。因此，英国金融的强大更多体现为它作为全球货币的定价与交易平台所发挥的独特作用。美国金融崛起发生在 20 世纪 30 年代之后，强大的资本市场是美国金融体系的核心。截至 2024 年 10 月，纽约证券交易所的市值规模达到 43 万亿美元，纳斯达克证券交易所的市值规模约为 34 万亿美元，位列全球交易所的前两名。与英国相比，美国金融的强大更加突出地体现在它作为全球金融资产交易平台所扮演的角色上。与高度发达的资本市场相对应的是美国还是各类金融创新的引擎，各类金融衍生工具、对冲基金和私募股权基金等新型金融业态发展迅速。

### （三）中国金融强国建设构想

第一，培育金融强国的共同基因。金融强国的建设并非空中楼阁，思想的解放、经济要素的自由流动、完善的法律体系是推动英美现代金融体系繁荣发展的重要基础。金融强国的建设过程是国家经济、科技、军事硬实力提升的过程，更是法律、制度、文化等软实力持续完善的过程，是国家信誉不断彰显、国家全面迈向现代化的过程。中国金融强国的建设首先要尊重金融发展的一般规律，培育金融强国赖以存在和发展的共同基因。在经济、军事、科技硬实力与法律、制度、文化软实力同步提升的前提下，实现金融与实体经济良性互动，促进科技、产业、金融良性循环，加快金融强国建设步伐。

第二，探索所有制性质对中国金融强国建设的独特影响。无论是英国还是美国，金融强国建设都是在私有制为主体的经济环境下发展起来的。国有企业和民营企业在生产经营管理方式、生产要素获取、企业社会责任承担乃至企业经营目标选择等诸多方面都存在巨大差异。以往人们普遍更看重国有企业在公司治理、经营管理能力与运行效率、过高的社会责任承担等方面存在的短板，因而在相同盈利水平下给予国有企业更低的估值。然而，从另一个角度看，国有企业有更多的参与关键产业或国家战略性新兴产业投资的机会、更加稳健的财务状况、更多的获取融资和政府补贴的渠道，这些差异会从企业盈利能力水平、成长性、经营风险等多个维度给国有企业价值带来积极的影响。

第三，提升金融监管和治理能力。金融是一个极其复杂的体系，宏观、行业和部门的风险相互交织，经济与金融风险互为因果。更关键的是，金融风险的隐蔽性、突发性、传染性、系统性、危害性都远超经济其他部门（刘伟和刘志清，2024）。因此，一个强大的金融体系必然要求构建科学合理的监管制度体系，既要有效管控风险、应对危机，又不能因噎废食，以安全的名义阻碍发展。改革开放四十多年来，我国避免了重大金融危机的发生，这与我们坚持在市场化、法治化轨道上推进金融创新、坚持统筹金融发展和金融安全、坚持以发展促进安全的实践思路不无关系。然而，中国金融监管和治理能力薄弱的问题并没有在根本上得到解决。我们对金融基本规律、金融常识和逻辑的认识依然不够深刻，跨部门的政策协调、监管协同还有待加强，金融服务实体经济的效率还有待提升。

第四，以金融强国建设推进实现中国式现代化。金融强国是在"两个大局"的时代背景下提出的，是推进中国式现代化、建设社会主义现代化强国的内在要求。建设金融强国的逻辑内嵌于社会主义现代化的大逻辑。大国兴衰与金融发展进程和方式密切相关，科技革命、科技产业的发展需要金融的"春风"，但金融扩张和过度金融化也是大国衰落的先兆，最重要的是要处理好金融与实体经济的关系。要加强金融强国建设，就必须把强大的经济基础作为内核，回归本源，全面提升金融服务实体经济的效率和水平。

**参考文献**

［1］埃里克·霍布斯鲍姆，工业与帝国：英国的现代化历程．北京：中央编译出版社，2016：106.

［2］安格斯·麦迪森．中国经济的长期表现：公元960—2030年．上海：上海人民出版社，2016．

［3］陈其田．山西票庄考略．北京：商务印书馆，1935．

［4］陈雨露．工业革命、金融革命与系统性风险治理．金融研究，2021（1）：1-12．

［5］韩业芳．调查山西票庄总行商务记．油印本，1921．

［6］黄鉴晖．山西票号史料．增订本．太原：山西经济出版社，2002．

［7］李明传．美国技术创新的历史考察．武汉：武汉大学出版社，2013：94-95．

［8］李朝晖．证券市场法律监管比较研究．北京：人民出版社，2000：44-58．

［9］刘逖．1600—1840年中国国内生产总值的估算．经济研究，2009（10）：144-155．

［10］刘伟，刘志清．建设金融强国的历史逻辑和实现路径．金融监管研究，2024（6）：1-6．

［11］刘秋根．中国典当制度史．上海：上海古籍出版社，1995．

［12］王志军．欧美金融发展史．天津：南开大学出版社，2013：37．

［13］吴晓求．中国金融监管改革：逻辑与选择．财贸经济，2017，38（7）：33-48．

［14］吴晓求，何青，方明浩．中国资本市场：第三种模式．财贸经济，2022，43（5）：19-35．

［15］应展宇，张强，谭松涛．产业革命与金融业态的演变：历史视角．应用经济学评论，2023（1）：85-113．

［16］约翰·马克·法拉格，玛丽·乔·布尔，丹尼尔·切特罗姆，苏珊·阿米蒂奇．美国人的历史．上海：上海社会科学院出版社，2021：839．

［17］张晓晶，王庆．中国特色金融发展道路的新探索：基于国家治理逻辑的金融大分流新假说．经济研究，2023（2）：20-38．

［18］张仲礼．中国绅士的收入．上海：上海社会科学院出版社，2001．

［19］Hicks，John. *A Theory of Economic History*. New York：Oxford University Press，1969．

［20］Gallman，Robert E. "Economic Growth and Structural Change in the Long Nineteenth Century." In Stanley L. Engerman and Robert E. Gallman，eds. *The Cambridge Economic History of the United States*，Volume II，Cambridge：Cambridge University Press，2008．

第二章 >>>>>>

# 金融强国之先河：英国历史

　　摘　要：本章探讨了英国如何从荷兰的衰落中崛起为全球金融强国，阐述了英格兰银行在维持金融稳定中的关键作用及其职能的演变，分析了英国金融市场与监管体系的逐步发展与成熟过程，梳理出了一条英国在实现金融强国过程中的独特路径，即运用市场手段，重视思想创新，充分发挥市场自发调节功能，不断健全完善各项法制保障，通过政府这双"有形之手"纠正市场失灵，逐步构建了"探索型金融强国"的发展模式。最后，本章总结了英国金融崛起的经验，并且为中国如何借鉴这一经验来推动自身金融体系的现代化并实现金融强国目标提供借鉴和启示。

## 一、从荷兰的衰落到英国的崛起：金融中心的转移

　　在全球金融史上，金融中心的漂移往往伴随着经济、政治与军事力量的此消彼长。荷兰作为 17 世纪的金融和贸易中心，曾凭借其强大的航运业和发达的金融体系成为全球海上霸主。然而，随着全球竞争格局的变化，荷兰的霸权逐渐被新兴的英国取代。英国凭借其独特的发展路径、制度创新以及强大的军事力量，逐步崛起为全球金融强国，开启了"日不落帝国"的辉煌时代。本节通过对荷兰衰落与英国崛起的分析，探究了金融中心转移背后的深层原因和关键因素。

### （一）"脆弱的霸权"——荷兰的衰落教训

1. 人口与经济规模的限制

荷兰作为过去 500 年三个储备货币帝国（荷兰、英国、美国）之一，在

17 世纪凭借其发达的航运业和庞大的贸易网络，迅速成为全球金融和海上贸易的中心，15—17 世纪的人均 GDP 增长率达 0.52%，高于英法数倍。阿姆斯特丹也成为荷兰在鼎盛时期的国际金融中心，荷兰盾成为全球性储备货币。

然而，依据伯恩斯坦的《繁荣的背后：解读现代世界的经济大增长》，荷兰的国土面积和人口规模在当时欧洲强国中相对较小，在公元 1700 年，荷兰人口仅为 190 万，而法国人口为 2 150 万，英国人口为 860 万。尽管荷兰的人均收入曾高达法国的两倍，但由于人口数量少且出生率低，荷兰的 GDP 总额从未超过英国的 40% 和法国的 20%。这样的规模限制了其内部市场的扩展，无法产生足够的内需来支撑长远的经济发展。同时，较少的人口也限制了荷兰的劳动力供给。虽然荷兰通过航海业、国际贸易和金融业吸引了大量外资和人才，但这些产业的本质决定了它们在应对长期的经济竞争时不够稳定。

这种局限在全球竞争加剧时变得尤为突出。冲突起始于英国 1651 年通过《航海条例》（Navigation Act）（该法律禁止英国与其他国家进行间接贸易）后 7 个月，激烈地持续到美国独立战争结束，并伴随着发生在英国多格浅滩的军事战斗。尤其是随着英国和法国等大国的崛起，荷兰无法通过扩大生产力和开发新资源来应对新的国际经济格局。尽管荷兰在商业和金融领域依然占据领先地位，但其无法将这些优势转化为长期的综合国力，这使得荷兰在欧洲列强中处于不利地位。

随着来自海外的收益逐渐减少，富有的荷兰储蓄者将资金转移到更具吸引力的英国投资项目中，其中最典型的例子就是最早的现代股份公司荷兰东印度公司（成立于 1602 年）的衰落。由于荷兰的经济基础主要依赖于贸易和金融，其他产业基础相对薄弱，经济发展陷入了瓶颈。在此背景下，英国凭借更大的人口规模、更丰富的资源以及不断扩大的国内市场迅速超越荷兰，成为全球贸易和经济的新中心。

**2. 缺乏强有力的中央集权**

荷兰的政治实体分成了 7 个半自治的省份，是一个处于危险大陆边缘的松散政治联邦，各省份拥有高度的自治权。这种政治体制虽为地方经济的自由和活力提供了空间，但在国家层面上形成了管理的分散性和决策的低效性。荷兰的省份各自为政，中央政府在很多关键决策上缺乏强有力的权威，尤其是在面对外部的竞争压力时，国家难以形成统一的战略。政治体制上的分权使得荷兰无法迅速应对国际事务中的重大变化，尤其是在面对英国和法国等国家的军事和经济竞争时，表现得尤为乏力。例如，在面对英国和法国的军事威胁时，各省份对军费开支的分配争执不下，导致荷兰无法有效维持一个强大的海军和陆军，这大大削弱了其国际竞争力。相较之下，英国通过君主立宪制和议会制度逐渐形成了强有力的中央集权，使得国家在资源调配和决策制定上更加高效。

在金融领域，荷兰虽然是当时的国际金融中心，但其金融体系也因地方自治过强而缺乏全国统一的协调。各省份各自发行债券和货币，使得金融政策无法在全国范围内统一实施。相反，英国通过英格兰银行的建立，将金融管理权集中到了中央政府手中，能够更有效地调动全国的资本资源，用于推动国家的工业化和全球扩张。荷兰由于未能建立一个能够有效集中资源和权力的中央金融机构，逐渐在全球金融体系中失去了竞争优势。

3. 技术创新、产业革命的缺失

工业革命是 18 世纪末 19 世纪初全球经济格局最具变革性的事件，英国通过率先实施工业化迅速崛起为全球经济强国。相比之下，荷兰在这场全球性的技术革命中反应迟缓，未能像英国那样抓住工业化的机会。荷兰的商人阶层长期以来更关注国际贸易和金融投资，而未能将足够的资源投入制造业中。虽然在 17 世纪荷兰的造船业和纺织业曾一度繁荣，但这些行业更多依赖手工劳动，未能像英国那样进行大规模的机械化生产。

而英国在 18 世纪末率先引入蒸汽机，推动了纺织、煤矿和冶金等行业的技术革新。英国的工业化不仅极大提高了生产效率，还通过大规模的交通运输系统，尤其是铁路和蒸汽船的广泛应用，迅速扩大了其在全球市场中的份额。相较之下，荷兰未能在工业化浪潮中保持领先，依旧依赖传统的手工业和商业模式，其在全球市场中的竞争力迅速下降。

此外，英国的大规模工业生产使得其商品价格更具竞争力，进一步压缩了荷兰制造业的生存空间。荷兰未能像英国那样推动产业升级，也缺乏技术创新，这使得其在国际贸易和经济竞争中逐渐被淘汰。产业革命的缺失不仅削弱了荷兰的经济实力，也使其在全球经济舞台上的地位逐渐降低，如图 2 - 1a 所示，荷兰国力下滑，被英国反超。

4. 军事实力相对较弱

荷兰在 17 世纪凭借其强大的海军和航海技术，建立了庞大的全球贸易网络，成为当时的海上霸主。然而，荷兰的军费开支占全球的比例低（不到1%），军人人数占全球的比例低（不到1%），荷兰的军事实力相对薄弱，这些在与英国、法国的多次战争中暴露无遗。如图 2 - 1b 所示，前三次英荷战争（1652—1674 年）标志着荷兰海上霸主地位的逐渐丧失，之后在 1784 年第四次英荷战争结束时，荷兰盾的实际流通量迅速减少，荷兰盾的崩溃也标志着荷兰作为世界大国的地位显著降低。

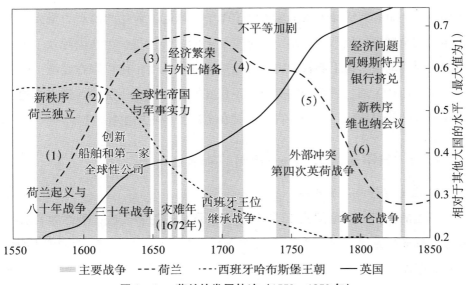

**图 2 - 1a　荷兰的发展轨迹（1550—1850 年）**

注：本图显示了荷兰帝国的完整发展轨迹，并标出了其中的重大事件。图中的数字表示内部秩序周期的 6 个阶段的大致发生时间。

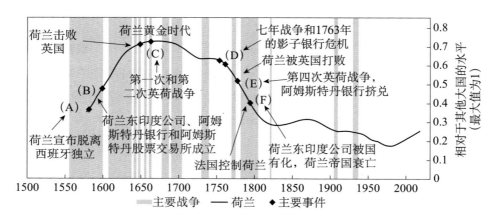

**图 2 - 1b　荷兰相对于其他大国的地位（估计值）**

资料来源：瑞·达利欧．原则：应对变化中的世界秩序．北京：中信出版社，2022.

另外，荷兰的军事劣势不仅体现在海上，其陆军也长期处于弱势状态。虽然荷兰在欧洲大陆上地处重要战略位置，但其陆军力量无法与法国和英国的军队相抗衡。战争的失败不仅削弱了荷兰的经济基础，还动摇了其全球贸易网络的稳定性。随着英法等国在全球殖民扩张中的崛起，荷兰的海军力量无法有效保护其全球殖民地和贸易站。这种军事上的劣势使得荷兰在国际竞争中逐渐丧失了主动权。海上霸权的丧失，结束了荷兰几个世纪以来在经济上的领导地位。而英国通过一系列的胜利，不仅在军事上占据了优势，还通过建立更为强大的殖民帝国，进一步巩固了其在全球贸易中的主导地位。

## （二）"日不落帝国"——英国的崛起之路

### 1. 历史背景与法律基础

英国的崛起可以追溯到 1215 年《大宪章》的签署，这一事件为其法律和政治制度的发展奠定了基础。《大宪章》确立了君主必须遵守法律的原则，开启了限制君主权力的进程，为英国的法治传统打下了根基。随着时间的推移，英国逐步确立了君主立宪制，通过议会的壮大和权力的分散，国王的专制权力受到进一步限制。17 世纪，议会成为国家重要的立法机构，国王只能在法律框架内行使权力。特别是在 1688 年光荣革命之后，英国确立了"王在法下"的制度，明确了议会的主导地位，确保了国家政策的连续性和稳定性，避免了专制带来的动荡。更为重要的是，这一制度保障了个人财产权和商业自由，为资本主义的兴起提供了法律支持。英国法律体系的完善，尤其是对财产权和合同的保护，极大增强了投资者的信心，为资本的积累创造了安全的环境，也为工业革命前的经济发展奠定了基础。

### 2. 光荣革命与君主立宪制

1688 年光荣革命推翻了詹姆斯二世的统治，威廉三世和玛丽二世的登基标志着君主立宪制的正式确立。这场几乎没有流血的革命进一步巩固了议会对君主的监督，确保了国家的政治稳定。在君主立宪制下，权力逐渐从国王手中转移到议会，国家的政策制定因此更加透明和连贯，避免了专制统治带来的极端政策和社会动荡。议会主导下的国家制度更注重权力的分配和平衡，这种稳定的政治环境为英国的经济和金融创新提供了有力支持。在这一制度下，英国通过一系列经济改革，尤其是在金融领域的改革，建立了现代银行体系和债券市场。英格兰银行的成立标志着英国金融体系的现代化，为工业革命提供了充足的资本支持，也推动了英国在全球金融领域的崛起。

### 3. 海外扩张与海上霸权

英国的崛起离不开其海外扩张和海上霸权的建立。1580 年，弗朗西斯·德雷克的第二次环球航行标志着英国进入世界航海强国的行列。1588 年，英国在弗洛雷斯海战中击败西班牙"无敌舰队"，这是英国海上霸权确立的转折点，也宣告了西班牙作为全球霸主地位的逐渐衰退。16 世纪末至 17 世纪，英国逐渐建立了强大的海军，开始在全球范围内扩张殖民地。

此后，英国通过《航海条例》巩固了其海上霸权。1651 年起实施的《航海条例》规定，所有与英国的贸易必须通过英国船只进行。这一政策不仅削弱了荷兰等竞争对手的海上贸易地位，还为英国的海运业和全球贸易体系带来了巨大的经济利益。凭借着对全球重要贸易路线的垄断，英国迅速积累了财富，并在全球范围内建立了广泛的殖民地网络。

随着海军力量的增强，英国在 17 世纪和 18 世纪的几场关键战争中均取得了胜利，特别是在对法战争中，英国通过一系列胜利不仅扩展了其殖民地，还控制了全球重要的海上通道。通过这些殖民地，英国获得了大量资源和市场，使得其经济迅速增长，并奠定了未来几百年全球霸权的基础。

### 4. 工业革命与思想进步

英国崛起的另一个重要因素是 18 世纪末开始的工业革命。1785 年，詹姆斯·瓦特改良的蒸汽机投入使用，大大提高了工业生产的效率。蒸汽机的广泛应用不仅推动了纺织、煤矿、冶金等传统行业的革命性变革，也促进了英国经济的快速增长。工业化的进程使得英国的生产能力和经济规模迅速扩展，成为全球第一个实现大规模机械化生产的国家。工业革命带来的不仅是生产力的飞跃，还深刻改变了社会结构。大量人口从农村涌入城市，推动了城市化进程，为工业提供了充足的劳动力资源。与此同时，随着生产力的提高，商品供应增加，英国迅速占领了全球市场，成为全球贸易的中心。

工业革命也促进了科学技术的发展，英国的创新力得到极大提升。亚当·斯密的《国富论》为市场经济和自由竞争提供了理论基础，推动了自由贸易政策的实施，使得英国在全球经济中占据了有利位置。自由竞争的市场机制使得英国能够吸引世界各地的资本和人才，进一步巩固了其经济霸权。

### 5. 维多利亚时代的辉煌

进入维多利亚时代，英国已经成为全球最强大的殖民帝国，如图 2-2 所示，英国国力达到鼎盛。通过工业革命带来的经济和技术优势，英国在全球范围内建立了庞大的殖民地网络。到 19 世纪中期，英国的殖民地覆盖了全球近四分之一的陆地面积，英国统治了世界近 25% 的人口。在这一时期，英国的全球霸主地位达到了巅峰，维多利亚时代的英国不仅是全球最大的工业生产国，也是国际金融中心。伦敦成为世界资本流动的核心，英镑成为全球储备货币，进一步巩固了英国的经济霸权。英国的银行体系和金融市场吸引了大量国际资本流入，推动了国内外经济的快速发展。

在这一时期，英国通过其强大的经济、军事和政治力量，主导了全球贸易和殖民事务。其铁路和航运系统极大提高了全球贸易的效率，进一步加强了英国对全球市场的控制。维多利亚时代的英国在全球范围内形成了强大的经济和政治影响力，开启了长达 120 年的"日不落帝国"时代。

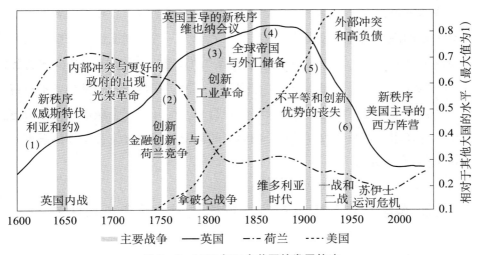

**图 2-2　1600 年至今英国的发展轨迹**

资料来源：瑞·达利欧. 原则：应对变化中的世界秩序. 北京：中信出版社，2022.

注：本图显示了英国的发展轨迹和关键事件的发生时间。图中的数字表示内部秩序周期的 6 个阶段的大致发生时间。

荷兰的衰退与英国的崛起揭示了在全球竞争中，强大的经济基础与军事力量对于维持国家霸权的重要性。荷兰虽然在 17 世纪凭借其发达的航运业和复杂的金融体系一度成为全球海上霸主，但由于缺乏强有力的中央集权，未能在应对国际竞争时快速做出统一决策。此外，荷兰在工业革命中反应迟缓，未能抓住工业化带来的生产力飞跃机会，继续依赖传统的手工业和贸易模式，这导致其制造业逐渐失去了与其他国家的竞争力。荷兰的军事力量尤其是在面对英国的多次海上战争中显得薄弱，最终荷兰失去了对全球贸易网络的控制，逐步衰退。

相比之下，英国通过其完善的法律制度，尤其是光荣革命之后确立的君主立宪制，确保了政治的长期稳定，并为商业自由和财产权利提供了法律保障。同时，英国通过海外扩张和殖民地的建立，逐步确立了全球海上霸权。

工业革命则极大提升了英国的生产能力，使其迅速成为全球工业和经济的中心。此外，英国强大的海军力量保障了其全球贸易的顺畅运行，使其在全球市场中占据了有利位置。

在这一过程中，英国的制度设计能力、资源调动能力、技术创新能力与军事力量的协同发展，构成了其崛起的核心动力。法律制度保障了财产权利和资本流动的安全，中央集权提高了决策效率，技术革新推动了生产力提升，而强大的军事力量则为经济扩张提供了保障。在接下来的部分，本章将详细探讨金融稳定与中央银行（英格兰银行）在提升英国金融市场竞争力方面的重要作用，以及金融市场与金融监管的演变如何通过完善监管体系推动英国成为金融强国。

## 二、金融稳定与中央银行：英格兰银行的角色与功能

英格兰银行自成立以来经历了多次重要的变革与发展，从最初的私人银行逐渐转型为国家中央银行，肩负着维护金融稳定与支持经济发展的核心使命。凭借深厚的历史积淀和专业能力，英格兰银行承担起制定货币政策、监管金融机构及维护金融基础设施安全高效等职责，在应对金融风险时展现出独特优势。

### （一）英格兰银行的发展历程

1. 英格兰银行的成立与国有化

英格兰银行成立于 1694 年，最初作为一家私人合股公司，主要负责发行银行券，为英国政府筹集资金。然而，18 世纪末期，随着英国商品价格出现剧烈波动，学者们开始关注银行货币供应对价格稳定的影响。从 1797 年到 1814 年，英格兰银行的货币发行量增加了 3 倍，对应黄金价格上涨了40％，导致英格兰银行对经济发展和贸易活动的影响饱受质疑。面对外界的批评，英格兰银行坚持认为其货币增发应该基于商业活动而不是固定的比例

约束。然而，贵族和企业家对这样的解释并不满意。1815年拿破仑战争结束后，英国便迅速要求英格兰银行恢复黄金兑现制度，并对银行纸币发行施加限制。此后，英国进入了长达三十年的货币改革时期。由于缺乏明确的计划和国际经验，英国政府只能依赖实践经验，不断试错，逐步推进改革进程。1816年，在议会的压力下，英格兰银行宣布恢复部分黄金兑现，这一举措引发了严重的黄金挤兑，导致1817—1818年间货币供应和商品价格大幅下降。政府随后将黄金兑现制度放缓到四年内逐步实施，但这一措施也未能获得市场认可，货币紧缩进一步恶化了经济状况。另外，英格兰银行在英国金融市场上已然具有垄断地位，因此为了打破其垄断经营，1826年英国通过了《1826年银行法》，允许在伦敦65英里之外设立小型银行。这一措施旨在促进商业银行的发展，但小型银行面对经济波动时十分脆弱，难以抵御危机，结果纷纷寻求英格兰银行的帮助。1839年，英格兰银行自身也因此陷入经营危机，向法兰西银行寻求帮助。到了1843年，英国已有63家银行倒闭，占总数的10％，银行业已经陷入困境。

为应对这些挑战，英国政府在1844年通过了《1844年银行法》，进一步明确了货币发行的规则，并加强了对英格兰银行的监管。通过这些措施，政府希望重建公众对金融体系的信心。该法案将英格兰银行划分为两个独立部门，发行部专门负责货币发行，而商业银行部负责处理日常银行业务。这种职能分离避免了银行的商业利益干扰货币政策，确保英格兰银行的货币政策制定更具公正性和透明度，也为货币发行体系的独立性奠定了基础。同时，该法案削弱了其他银行的货币发行权，将货币发行权集中于英格兰银行，增强了宏观调控能力，成为现代中央银行制度的重要特征。《1928年通货与钞票法》进一步正式确认了英格兰银行是英国唯一有权发行货币的机构。为了提高货币发行的透明度，发行部被要求每周向议会和公众报告其资产负债表及盈利情况。定期的信息公开提高了公众对银行运作的信心，加强了政策的可追溯性和透明度。通过上述一系列措施，英国逐步将货币发行的私人权力转化为公共权力，英格兰银行从私人银行向承担公共责任的中央银行转型。

二战前后，英国政府为了应对经济复苏，开始推行凯恩斯主义经济学理论，主要通过财政政策和货币政策的配合来刺激总需求，采取降低利率和增加货币供应量等政策推动经济增长。然而，这些政策也带来了诸如通货膨胀上升、外汇汇率波动以及英镑贬值等问题，对英国的金融体系造成了压力。为了应对金融和经济上的需求，1946 年英国政府通过了《1946 年银行法》，将英格兰银行彻底国有化。通过收购英格兰银行的全部股本，政府接手其管理，董事会成员改由国王直接任命。这一国有化措施将英格兰银行正式纳入国家控制，强化了政府对货币政策的干预能力，确保英格兰银行能够更好地执行凯恩斯主义政策目标。由此英格兰银行也将享有更多的权力和承担更多的责任，成为现代意义上的中央银行。英格兰银行将继续负责货币发行，并在货币政策上有更大的自主权。除此之外，英格兰银行还获得了对商业银行的监管权和对国库的管理权。这些变革确立了英格兰银行作为英国宏观经济管理和金融稳定保障的核心机构的地位。

2. 英格兰银行监管权的确立

20 世纪 70 年代的英国银行危机暴露了当时金融监管体系的严重不足。1973—1975 年间，英国银行的监管主要依赖"道义劝说"等非强制性手段。然而，随着金融交易范围的扩大和市场活跃度的增大，这种宽松的监管模式逐渐难以适应金融市场的复杂性。当时的次级银行凭借房价上涨大量发放贷款，不断扩大规模。但房价在 20 世纪 70 年代初的突然下跌，叠加 1973 年石油危机导致的利率上升，使次级银行的抵押贷款资产迅速贬值，从而引发了系统性金融危机。

在危机下，英格兰银行发起了"救生艇"行动，对 26 家次级银行进行了救助，其中有 18 家银行在获得救助后能够继续经营或者通过资产重组被其他银行合并，而剩下的 8 家银行则进入破产清算程序。如图 2-3 所示，英格兰银行为此救助行动付出了约 10 亿英镑的代价，直到 1978 年第一季度，仍有 6 亿英镑的救助资金尚未还清，给银行业造成了巨大损失。

次级银行危机之后，英国政府通过了《1979 年银行法》，这是英国历史

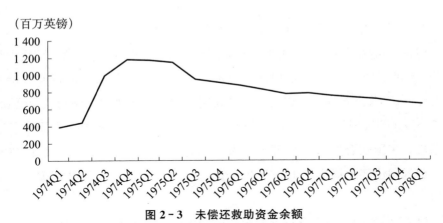

**图 2-3 未偿还救助资金余额**

资料来源：Bank of England. "The Secondary Banking Crisis and the Bank of England's Support Operations." *Bank of England Quarterly Bulletin*，1978，18（2）：230-239.

上首部正规的银行监管法律，标志着金融监管框架的正式确立。该法案赋予了英格兰银行更大的金融监管权力，特别是承担保护存款人利益和维护金融体系安全的职能。然而，尽管该法案初步建立了金融监管体系的框架，但大部分是原则性条款，没有规范法律的具体执行程序，使得英格兰银行在监管过程中拥有较大的自由裁量权，在一定程度上限制了监管效果。1984 年，约翰逊·马修银行不断拓展其高风险贷款业务，导致资产质量恶化，最终陷入资不抵债的困境。由于约翰逊·马修银行是伦敦金价定盘的重要成员，英格兰银行担心其倒闭会引发市场恐慌，遂于 1984 年 9 月 30 日紧急出手，象征性地以 1 英镑价格收购了该银行。

接二连三的银行危机，引发了公众对英格兰银行监管不力、动用大量公共资金处置风险的批评。所以，英国 1987 年通过的《1987 年银行法》进一步强化了英格兰银行的监管职能，并推动了英国金融监管体系朝着更严格和系统化的方向发展。与《1979 年银行法》相比，1987 年的修订增加了对金融机构监督的详细规定，明确了英格兰银行在确保金融机构安全稳健运行、维护金融秩序以及公众信心方面的关键作用。该法案提供了具体的监管措施，指引英格兰银行识别和解决金融机构面临的危机，保护存款者的利益，体现了英国监管体系随金融市场变化而不断完善的特点。

3. 英格兰银行监管权的剥离与货币政策职责的确立

但是，金融风险并未因监管加严而销声匿迹。1991 年国际商业信贷银行（BCCI）的丑闻——BCCI 的倒闭——再一次引发了对英格兰银行监管能力的关注。BCCI 通过在开曼群岛设立的秘密账户进行大规模的银行资金盗窃。由于 BCCI 开展国际业务，经营活动可以在多个国家之间转移，导致监管十分困难，多国联合监管机构都未能有效追踪 BCCI 的违法活动。直到 1988年，美国司法部才揭露了 BCCI 的欺诈活动，并于 1990 年对其相关参与者定罪。

BCCI 的丑闻暴露了英格兰银行在监管方面的重大失误。在 BCCI 成立之初，英格兰银行并未充分考察 BCCI 内部管理的规范，直接为 BCCI 发放了营业许可证。而在 BCCI 经营期间，尽管英格兰银行的官员多次接到有关 BCCI 犯罪活动的报告，但他们置若罔闻，没有采取有效措施。当 BCCI 的犯罪活动逐渐显现时，英格兰银行依然拒绝吊销其营业许可证，最终导致 6 000 名储户的财产损失。直到 1991 年 1 月，英格兰银行董事会获悉 BCCI 的未入账存款累计约有 6 亿美元时才意识到财务问题的严重性，遂决定关闭 BCCI，以维护储户和金融体系的稳定。

由于 BCCI 事件和其他金融风险事件暴露出的监管不足，英国政府于 1997 年决定进行重大改革。为了避免货币政策与银行流动性需求之间的目标冲突，英国政府将银行监管职能从英格兰银行转移至新成立的英国金融服务管理局，以确保监管职能更加专注和高效，同时减轻中央银行在金融监管方面的负担。同时，明确了英格兰银行的首要职责是制定和实施货币政策，赋予其独立决定利率水平的权力，并在必要时作为金融机构的最后贷款人来维护金融稳定。

4. 英格兰银行监管权的回归与职能扩大

2008 年国际金融危机的爆发对英国金融市场造成了严重冲击，仅依靠英国金融服务管理局进行全面监管仍存在不足，可能忽视了宏观审慎的金融风险。于是，英国于 2009 年进一步出台《2009 年银行法》以完善系统性风险的监管。

在《2009 年银行法》出台之前，监管重点放在单家银行的运营和风险管理上，忽视了银行之间的联系及其潜在的连锁反应，导致危机在全系统范围内蔓延。为了解决这一问题，在《2009 年银行法》中引入了宏观审慎监管的新思路，通过识别和控制整个金融体系的潜在风险来防范可能引发系统性危机的风险因素，从而实现对金融体系的全局监管。这种宏观审慎监管框架标志着英国在金融监管领域的一次重大转变，既是危机后的重要改革，也是确保金融体系持续健康发展的关键步骤。

为适应新的监管要求，英格兰银行进行了重大调整，在货币政策委员会（MPC）的基础上增设金融政策委员会（FPC）和审慎监管局（PRA）。

货币政策委员会的主要职能是负责制定和执行货币政策。货币政策委员会由 9 名成员组成，包括：英格兰银行行长，3 位分别负责货币政策、金融稳定和市场影响的副行长，1 位首席经济学家，4 位外部独立的经济学家。这些外部成员都是经济领域的教授，聘期一般为 3 年，可以连任。外部经济学家的加入带来了银行体系外的独立观点，以确保政策制定能够全面考虑多方面的意见。

货币政策委员会一年召开 8 次会议，平均每 6 周一次，旨在调整基准利率。会议实行一人一票制度，所有成员在利率决策中拥有独立投票权，通过投票决定利率。英格兰银行会详细披露会议纪要和委员的投票结果，并公布对银行利率、企业债券总购买量和政府债券总购买量等的具体投票情况。除此之外，英格兰银行每季度会发布《货币政策报告》，分析当前经济状况及影响货币政策的关键因素，并对未来的通胀和经济增长进行预测。这种信息披露不仅确保了决策过程的透明性，还能帮助市场和公众了解英格兰银行的政策方向，进而影响其预期。

金融政策委员会是在应对国际金融危机的背景下成立的，其职责主要包括识别、监测和应对可能威胁金融体系稳定的系统性风险。该委员会共有 13 名成员，包括：英格兰银行行长，3 名英格兰银行副行长，英格兰银行金融稳定方面的执行董事，金融行为监管局总裁，审慎监管局总裁，5 名外部成员，1 位来自财政部的无表决权专家。英国财政部派出的专家可参与政策讨论，以确保政府与英格兰银行在宏观审慎政策方面的紧密协调。

金融政策委员会每季度至少召开一次会议，在 6 月和 11 月发布《金融稳定报告》，向公众披露英国金融体系中潜存的系统性风险，并提出防范措施。为了增强金融机构的抗风险能力，金融政策委员会还负责决定使用逆周期资本缓冲等宏观审慎工具，并向审慎监管局和金融行为监管局发出具体的监管指令，确保其监管活动与宏观审慎政策保持一致。

审慎监管局成立于 2013 年，负责对英国的存款机构、保险公司和大型投资银行等主要金融机构进行微观审慎监管。其核心任务是确保所有受监管的金融机构均具备足够的安全性和稳健性，从而防范风险发生。审慎监管局对这些机构的财务健康状况进行定期评估，并在发现问题时及时采取必要的监管措施，以防止个别机构的破产对整个金融体系产生破坏性影响。审慎监管局在监管过程中既依赖既定规则，也保留灵活性和自由裁量权，为金融创新保留土壤。通过前瞻性分析，审慎监管局能够在市场发生重大变化时迅速调整其监管方法和目标，以确保英国金融体系能够应对不断变化的市场环境和金融风险。

审慎监管局由英格兰银行行长担任主席，6 名执行成员负责日常事务的管理。审慎监管局每月召开两次会议，审议相关政策和监管事务，并对金融机构的合规性进行监督。

英格兰银行的结构性调整极大提升了其在金融监管中的地位和作用。货币政策委员会继续在货币政策决策中发挥关键作用，金融政策委员会则在宏观审慎监管方面承担重要职能，审慎监管局则专注于微观层面的监管。通过监管机构协作配合，英格兰银行在应对金融危机、保持金融稳定方面具备了更强的能力。

## （二）英格兰银行的使命和优势

英格兰银行作为英国的中央银行，其核心使命在于维护国家的货币和金融体系稳定。这一目标的实现依赖于其综合的职能设置，包括货币政策制定、宏观审慎监管以及微观层面的监管职能。通过整合这些职能，英格兰银行能够更加高效地应对国内外复杂的经济和金融环境，进而保障金融体系的稳健性和持续性。

1. 英格兰银行的使命

在现代经济体系中，货币政策的主要目标是保持价格稳定，即通过调控通货膨胀率来确保经济的平稳运行。然而，价格稳定与金融稳定之间并不完全一致。低通胀与低利率的环境可能会导致金融市场的过度扩张，刺激投机行为和资产价格泡沫的形成。这类资产价格泡沫一旦破裂，将会对整个金融体系的稳定性构成严重威胁。

与此同时，微观监管的重点是确保单家金融机构的安全与稳健性，但仅仅依靠个体机构的稳健，并不足以防范系统性风险。单一机构的破产或财务问题可能引发连锁反应，影响整个金融体系的健康运转。因此，单纯的微观监管并不能充分解决金融体系中的潜在风险，必须与其他监管手段相结合。

为了弥补货币政策和微观监管在实现政策最终目标上的不足，宏观审慎监管应运而生。该监管思路从系统性视角出发，重点关注整个金融体系的稳定性，旨在通过识别和管理系统性风险，预防金融市场的系统性崩溃。例如，在低利率环境下，可能会出现信贷的过度扩张，而宏观审慎政策通过设立逆周期资本缓冲，促使金融机构在经济繁荣期积累资本储备，从而在未来经济下行风险出现时，能够更好地应对潜在的金融挑战。

宏观审慎监管的另一重要职能在于对金融体系的整体风险进行全面监控，及时识别可能对金融稳定构成威胁的因素。这类风险可能来源于市场波动、金融创新或是国际经济环境的变化。通过灵活的政策工具，能够在必要时对金融机构的杠杆率、流动性要求等关键指标进行调整，从而增强整个系统的抗风险能力。

2. 英格兰银行的优势

在宏观审慎监管上，英格兰银行身为中央银行在分析和判断宏观经济周期以及金融体系状态方面具有信息优势。英格兰银行整合多项职能，通过金融政策委员会、审慎监管局和金融行为监管局的充分配合，能够统领协调货币政策和金融监管，对经济形势进行全面分析，并做出合理的政策应对。

在对金融机构的监管上，审慎监管局与金融行为监管局之间相互配合，共同维护金融体系的稳定性和监管的一致性。审慎监管局从宏观视角关注银行、保险公司等金融机构的稳健性。金融行为监管局监管金融市场活动和维护消费者利益。双方通过签署备忘录，明确各自的职责分工并优化协作。这份备忘录每年都会进行审查和更新，以确保其时效性。在特定情况下，审慎监管局有权对金融行为监管局的行动提出指导意见。例如，如果金融行为监管局将对某家公司实施处罚，而这可能会导致该公司破产，进而影响整个金融体系的稳定，审慎监管局将与金融行为监管局沟通，调整处罚的具体实施方式，以降低对金融体系的影响。当审慎监管局和金融行为监管局制定监管规则时，双方相互协商，以确保规则的一致性和适用性。如果双方在规则制定上存在分歧，可以寻求金融政策委员会的建议。

金融政策委员会在协调监管合作中主要发挥信息交换与监管指引的作用。作为宏观审慎监管机构，金融政策委员会需要及时掌握审慎监管局和金融行为监管局在其各自监管领域内发现的任何可能影响金融体系稳定的情况，并评估这些情况的潜在影响。审慎监管局负责向英格兰银行提供与个别企业风险相关的信息，也包括审慎监管局搜集到的从未受监管的实体的数据。反过来，金融政策委员会可以向审慎监管局和金融行为监管局提供有关金融体系风险的建议和专业意见，在必要时，金融政策委员会也有权发布指令，要求审慎监管局或金融行为监管局采取具体行动，以维护金融稳定。当审慎监管局和金融行为监管局在某些问题上产生分歧，而且这些分歧涉及金融体系的整体稳定时，双方可以选择寻求金融政策委员会的意见。

除此之外，英格兰银行设立金融基础设施委员会来负责监督管理金融行业的基础设施。英格兰银行会审查清算所和交易所的集团是否存在利益关联，确保金融交易合法公正。通过监管这些基础设施，英格兰银行能够实时获取金融市场的相关数据，及时掌握市场的动态变化。

在英格兰银行的管理下，信息共享与监管协调促进了各监管机构的紧密合作，增强了金融监管机构应对系统性风险的能力，确保了金融体系的安全与稳健。

## 三、金融市场与金融监管：英国金融体系的发展历程

英国金融监管体系经历了从行业自律到分业监管、混业监管，再到双峰监管模式的转变，展现了适应市场变化和潜在风险的改革魄力，体现了逐步法治化、系统化和宏观审慎监管的监管理念。这一系列变革提升了英国金融市场的稳定性和透明度。随着全球化和科技化的进程加快，英国的经验为国际金融监管提供了宝贵的借鉴，以应对日益复杂的金融环境。

### （一）发展历程

1. 自律监管时期（1979 年以前）

英国社会长期崇尚自由和契约精神，其法律体系以判例法为主，这一传统导致早期金融监管显得非规范化且缺乏制度化。证券行业主要依靠行业自律来进行管理，而银行业则由英格兰银行承担监督职责，在市场泡沫和金融危机面前，暴露了其监管能力不足。

1720 年南海泡沫事件爆发，南海公司的股价经历了剧烈的非理性上涨，随后市场中的其他公司利用虚假信息进行股价操控，推高了整体市场的估值。这种不负责任的炒作行为最终导致了市场泡沫的破裂，带来了金融市场混乱。为了应对这一危机，英国国会于 1720 年通过了《泡沫法令》，该法令要求股份公司必须获得皇家特许状才能合法运营，从而对股份公司的设立和经营施加了严格的限制，以规范公司运营，防范市场操控和泡沫形成。

但是，南海泡沫事件加剧了对皇家特许状经营的依赖，导致创立股份有限公司和法人资格有诸多限制，使得英国公司制度的创新和发展受到了制

约。随着资本主义的兴起和自由市场经济的推进，这种行政性垄断的局面逐渐被打破。1844年，英国颁布了历史上第一部《合股公司法》，这一法律标志着公司法治改革的开端。该法明确区分了合股公司和合伙公司，允许股份自由转让，并确立了公开透明的公司股份制度，为公司法的发展奠定了基础。1862年，《合股公司法》经过了重大修订，正式更名为《公司法》，并首次允许成立有限责任公司。这一变革对英国公司法律体系产生了深远的影响。有限责任公司的引入不仅激发了商业投资和企业家精神，还促进了公司治理结构的现代化。通过这一系列法律改革，英国逐渐建立了一个更加规范的公司法律框架，为金融市场的稳定性和透明度提供了坚实的保障。

2. 分业监管时期（1979—1997年）

1973年次级银行危机的爆发催生了《1979年银行法》的出台，象征着英国金融监管开始从非正式和非制度化的状态向法制化与规范化转变，奠定了金融监管法律框架的基础。随着金融市场的不断发展和竞争的加剧，英国的自律监管模式逐渐显示出成本高昂和效率低下的问题，抑制了金融业的发展。因此，英国于1986年推出了《1986年金融服务法》，这一法律标志着金融监管的系统化和专业化的重大进步，为证券和期货等金融市场提供了法律基础，建立了统一的法定监管体系，推动了从自律监管到法律监管的转变。这一举措赋予了证券投资局对金融市场的监管权力，促使英国金融监管体系逐步演变成由多个专责机构共同承担的"分业监管"模式。英格兰银行负责对商业银行的监管，而证券投资局则下设个人投资局、证券期货局和投资管理监管机构，分别对证券公司、期货公司、保险公司和投资基金公司等金融机构进行监管，确保了金融市场的各个方面都得到专业和有效的监管。

这一监管体系极大地推动了当时英国金融市场的发展。首先，该体系具备高度针对性。各监管机构根据自身负责的行业特性制定了具体的标准和措施，有效缓解了金融风险，保持了市场的稳定性。其次，该体系显著提升了透明度。由于各机构的职责和权限明确，这种结构有效防止了权力的集中和垄断，同时减少了监管过程中的官僚主义和腐败现象。最后，分业监管的模式减少了各行业之间的交叉影响，有助于防止个别行业的风险迅速蔓延至其他领域，从而显著降低了系统性风险的传播。

这些优点不仅在初期有效稳定了金融市场，还为后续的金融改革和创新奠定了坚实基础，带来了金融大爆炸。受《金融服务法》的影响，伦敦证券交易所宣布取消固定佣金，允许各成员证券公司自行决定佣金水平，这使得交易费用更加灵活和具有竞争力，从而促进了交易量的增加和提升了市场的活跃度。同时，允许外国银行和证券公司申请成为伦敦证券交易所的会员，并允许外资完全持有交易所会员公司的股份。这一政策的放开促进了外国资本和金融服务的进入。并且，伦敦证券交易所允许成员证券公司兼任证券交易商和证券经纪商的双重身份以激发金融市场的活力和竞争力。这些改革推动了英国金融市场的现代化和国际化进程，伦敦证券交易所成为世界最重要的交易所之一，英国的金融实力得到进一步加强。

3. 混业监管时期（1997—2008 年）

然而，随着金融市场国际化的深入，英国金融机构为了增强国际竞争力不断扩展业务范围，开展混业经营，导致全能型金融集团不断涌现。这些大型金融机构在银行、证券、保险和投资等多个领域开展业务，经营范围相互交织。但是，分业监管体系面对这种复杂的业务网络时显得捉襟见肘。巴林银行和西敏寺银行危机的爆发，进一步揭示了当时金融监管体系存在的诸多问题，监管机构未能及时识别和应对潜在风险。虽然《1986 年金融服务法》在建立监管框架方面取得了一定进展，但在实践中暴露出了监管盲区和重叠问题，导致不同监管机构之间缺乏有效合作，整体效率也相对较低。

为了解决这些问题，英国金融监管改革的重点是借鉴美国和德国等国在平衡金融创新动力和防范金融风险方面的经验，并与全球设立独立中央银行的潮流接轨。英国于 2000 年出台《2000 年金融服务与市场法》，其核心是将包括英格兰银行在内的九个金融监管机构的权力整合进一个新的金融监管机构——金融服务管理局，这标志着对银行、证券、保险和投资等金融机构的监管集于一体。金融服务管理局、英格兰银行和财政部共同构成"三方共治"的监管体系，提升了监管效率，减少了监管盲区。

《2000 年金融服务与市场法》的实施及新监管体系的建立，顺应了全球金融一体化和综合化的趋势。针对金融机构从单一功能向多重功能的转变，英国当局建立一个全面整合的监管机构来适应这一发展。单一监管机构的设置有助于资源的优化和效率的提升。一方面，相较于多个金融监管机构，单一监管机构的财务预算更为节省；另一方面，这种集中式监管体制有效解决了分业监管中的政策冲突和监管盲区。单一监管机构能够实现信息的共享，迅速协调反馈，提高监管效率。同时，单一监管机构有助于维护监管的统一性，减少了金融机构的合规成本。

不过，市场对《2000 年金融服务与市场法》及新监管体系也提出了一些批评。主要问题包括单一监管机构可能导致监管缺乏竞争，抑制市场创新；可能过度干预金融市场，影响市场公平，从而增加外部监督的成本；可能忽视不同金融机构的差异性。

4. 双峰监管时期（2008 年至今）

2008 年国际金融危机爆发，英国的北岩银行暴露出严重的经营问题。该银行主要依赖短期融资来支持长期的抵押贷款业务，这种模式高度依赖市场上的短期资金。随着 2007 年全球金融市场流动性紧张的加剧及次贷危机的爆发，银行间市场的融资条件恶化，北岩银行的流动性危机随之爆发。媒体对北岩银行资金状况的报道引发了公众恐慌，大量存款人急于提取存款，导致了严重的银行挤兑。北岩银行最终在 2008 年 2 月被英国政府收购。

北岩银行危机表明英国"三方共治"监管体系存在重大漏洞。在金融机构面临流动性紧缩需要救援时，金融服务管理局缺少救援资金，英格兰银行则缺乏直接的监管职责，面临危机的金融机构很难获得及时的流动性援助。2007 年 8 月底，北岩银行已陷入严重的流动性危机，然而英格兰银行直到 9 月 13 日才为其提供融资，这一救援行动过于迟缓。社会普遍认为英格兰银行和金融服务管理局应对金融危机时不够及时有效。除此之外，金融服务管理局的庞大规模和高额预算增加了监管成本。一旦发生监管失败，金融服务管理局的整体声誉将会遭受损害。此外，作为单一监管机构，英国金融服务管理局需对种类繁多的金融机构进行监管，这导致在实践过程中监管标准不一致。

因此，在 2007—2009 年期间，英国进一步完善了金融机构体系，以弥补金融危机期间所暴露的监管漏洞。发布《对冲基金标准管理委员会标准》以加强信息披露和基金管理，通过《2009 年银行法》设立了金融稳定委员会（FSC），重点关注金融风险的识别和管理。出台《2010 年金融服务法》以对《2000 年金融服务与市场法》进行补充修改，进一步完善监管体制、加强消费者保护以及防范系统性风险。

《2010 年金融服务法》弥补了以前在系统性风险监管方面的不足，强化了相关监管措施。该法案对薪酬制度进行调整，期望通过改革激励机制来降低金融机构的风险偏好，从而控制系统性风险。同时，对复苏及解决方案的规定，有助于减少监管对象破产的风险，减轻破产对市场的负面影响，从而降低单一金融机构对整个金融体系稳定性的威胁。

尽管《2010 年金融服务法》在一定程度上优化了金融监管体系，但仍然面临一些潜在的问题。首先，法案未能有效协调英格兰银行、金融服务管理局和财政部在金融稳定方面的职责，这可能导致监管漏洞，无法全面监控金融体系并识别潜在风险。其次，尽管英国金融服务管理局被赋予了金融稳定的目标，但仅依靠薪酬管理和金融机构自拟复苏方案难以实现全面稳定。此外，英国金融服务管理局作为独立的非政府机构承担了主要的金融监管责任，但未能充分发挥英格兰银行和财政部的作用。

自 20 世纪 90 年代以来，金融监管责任过度集中在英国金融服务管理局身上，涵盖了从大型银行的安全到小型机构的经营行为等广泛问题，但未能实现宏观审慎监管，导致无法及早识别金融体系中的潜在风险。因此，英国金融监管体制需要更加深入的改革。2010 年 7 月，英国财政部发布的《金融监管新方案：判断、焦点和稳定性》报告提出需改变"三方共治"模式，正式撤销金融服务管理局，建立以英格兰银行为核心的宏观审慎监管机制。

2012 年 12 月 19 日，英国颁布了《2012 年金融服务法》。这一法案将英国金融服务管理局对存款机构等金融机构的审慎监管职能剥离到英格兰银行的审慎监管委员会。然后将金融服务管理局重新命名为金融行为监管局（FCA），专注于对金融机构的行为监管，以促进市场竞争和保护消费者权益。《2012 年金融服务法》之后，英国金融监管形成以英格兰银行和金融行为监管局为主的"双峰监管"模式（如图 2 - 4 所示），以进一步提高金融监管的有效性，增强金融市场的稳定性和透明度。

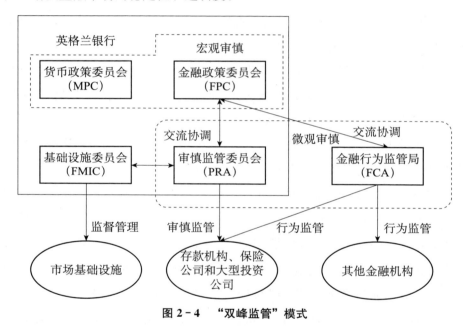

图 2 - 4  "双峰监管"模式

## （二）英国金融监管体系改革的特点

"双峰监管"模式终结了以英国金融服务管理局为主的单一监管模式，强化了英格兰银行在金融监管中的作用，建立了以中央银行为核心的宏观审慎监管框架。一方面，货币政策与系统性风险紧密相关，因此英格兰银行适合负责宏观审慎监管。同时，金融监管的信息也有助于英格兰银行更好地履行制定货币政策和其他中央银行职能。另一方面，"双峰监管"模式重塑了监管机构职能，消除了职责重叠和监管漏洞。在监管理念上，"双峰监管"模式不再仅关注微观层面的审慎监管，而是强调宏观审慎和系统性风险防范的结合。

梳理英国金融监管体系的变革，可以发现，英国金融监管在发展中经历了从自律模式向法治化、系统化监管的转变，强调法律框架在维护市场秩序中的重要性。这一变化不仅反映了对早期监管不足的反思，也显示了对市场参与者权益保护的愈发重视。随着金融产品日益复杂，监管模式逐渐演变为综合监管，以更有效地应对跨行业的风险。这种监管方式的转变，体现出英国金融监管机构在灵活地应对市场变化、促进金融创新的同时，确保监管与市场发展相适应。监管改革的目标是提高监管效率和响应速度，保持对潜在风险的警觉，强化对风险的预判与管理，而非单纯的合规检查。

金融危机的教训促使监管体系重视系统性风险管理，建立宏观审慎监管框架，以识别和防范潜在的金融风险。这一框架的建立，使得监管机构能够从整体上监测金融体系的健康状况，并及时采取措施，避免单一金融机构的危机演变为系统性风险。同时，监管也愈加关注消费者保护，通过提升透明度和强化合规来增强市场信任。法规的实施不仅确保了市场的信息对称性，也促进了金融产品的公平性与可及性，使消费者能够更好地理解和选择合适的金融服务。

伴随金融科技的发展，英国监管开始融入新技术，以进一步提高监管能力。通过数据分析和人工智能，监管机构能够实时监测市场动态，及时发现风险信号，从而采取预防性措施。

这一系列变革显示出英国金融监管体系在全球化与科技化背景下的适应性与前瞻性。通过不断更新和完善监管框架，英国在维护市场稳定方面取得了显著成效，也为全球金融监管提供了有价值的经验与借鉴，展现出其在动态变化的金融环境中保持竞争力与稳健性的能力。

在从荷兰到英国的金融中心转移过程中，英格兰银行在维护金融稳定中扮演了关键角色，完善的金融监管体系在建设金融强国中起到了重要作用。

可以清楚地看到，英国的成功不仅依赖于其独特的历史机遇和地理条件，更得益于一系列制度创新和政策选择。这些经验为当下的中国提供了宝贵的借鉴，如何在全球金融体系中提升竞争力和稳健性，是本章接下来要探讨的重要问题。

## 四、从英国金融崛起看中国金融的发展之路

英国在崛起为全球金融强国的过程中选取了一条独特的路径，即充分运用市场机制与思想创新，发挥市场自我调节功能，同时依靠健全的法制保障和政府的适度干预，逐步构建了"探索型金融强国"的发展模式。相较于美国强调政府对市场的直接干预和政策支持，英国更倾向于通过不断完善法治和提升市场自由度来应对挑战。这种方式使得英国的金融体系展现出更强的弹性和适应性，在应对市场波动时也具有更高的灵活性。英国经验为全球其他国家，尤其是中国，提供了重要的启示。在此背景下，本节将从两个主要维度分析英国的崛起之路，即核心基础和深层动力。

### （一）核心基础："四位一体"的强国支柱

在大约公元 1500 年，欧洲成百上千的国家和公国无意间成为制度和思想竞争的舞台。其中，英国具有四个关键要素——产权、科学理性主义、资本市场、交通与通信技术，取得了显著优势，成为现代金融的发源地。中国香港和新加坡受到英国法律体系、资本市场的影响，在金融市场上取得了领先地位。详细分析这"四位一体"的强国支柱如何推动英国成为全球金融强国，有助于借鉴其经验。

1. 明确的产权保护制度

产权保护是金融市场健康发展的基石，也是任何国家经济繁荣的重要前提。在金融体系中，资本的流动和投资的活跃性都依赖于产权的安全和可靠性。早在 1215 年签订的《大宪章》就确立了限制君主权力、保护私人财产

的基本原则。这一历史事件标志着英国开始逐步建立起一个保障财产安全的法律框架，成为日后产权保护制度的开端。《大宪章》不仅对贵族的财产进行保护，还奠定了后世普通公民能够受益于产权保护的法律基础。

然而，真正意义上的现代产权保护制度是在 1688 年光荣革命后逐步形成的。随着《权利法案》的颁布，英国确立了"王在法下"的法律原则，明确了国家权力受限于法律的框架。这一制度改革不仅巩固了君主立宪制的基础，还进一步加大了产权保护的力度。通过确立明确的法律保障，英国政府向商人、投资者和企业家提供了财产安全的信心。契约精神的强化使得商业活动和资本流动能够在公平透明的环境下展开。

在这一制度背景下，英国的经济体制逐渐转型为高度尊重契约和市场规则的经济体制。这种法律制度不仅使得国内企业得以安全发展，还极大增强了外国投资者对英国市场的信心。大量的海外资本开始涌入英国，尤其是在光荣革命后的稳定政治局面下，伦敦迅速发展成为国际金融中心。外国投资者受到法律保护，可以放心地将资本投入英国的股票、债券和贸易市场，促进了资本的跨国流动。这种开放和透明的市场环境，确保了英国金融市场的稳定性和活跃性。

英国的产权保护制度也促进了企业家精神的培育和市场创新的活跃。产权的安全保障为个人和企业家提供了自由创业和投资的空间，他们不再担心财产被无故剥夺或侵占。1624 年的《垄断法》在很大程度上已经结束了英国皇室任意颁发垄断性特许状的权力；相反，法国直到工业革命以后才剥夺了这种权力。这两个事件之间 175 年的差距对解释法国在经济繁荣方面的滞后大有帮助（伯恩斯坦，2022）。这种环境鼓励了大量企业的创立，推动了金融市场的繁荣。18 世纪和 19 世纪的股份公司、银行业和保险业的蓬勃发展，正是在产权得到充分保障的前提下实现的。这些公司通过资本市场筹集资金，进一步推动了金融市场的扩展和经济的持续增长。

此外，法律体系的完善不仅使资本得以在英国国内自由流动，还使伦敦成为国际资本的聚集地。随着英国对外贸易的扩大，伦敦金融市场吸引了来自世界各地的投资者，他们利用英国完善的产权保护制度和透明的金融市场进行资本运作。这使得伦敦逐渐取代阿姆斯特丹成为国际金融中心，确立了其在全球金融体系中的领导地位。

在光荣革命后的几百年间，英国不断通过法律改革和制度创新强化了产权保护体系。19世纪颁布的《公司法》进一步完善了企业的法律框架，使得企业可以通过股份公司形式合法运作，确保了股东的权利和企业的稳定性。这种法律制度的改革不仅有助于公司融资和运营的稳定，还增强了资本市场的透明度和信任度，推动了更多企业通过股票市场筹集资金，促进了经济的进一步发展。

2. 有效的知识转化机制

英国在工业革命中的成功，离不开其对科学理性主义的倡导和对知识的高效转化。科学理性主义的兴起促使英国将科学发现和技术进步迅速应用到生产和工业发展中，打破了传统的农业社会生产模式。通过有效的知识转化机制，英国成功地将科学知识转化为经济资本，推动了大规模的产业升级，为其成为全球工业强国奠定了基础。

瓦特改良蒸汽机的过程就是这一机制的典型代表。瓦特对蒸汽机的改进，不仅解决了能量利用效率低的问题，还推动了蒸汽动力在多个行业的广泛应用。蒸汽机不仅在纺织业中发挥了巨大的作用，带来了生产效率的飞跃，还在矿业、冶金业和交通运输业等多个领域大展拳脚。蒸汽机推动了英国国内从手工业向大规模机械化生产的过渡，使得英国的生产能力大幅提升，迅速成为全球工业生产的中心。英国的知识转化机制并不仅仅限于技术的发明和改良，更重要的是其在技术和市场之间搭建了一座桥梁，使科技成果能够迅速进入市场，并通过产业化实现经济效益。金融市场在这一过程中发挥了至关重要的作用，作为技术与经济之间的纽带，金融市场为科技创新提供了源源不断的资本支持，确保了创新企业的生存与发展。资本的流动推动了知识的产业化应用，使得新技术不仅在实验室中得以发展，还能够在实际生产中创造经济价值。

法定监管体系下的金融市场为知识转化提供了理想的土壤。19世纪，英国的资本市场有相对自由的交易规则，鼓励投资者将资本投入技术创新型企业。通过股票市场和债券市场，许多创新企业获得了发展所需的资金，进一步推动了技术的研发和市场应用。这种知识转化与金融市场的结合，不仅推动了科技创新的迅速商业化，还促进了整个社会经济的持续增长。

英国率先实现的产业升级，正是这种高效的知识转化机制的结果。通过将科技创新转化为经济资本，英国实现了从传统农业社会向工业社会的跨越式发展。蒸汽机的广泛应用以及铁路网络的建设，推动了英国的城市化进程和经济扩展，进一步促进了国内外市场的整合。与此同时，金融市场的资本支持，使得新兴技术企业能够在全球范围内扩展其市场份额，推动英国在全球经济中霸主地位的确立。

### 3. 成熟的资本市场体系

知识的转化不仅推动了英国国内产业的迅速发展，还带动了资本市场对新兴技术企业的投资热潮。在稳健的金融监管体系下，英国资本市场得以自由发展，为科技创新提供了良好的发展环境和融资渠道。投资者通过金融市场将资本投向那些掌握先进技术的企业，使得企业能够快速获得生产所需的资金，推动新技术的产业化应用。特别是在蒸汽机、纺织机、铁路和其他关键技术的推动下，金融市场的活跃程度大幅提高，资本流动更加迅速，创新企业获得了源源不断的资金支持。

英国资本市场的发展始于17世纪的债券市场，1694年英格兰银行首次发行政府债券（为对法战争筹措资金）。通过发行国债，英国政府得以获得稳定的资金来满足长期的战争和财政需求，这不仅维持了国家的财政稳定，还为资本市场的形成奠定了基础。英格兰银行也逐步成为中央银行，调控货币政策以促进经济发展，防范系统性风险以维护金融稳定，英国的金融实力逐步提升。

随着债券市场的成功，股份公司逐渐兴起。股份公司通过发行股票募集资金，推动了企业的扩展和全球贸易的发展。伦敦证券交易所的建立标志着股票市场的成熟，投资者可以自由买卖股票。这既增强了资本的流动性，也为企业提供了更多的融资渠道。通过股票市场，企业得以大规模扩展生产，推动了工业革命的发展。

资本市场的成熟不仅促进了经济增长，还推动了金融创新。金融工具变得更加复杂，如期货和期权等衍生品逐渐涌现，为投资者提供了更多的风险管理手段。而相应的金融监管体系也随市场变化不断调整，保持金融创新动力，同时也预防潜在风险。资本市场的对外开放吸引了全球投资者，使伦敦成为国际金融中心。英国的资本市场体系为其政府和企业提供了强大的融资能力，推动了经济与金融的同步发展，成为英国崛起为金融强国的重要支柱。

### 4. 发达的交通和通信基础

作为繁荣的最后一个要素——发达的交通和通信，要发挥其在建设金融强国中的作用，需要前三大要素作为基础。英国是高度的重商主义国家，直到很长时间之后，才逐渐清除了贸易保护论者的阻碍，议会直到1849年和1946年才分别废除了《航海条例》和《谷物法》。如果政府过分保护国内的农业和工业，那么蒸汽轮船对贸易起到的作用就微乎其微。

英国发达的海运、陆运交通和通信基础设施为金融市场的流动性和信息传播效率提供了坚实的支持。英国的任何一个地方与海洋的距离都不超过70英里。到了19世纪中期，随着铁路网络的快速发展，英国大大提高了货物运输和人员流动的效率，使得市场要素能够更加迅速地流通。这不仅提升了实体经济的运转速度，还刺激了资本市场的活跃，特别是在铁路建设过程中，大量资金通过股票市场筹集，进一步推动了伦敦金融市场的繁荣和国际化。

铁路的扩展也促进了金融创新，铁路公司成为资本市场的主要融资主体，投资者通过股票市场为其发展提供资金。随着铁路网络的铺设，英国不仅加强了国内经济的联系，还推动了国际贸易和资本流动。通信技术的进步，尤其是电报的普及，加速了信息传递的效率，使得金融市场的反应更加及时，全球投资者可以迅速获取市场信息并进行投资决策。

此外，作为全球通用语言的英语，为英国在国际金融中的领先地位提供了重要的语言优势。英语不仅是商业和金融活动的通用语言，也使得英国能够更轻松地与全球市场建立联系，吸引了大量国际资本进入伦敦市场，进一步巩固了其国际金融中心的地位。

### （二）深层动力："思想与科技"的双重助推

英国金融强国的崛起不仅依赖于制度和市场基础，还深深植根于思想自由和科技进步这两大核心驱动力。思想自由催生了金融市场的创新，而科技进步则为经济增长提供了强大动力。

#### 1. 思想自由与市场信任

欧洲政府尤为重视资助科学研究，英国思想家的贡献为全球经济理论的发展提供了坚实的基础。最著名的例子就是英国皇家学会，它成立于 1660 年，事实证明，它在促进思想和新发现的交流方面发挥了重要作用（1703—1727 年牛顿任该学会主席）。在接下来的几百年里，科学革命的新发现帮助释放了欧洲大国尤其是英国的经济增长潜力，增强了这些国家的竞争力。

通过启蒙运动，作为科学革命基础的思想和方法被应用到越来越多的领域，最重要的是在经济学领域的发展。例如，亚当·斯密在《国富论》一书中系统地探讨了经济增长之源，在人类历史上第一次将繁荣的关键因素呈现在所有人面前。他提出的"看不见的手"理论强调了市场自发调节的重要性，认为在自由竞争的环境下，市场的自发秩序能够有效地调配资源，推动经济增长。这一思想为资本主义市场经济提供了理论基础，并鼓励了金融市场的自由化和全球化。

大卫·李嘉图、约翰·梅纳德·凯恩斯等经济学家的思想对现代金融理论的发展也产生了深远的影响。李嘉图的比较优势理论深入探讨了国际贸易中的利益分配，奠定了现代金融在全球市场中协调资本流动的理论框架。而到了 20 世纪，凯恩斯的宏观经济学理论则提出，政府在经济失灵时应该进行干预，尤其是在金融危机时，适度的财政政策和货币政策能够平衡市场失灵。这种理论为英国的金融政策提供了理论支持，使得英国在发展金融市场的同时保持了适度的政府干预，确保了金融体系的稳定性。

可见，思想自由为市场信任提供了有力支持。通过思想的开放和对市场自由的重视，英国的金融市场建立了高度透明和信任的体系。英格兰银行定期公布的《货币政策报告》等报告，有助于公众了解政策动向。在金融市场中，信任是资本流动的关键因素。英国的市场参与者依赖这种信任感，使得资本能够更自由、更安全地在国内外流动，推动了金融市场的繁荣和持续增长。英国通过兼顾市场自由和适度的政府干预，确保了在市场失灵时能够及时进行政策调整，避免了系统性金融危机的发生。英格兰银行将货币政策与金融监管等职能集于一体，能够兼顾金融发展和金融稳定，通过调控利率、管理货币供给以及协调金融监管机构紧密配合，保证金融市场能够应对风险冲击，保持健康发展。这种平衡使得英国的金融体系展现出极强的韧性，能够在全球经济动荡时保持稳定，为金融创新和经济增长提供长久支持。

2. 科技进步与金融繁荣

科技创新一直是推动金融市场和经济发展的重要动力源泉。英国是第一个系统地将科学方法应用于农业的国家。1838 年，仿照培根皇家协会，君主特许设立皇家农业协会。5 年后，科学家们成立了罗萨姆斯泰德农业试验站，并对农地展开系统性的实验，运用于农业生产，成效卓著。棉花、钢铁等生产要素随着科技的进步也逐渐成为英国的垄断产品。

而后，瓦特改良蒸汽机的发明是英国工业革命的里程碑事件，为工业生产提供了前所未有的动力支持。这一科技进步不仅大幅提升了生产力，还催生了全新的工业部门，如纺织、采矿和冶金行业的发展，推动了英国从农业社会向工业社会的快速转型。如图 2-5 所示，英国在鼎盛时期的科技成果数量远远多于其他国家，且一度占世界重大发明的比重高于 50%，在世界经济产出中所占的份额接近顶峰（20% 左右）。

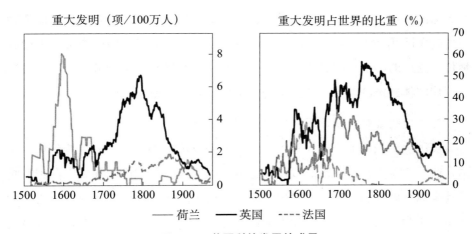

**图 2-5 英国科技发展的成果**

资料来源：瑞·达利欧. 原则：应对变化中的世界秩序. 北京：中信出版社，2022.

　　随着这些产业的兴起，英国对资本的需求急剧增加，金融市场的繁荣顺势而生。新兴产业对资金的需求，使得资本市场迅速扩展，股票、债券等金融工具的创新为企业筹集资金提供了多种渠道。科技的进步与金融的创新交互发展，资本市场不仅为技术创新提供了充足的资金支持，还为投资者提供了前所未有的投资机会。这种良性循环促进了英国资本市场的蓬勃发展。

　　金融市场的发展并不仅限于国内。科技进步提升了英国工业产品的竞争力，推动了全球贸易的扩展，资本市场得以与国际经济接轨。伦敦作为国际金融中心的地位也随着科技进步而巩固。大量资本通过伦敦证券交易所流入工业企业，而这些企业依赖金融市场的资金支持，继续加速技术创新和生产力的提升。

　　工业革命的技术进步和金融市场的繁荣密不可分，二者相辅相成，为英国经济提供了强大动力。通过资本市场对新兴技术和企业的资金支持，英国率先实现了制造业和服务业的转型升级。这种科技与金融的紧密结合，使得英国不仅在全球工业领域占据领先地位，还确立了其作为国际金融中心的地位。

　　科技创新不仅是推动经济发展的引擎，也是金融繁荣的催化剂。随着工业革命的深化，资本市场的发展为科技创新提供了必要的资金支持，而金融市场的国际化和伦敦作为金融中心的崛起，更加稳固了英国的国际经济中心地位。这一时期的科技进步，特别是在制造、交通和通信领域的突破，奠定了现代实体经济的基础，并持续为资本市场的扩展提供支持。

3. "现代金融文明的鼻祖"对中国的启示

英国金融崛起的历史经验为中国的金融改革提供了丰富的借鉴价值。英国在法治建设、市场化改革以及金融服务国家战略等方面的探索，深刻影响了其全球金融强国的地位。对中国而言，英国的成功经验不仅提供了历史的启示，更为现代金融体制的建设提供了理论依据。如何在当代全球竞争格局下汲取英国的经验，完善中国的金融体系，是促进中国金融现代化和全球竞争力提升的重要课题。

（1）强化法治基础与契约精神。

法治建设是金融市场健康发展的根基，契约精神则是市场运行秩序的核心保障。英国早期的金融市场依靠自律监管导致了巨大的金融风险，而随着《银行法》等法律的推出，逐步建立起法定监管体系，英国金融市场才逐渐强大并不断创新发展。中国在金融改革过程中应当继续强化法治建设，尤其是在产权保护和契约执行方面。产权的明确和稳定是吸引国际资本的前提，法律的公正和透明则是确保市场长期健康发展的关键。通过健全法律体系，确保企业和个人的产权得到充分保障，能够有效激励市场参与者的创新和投资热情。此外，培育强有力的契约精神，不仅有助于规范市场运行，还能够增强国际投资者的信心，提升资本的流动性，推动金融市场的进一步开放。

（2）推进市场化改革与"小政府、大市场"理念。

英国通过减少政府对市场的过度干预，成功建立了以市场为主导的金融发展模式。英国的双峰监管模式关注宏观审慎和消费者权益，通过维护市场秩序和制定金融规则，而非直接干预市场价格和资源配置，来促进金融市场健康发展。该模式避免了政府干预带来的市场扭曲，也提高了市场自我调节的效率，实现了金融资源的最优配置，激发了金融创新。

"小政府、大市场"理念的本质在于释放市场的力量，让市场在资源配置中起决定性作用。政府不再过度插手市场微观层面的决策，而是通过制定透明、稳定的规则，保障市场机制的正常运行。英国的经验表明，市场化改革能够促进资本、技术、劳动力等生产要素的自由流动，从而提升资源配置效率，推动产业的创新和升级。金融市场的逐步自由化，使英国在19世纪成为国际金融中心，资本的大量流入进一步促进了国内经济的繁荣和全球贸易的扩展。

对于中国而言，推进金融市场的市场化改革具有重要的战略意义。中国目前仍然存在一定程度的政府对市场价格、信贷配置等方面的直接干预，这在一定程度上影响了市场的自发调节能力。要进一步深化市场化改革，应逐步减少政府对金融市场价格和数量的直接控制，将资源配置的主导权交给市场。通过建立公平、透明的竞争环境，让资本和其他生产要素能够根据市场需求自由流动和优化配置，从而提升经济效率。

市场化改革的核心是激发市场活力，提高金融资源的配置效率。政府的职责则应聚焦于制定合理的监管框架，防止市场失灵，并确保市场规则的执行。英国的经验表明，政府应在关键领域提供基础性的制度保障，防止金融市场的投机和风险积累，同时促进信息透明化，确保市场各方在公平的条件下参与竞争。

通过这样的改革思路，中国可以更好地应对全球化带来的挑战，并提升自身在国际金融市场上的竞争力。减少政府对价格、资源配置的直接干预，将使市场在推动经济创新和产业升级方面发挥更大作用。同时，完善的监管机制和法律保障将为市场参与者提供一个稳定且有吸引力的投资环境，从而进一步推动中国金融市场的国际化和高质量发展。

（3）金融服务国家战略。

金融体系不仅是市场资源的调节器，更是国家战略实施的关键支柱。在这一点上，英国的历史经验提供了重要的借鉴价值。通过金融体系的完善和资本市场的成熟，英国在工业革命期间为全球经济扩张、科技创新和产业升级提供了充足的资金支持。金融市场的蓬勃发展不仅促进了国内经济的快速增长，还为英国的全球战略目标提供了强有力的保障，奠定了其作为全球工业和金融强国的基础。

英国的金融体系紧密服务于国家的核心战略，确保了在科技创新、工业化和军事扩张等关键领域的持续资金供给。在 19 世纪，金融市场通过发行股票、债券等多种金融工具募集了大量资本用于支持铁路、煤炭、钢铁等战略性行业的发展，推动了工业革命的深入发展。同时，金融市场为英国的全球殖民活动提供了资金支持，使其能够在全球范围内扩大经济和政治影响力。在这一过程中，英国的金融市场不仅是经济发展的动力引擎，也是国家战略的重要支撑力量。

对于中国而言，金融体系同样应当为国家的战略目标提供强有力的支持。随着全球经济环境的不断变化，科技创新和产业升级已成为国家战略的核心组成部分。中国的金融市场应主动适应这一需求，成为推动科技创新型企业发展的重要力量。通过为创新型企业提供融资渠道，金融市场可以为企业的研发活动提供必要的资金保障，推动技术突破和新兴产业的形成。这不仅有助于提升中国的技术创新能力，还能增强国家的经济韧性，提升全球竞争力。

此外，金融市场还应为国家的其他核心战略领域，如国防建设和基础设施发展，提供资金支持。通过加深金融体系与实体经济的结合，推动资本在重点产业和战略性领域的投入，金融市场将能够有效支持国家的长期发展规划。尤其是在当前全球经济竞争日益激烈的背景下，中国需要通过金融手段优化资源配置，推动产业转型升级，以应对全球技术变革带来的挑战。

通过对英国从荷兰衰落中崛起为全球金融强国的历程的分析，本章阐明了金融中心转移背后深层次的原因，并探讨了英国在推动金融市场、中央银行和监管体系建设方面的历史经验。英国通过产权保护、法治建设、资本市场自由化以及金融与科技的协同发展，成功建立了一个稳健且富有弹性的金融体系，并以此为支撑，实现了国际经济和金融中心的崛起。这一经验为中国当前的金融改革提供了重要的启示。中国可以通过借鉴英国在法治建设、市场化改革及金融服务国家战略等方面的成功经验，进一步完善自身金融体系，推动经济的高质量发展，并在全球金融体系中占据更为重要的地位。

## 参考文献

［1］吴国培．英国金融制度．北京：中国金融出版社，2016.

［2］高田甜，陈晨．英国金融监管改革研究：基于金融消费者保护视角．证券市场导报，2013（9）：62－66.

［3］瑞·达利欧．原则：应对变化中的世界秩序．北京：中信出版社，2022.

［4］陶玲，胡平．英国金融监管体制改革的启示．中国金融，2013（22）.58－59.

［5］威廉·J.伯恩斯坦．繁荣的背后：解读现代世界的经济大增长．北京：机械工业出版社，2022.

［6］朱锋，张高瞻．大国兴衰的财富竞争史观：透视瑞·达利欧的新书《原则：应对变化中的世界秩序》．当代中国与世界，2022（2）：112－124.

［7］Bank of England. "The Secondary Banking Crisis and the Bank of England's Support Operations." *Bank of England Quarterly Bulletin*，1978，18（2）：230－239.

［8］Buckle，M.，& Thompson，J. *The UK Financial System：Theory and Practice*. 5th editon. Manchester University Press，2016.

［9］Frehen，R. G.，Goetzmann，W. N.，& Rouwenhorst，K. G. "New Evidence on the First Financial Bubble." *Journal of Financial Economics*，2013，108（3），585－607.

［10］"The Bank of England Restriction. 1797－1821." *The North American Review*，1867，105（217）：393－434.

### 第三章

# 金融强国之延展：美国模式

**摘　要：**美国是市场主导型金融模式的典范，也是继英国之后全球公认的金融强国。美国金融模式的历史演变呈现出明显的阶段性。尽管 19 世纪早期的美国曾拥有一个运行效率颇高的由大机构主导的金融体系，但其特有的平民主义意识形态和机遇因素却使得从 19 世纪 30 年代开始银行体系就高度分散，未能发展出全国性的银行并使其网络覆盖到各地。在美国经济快速的发展进程中，正是这个机构层面的空白强化了金融市场扮演的角色，也为金融创新提供了广阔的空间。相应地，公司和工业的力量就集中到金融巨头手中，并汇集到华尔街的银行。1945 年二战结束之后，强大经济军事实力和独特金融模式的结合使美国超越英国成为世界头号金融强国。美国金融模式在信息显示、（中小企业）融资渠道、对法律及其执行等外部制度环境的依赖度、信贷定价理念等方面与欧洲大陆模式存在较大差异，这种差异成为决定美国产业结构升级换代速度和资源配置效率的重要因素。考虑到罗斯福新政时期出台的诸多金融立法的深远影响以及《1999 年金融服务现代化法》等立法调整对美国乃至全球的冲击，可以发现美国金融法律体系和监管架构的演变不仅影响了银行业和证券业，还涉及金融市场的整体运作，是美国成为全球金融强国的重要制度基础。

## 一、从英国到美国：历史的延续

如果说是英国引领了 19 世纪的世界走势，那么到 1944 年布雷顿森林会议召开之际，美国就已完全取代英国成为世界经济的霸主。历史地看，美国凭借其当时强劲的经济、军事实力，改变了一战的僵局，在二战中发挥了巨大作用，使盟军获得了最终的胜利。不仅如此，美国在二战后的领导力还促进了参战各国之间的合作。1947年，美国出台了马歇尔计划，向欧洲伸出援手，激励欧洲各国建立合作机制，而这正是战后各国走向发展的标志。在整个20世纪，美国经济实力在全球范围内没有对手，进而也成为所有其他经济体的标杆。

美国在经济层面的巨大成功离不开美国金融体系的支持。但问题是，直到20世纪30年代，美国的金融和今天主要的欧洲大陆国家的情况应该说颇为类似——与客户建立并保持稳定关系的银行不仅是企业融资的主要来源，而且通过吸收储蓄从事发放信贷、承销证券以及介入公司治理等活动。银行也是全社会资金流动的中心，控制着资金的流动。只不过其特有的平民主义政治传统使得美国一直呈现一种独特的银行数量众多且规模有限的竞争性状态。这一切随着大萧条的出现发生了重大变化。随着《格拉斯-斯蒂格尔法案》（也称《1933年银行法》）要求美国大型商业银行业务与投资银行业务分离，再加上《1933年证券法》、《1934年证券交易法》和《1935年银行法》与诸多反垄断立法的颁布实施以及这些法律工具的大量应用，美国金融模式的运行基础从制度上发生了根本改变，导致其演变进入了一个极为特殊的进程，最终发展成一个世界上最具竞争性和创新性的市场主导型金融模式。二战之后强大的经济、军事实力和独特的金融模式相结合，使得美国成为继英国之后的全球第二个金融强国——1944年的布雷顿森林会议将美元确定为全球最重要的国际货币。20世纪60年代后，美国的金融市场，特别是以纽约证券交易所和纳斯达克为代表的资本市场，成为全球最重要的金融中心。

进入20世纪70年代后，全球经济发生或仍在持续的、影响最为深远和最有效的结构性变化就是美国金融模式的成熟，且其成功一度将组成这个模式的制度、做法、工具和金融基础设施向其他主要工业国和新兴市场经济体出口。本章试图在回顾美国金融强国形成历史的基础上，就美国金融模式及其特征进行较为系统、深入的解读，并从金融强国建设的视角就美国金融法律体系和监管调控体系进行介绍和分析。

## 二、美国金融强国形成的历史

历史地看，美国建国之后，其金融从弱到强的转变大致经历了四个阶段，即从美国建国到 19 世纪 60 年代的探索和萌芽阶段、1870—1913 年的蓄力阶段、1914—1944 年的确立阶段和 1945 年至今的强化和拓展阶段。

### （一）第一阶段：从美国建国到 19 世纪 60 年代

市场主导型美国金融模式的形成在相当大程度上受美国建国之初的金融创新及后续的金融约束的影响，进而从建国到 19 世纪 60 年代期间也可视为美国金融模式的探索和萌芽阶段。

1789 年之后，在首任财政部长亚历山大·汉密尔顿的领导下，美国政府在金融领域进行了非常大胆的尝试，启动了一场"联邦主义者金融家的革命"。这场革命的核心内容有三点：一是借鉴英格兰银行模式，在费城先后创建了美利坚第一银行（1791—1811）和美利坚第二银行（1816—1836）两家带有准中央银行性质的全国性金融机构；二是推出国债重组方案，联邦政府通过发行三只可自由交易的新债券来按 100％ 面值兑现 1787 年宪法通过之前发行的所有公债；三是借助 1792 年《铸币法案》，建立了一套金银复本位货币体系，确保政府通过合法途径偿还其债务，而不是仅靠令人担忧的纸币。① 作为代理国库的准中央银行，美利坚第一银行和美利坚第二银行的创建有力地巩固了当时美国支离破碎的银行体系，也为美国宏观经济金融的稳定提供了重要抓手。美利坚第二银行不仅是一家秘密的中央银行，为一个强大的银行业所必需，而且还是一个半公半私的机构，有跨州的分行网络。② 新国债的

---

① 1862 年，美国财政部一度发行过绿背美元，并赋予其法币地位。但美国内战结束后，就恢复了金属本位。

② 作为美国第一家全国性企业，该银行将货币的全国流动与贸易的流动平行地协调起来，成为"美国现代商业企业的第一个原型"。

发行不仅维护了美国的国家信用，而且国债价格成为反映美国未来前景的晴雨表，进而为 1817 年成立的纽约证券交易所初步奠定了根基。

通过创建公共信用体系，汉密尔顿使得投资更加安全和便利，在成功地促进了公共事业的发展的同时，也为美国后续大规模金融发展奠定了基础。但问题是，尽管汉密尔顿为美国设计的金融模式在经济层面运行良好，美国特有的平民主义意识形态（即美国人对权力的集中有一种持久的不信任感，无论这种权力的集中在政府内还是在政府外）和机遇因素使 19 世纪美国银行的发展趋势倾向于小型化和本地化，且与商业的联系不紧密。来自众多小城镇的单体银行家对来自全国性经营的美利坚第二银行的竞争和控制持强烈反对态度。利益集团之间无情的争斗和美国平民主义意识的结合导致的结果是在 1832 年国会已投票通过为美利坚第二银行颁发新的特许状的背景下，安德鲁·杰克逊总统行使了否决权，最终扼杀了这个第一家全国性金融中介机构。

美利坚第二银行的终结对于美国金融而言无疑是一个重大事件。1836 年后，美国进入了自由银行业时代，联邦政府基本放弃了对银行的干预，而各州则实际上放开了银行准入，并阻止这些银行建立分支机构，进而使得一个高度分割的、由无数小银行构成却没有广泛分支机构的银行体系开始在美国出现。1859 年，仅纽约州就有 274 家自由银行，实收资本达 1.006 亿美元。到 19 世纪 60 年代初，21 个州通过了和纽约州类似的法律，鼓励开设银行和扩大竞争。

美国内战爆发后，1863 年《国民银行法》通过规定对州银行票据征收 5％的税收以及对国民银行准入的执照要求，宣告了自由银行业时代的结束。尽管《国民银行法》试图通过征税来终结州银行，但州银行由于借助存款货币最终绕开了监管约束而得以存续，形成了美国极为独特的"国民银行＋州银行"的双层银行体系。1860—1865 年期间，州银行的数量从 1 579 家下降到 349 家，而国民银行的数量从零上升到 1 294 家。同时，由于 1864 年修订的《国民银行法》将国民银行解释为仅限于某一地理位置，美国高度分散的银行体系也得到进一步强化。

在商业银行体系处于支离破碎状态的背景下，在私人银行（即投资银行）进而金融市场在经济领域的重要性开始凸显的同时，商业票据等金融创新得以落地——公司可以通过票据经纪人来发行借据，票据经纪人又可以把借据出售给全国的银行和金融中介机构。在此期间，纽约金融市场不仅满足了政府的战争融资需求，而且成为铁路等新兴产业融资的主要平台。当时，修建东西向铁路所需资金是通过发行公债来筹集的，而绝大部分南北向铁路是通过发行私人债券来筹集的。在 19 世纪 20—30 年代，纽约已成为美国银行业、保险业和证券业的一个重要中心。1836 年美利坚第二银行的终结使费城失去了中央银行所在地的地位，其他州的银行纷纷把储备囤积在纽约。19 世纪 40 年代的电信革命使纽约证券交易所在美国证券交易领域开始获得支配地位，而投资银行的出现进一步加强了纽约金融中心的地位。

## （二）第二阶段：1870—1913 年

20 世纪 70 年代至第一次世界大战爆发的四十余年见证了人类社会的第一次全球化——在此期间，交通工具和通信技术的变革、人口的流动以及资本的自由流通带来了世界的开放。在这一时期，尽管美国在全球的金融地位远逊于英国，进而美国金融也远称不上金融强国（1873—1907 年间美国发生了六次银行危机，进而成为全球金融脆弱性的重要来源），但 19 世纪末第二次工业革命的爆发为美国经济的迅猛增长提供了重要支持。经济实力、军事实力和综合国力的逐渐提升为美国金融强国建设提供了重要基础。

这一时期见证了美国经济总量及人均 GDP 相比西欧国家更为快速的增长（见表 3-1），进而美国逐步超越英国，成为世界第一大经济体。1894 年，美国工业总产值超越英国。在 1914 年之前的几年，英国在单位资本收入项目上也被美国赶超。

表 3 - 1　美国和西欧经济发展的阶段对比

| 时间段 | GDP | | 人均 GDP | |
|---|---|---|---|---|
| | 西欧 | 美国 | 西欧 | 美国 |
| 1870—1913 | 2.1 | 3.9 | 1.3 | 1.8 |
| 1913—1950 | 1.2 | 2.8 | 0.8 | 1.6 |
| 1950—1973 | 4.8 | 3.9 | 4.0 | 2.5 |
| 1973—2003 | 2.2 | 2.9 | 1.9 | 1.9 |

资料来源：Maddison, A. *Chinese Economic Performance in the Long Run 960 -2030 AD.* Second edition, revised and updated. Paris：OECD Publishing, Development Centre Studies, 2007.

经济的快速发展离不开金融领域的创新和发展。1880—1913 年，金本位货币制度广泛传播，私人银行和商业银行相互抗衡，世界目睹了一次新公司成立和股票发行的爆炸式增长。期货市场在有组织的商品和货币交换中得到发展，公司则尝试着新的组织形式，包括控股公司、信托机构和其他法人或贸易实体。在这样的大背景下，美国金融体系的核心构成要素呈现出较为明显的结构性变化：

1. 美元

当时，全球经济仍处于金属本位时期。其间，美元经历了从金银复本位制向金本位制的转变，1900 年的《金本位法案》最终将黄金确立为美元的唯一价值标准，但当时美元的国际地位远远无法和似乎"永远坚挺"的英镑相匹敌。

2. 金融机构体系

（1）商业银行。

银行存款对银行券的替代，以及联邦和各州的银行特许权之争使得联邦政府试图通过《国民银行法》对银行券的高额征税取缔州银行的努力无功而返。1865—1914 年，州银行的发展超越了国民银行：1865 年州银行只占美国银行总数的 21%，资产占比为 13%；到 1890 年，州银行数量超越国民银行并掌握了大部分资产；1914 年前后，73% 的银行为州银行，资产占比为58%。这一结构性转变的后果是美国银行体系出现了异常奇特的竞争和地缘结构：1914 年，美国有 27 349 家银行，95％都没有分行！即使拥有分行的银行也仍然是小规模银行，平均分行数少于 5 家。

（2）投资银行。

以 J. P. 摩根公司为核心的扬基投资银行集团和以塞利格曼公司、库恩-洛布公司为核心的德国犹太式投资银行集团在 1873 年恐慌之后迅速崛起，并在 20 世纪的第一个 10 年成为美国经济金融的核心。投资银行在 19 世纪70—80 年代为铁路公司进行融资，在 19 世纪 90 年代为大型优先责任制造公司提供融资。到 20 世纪初，它们又在席卷全球的并购浪潮中充当了重要的角色。在 1895—1904 年间，一共有 1 800 家公司由于兼并而消失。而 1907年 10 月金融危机爆发后，摩根在纽约第一国民银行和纽约花旗银行等的资金支持下，在接下来的 2 个月中成了金融市场的最后贷款人，展示出了难以置信的市场影响力，代表了金融资本主义的最高水平。

值得一提的是，这一时期在美国，使经济货币供应具有弹性并为失去清偿能力的商业银行提供贴现的中央银行处于缺失状态。

### 3. 金融市场

在这一时期，以纽约证券交易所为主体的美国金融市场取得了长足的发展。仅以铁路公司为例，1875—1895 年间股权和债权融资规模就分别达到31.92 亿美元和 35.72 亿美元，纽约证券交易所上市股票的票面价值从 1879年到 1909 年增长了近 4 倍。

### 4. 国际金融中心

在这一时期，尽管美国对外贸融资仍主要依靠伦敦，但在美国的外国投资总量、美国经济的活力使得纽约成为一个资本输入型金融中心——在 1913年之前，美国是海外投资的主要目的地，积累了大约价值 70 亿美元的债务（其中近 2/3 由英国债权人提供）。到 1914 年，美国的 GDP 已经与英、法、德三者之和相当，因此，纽约作为美国的金融中心自然也就成为国际金融中心。

不过，当时纽约的国际影响力非常有限：一方面，1913 年有一项法律上的障碍减缓了美国银行的海外扩张活动；另一方面，由于纽约州禁止外国银行从事诸如吸收存款、贴现和贷款等银行业务，所以在哈得孙河两岸很少有外国银行。

## （三）第三阶段：1914—1944 年

两次世界大战的爆发沉重打击了英国经济，使得美国和英国经济实力的差距进一步拉大，美国成为世界经济的主导国。由于英国的经济实力明显衰退，一战结束后伦敦金融城的全球影响力逐渐减弱，纽约进一步崛起并在全球金融领导权的争夺中成为伦敦的强劲对手，相应地，美国也正式成为世界上的第二个金融强国。

### 1. 美元

1931 年 9 月 21 日，英国政府停止了英镑对黄金的兑换并从此和主要的货币保持着浮动的关系。放弃金本位制以及与此相伴随的英镑贬值从根本上破坏了伦敦金融城之前一个多世纪以来获得的领先地位。英镑贬值尽管一度对美元也造成了重大负面影响——1933 年 4 月 19 日，美国宣布美元贬值，尽管冲击了纽约从 20 世纪 20 年代以来获得的国际金融中心地位，但也为美元取代英镑成为世界货币创造了契机。

### 2. 金融机构体系的结构性重构

（1）中央银行。

1913 年，由国家货币委员会促成的《联邦储备法》意味着美国成为最后一个建立中央银行的主要西方国家。去中心化的美联储的结构设计极为复杂：虽然美联储名义上是一个私有机构，但它本质上是一个政府机构；虽然名义上下设 12 个独立的公司实体，但几乎所有重要决定都是由位于华盛顿特区的理事会做出的，理事会的成员由总统任命。

在成立之初，美联储拥有的权力和影响力均较弱——尽管它具有票据发行的权力、可充当最后贷款人并提供清算服务，但既非强大的政府中央银行，也非强大的、真正的国民私人银行。但随着时间的推移，美联储对货币政策和银行监管承担了越来越多的责任，如《1935 年银行法》就将联邦储备委员会的权力扩展到监管联邦储备会员银行的贴现率、法定准备金要求，以及证券信用交易保证金要求的制定。换句话说，大萧条及后续新政立法改变了美联储的最初仅充当银行最后贷款人的定位，将其职能扩展到制定国家货币政策、实现经济目标、促进经济增长和就业、抵御通胀和保持金融稳定等多重目标。

（2）商业银行体系。

在这一时期，美国的商业银行经历了从大乱到大治的转变。在 1929 年大萧条之前，在存贷款业务拓展空间受到抑制的背景下，以纽约国民城市银行为代表的众多银行通过附属子公司大举进军证券业务，成为业务范围极广的全能银行。到 1930 年时，新发行的证券中几乎一半是由银行附属公司承销的。

1929—1933 年的大萧条几乎摧毁了原来的美国银行体系及其业务模式。在 1930—1933 年间，9 100 多家银行（占总数的 38％）暂停营业。大量银行陷入困境，信贷普遍收缩，加剧了大萧条的严重程度。但 20 世纪 30 年代的监管改革，尤其是包括建立利率管制和联邦存款保险制度等在内的《银行法》重塑了美国的商业银行，构建了一个由政府、银行股东及管理者和储户三者参与的制度安排。在这个制度安排中，储户同意接受其资金低于市场的回报率，并以此换取来自政府的担保，而这份担保（存款保险）实际上将银行和储蓄机构的债务变成了对美国政府的或有债权；银行同意接受管制和监管，以换取一个以更低的存款成本及更长的存款期限形式体现的补贴；政府接受存款担保下的剩余风险（代表纳税人），以换取由银行体系稳定导致的政治利益。

（3）投资银行体系。

在 20 世纪 20 年代，以 J. P. 摩根公司为代表的美国投资银行体系的发展达到了一个很高的水平。在 1919—1933 年间，这家顶级投行通过和其他公司的合作一共向市场发行了价值 60 亿美元的股票，其 1929 年的总资产达到 6.8 亿美元。而库恩-洛布公司等 1914 年成立的大型私人银行在国际发行业务上均有很大的影响力。

鉴于《1933 年银行法》规定投资银行与商业银行必须完全分离，进而私人银行必须在证券业务和吸收存款业务中二选一，因此，一个独立的投资银行体系在美国开始形成。在库恩-洛布公司、雷曼兄弟公司等久负盛名的专业投资银行存续的同时，J.P.摩根公司和布朗兄弟哈里曼公司选择了继续开展储蓄业务，摩根士丹利公司、波士顿第一证券公司和布朗兄弟哈里曼公司等一批新的证券公司得以出现。

### 3. 金融市场

20 世纪 20 年代，随着工业的快速发展，现代化的生产和管理方法的应用，以及大量收购和兼并的开展，公司融资时更多地依靠资本市场而非银行贷款。其间，持有股票的人与之前相比有了巨大的增加，且他们不再仅仅来自社会的富裕阶层。1925 年，股票持有人接近 1 500 万人。股票持有人的增加和资金的持续流入见证了一个持续的牛市行情——所有股票价格几乎上涨为原来的三倍，而那些最受欢迎的公司的股票价格从 1919 年到 1929 年更是上涨超过了四倍。

但这一切随着 1929 年 10 月大萧条的发生戛然而止——仅 1929 年 9—11 月 3 个月间，股票价格就下跌了 45%。在大萧条期间，道琼斯指数则从最高点 386 点下跌到 42 点，跌幅近 90%。《1933 年证券法》和《1934 年证券交易法》几乎重塑了市场运行规则，进而为资本市场的崛起提供了重要制度基础。

### 4. 金融监管体系

1913—1929 年前，美国的金融监管仍延续了之前的原则，只不过在美联储设立之后，在当时的国民银行体系基础上添加了新一层监管机构，进一步增加了美国银行监管框架的复杂性。大萧条则重塑了美国金融监管架构——为了从根本上解决金融机构之间的利益冲突，《1933 年银行法》规定投资银行与商业银行必须完全分离，进而确定了"分业经营基础上分业监管"的框架。当时，商业银行由美联储、货币监理署和州银行监管机构多头监管，而证券业的监管机构一开始时是联邦贸易委员会，1934 年之后则转到新设立的证券交易委员会。

### 5. 国际金融中心

一战之后，伦敦金融城在和纽约金融中心的斗争中失去了往日的光辉，纽约作为国际金融中心的地位迅速崛起——当时，英国为了给战争融资卖出了 30 亿美元的美国股票，同时外汇管制使得英镑的使用变得越来越不方便，伦敦将整个国际贸易融资市场拱手让给了纽约。以美元标价的汇票逐步取代了以英镑标价的汇票。从 1917 年 4 月开始，总额超过 200 亿美元的四次"自由贷款"和一次"胜利贷款"的发行增强了华尔街在全球范围的融资能力。其间，纽约作为国际金融中心最有说服力的证据可能是所有主要的外国银行在 20 世纪 20 年代都试图在纽约建立一个立足点。到 1929 年，这些机构的数量已经达到 26 家，其中大部分是英国、加拿大、日本和意大利的银行分支机构，它们主要是参与国际贸易融资活动。其间，外国资本大量投资到美国经济中——除长期投资 1918—1929 年从 30 亿美元增长到 58 亿美元外，纽约成为外国资金短期存款的理想地，存款额从 1925 年的 17 亿美元增加到 1928 年的 36 亿美元。

## （四）第四阶段：1945 年至今

二战结束后，美国一跃成为世界第一大债权国，纽约超越伦敦成为全球最重要的金融中心，布雷顿森林体系的建立以及后续马歇尔计划的实施、金融市场的活跃创新等使得美国金融强国的地位持续强化，相应地，美国模式在全球范围内也得到了拓展。从美国金融模式在全球的影响力及接受度看，2008 年国际金融危机可能是一个转折点，此后，美国金融不仅经历了极大的负面冲击，而且其模式的有效性受到了全球很多国家的质疑，因此，这一阶段又可细分为 1945—2007 年和 2008 年至今两个时期。

1. 1945—2007 年

（1）美元霸权。

在 1944 年的布雷顿森林会议上，美国凭借持有全球近 2/3 的货币化黄金以及 GDP 占全球 2/3 的绝对优势，牢牢把握了制定战后金融规则的话语权，确定了以美元为核心的世界货币体系，设立了每盎司黄金兑换美元的固定价格为 35 美元、其他国家的货币同美元挂钩的固定汇率制度，进而试图恢复金本位制所具有的稳定性并同时避免它的刚性。以美元为核心的金汇兑本位制意味着美国用黄金支持美元、替代英镑的国际货币地位，从而结束了19 世纪以来形成的以伦敦为中心的金融秩序，进而形成了国际货币体系中的美元霸权。

20 世纪 50 年代，美元是当时唯一完全可兑换的主要货币。在美国的主导下，各国金融中心在 20 世纪 60 年代早期出现了广泛的货币合作，其中包括为了稳定 35 美元兑 1 盎司黄金价格而成立的"黄金总库"（一旦某个中央银行发生货币储备短缺，其他中央银行将迅速形成予以帮助的"交换网络"）；以及在十个国家（也就是后来的"十国集团"，在紧急情况下能为IMF 提供额外的中期资源）之间签订的"借款总安排"。1967 年，IMF 创立了一种新的国际储备单位——特别提款权（SDR），以此作为美元的替代物。

此外，布雷顿森林体系崩溃前后（1972—1974 年），美国政府同全球第一大产油国沙特阿拉伯签署了一系列支持后者政权的协议，交换条件是石油必须以美元定价，进而使石油与美元挂钩，这在一定程度上强化了美元的国际影响力。

1971 年美国在放弃美元和黄金挂钩之后，在开始越来越不受约束地发行美元的同时，大力推行金融去管制化，导致大多数国家对资本的跨境流动都日益缺少监管能力，本国货币极易受到恶意攻击，金融愈加动荡。在这样的大背景下，各国央行为了避免受到国际资本的恶意攻击，纷纷储备美元。这些美元又回流到美国，使美国可以更多地发行美元，而美国本国资金可以大胆流向资本市场，进而事实上成为美国金融霸权的制度基础。

（2）美联储。

借助《1956 年银行控股公司法》和《1970 年银行控股公司法修正案》，美联储在获得监管银行控股公司权力的基础上，在处理银行控股公司收购申请时享有不受限制的自由裁量权。考虑到当时美国几乎所有的银行都由银行控股公司拥有，这极大拓展了美联储"银行的银行"的地位。而《1999 年金融服务现代化法》赋予了美联储负责监测和评估金融控股公司整体资本充足率、内控措施及相关风险的职责，进一步拓展了美联储的监管权。

（3）金融市场。

科技创新乃至科技革命引发的产业结构的升级和迭代推动了金融市场的巨大创新，相应地也使得金融市场的地位不断提升。纽约证券交易所在 20 世纪 50 年代的经济大发展中重新恢复了活力——道琼斯指数从 1953 年 9 月的 260 点上升至 1954 年 12 月的 386 点，一举超过了 1929 年 8 月的前期高点，到 1960 年时甚至达到了 650 点，相对于 1953 年实现了 150% 的增长率。交易量也有了很大的提高，从 20 世纪 40 年代的平均每年 3.12 亿美元上升到了 1959 年的 6.67 亿美元。1962—1973 年，伴随着美国经济的长期发展，道琼斯指数也不断跃升，从 1960 年的 650 点一举上升到 1972 年末的 1 020 点。值得一提的是，1971 年旨在满足小型公司和非上市公司融资需求的纳斯达克（NASDAQ）设立后，吸引了微软、苹果等很多具有创新性和成长潜力的公司上市，成为连接资本与创新的关键桥梁。

从 1980 年到新世纪初的二十余年再次见证了市场的飞速发展。其间，除 1987 年 10 月外，股市实现了长期的上涨，主要指数在 1980—1995 年间大概增长了 4.5 倍，且在 1995 年之后又迎来了一轮新的增长。在 2000 年股市最高点时，美国的股票价格达到了 1980 年的 14 倍多，其中 NASDAQ 科技股的增长更是令人惊讶，20 年内增长了 33.4 倍。

（4）金融机构体系。

伴随着金融市场的创新，美国金融机构体系在这一时期的构成呈现出极为独特的变化态势。借助表 3-2，可以发现，除了储蓄机构，美国所有类型金融机构的总资产绝对值在 1980—2008 年间都显示出惊人的增长速度，而与此同时，包括商业银行、储蓄机构等在内的存款性金融机构在金融机构总资产中所占比例均出现了显著的下降，共同基金、货币市场基金等机构则获得了长足的发展。

表 3-2　美国金融机构在年末的总资产

| 金融机构 | 1980 | | 1990 | | 2000 | | 2008 | |
|---|---|---|---|---|---|---|---|---|
| | 总资产（十亿美元） | 占比（%） | 总资产（十亿美元） | 占比（%） | 总资产（十亿美元） | 占比（%） | 总资产（十亿美元） | 占比（%） |
| 商业银行 | 1 704 | 42 | 3 338 | 32 | 6 709 | 26 | 14 056 | 36 |
| 储蓄机构 | 792 | 20 | 1 323 | 13 | 1 218 | 5 | 1 524 | 4 |
| 人寿保险 | 479 | 12 | 1 351 | 13 | 3 136 | 12 | 4 515 | 12 |
| 私人养老基金 | 470 | 12 | 1 629 | 16 | 4 468 | 17 | 4 553 | 12 |
| 政府养老基金 | 198 | 5 | 730 | 7 | 2 293 | 9 | 2 325 | 6 |
| 金融公司 | 202 | 5 | 596 | 6 | 1 213 | 5 | 1 852 | 5 |
| 货币市场基金 | 76 | 2 | 493 | 5 | 1 812 | 7 | 3 757 | 10 |
| 共同基金 | 58 | 1 | 608 | 6 | 4 433 | 17 | 5 435 | 14 |
| 信用合作社 | 69 | 2 | 217 | 2 | 441 | 2 | 812 | 2 |
| 金融机构总资产 | 4 048 | 100 | 10 285 | 100 | 25 723 | 100 | 38 829 | 100 |

资料来源：美国人口调查局编制的《2012 年美国统计摘要》。

值得一提的是，随着非存款性金融机构提供了越来越多的可与商业银行竞争的产品和服务，美国存款性金融机构和非存款性金融机构之间的区别在这一期间变得日益模糊。

（5）国际金融中心。

从 1945 年至今，由于美国的经济霸主地位，纽约在国际金融中心中的领先地位在世界上没有受到过挑战，除了东京在 20 世纪 80 年代幻想过挑战纽约之外，在衡量国际金融中心重要性的四个主要指标（国际银行业务、资产管理、资本市场和包括外汇市场在内的其他市场）中纽约都位居前列，尤其是华尔街作为纽约资本市场的主体成为金融中心运转的核心。

如果说纽约是美国的银行中心和资本市场中心，进而决定了国际金融业务的发展方向，那么芝加哥就是全球衍生品的中心。

（6）金融监管。

直到 20 世纪 70 年代初，美国之前确立的分业监管框架都没有发生过大的变化，金融体系也呈现出长期的稳定性。进入 20 世纪 70 年代，在金融自由化、全球化等的推动下，金融监管较以往出现了明显的放松，导致金融创新层出不穷，资本市场得到快速发展，同时，银行参与资本市场的程度进一步加深，金融企业频繁适用相互持股、并购等手段规避分业经营的限制。在这种背景下，美国国会于 1999 年通过了《1999 年金融服务现代化法》和《1999 年商品现代化法》，允许金融机构以金融控股公司的形式进行混业经营。同时，美国的金融监管体制从分业监管改为伞形监管，其实质是功能监管和机构监管的结合。

2. 2008 年至今

2008 年国际金融危机重创了美国金融，也使世界各国重新审视美国金融模式的适用性及弊端，相应地，美国在全球的金融霸权地位出现了一定程度的弱化。

（1）美元的地位相对下降。

自危机爆发以来，美元作为国际主要储备货币和汇率锚的地位呈现较为明显的相对削弱态势，越来越多的外围国家开始意识到现存金融体系中将美元作为单一货币的弊端，无论是中东、非洲、拉美地区还是欧洲和印太地区，都在加速推进"美元脱钩""去美元化"进程。根据 IMF 的统计，美元在全球外汇储备中的比重从 2007 年的 63.9％下降至 2023 年的 58.41％。但值得关注的是，在国际支付清算、计价和储备体系中美元目前仍占据绝对主导地位，远超欧元、日元和英镑。

（2）美联储的权限进一步扩大。

2010 年美国通过的《多德-弗兰克法案》拓展了金融监管的覆盖面，授予了美联储对所有系统重要性金融机构的监管权力和维护金融稳定的责任，进一步拓展了美联储的权限。

（3）金融机构的混业趋势进一步强化。

随着高盛、美林等投资银行在危机的冲击下转变为银行控股公司，美国金融机构混业经营的态势得到强化，不同类型金融机构之间的差异进一步模糊。

（4）金融市场先抑后扬。

2008 年爆发的国际金融危机严重冲击了美国的股市和债市。但在经历了数年的调整之后，美国股市和债市近十余年间重回迅猛增长的轨道。以股票为例，借助苹果、微软、英伟达等科技股价格的迅猛增长，2024 年 6 月美国股票市值就突破了 50 万亿美元，占据了全球股票市场近 50% 的份额。这意味着当前的美国不仅是全球金融市场的最大参与者，而且是市场动向的主要引领者。

（5）国际金融中心地位稳固。

根据最近一期的《国际金融中心指数》报告，目前在全球排名前 20 的国际金融中心中美国有 5 个城市，牢牢占据着领先地位（其中纽约、旧金山、洛杉矶、芝加哥和华盛顿分别位列第一、第五、第八、第九和第十二名）。

## 三、金融强国的美国模式：一个基于功能和演进的多维考察

作为金融强国，美国金融模式在结构上以市场为主导，在功能、经济适应性和演进特征等方面存在颇多独特之处。本部分重点对 1945 年（尤其是 20 世纪 70 年代）以来美国确立全球金融强国的地位后，金融模式的功能特点、经济适应性及特征进行分析。

### （一）市场主导型美国金融模式：功能视角

在我们看来，尽管无论金融体系的内在构成如何，从理论上说，任何金融体系都具有两个基本目标：一是资源配置优化，即把资源配置到利用效率最高的地方（或主体）；二是确保对提供资金的主体而言能够从借款人手中

获得足够的收益补偿，但在这两个目标的实现途径上，市场主导型金融模式和银行主导型金融模式存在较为明显的差异：

第一，两类金融模式的（市场信息）透明度截然不同。在市场主导型模式中，以极为严格的强制性信息披露制度为依托的市场透明度（或信息的公开化）是确保参与者信心进而市场赖以存在的基础。[①] 而在银行主导型金融模式中，更多地为了限制市场竞争、确保其垄断地位，当有关联的大型企业和金融机构监督企业经理层决策时，它们不会（或觉得没有必要）把企业的真实情况和决策过程明示给公众，进而大量信息是机构或企业的私有信息，整个金融体系的透明度极低。

第二，两类金融模式的企业（尤其是中小企业）融资渠道不同。鉴于信息透明度的巨大差异，在银行主导型金融模式中，资本主要是在一系列有关联的企业和机构之间周转（或者说除了个别声誉显著的大企业之外，绝大多数借款人都只能在他们的狭小的金融圈里活动，不能轻易获得直接融资）[②]，而在市场主导型金融模式中，企业通常是从外部人那里筹集资金并提供相应的回报。

第三，两类金融模式对法律及其执行等外部制度环境的依赖度不同。市场主导型金融模式的有效运行必须以完善的法律、会计制度及其执行等外部约束机制为前提。这是因为，尽管只要获得契约规定的给付，提供资金的外部投资者并不直接干预经营性决策，但当契约无法得到履行时，他们就只能借助抵押品清偿、法庭等外部机制得到救济。在银行主导型金融模式下，初始融资者被预期在一系列法庭无法证实的事件状态下提供额外融资。银行主导型金融模式的核心就是在信息不透明进而资产缺乏流动性的背景下，融资者凭借自己的特殊信息优势监控（或干预）来减少被融资者的代理问题，进而对外部约束的要求相对较低，而主要依赖"主体信誉"的"自我实现"机

---

① 用美国前总统罗斯福的话说就是"阳光是最好的消毒剂，电灯是最有效率的警察"。

② 中国在正规金融之外形成的规模不容忽视的"民间金融"（或"地下金融""非正规金融"）就是一个极为明显的证据。

制来确保其有效运行。①

第四，两类金融模式的信贷定价理念不同。在市场主导型金融模式中，借贷双方的资本成本主要由市场决定，或者说与风险直接对应，但在银行主导型金融模式中，资金成本的决定就非常复杂，一般并不是由单个项目的风险决定，而是由借贷双方基于一种信贷关系长期"锁定"之后的跨期权衡决定。换句话说，在这种模式中，在企业发展前期，高风险可能对应低成本，而当企业成熟之后，低风险可能对应较高的资金成本（作为对贷款人前期支持的补偿）。

第五，对于贷款人而言，两类金融模式的收益担保机制不同。在市场主导型金融模式中，收益担保依赖于法律以及法官公正、迅速的执行，而在银行主导型金融模式中，贷款人或通过直接或隐含的企业所有权，或通过垄断地位（通过主要或唯一的贷款人、供应商或顾客等，或通过信息优势甚至法律规定等途径限制外部竞争者的进入来实现）来确保可以获得足够的投资回报。

正是因为两类金融模式运行中的这些差异，以这两者为基础的经济运行特征也表现出很大的不同（参见表3-3）。

表3-3　市场主导型金融模式与银行主导型金融模式的运行特征比较

| | 银行主导型金融结构 | 市场主导型金融结构 |
|---|---|---|
| 对价格信号的反应 | 弱（以内部信息为主） | 强 |
| 市场力量 | 弱 | 强 |
| 流动性 | 弱 | 强 |
| 风险 | 代际跨期平滑 | 横截面风险分担 |
| 资产性质 | 实物资产 | （高科技）无形资产 |
| 公司类型 | 大公司 | 中小公司 |

---

① 在银行主导型金融模式下，信誉是借贷双方开展业务过程中一个非常重要的"资产"或"抵押"，因为一旦出现无论是借款人的违约还是贷款人的恶意"敲竹杠"，这种信息都会被整个金融体系曝光，进而威胁到后续业务的正常开展。因此，自身信誉的维持就成为一个自我治理的过程。

续表

| | 银行主导型金融结构 | 市场主导型金融结构 |
| --- | --- | --- |
| 创新融资 | 低 | 高 |
| 政治可控性 | 强 | 弱 |

## （二）美国金融模式的经济适应性：产业升级视角

正如 Allen（2010）所指出的，基于因果关系的经验分析表明，似乎历史中非常高比例的新产业是在美国和英国这样的市场主导型金融市场中发展起来的。例如，铁路起源于英国，并且英国和其他国家的铁路在很大程度上是通过 19 世纪的伦敦证券交易所来融资的；尽管汽车产业起源于德国，但第一次大规模生产却出现在美国；航空、耐用消费品、计算机和生物技术、网络等产业也都最初发展并兴盛于美国。这难道仅仅是一种偶然吗？

在我们看来，美国资本市场与产业更新，进而产业升级之间的关系绝非一种偶然，而是一种金融与经济相互适应、相互促进的必然结果。之所以有这样的判断，是因为相对于银行而言，资本市场对提升一国的产业结构存在三个方面的促进作用：

第一，在资本市场特有与银行信用支持体系不同的"支持机制"与"筛选机制"的联合作用下，整个社会资本与资源得到了有效的配置和利用，进而使得经济社会产业结构得到优化。

发达国家的经验表明，一国经济结构的调整是从高新技术成果的商品化、产业化开始的。但问题是，从银行的角度着眼，一方面，不仅高科技转化项目本身的复杂性、不确定性非常突出，而且外部环境的不确定性对项目的成功也有巨大的影响，客观上就使创新成为一项高风险活动。[1] 另一方面，众多中小企业，尤其是那些处于创业初期的高科技企业，由于没有多少有形

---

[1] 斯蒂格利茨和韦斯 1981 年最早从信息经济学的角度对这一问题做了分析。麦金农于 1997 年指出，在宏观经济不稳定的情况之下，银行的这种"风险规避"特性将更为突出。

资产，也很少有人能够真正认识其发展潜力，因此其资金需求与银行的信用原则存在根本性冲突，很难获得银行信用支持。

相对于银行体系的技术约束而言，资本市场具有以市场机制低成本实现产业结构整合、发展高新技术的巨大优势，进而为创新及其扩散创造了良好条件，尤其是其中的风险投资和创业板市场，往往被人们誉为创新和高科技企业的"孵化器"。我们知道，自1991年经济衰退结束以来，以信息产业等为代表的知识产业的兴起，使得美国的产业结构由以制造业为主转向以信息技术产业为主，成为推动美国经济保持此后持续100多个月增长的核心动力。而在这个过程中，除科技进步之外，美国的创业资本以及创业资本的退出机制——二板市场（NASDAQ）也发挥了至关重要的支撑作用。

第二，资本市场的发展，使经济体能够安全而有效地在分散风险的前提下重新配置社会存量资源，以市场化的机制和方式推动产业存量结构的调整及退出，从而加快产业结构的升级换代，提高产业的整体竞争力。

在资本市场中，原来物理意义上的以物质形态存在的资本被货币化、证券化了，具有完全可分性，并且取得了标准化的表现形式，使得资本的流动性与交易性发展到了极致。这样，在资本市场中，通过金融资产价格的波动将资本资源直接在各行业和各企业之间进行分配，不受生产环节的影响，没有实物形态的拖累，资本的进出更为灵活，渠道更为快捷，从而效率更高。借助这一资本市场所特有的流动性，在企业和行业周期性的发展、更迭过程中，高成长性的企业和行业不仅实现了自身的积累与资本市场的外部融资相结合，而且拥有了利用资本市场进行资本存量与增量的扩张与重组的机遇，进而得到充分而迅速的发展，率先实现并推动其他企业和行业的升级换代。随着资本市场的发展，资本市场对产业结构调整的功能愈来愈成为资本市场最核心的功能。

第三，一个发达的资本市场及以之为基础的众多高度市场化的激励约束机制，也是构建企业家群体的重要经济基础。

在现代市场经济中，一般而言，在企业家能力与资金所有权之间没有、也不可能存在着对应关系，这客观上提出了一个如何实现两者的有效搭配，进而使得社会整体效用最大化（或最优化）的问题。众所周知，企业家群体的一个最明显的特征是"创新性"，而创新本身就意味着风险，而风险对一个经济人而言也就意味着收益，所以我们必须构建一个合理的报酬机制或者说激励机制，这样才能促进企业家群体的发展。借助现代微观经济学的委托代理分析框架，经济学家提出了许多方案，而所有这些方案的核心要义都包含着让这部分经济主体享有一部分企业的剩余收益权，也就是说，赋予他们一定的所有权（或股份），通过这种方式让企业家群体的创新得到适当的补偿。既然赋予了企业家群体股权，就必然要求这种股权是可以流通的，显然这也离不开一个发达的资本市场。

另外，一个发达的资本市场的存在，对企业家群体而言，同时也意味着一个控制权竞争市场的存在。控制权可以通过股份转移实现让渡的这种可能性，在相当大的程度上也是激发企业家精神的一个重要约束机制。

客观地说，科研创新能力与金融创新能力的完美结合，成为维系美国经济核心竞争力最为重要的制度基础，进而在推动美国经济产业结构不断升级的前提下，使美国在过去近1个世纪的时期内牢牢占据着国际经济分工格局中最为有利的地位。

### （三）美国金融模式的演进特征分析

在我们看来，美国金融模式存在7个基本特征：

（1）竞争驱动的创新是变革的主要力量。历史地看，20世纪30年代出现的、到20世纪70年代在经济和政治影响方面已可以和纽约大银行相竞争、相抗衡的独立的美国投资银行业的存在，无疑是确保美国金融市场竞争存在及强度的一个重要制度前提。无论是从理论还是实践来看，这种市场竞争压力在一个由全能银行主导的金融体系中几乎是不可能发生的，因为很难想象一个全能银行会以牺牲自身利益来换取客户利益的增加，自觉地采取措施通过劝说一个公司客户绕开（高成本的）银行直接发行低成本的短期债务工具，从而将财务运作市场化，即便全能银行同时还是短期债务工具发行的牵头经理人。在理论上，这是由于金融创新和市场发展之间具有"自我强化"的互动特征。这一方面是因为金融创新产生了现有证券中的信息敏感性部分，从而鼓励投资者去获得更多的信息，而这会提高某一公司证券的流动性并使市场定价更有效率；另一方面可能是因为金融创新的"学习效应"降低了创新的"成本门槛"。所以，不仅与分散的银行业相比，集中的银行业会导致人们对银行信贷的更低需求（由相对较高的信贷价格和更加突出的信息垄断问题所致），而且一个集中的全能银行系统与一个商业银行和投资银行功能分离的金融体系相比，在动态上前者表现出较低的创新性，同时全能银行业越集中，其金融创新的速度就越慢，其金融市场演进的步伐也将越慢（Boot & Thakor，1997）。

（2）以关系为基础的金融的衰退和金融商品化程度的提高。在美国，以关系为基础的金融的衰退和金融商品化程度的提高最早是通过银行体系的脱媒实现的。从 20 世纪 60 年代开始，在货币市场共同基金快速发展引发的来自金融市场的压力下，美国银行被迫逐渐放弃储蓄市场，转而开始利用（大额存单）等产品积极管理其负债。从 1941 年美国证券委员会发布 U - 50 规则起，投资银行业与客户的关系也开始减弱，而 1982 年 415 规则（即搁架注册规则）的引入与"购买交易"承销结构的出现，使得投资银行业务中长期承销关系的价值急速下降，而资本力量和交易能力变得更有价值。

随着 20 世纪 70 年代以来金融衍生品和金融工程技术的飞速发展，以资产证券化为核心的金融创新已经使得当前美国的金融商品化程度达到了一个新的高度——在当前的美国金融市场中，（收益或风险）可测度的产品就可以被定价，而可以被定价的业务，一旦达到了起码的标准化要求，就可以被商品化进而在市场中实现交易，获得流动性。因此，随着金融风险的原子化，美国金融市场中可交易证券的种类与数量近年来得到了突飞猛进的发展。[①]

---

① 从实践来看，以资产证券化为核心的金融商品化趋势在美国的飞速发展，已经从根本上改变了美国商业银行等金融机构的商业模式——已经从传统的"发起并持有"变成了当前的"发起进而在证券化基础上实现市场发行"。

（3）以透明度为核心的有效监管。旨在保持市场竞争性和信息有效性的法律环境的形成，是美国模式演进的基础条件之一。事实上，在1934年证券交易委员会设立之后，证券交易委员会通过积极利用法律工具，制定了严格的信息披露标准（以及与之相适应的会计准则）和对内幕交易、市场操纵、虚假陈述等违法行为的惩罚打击措施，使市场的完整性与透明度得到了极大的提升，确保了资本市场不再是少数职业内幕人士的领地，而是众多普通投资者愿意选择的投资场所。这为美国金融模式的形成和发展提供了至关重要的基础设施。

（4）大量业绩导向的机构资金的汇集。历史地看，自20世纪50年代以来，储蓄或投资的机构化已经成为美国金融模式发展的一个必要条件。由机构投资者产生的对证券的需求是脱媒的另一面，共同基金、养老基金和保险基金中不断累积的储蓄提供了对证券需求的重要来源，尤其是自20世纪60年代末开始的共同基金产业的爆炸式增长则被证明是刺激美国普通公众参与证券市场（含货币市场）的主要推动力量。

在这些传统意义上的机构投资者规模日益扩大的同时，1979年美国劳工部对"谨慎"概念的重新澄清（即在良好的风险分散的投资组合战略中，高风险投资是合法的），让大型养老基金和人寿保险基金开始投资于一些高风险的中间机构，风险投资基金（为新兴企业服务）、收购基金（为兼并现有企业服务）、"秃鹫"基金（收购财务困难的企业债务，通过重组获利）等私募股权基金开始在美国获得了迅猛发展。此外，20世纪40年代就已经出现、主要通过卖空和使用衍生品带来的高杠杆进行投机或套利的对冲基金也获得了极大的发展，在管理资金规模不断扩大的同时，借助5～30倍的杠杆率，成为市场中一个潜在的重要机构投资者。

（5）风险管理金融的形成。过去30年间来自金融专有技术和信息技术等领域的重大进步，使得当前的美国金融体系已经发展到能够在（对内含在传统证券收益中的）复杂风险予以分解与重组的基础上，通过对金融风险的重新定义与分离，以金融工程技术为依托，利用金融制度、金融机构与金融工具及其交易策略等创新（诸如期货交易所的创设，金融衍生品以及资产证券化等各种结构金融技术等）将复杂风险分解成能够定价的、更纯粹也（对特定投资者而言）更具吸引力的相对简单的风险，并可以在流动性好的市场上进行交易。从实践来看，旨在分离与金融交易相关风险的第一次金融创新浪潮主要与市场风险有关，外汇期货、利率互换、国债期货等金融衍生品的出现使汇率风险、利率风险得以从传统的信贷与证券中分离、定价并交易，而从 20 世纪 90 年代以来，以信用衍生品、以信用违约互换（CDS）和担保债务凭证等为代表的结构性金融工具以及合成型资产证券化技术的蓬勃兴起为核心的第二次金融创新浪潮则使信用风险可以在分离的基础上定价并交易。

现实地看，以交易商为基础的美国货币和资本市场创造并提供了大量可供选择的工具和技术，不仅各种金融合约与金融和非金融公司的资产可以在具有流动性的市场上交易，而且主要类型的风险（通过衍生品和结构化等金融工程技术）也可以在市场上交易和定价，结果是在使所有类型的借款人都越来越能够在具有流动性的证券市场上满足其短期资金、长期资本和风险管理的需求的基础上，美国金融进入了一个全新的风险管理金融时代。

（6）灵活的流动性供给。对高度流动性的货币和资本市场的依赖是市场主导型美国金融模式的基本特征之一。换句话说，美国金融模式中的许多发展和创新，诸如短期货币市场的发展、指令驱动、以专家为基础的证券市场的支配地位、套利驱动的组合管理、风险的定价等的前提都需要相关的市场保持流动性，即在不利的环境下市场能够产生连续的价格（或交易）。

从目前美国的实践来看，其市场流动性的创造与提供机制是通过一个微妙复杂、紧密联系的机构与市场的网络体系来实现的：货币市场和资本市场的参与者依赖经纪商/交易商作为做市商来保证这些市场的流动性，经纪商/交易商又依赖有流动性的回购市场来为其证券头寸融资；公司借款人依赖商业票据市场来满足其短期资金需求；一旦货币市场出现问题，经纪商/交易商与公司则求助于货币中心银行，依赖其提供的信用额度或备用额度来解决自身出现的短期债务转期问题；而对于这些从事批发业务的货币中心银行而言，它们则主要依赖银行间市场来重新分配资金，满足日末在支付系统进行资金结算；最后，在某些较大的外部冲击下，如果银行体系自身无法完成日内优良资金的交付，作为"银行的银行"的中央银行就会介入其中，通过其银行功能、对隔夜市场的日常干预来维持有序的市场以及提供最后贷款人信用来扮演金融体系中流动性最终支持者的角色。①

（7）金融机构的业务范围从分业到混业的轮回。众所周知，《1933 年银行法》确立了美国商业银行与投资银行"分业经营"的金融格局。在过去的30 多年中，法律和市场的变化对银行业务的拓展产生了巨大冲击。历史地看，《1970 年银行控股公司法修正案》对"银行"一词的重新定义引发了一个法律漏洞②，导致美国出现了"非银行"的银行，使非银行企业直接侵入银行业成为可能。随着资产证券化以及金融风险管理技术的日益发展，金融业务边界的日益模糊，再加上竞争的日趋激烈，到 20 世纪 90 年代早期，美国就约有半数的州授权银行越过联邦法律法规的限制经营证券业务。而从联邦监管层面来看，20 世纪 80 年代末，美联储对《格拉斯-斯蒂格尔法案》与《1956 年银行控股公司法》第 4 部分 C 项条款的重新诠释使控股公司享有了经营和承销各种证券的有限权力。到 90 年代中后期，《1956 年银行控股公司法》第 20 部分确定的附属机构的经营范围被一再扩展。而《1999 年金融服务现代化法》的通过则标志着在 66 年之后，通过收购、兼并等方式实现的混业经营重新成为美国金融机构的主要业务组织形式。当然，在美国金融混业的前提是机构在控股公司模式下必须构建符合联邦规定的业务"防火墙"。

---

① 在过去的十几年间，美联储日益推行一个旨在维持有序市场的政策，在公开市场上通过干预（通过回购市场或短期证券交易）来防止隔夜利率的大幅波动。尽管这一政策的初衷是为向市场主体传递货币政策信号，但现在已经成为金融体系流动性最重要的来源，降低了资本市场中的流动性风险和现金头寸的资本成本。

② 这一漏洞在《1987 年银行业公平竞争法》中得到了弥补。

## 四、美国金融法律体系的动态演进与改革

### （一）银行业法律体系的演变

美国银行体系的发展可以分为两个时期，分别是国民银行时期（1863—1913 年）和美联储时期（1913 年至今）。每一时期的银行体系演变都伴随着政策的重大调整和银行业法律体系的变革。

1. 国民银行时期（1863—1913 年）

在南北战争期间，为了解决美国银行体系混乱、货币种类繁多的问题，并为战争提供资金，美国国会于 1863 年通过并于 1864 年修订了《国民银行法》。该法案宣告创建由联邦政府监管的国民银行体系，授权这些银行发行由联邦债券担保的统一纸币。同时，法律规定银行需持有一定比例的联邦债券，并对州银行发行的货币征收重税。《国民银行法》通过建立统一的银行体系和货币流通体系改善了美国金融体系的混乱局面，加强了联邦政府的财政控制，为美国国家金融体系的现代化奠定了基础。同时，它也在战争期间为美国政府提供了稳定的资金来源，是美国经济史上的重要转折点。

1907 年，美国发生了严重的金融危机，即"1907 年银行危机"，银行挤兑、股市崩盘等问题导致了广泛的经济恐慌，暴露了当时分散、缺乏统一监管的银行体系的脆弱性。这场银行危机是美国在国民银行时期所经历的最后一次严重的金融危机。为了防止类似的危机重演，美国国会于 1908 年通过了《奥尔德里奇-弗里兰法案》（Aldrich-Vreeland Act），并成立了"国家货币委员会"（National Monetary Commission）。该委员会的任务是研究美国银行体制的缺陷并提出改革方案。

2. 美联储时期（1913 年至今）

1913 年，国家货币委员会促成了《联邦储备法》的通过，宣告了美联储的成立。各方同意设立由联邦储备委员会和若干地区联邦储备银行构成的双

层管理体系，既保证了地方的相对独立性，又保证有一个机构来统一协调准备金的使用和跨区域转移。该法案赋予了美联储四大职能，分别为实施统一的货币政策、建立全国清算支付系统、充当最后贷款人以及对银行业实行监管。自此，美联储成为美国金融监管体系的核心机构。

《联邦储备法》虽然创建了美联储，但银行体系仍存在不平衡与不稳定，美国银行业仍面临监管不统一的问题。尤其是国民银行和州银行的权力不对等，国民银行在某些州无法开设分支机构，导致其在与州银行的竞争中处于劣势。

1927年，美国国会通过《麦克法登法案》（McFadden Act），其改革重点是关于国民银行的权力和监管。该法案最重要的条款之一是允许国民银行在其总部所在的州内开设分支机构，使国民银行在分支机构扩展上与州银行站在了同一竞争起点上，促进了银行业务的扩展和多样化。同时，《麦克法登法案》禁止银行跨州经营，形成所谓的"单一银行制度"，要求银行只能在其所在州内开设分支机构，这一规定限制了银行规模的扩展和跨州业务的发展。20世纪后期，美国金融市场的复杂化使得跨州银行业务需求增加。1994年，美国国会通过了《里格尔-尼尔州际银行和分支机构效率法》（Riegle-Neal Interstate Banking and Branching Efficiency Act），允许银行跨州经营，基本废除了《麦克法登法案》中的跨州限制条款，"单一银行制度"演变成"银行控股公司制度"，从而促进了现代银行业的整合与扩展。

1929—1933年大萧条期间，美国有近万家银行破产，银行倒闭潮使公众失去了信心。为恢复银行体系的稳定，罗斯福新政推行了《格拉斯-斯蒂格尔法案》，又称《1933年银行法》。该法案禁止银行从事证券业务，禁止银行持有主营证券业务的分支机构，但允许银行从事政府债券的投资和交易。此外，银行经特批还可从事地方政府的债券投资或债券承销业务。《格拉斯-斯蒂格尔法案》旨在将商业银行和投资银行分离，限制银行的高风险投机行为，并设立联邦存款保险公司（FDIC）来保障储户利益，将货币市场置于联邦政府的控制之下。然而，控股公司模式却让银行以间接方式参与非银行业务，联邦政府缺乏对这些跨州业务的有效监管，各州法律也无法统一协调对控股公司行为的限制。因此，为了控制银行扩张规模和垄断行为、保护金融体系的稳定性以及建立统一的监管框架，1956 年美国国会通过了《1956年银行控股公司法》，赋予美联储对控股公司的监管权，禁止银行跨州收购或设立分支机构，禁止银行持有从事非银行业务的分支机构。

《1935 年银行法》进一步加强了美联储的权力，中央银行开始在货币政策和经济调控中发挥更大的作用。该法案修订了《联邦储备法》，规定所有存款超过 100 万美元的银行都需要接受美联储的监管；并创立联邦公开市场委员会 （FOMC），将 "Federal Reserve Board" 改为 "Board of Governors"，重新规定委员会的成员资格，规定委员会成员资格的有效期为14 年。

1966 年美国通过了《金融机构监管法》，加大了对银行的监管力度，由货币监理署、美联储、联邦存款保险公司和联邦住房贷款银行联合监管。

《1970 年格拉斯修正案》（The Glass Amendment） 是对《格拉斯-斯蒂格尔法案》的补充，旨在进一步规范银行控股公司和金融机构的业务活动，特别是在金融机构分业经营的背景下，防止银行控股公司从事过多与银行无关的活动。这一修正案加强了对银行控股公司从事非银行业务的限制，旨在确保银行业的稳定，避免过多的金融风险。

《1978 年国际银行法》（International Banking Act） 颁布，旨在为国际银行业务创造公平的竞争环境。20 世纪 70 年代美国银行业面临全球化趋势，越来越多的外国银行进入美国市场，但缺乏统一的监管。该法案旨在对外国银行在美国的活动进行监管，确保它们在美国国内与本土银行一样遵守美国的银行法规和监管要求。该法案还允许外国银行在美国建立分支机构，并要求外国银行在美国的活动受到美联储的监督。

《1980 年存款机构放松管制和货币控制法》生效，旨在解决 20 世纪 70年代末期美国国内的高通胀、利率波动和经济不稳定问题。该法案的主要内容包括逐步取消对储蓄机构的存款利率上限；要求美联储向所有存款机构提供金融服务、统一的货币政策工具；要求所有具备条件的金融机构都建立储备制度。

20 世纪 80 年代末，美国爆发了严重的储贷危机，数百家储贷机构破产。为应对此次危机，1982 年美国国会通过了《加恩-圣杰曼存款机构法》。该法案进一步放松了对储贷机构的管制，允许它们从事更广泛的贷款业务，如商业贷款和房地产贷款，以帮助其扩大收入来源。该法案进一步放宽了对存款利率的限制，允许机构更自由地设定利率，从而增强了储贷机构的竞争力。1985 年对存款利率的限制正式结束。1989 年通过了《金融机构改革、复兴和实施法》（Financial Institutions Reform, Recovery, and Enforcement Act, FIRREA）。该法案通过加强监管和改革储贷机构来恢复金融体系的稳定性。具体措施包括关闭大量不良的储贷机构、设立新的存款保险基金——储贷协会保险基金（SAIF）——和大幅增强联邦存款保险公司的权力。该法案还加强了金融机构的资本要求和审计程序，以防止类似危机的再次发生。

从 20 世纪 80 年代开始，随着里根政府推行金融自由化政策，美国逐步扩大了银行业的监管范围。1987 年，美联储允许银行控股公司通过其分支机构（符合《格拉斯-斯蒂格尔法案》第 20 款）从事证券承销业务，但该等承销业务收入不得超过分支机构总收入的 5％，这意味着商业银行开始涉足证券业务。1989 年，美联储将承销业务收入不得超过总收入 5％的规定放宽至 10％。1994 年，《里格尔-尼尔州际银行和分支机构效率法》取消了《麦克法登法案》对银行跨州经营的限制，促进了银行跨州经营和并购浪潮，推动了银行业的整合。1996 年，美联储放松了《格拉斯-斯蒂格尔法案》第 20 款关于银行分支机构的业务限制并允许银行与大型证券公司进行合并，有些银行立即抓住机会并购证券公司。美联储同时将关于银行分支机构证券承销业务收入占其总收入 10％的上限放松至 25％。1997 年，美联储完全取消了《格拉斯-斯蒂格尔法案》第 20 款关于银行业与证券业之间的防火墙。

1999 年，克林顿政府签署《1999 年金融服务现代化法》，规定银行、证券公司和保险公司可以在一家金融控股公司下经营，废除了《格拉斯-斯蒂格尔法案》中有关禁止混业经营的条款，在放弃分业走上混业的道路上"整合"了美国的金融法律体系，成为美国金融发展史上具有里程碑意义的法律文献，标志着金融混业经营时代又一次来临。实力雄厚的全能银行和金融控股公司的出现，节约了交易成本，提高了整个金融体系的运行效率和配置效率，也发挥了支持美国股市繁荣的作用。

直至2007—2008年，美国次贷危机暴露了金融体系中的诸多问题，特别是对大型金融机构的监管不足、金融衍生品市场缺乏透明度、消费者金融保护缺失，以及金融机构承担过高的风险。为应对此次危机并防止类似危机再次发生，2010年，奥巴马政府通过了《多德-弗兰克法案》，旨在加强对金融机构的监管，限制高风险投资活动，并保护消费者的金融权益。该法案被认为是美国金融史上最严格的金融监管改革立法。《多德-弗兰克法案》内容十分宏大，包括16个部分，共计2 319页。该法案在开头部分就明确提出了其意义和目的："本法案旨在通过提高金融体系的透明度，促进其承担应尽的责任，进而提升美国金融体系的稳定性，终止金融机构'大而不能倒'的状况，防止对金融机构无止境的救助而损害纳税人的利益，保护消费者免受有害的金融服务，以及实现其他目标。"该法案对银行业改革的措施主要有以下五个方面：

第一，预防系统性金融风险。成立金融稳定监督委员会（FSOC）。FSOC有权对系统重要性金融机构进行额外的监管，防止这些机构因其规模过大或过于复杂而倒闭。

第二，加强消费者权益保护。设立消费者金融保护局（CFPB），对向消费者提供信用卡、抵押贷款等金融产品或服务的银行或非银行金融机构进行监管。

第三，改变金融机构"大而不能倒"的状况。通过创建有序清算机制，该法案赋予联邦存款保险公司（FDIC）在大型金融机构倒闭时，对它们进行有序清算的权力，从而能够避免使用纳税人的资金救助这些机构。

第四，引入沃尔克规则（Volcker Rule）。根据保罗·沃尔克限制银行从事投机性的、损害消费者利益的投资的提议，要求吸收存款的银行必须剥离各自的衍生品业务，限制银行自营交易，切断其和对冲基金及私募股权基金的关联。该提议被称为"沃尔克规则"。《多德-弗兰克法案》基本采纳了沃尔克规则的全部内容，试图在银行传统业务和投行业务之间建立起"防火墙"。

第五，对美联储的职责进行改革。一是强化了美联储的消费者保护和系统风险防范职责，美联储下设消费者金融保护局，同时与新成立的金融稳定监督委员会紧密配合，对银行及非银行金融机构的信息披露、资本要求和流动性风险等方面设立更加严格的标准。二是对美联储发放紧急贷款的权力进行限制，要求紧急贷款的发放必须是出于系统性考虑，禁止利用紧急贷款对个别企业提供救助，而且贷款担保必须有效。

《多德-弗兰克法案》使美国在 2008 年国际金融危机后，基本上确立了财政部、美联储、证券交易委员会和期货交易委员会四轮驱动的监管体制，并确立了三大原则：相对全面的信息披露、相对严格的对金融机构高风险业务的限制和对金融消费者权益的保护。

2018 年，美国国会通过了《多德-弗兰克法案》的修正案《经济增长、监管救济和消费者保护法》（The Economic Growth, Regulatory Relief, and Consumer Protection Act，EGRRCPA）。2019 年，联邦银行机构发布了针对大型银行控股公司和存款机构的资本和流动性规则，以实施 EGRRCPA。在此修正案和规则下，美联储对银行控股公司实施强化审慎标准的门槛从平均合并资产总额 500 亿美元增加到 2 500 亿美元。总体来说，此修正案对很多银行的监管程度相对于《多德-弗兰克法案》有比较大程度的降低。

## （二）证券业法律体系的演变

美国证券业法律体系的演变历程反映了其不断适应市场变化的过程，从无系统性监管，到建立基础性的联邦法律，再到应对金融危机时的改革。每一次法律改革都伴随着市场发展的阶段性问题，旨在平衡金融创新与投资者保护之间的关系。

在 19 世纪末 20 世纪初，美国金融市场发展迅速，但证券交易基本没有联邦层面的系统性监管。各州自行监管证券发行和交易，形成了复杂的"蓝天法"，旨在防止证券欺诈，但监管松散，信息披露要求不严格，市场投机盛行，导致市场不稳定。1929 年美国股市崩盘引发了大萧条，揭露了证券市场存在的重大问题，包括欺诈性证券发行、信息不透明和市场操纵。为恢复投资者信心，联邦政府介入，开始制定证券法律体系。

1933 年，罗斯福政府加强了对经济的干预，开展针对华尔街的皮科拉调查（Pecora Investigation），制定了一系列旨在恢复国民对金融的信心的银行和证券改革措施。在美国股票市场已经运行了 100 多年后，美国国会出台了第一部全国性的证券业法规《1933 年证券法》，主要规范证券发行人的信息披露。随后，《1934 年证券交易法》颁布，该法案对证券操纵和欺诈进行了界定，使证券诉讼中的辩方举证制度得以建立，大大规范了证券交易行为，并促成了美国证券交易委员会的建立。证券交易委员会负责监督和执行证券法律，监管证券交易商、经纪商和证券交易所，打击市场操纵和内幕交易。

随着经济和金融市场的复苏，投资基金和投资顾问行业迅速发展。为了进一步保护投资者，美国政府推出了更多针对性法规。《1935 年公共事业控股公司法》加强了对公共事业机构的监控。《1938 年马洛尼法》建立了全国证券交易商协会，场外交易被纳入监管范围。《1939 年信托契约法》《1940 年投资公司法》《1940 年投资顾问法》等法律也相继颁布，基金等中介的投资行为被严格监管。这些法案进一步完善了证券市场的法律框架，保护了小额投资者和普通投资者免受欺诈和不正当行为的侵害。

1975 年 5 月 1 日，纽约证券交易所响应证券交易委员会的要求，正式废除了持续了 180 多年的固定佣金制度。此后，经纪公司和客户可以自由协商佣金费率，开启了证券市场的全面竞争。此次改革成为美国证券市场自由化的象征，对后来美国证券市场的发展产生了实质性的影响。美国证券交易市场从 18 世纪开始有了经纪商之后，一直采用的是固定佣金制度。直到 20 世纪60年代末，以养老基金、互助基金和保险公司为代表的美国机构投资者迅速成长起来，成为证券市场的主力投资者。机构投资者的特点是交易数额大，降低交易成本是决定收益的一个重要因素。因此，在证券市场的投资结构发生变化后，原来的基于散户投资的固定佣金制度已经不再适应市场的发展。

1982年，证券发行制度迎来了改革。根据改革后制定的一次性注册制度——搁架注册，满足一定条件的企业只要完成简单的手续便可在两年之内的任何时候，根据市场情况随时发行证券，这使得原本需要几个月时间的发行手续现在只需数日便可完成。发行制度的改革对证券承销的高效率和低成本提出了更高的要求，要求承销商具备雄厚的资本金和快速高效的销售网络，传统的承销团方式因其销售能力不足而被抛弃。这一举措一方面促进了美国资本市场的国际化，大量外国投资银行开始进入美国市场；另一方面也加速了垃圾债市场的发展。

20世纪90年代，美国股票市场上的机构投资者不断成熟扩大，大规模的收购兼并活跃，高科技股票脱颖而出，股票市场空前繁荣。金融市场经历了快速的创新，尤其是金融衍生品（如期权、期货、信用违约互换等）迅速发展。然而，当时的监管框架并未能有效覆盖这些新兴产品，导致监管的不确定性。

2000年，美国国会通过了《商品期货现代化法》（Commodity Futures Modernization Act，CFMA），旨在更新和规范商品期货和衍生品市场。该法案最重要的部分是明确豁免了金融衍生品，尤其是场外交易（OTC）的衍生品（如信用违约互换）不受商品期货交易委员会和证券交易委员会的监管。这使得金融机构可以更自由地开发和交易复杂的金融产品，而无须受到严格的监管约束。这一法案推动了金融创新和衍生品市场的快速增长，但也为2008年国际金融危机埋下了隐患。

随着网络股泡沫的破灭，股市开始下跌，美国经济也从2000年开始步入衰退。2001年9月11日的恐怖袭击导致了美国股市的进一步下跌，很多被牛市掩盖的金融丑闻也被随后揭露出来，例如安然、世通等知名上市公司的财务造假丑闻，这些事件严重损害了投资者的利益，动摇了公众对美国资本市场的信心。随后布什政府和美国国会采取了一系列措施来打击金融欺诈，企图恢复投资者的信心。

2002 年，美国国会通过了《萨班斯-奥克斯利法案》，这是继《1933 年证券法》和《1934 年证券交易法》之后的又一部具有里程碑意义的法律，主要关注公司治理、会计职业监管、证券市场监管，并设立了上市公司会计监管委员会（PCAOB）来对上市公司审计进行监管。《萨班斯-奥克斯利法案》是对 20 世纪 30 年代以来美国公司管理和会计制度最大的一次调整，其影响深远，标志着美国证券法律从披露转向实质性管制。

2010 年，《多德-弗兰克法案》针对证券业的改革主要集中在透明度、监管和市场稳定性方面。具体措施有以下四个方面：

第一，加大对金融衍生品的监管力度。一是由证券交易委员会和商品期货交易委员会对 OTC 衍生品实施监管；二是标准金融衍生品必须在第三方交易所和清算中心进行清算，非标准或定制的衍生品仍然可以进行场外交易，但必须提高透明度；三是银行对于农产品掉期、未清算的商品掉期、多数金属掉期和能源掉期产品的交易必须剥离到特定的分支机构。

第二，加强对信用评级机构的监管。一是在证券交易委员会成立信用评级办公室；二是要求信用评级机构进行更充分的信息披露；三是在评级机构内部建立"防火墙"，其销售和市场部门不得影响评级，评级机构的合规部门主管不得参与评级工作，合规部门员工工资不得与评级机构业绩挂钩，评级机构的雇员到被评级公司工作的情况，要向证券交易委员会报告；四是明确信用评级机构的责任。

第三，加强对对冲基金的监管。为杜绝"影子金融机构"的存在，法案要求资产规模达到 1.5 亿美元的对冲基金、私募股权基金必须在证券交易委员会登记，提供交易信息和头寸信息，并接受证券交易委员会的检查和系统性风险评估。

第四，加大对投资者的保护力度。法案赋予证券交易委员会更大的监管权力，要求金融机构更加透明，提供更多的财务信息和风险披露，确保投资者能够获得充分的信息来进行投资决策。建立消费者金融保护局来监督金融产品和服务的销售行为，以避免欺诈性和不公平的市场行为。

通过以上措施，《多德-弗兰克法案》增强了证券业的透明度，限制了高风险行为，提升了市场的稳健性与投资者的信心。

### （三）金融强国视角下的美国金融法律体系分析

美国金融法律体系的演变不仅影响了银行业、证券业，还涉及金融市场的整体运作，而且塑造了美国成为全球金融强国的重要法律基础。在其演进过程中，通过调整监管框架、业务边界以及市场自由度，持续实现了公平与效率的动态平衡。

1. 监管框架的调整：从严格管制到风险管理

**早期严格监管，将公平性放在首位。**在大萧条之后，1933 年美国通过《格拉斯-斯蒂格尔法案》，严格限制银行的业务范围，禁止商业银行参与高风险的证券投资，以保护存款人的利益和维持金融体系的稳定。这一法案通过分业经营的方式，着重保障了市场的公平性，防止金融机构利用不对称信息优势进行过度投机。然而，虽然公平性得到加强，银行的灵活性和竞争力却受到限制，从而降低了市场的效率。

**逐步放松监管，效率得以提升。**到 20 世纪末，金融市场的快速发展和全球竞争的加剧，促使美国政府放松了对金融机构的监管，提升了金融行业的效率。《1999 年金融服务现代化法》废除了《格拉斯-斯蒂格尔法案》的核心条款，允许银行开展混业经营。这一法律增大了银行的经营自由度，推动了金融创新，提高了市场活力和效率。然而，监管的放松也使金融机构承担了更大的风险，埋下了 2008 年国际金融危机的隐患。

**危机后重新加强监管，公平性与稳定性并重。**金融危机后，2010 年美国国会通过了《多德-弗兰克法案》，重新加强对金融机构的监管，特别是对系统重要性金融机构的风险控制，要求更高的资本金和流动性，防止系统性金融风险蔓延。虽然该法案在一定程度上限制了金融机构的经营自由，但通过风险管理和市场稳定，重新加强了公平性，保障了中小投资者的权益，也为长远的市场效率奠定了基础。

2. 业务边界的调整：从分业经营到混业经营

**分业经营限制风险，提升公平性**。《格拉斯-斯蒂格尔法案》通过后，银行业和证券业之间被严格分割，银行无法同时从事存款业务和投资银行业务。分业经营的原则确保了银行业务的稳定性，防止银行利用客户存款进行高风险投资，保障了投资者和储户的公平性。同时，证券业则可以更加专注于资本市场的发展。这一时期，美国金融体系更注重平衡市场中的风险，牺牲了一部分效率。

**混业经营提升市场效率**。随着全球竞争的加剧，美国通过了《1999 年金融服务现代化法》，允许金融机构提供更全面的金融服务，如保险、证券和银行业务的混合经营。这一举措极大提高了银行业的效率，使得银行能够通过多元化业务扩展市场份额，提供更多样化的金融服务。然而，混业经营也带来了新的风险，金融机构过度扩展业务领域，最终在 2008 年国际金融危机中爆发了系统性风险。

**业务限制重新回归以控制风险**。《多德-弗兰克法案》在危机后重新引入了某些业务限制，例如沃尔克规则，禁止商业银行进行自营交易，旨在减少金融机构的高风险行为。这一法案通过控制金融机构的业务边界，重新找回了业务上的公平性，确保了金融市场的稳定，同时保持了适度的效率。

3. 市场自由度的调整：从自由化到风险管理

**市场自由化提升效率与竞争力**。20 世纪 70 年代，金融市场的自由化改革逐步展开，特别是 1975 年的"May Day"改革，取消了证券交易佣金的固定费率，促进了市场竞争。市场自由化大幅降低了金融交易成本，提高了市场的效率，使得投资者能够以更低的成本参与金融市场，提升了美国金融市场的全球竞争力。

平衡市场自由化与监管，防止市场失控。自由化的快速推进在提升效率的同时，也伴随着市场过度投机和风险累积。20 世纪 80 年代的储贷危机、2007 年的次贷危机都暴露了市场自由化后的监管真空问题。因此，在效率提升的同时，新的法案如《多德-弗兰克法案》对某些高风险领域进行了更严格的管控，以防止市场自由化带来的不公平现象。

4. 金融创新与公平保护

促进金融科技创新，提升市场效率。金融法律体系在促进金融创新上也扮演了重要角色。例如，1982 年通过的搁架注册制度允许企业在注册后分批次发行证券，大大提高了资本市场的融资效率。此外，近年来金融科技的发展也使得金融服务更为普及化，降低了获取金融服务的门槛，提升了市场效率。

强化消费者保护措施以提升创新中的公平保障。《多德-弗兰克法案》设立了消费者金融保护局来专门监督金融机构对消费者的保护，确保金融创新不会损害普通投资者的利益。这一举措在扩大金融服务覆盖范围的同时防止了不公平的市场行为。

总而言之，美国金融法律体系的每一轮改革都反映出对金融体系中公平和效率的深刻思考和调整。从早期的严格监管和分业经营，到市场自由化和混业经营，再到金融危机后加强风险管控，法律体系始终在追求短期效率的同时保障长期的市场稳定性和公平性。这种动态平衡使美国在保持金融创新和市场竞争力的同时也维护了金融体系的透明、公平和稳健，推动了其成为金融强国。

## 五、美国金融调控和监管模式分析

### （一）以联邦储备体系为核心的美国金融宏观调控体系

1. 美联储的构成与金融宏观调控政策

美国的金融宏观调控体系以美联储为核心，配合其他金融监管机构，通过货币政策、金融监管措施和财政政策的协调，确保经济稳定、控制通胀、促进就业和维持金融体系的健康。美联储是美国的中央银行，负责货币政策的制定和执行。美联储主要由联邦储备委员会、12家地区性联邦储备银行、联邦公开市场委员会（FOMC）构成。

其中，联邦储备委员会由7名成员组成，负责制定货币政策，监管金融机构。12家地区性联邦储备银行为本地银行提供服务，监督金融市场，并实施货币政策。联邦公开市场委员会由美联储主席、联邦储备委员会其他成员及5位地区性储备银行行长组成，主要负责通过公开市场操作（如买卖政府债券）来影响利率和货币供应量。

美联储通过以下三种主要工具来调控货币供应和经济活动：一是公开市场操作。美联储通过买卖政府债券来影响市场中的货币供应量和利率。购买债券会增加货币供应量，降低利率；而出售债券则相反。二是贴现率。美联储向银行提供短期贷款时收取的利率即为贴现率。通过调整贴现率，美联储可以影响银行的借贷行为，从而调控市场上的信贷供给。三是存款准备金率。美联储规定商业银行必须保留一定比例的存款作为准备金，调整这一比率会影响银行可放贷的资金数量。

美联储在确保货币政策有效执行的同时，负责对美国的银行系统进行监管。其目标是维护金融稳定，防止银行挤兑和金融危机；保护金融市场投资者，确保金融产品和服务的透明度及公正性；监控系统性风险，识别并应对可能引发全局性金融危机的风险因素。此外，美联储还负责与财政政策的协同：尽管美联储独立于美国财政部，但它与财政政策的制定者密切合作。财政政策由政府决定，主要通过税收和支出调控经济活动，政府借助财政政策来促进经济增长，而美联储通过货币政策来支持或抵消这些政策的影响。例如，在经济衰退期间，美联储通常会采用扩张性货币政策（如降息）来配合政府的财政刺激措施。美联储也与国际金融机构（如国际货币基金组织和世界银行）以及其他国家的央行保持合作，共同应对全球性经济挑战以及国际金融市场的风险。国际金融市场的稳定对美国经济和金融体系的稳定至关重要，因此，美联储在全球范围内协调货币政策和金融监管措施以维持国际金融体系的稳定。

为应对经济金融周期，美联储的货币政策和监管措施对经济周期中的各个阶段（扩张、收缩、衰退和复苏）都发挥着重要作用。在经济扩张期，美联储可能会通过提高利率来防止通胀过快增长，而在经济衰退期，它则通过降低利率和增加货币供应来刺激经济复苏。

整体来看，美国的宏观金融调控体系通过以美联储为核心的中央银行系统，运用货币政策工具、加强金融监管及配合财政政策，来确保美国金融市场稳定和经济系统的持续稳定与发展。这一体系不仅在国内经济稳定方面发挥重要作用，同时也是全球金融体系中的关键力量。

2. 美联储的功能演变

美联储作为美国的中央银行，其地位和功能随着经济环境和金融市场的变化而不断演变。美联储自 1913 年成立以来经历了多次角色转型，特别是在应对金融危机和推动经济增长方面，它的作用不断扩展。美联储的功能演变主要包括如下几个阶段。

（1）传统功能：货币政策的制定者与银行监管者。

**货币政策制定者的核心角色**：美联储的核心职能一直是通过调控利率和货币供应量来维持经济稳定和控制通货膨胀。美联储利用如联邦基金利率、贴现率和公开市场操作等工具调节流动性，控制货币供应，管理经济增长与就业的关系。

**银行监管者的角色**：美联储自成立以来一直承担银行监管职责，尤其是针对全国性银行。它通过制定银行的资本要求、流动性标准和贷款标准，确保金融机构的稳健性，维护银行系统的安全和稳定。

（2）大萧条时期：美联储职能的扩展。

**应对经济危机**：20 世纪 30 年代的大萧条极大改变了美联储的角色。当时的金融危机显示出仅依靠传统货币政策不足以应对系统性风险，因此，联邦政府通过立法赋予美联储更多权力来稳定经济。

**银行业改革**：1933 年的《格拉斯-斯蒂格尔法案》加强了美联储对银行体系的监管，并引入了存款保险制度来防止银行挤兑风险。

（3）20 世纪 70 年代通胀斗争中的货币政策转型。

**滞胀时期的挑战**：20 世纪 70 年代美国面临着高通胀和经济停滞并存的"滞胀"问题。为了应对这一挑战，美联储在保罗·沃尔克（Paul Volcker）担任主席期间，采取了强有力的货币紧缩政策，极大提高了利率，抑制了通胀预期。

**货币政策的独立性增强**：沃尔克时代之后，美联储的政策独立性得到加强，特别是其作为反通胀的主导力量。此时期的经验表明，货币政策可以在稳定物价和引导经济发展中发挥关键作用。

（4）2008 年金融危机后美联储成为金融稳定的支柱。

**非常规政策的引入**：2008 年国际金融危机是美联储职能转型的另一个关键时刻。随着金融体系接近崩溃，传统货币政策工具（如调控利率）变得不足，美联储通过实施非常规货币政策，如量化宽松、零利率政策和期限拍卖便利，向市场注入流动性，防止金融体系崩溃。

**担任最后贷款人角色**：在危机期间，美联储充当了最后贷款人，通过直接向银行和金融机构提供资金确保市场运转，并通过资产购买计划扩展其影响力，从传统的政府债券扩大到抵押贷款支持证券。

**对系统重要性金融机构的监管增强**：《多德-弗兰克法案》于 2010 年通过，进一步扩展了美联储的权力，尤其是对系统重要性金融机构的监管。美联储被赋予了更大力度的宏观审慎监管职责，通过压力测试、杠杆比率要求等工具，确保这些大型金融机构不会因过度冒险而对系统构成威胁。

（5）新冠疫情冲击下美联储的新角色。

**大规模救助与刺激政策**：2020 年新冠疫情暴发后，美联储迅速采取行动，通过大幅降息、资产购买和对企业与地方政府的直接支持（如通过商业票据融资便利和市政流动性便利），进一步扩展其货币政策工具的适用范围。

**财政政策与货币政策协调**：与传统美联储独立调控货币政策不同，在新冠疫情期间，美联储与财政部合作紧密，采取了大规模的财政刺激与货币政策支持的联合行动。这标志着美联储在危机时期不仅是货币政策的制定者，还成为支持财政政策的合作伙伴。

（6）金融创新和市场发展的新挑战。

**应对金融科技和加密货币的挑战**：随着金融科技（FinTech）的崛起以及加密货币和数字资产的兴起，美联储的角色再次面临转型。美联储必须在鼓励创新和确保金融体系安全之间寻求平衡。例如，针对私人加密货币可能带来的金融稳定风险，美联储正在考虑推出中央银行数字货币以维护货币体系的稳定性。

**支付系统改革与创新**：美联储还积极推动美国支付系统的现代化。它推出了"FedNow"实时支付服务，旨在提升支付效率，增加金融包容性，确保美国在全球金融科技竞争中的领先地位。

（7）美联储地位的未来展望：绿色金融与气候变化。

**应对气候变化的金融风险**：近年来，气候变化对金融体系的潜在影响越来越受到关注。美联储开始评估与气候变化相关的金融风险，并与其他监管机构合作，探索将绿色金融和气候风险纳入宏观审慎政策框架。

**ESG（环境、社会、治理）政策支持**：美联储逐渐认识到 ESG 问题对金融体系稳定性的影响，并探索如何在其监管框架中引入与气候相关的金融风险分析，以确保金融机构在面向未来的气候和环境挑战时具有足够的韧性。

总而言之，美联储的地位和功能经历了从传统货币政策制定者和银行监管者，向金融市场稳定守护者、金融创新监管者以及应对全球性挑战的政策制定者的演变。这一转变主要体现在：一是货币政策从单一利率调控到非常规政策的引入，如量化宽松、零利率政策等。二是从微观监管到宏观审慎监管，特别是在系统重要性金融机构的监管上，美联储的职责得到了极大的扩展。三是从独立货币政策制定者到与财政政策的协调。在金融危机和疫情期间，美联储与财政部的紧密合作体现了其功能的拓展。四是应对金融科技与气候变化等新型挑战。随着数字货币和绿色金融的兴起，美联储在确保金融体系稳健性与鼓励创新之间找到了新的平衡点。

美联储已经从一个单一的货币政策制定机构转变为全球金融市场的重要参与者和金融稳定的关键支柱，在应对全球性危机及金融科技挑战和推进长期经济发展的过程中扮演了越来越重要的角色。

## （二）银行业监管模式

美国银行业的监管体系结构复杂，涉及多个联邦和州级机构，共同确保银行系统的安全性、稳定性和合规性。美国的银行业监管由联邦政府和州政府的多个机构共同负责。这种多重监管的模式，主要体现在以下几大机构的分工与合作上：

### 1. 美联储

美联储是美国的中央银行，也是全国性银行的主要监管者之一。美联储的监管职责包括：对银行控股公司进行监管，包括那些拥有多家银行子公司的控股公司；对州特许但参与美联储的银行进行监管。此外，美联储负责监控和减少银行系统的系统性风险，确保银行有足够的资本和流动性来应对金融危机。

### 2. 联邦存款保险公司

联邦存款保险公司成立于 1933 年，其主要职能包括：为银行的存款提供保险，保护储户免受银行倒闭的损失，存款保险最高额为 25 万美元。当银行破产时，联邦存款保险公司会接管并重组，确保存款人能得到赔偿。对不参与美联储的州银行进行监管：它们通常受联邦存款保险公司和州监管机构的共同监管。

### 3. 美国货币监理署

美国货币监理署是隶属于美国财政部的联邦机构，成立于 1863 年，负责监督全国性银行和联邦储贷协会。其主要职能包括：负责对全国性银行的监管，确保这些银行符合联邦法律，拥有足够的资本金，并进行稳健的风险管理；负责对联邦储贷协会的监管，监督储蓄银行的运营，以确保它们在遵守相关法律的基础上为储户提供安全保障。

### 4. 消费者金融保护局

美国消费者金融保护局（CFPB）是美国专门负责消费者金融保护的联邦机构，成立于 2011 年，旨在确保消费者在使用金融产品和服务时能够受到公平、公正的对待。它的成立是为了回应 2007—2008 年金融危机后金融行业的不当行为，以维护消费者权益，防止类似事件再次发生。

CFPB 对银行业的监管措施包括：（1）规则制定与执行。CFPB 拥有广泛的权力来制定和执行金融监管规则，涵盖所有与消费者金融产品和服务相关的领域。具体包括：一是贷款发放标准：CFPB 制定了严格的贷款发放规则来确保银行在发放贷款时考虑借款人的还款能力，防止出现滥发贷款以及与次贷危机类似的情况。二是债务催收监管。CFPB 通过《公平债务催收法》来规范银行和金融机构的债务催收行为，禁止骚扰或不公平的催收手段。三是消费者隐私保护。CFPB 通过规则保护消费者的金融隐私，要求银行和金融机构对消费者的个人信息采取适当的保护措施，并限制数据的共享和使用。（2）定期审查与调查。CFPB 定期审查银行的业务操作，尤其是消费者贷款和信用卡业务，确保它们符合联邦法律和 CFPB 制定的消费者保护规则。CFPB 还会对银行的投诉记录、合同条款及服务流程进行检查，并针对违规行为开展调查。（3）执法行动。当银行或金融机构违反 CFPB 的规则或损害消费者权益时，CFPB 拥有强大的执法权力。CFPB 可以采取罚款、赔偿、命令改正等措施，强制违规机构进行整改。例如，CFPB 曾对某些银行处以巨额罚款，原因是这些银行不当处理消费者账户，或未能遵守信息披露规则。（4）与其他监管机构的合作。CFPB 不仅与美联储、联邦存款保险公司、货币监理署等其他银行监管机构合作，还与证券交易委员会、联邦贸易委员会等合作，以确保金融市场的公平与稳定。在处理跨领域的金融产品或服务时，CFPB 会与相关监管机构协同工作。（5）CFPB 的争议。由于 CFPB 的权力广泛且相对独立，其独立性曾引发争议。许多银行和金融机构认为 CFPB 的规则过于严格，限制了金融创新，并增加了银行的合规成本。同时，一些政治力量试图通过改变其领导结构或减少其预算来削弱 CFPB 的影响力。CFPB 的监管范围相对广泛，涵盖了各种消费者金融产品，但也因此面临如何有效监管不同领域的挑战。由于银行业、金融科技以及借贷市场的迅速发展，CFPB 需要不断调整其规则，以适应新的市场环境。

5. 金融稳定监督委员会

美国金融稳定监督委员会（FSOC）是根据《多德-弗兰克华尔街改革和消费者保护法》于 2010 年设立的一个机构。其主要职责是识别和应对可能对美国金融体系构成威胁的系统性风险，以确保整体金融稳定。

FSOC 的主要职能包括：（1）识别系统性风险。该委员会的首要任务是识别和评估可能影响美国金融体系的系统性风险，尤其是那些可能导致金融危机的风险。（2）促进监管机构之间的协调。FSOC 负责加强各金融监管机构之间的合作与协调，确保对金融风险的统一应对。（3）推荐有助于加强金融监管的措施。FSOC 可以向美联储等金融监管机构推荐有助于加强对某些金融机构或市场的监管的具体措施。（4）非银行金融机构的系统重要性评估。FSOC 有权对非银行金融机构（如大型保险公司或对冲基金）进行评估，并将其认定为系统重要性金融机构，从而使这些机构受到更严格的监管。（5）监管工具和机制的制定。FSOC 负责制定和执行用于应对金融体系中潜在风险的监管工具和机制。

FSOC 由美国财政部长领导，其成员包括主要金融监管机构的负责人，例如美联储主席、证券交易委员会主席、商品期货交易委员会主席、货币监理署署长等。该委员会还包括部分非投票成员，例如保险和金融机构代表。

6. 监管银行的其他联邦机构

国家信用合作社管理局（NCUA）虽然主要负责监管信用合作社而非传统银行，但它在美国金融体系中的作用不可忽视。国家信用合作社管理局负责确保信用合作社的安全性和稳健性，并为信用合作社提供存款保险。

## （三）证券业监管模式

### 1. 美国证券交易委员会

美国证券交易委员会是美国的主要金融市场监管机构，负责保护投资者、确保市场的公平性和效率以及维护资本市场的稳定。证券交易委员会通过制定法规、监督市场行为、强制执行法律、保护投资者和监管金融产品与服务的方式，全面监管美国金融市场。它的目标是确保金融市场的公开、公平与高效运行，同时防范和打击市场中的违规和欺诈行为，维护资本市场的稳定性。

证券交易委员会通过多种方式监管金融市场，以下是其主要的监管方式，包括：一是证券法律法规。证券交易委员会负责制定和执行涵盖证券市场的联邦法规，包括《1933年证券法》《1934年证券交易法》《1940年投资公司法》等。通过这些法规，证券交易委员会规范股票、债券、衍生品等金融产品的交易行为，并确保市场信息的透明度。证券交易委员会定期修订和更新规则，以适应市场变化和新兴风险。二是注册与披露要求。公司在公开发行证券前，必须向证券交易委员会提交详尽的注册声明，包括财务报表、经营情况、风险因素等。证券交易委员会审查这些文件，确保公司向投资者提供充分、准确的信息。三是定期披露要求。上市公司和其他证券发行人需要定期向证券交易委员会提交财务报告，如年报（Form 10 - K）、季报（Form 10 - Q）以及重大事件报告（Form 8 - K），以确保投资者能够获得最新的财务和经营信息。四是市场监督。证券交易委员会监管美国的证券交易所（如纽约证券交易所和纳斯达克），并监督自律性组织（如金融业监管局）。这些组织有助于执行市场规则并维持公平的市场交易环境。五是市场行为规范。证券交易委员会负责打击操纵市场、内幕交易、欺诈和其他违反市场公平原则的行为。证券交易委员会通过审查市场交易数据、监控异常行为来发现违规行为，并对违规者进行调查和处罚。证券交易委员会还提供投资者保护。证券交易委员会通过确保市场的透明度和公平性来保护投资者，特别是中小投资者。它设有专门的投资者教育和咨询部门来提供有关投资风险和权益的教育资源。证券交易委员会还为投资者提供举报渠道，鼓励告密者报告证券欺诈和其他不法行为。举报信息可能导致执法行动，并有助于揭露隐藏的市场风险。六是执法行动。证券交易委员会有权对违反证券法律的个人和公司采取法律行动，包括提起民事诉讼、罚款、吊销牌照等。它还可以通过刑事诉讼程序与美国司法部合作，起诉严重的证券欺诈行为。七是和解与罚款。在许多情况下，证券交易委员会与违规方达成和解，要求支付罚款并采取改进措施，以避免进一步的法律诉讼。八是审查和审批金融产品。证券交易委员会对新型金融产品（如衍生品等）进行审查，并确定这些产品是否合规，确保它们不会对市场稳定或投资者利益构成过大风险。通过审批流程，证券交易委员会监督新的金融创新，确保其在合法、透明和公正的条件下进行。九是监管金融服务行业。证券交易委员会对投资顾问公司、资产管理公司、经纪商和提供金融服务的其他机构进行注册和监督。所有这些机构都必须遵守证券交易委员会制定的道德准则和操作规则，以保护客户的资金和权益。通过现场检查和审计，证券交易委员会可以发现和纠正金融服务提供者的违法或不当行为。十是国际合作。证券交易委员会与其他国家的证券监管机构合作，共同打击跨国证券欺诈和不法行为。国际证券市场的联系日益紧密，因此证券交易委员会积极参与国际组织，如国际证监会组织（IOSCO），并与各国合作共享信息，进行跨境执法。

### 2. 商品期货交易委员会

商品期货交易委员会（CFTC）负责监管美国的商品期货、期权和衍生品市场。其主要目标是确保这些市场的透明度、公平性和诚信，防止市场操纵、欺诈及过度风险。CFTC通过制定法规、市场监督、执法行动、注册监管、促进清算和国际合作等方式，确保美国商品期货和衍生品市场的健康运行。它不仅打击市场操纵和欺诈，还通过对中央清算所的监管和风险管理措施降低金融体系的系统性风险，保障投资者的权益并维持市场的公平性。

CFTC通过以下几种方式进行监管。一是制定和执行法规。CFTC根据

《商品交易法》（Commodity Exchange Act，CEA）制定并执行相关法规，以规范商品期货、期权和衍生品市场的运作。通过法规，CFTC 确保市场行为的合法性和透明度，维护市场的诚信与公平。CFTC 持续审查并更新现行法规，特别是在金融创新和技术发展（如数字资产和区块链技术）带来的新挑战下，确保法规能够应对新的市场风险。二是市场监督。CFTC 通过实时市场监控和数据搜集，监督商品期货和衍生品市场的交易活动，识别异常交易行为，如市场操纵、价格操纵、内幕交易等。通过监控交易数据，CFTC 可以识别并调查潜在的市场滥用行为，确保市场价格反映真实的供需情况，而不是人为操纵。三是执法行动、调查与起诉。CFTC 有权对涉嫌违反《商品交易法》和相关法规的行为进行调查，并提起民事诉讼。违规行为包括市场操纵、欺诈、内幕交易以及未遵守报告和披露义务等。四是处罚与和解。在调查结果表明存在违法行为时，CFTC 可以对违规者施加罚款、禁令和其他制裁。此外，CFTC 与部分违法者通过和解解决争议，但通常要求其支付罚款或采取补救措施。五是注册与监管。CFTC 要求所有涉及期货和衍生品交易的市场参与者，如期货经纪商、掉期交易商、交易顾问和商品池运营商，必须向 CFTC 注册，并符合严格的资本、报告和披露要求。六是审查与监督。CFTC 定期审查注册实体的合规情况，确保它们遵守相关法规。CFTC 通过定期检查和审计，防止金融机构的不当行为和风险积累。七是促进清算和交易场所监管。CFTC 负责监管衍生品的中央对手清算机构，确保这些机构有足够的资本和管理措施来抵御市场波动带来的违约风险。清算所通过集中处理交易的结算和履行来降低市场的系统性风险。八是交易所和自律组织监管。CFTC 监督期货交易所和掉期执行机构，确保这些平台符合透明度和公平交易的要求。自律组织（如国家期货协会）帮助执行 CFTC 的规定。九是 CFTC 致力于保护市场参与者，特别是中小投资者，使之免受欺诈和不正当市场行为的侵害。通过教育项目和举报人制度，CFTC 向公众提供有关期货和衍生品市场的教育资源，并鼓励内部人士举报违规行为。CFTC 设立了投诉和举报人奖励机制，鼓励公众举报市场违规和欺诈行为，提供了加强市场监管的额外渠道。十是系统性风险管理。CFTC 通过监控掉期市场和其他衍生品市场来识别并管理可能对金融体系构成威胁的系统性风险。CFTC 依据《多德-弗兰克法案》实施风险管控措施，要求金融机构就其衍生品交易提交报告，并通过中央清算所处理。通过加强风险管理和透明度，CFTC 有效降低了系统性风险，减少了金融机构因过度风险暴露可能引发的危机。由于衍生品市场的全球性，CFTC 与其他国家的监管机构合作，共同制定全球标准，防止跨境市场操纵和滥用行为。CFTC 积极参与国际组织，如国际证监会组织和金融稳定委员会，以提升全球衍生品市场的透明度和稳定性。

### （四）金融强国视角下美国金融监管模式分析

美国的金融调控和监管体系在确保金融体系的安全性与支持经济发展之间采用了一套复杂的权衡机制。这个体系的核心目标是防范金融风险的积累与蔓延，同时推动创新和经济增长。为了实现这一目标，美国监管机构在设计政策时需在安全与发展之间寻求平衡，主要通过以下几方面来达成有效的权衡：

1. 分层监管体系：联邦与州的协作

**联邦与州的协作**：美国金融体系的监管结构具有分层性，联邦和州级机构共同参与对金融市场的调控。联邦层面的机构（如美联储、证券交易委员会、CFTC 和 FDIC）负责制定全国性的监管标准，而各州监管机构则针对本地银行和金融机构实施具体的监督。这种多层监管模式确保了对不同规模和类型金融机构的灵活监管，在安全性和区域性经济发展需求之间实现平衡。通过联邦和州的协作，监管可以兼顾大金融机构和小型地方性机构的需求，既控制系统性风险，又为地方经济发展创造条件。

2. 灵活的货币政策与金融监管的协调

**美联储的双重使命**：美联储作为货币政策的制定者，承担了保持物价稳定和促进最大就业的双重使命。为此，美联储必须在调控通胀和维持金融市场稳定的同时确保经济活动的健康发展。货币政策的灵活调整能够应对不同经济周期下的变化。

**与金融监管的协调**：美联储不仅负责货币政策，还承担着对金融体系的监管责任。在金融危机期间，美联储通过大规模流动性支持和非常规货币政策（如量化宽松）避免了银行体系的崩溃，维护了经济稳定。同时，采取审慎监管措施，避免银行过度冒险行为。

3. 对系统重要性金融机构的严格监管

**对系统重要性金融机构的严格监管**：为防范系统性风险，金融稳定监督委员会和美联储对被认定为系统重要性金融机构的银行和非银行机构施加更为严格的监管要求。这些机构因为其规模和复杂性，对金融体系的稳定有关键影响，必须承担更高的资本缓冲、流动性要求和压力测试。

**对金融安全的贡献**：通过对这些机构的强化监管，防止它们过度冒险导致整个金融体系的不稳定。

**对发展的考虑**：尽管监管更加严格，系统重要性金融机构的地位意味着它们在全球金融市场中有重要作用，而严控风险也确保了它们的长期健康发展，从而支持了金融市场和经济的持续发展。

4. 促进创新与监管的平衡

**金融创新的监管支持**：监管机构在支持金融创新与维护市场稳定之间寻找平衡。例如，证券交易委员会和CFTC通过制定明确的规则框架来规范创新产品（如加密货币、金融科技、区块链技术等），既鼓励市场创新，又通过监管工具防范潜在的金融风险。

**监管沙盒**：一些监管机构采用监管沙盒模式，让金融科技公司在受控的环境中测试新产品和新服务。这样既允许新技术进入市场，又确保在创新过程中风险可控。

**应对潜在风险**：通过及时监测市场中的新技术和金融创新，监管机构可以在创新失控前实施管控，防止金融市场受到过度冲击。

5. 宏观审慎监管政策与微观监管规则相结合

**宏观审慎监管政策**：监管机构（如美联储和金融稳定监督委员会）采用宏观审慎监管政策，旨在控制金融体系整体的风险。通过系统性压力测试、资本充足率要求、逆周期资本缓冲等措施，预防金融体系中的潜在脆弱性。这类政策减少了金融体系受到冲击时的风险传染，确保金融安全。

**微观监管规则**：各类金融机构还需要遵循更为具体的微观监管规则，如资本充足率、杠杆比率、流动性覆盖率等。这些监管要求既限制了个体机构的过度冒险行为，又保证了其有足够的资本和流动性来应对可能的市场波动。

6. 危机应对机制与长期发展目标

**危机应对机制**：在金融危机期间，美国监管体系展现出其灵活性和快速反应能力。例如，2008 年国际金融危机后，监管机构通过《多德-弗兰克法案》加强了金融监管，并建立了更加严格的资本和流动性要求，限制了银行业的过度风险行为。在实施金融监管改革的同时，美国通过刺激经济的措施防止经济衰退，并促进经济复苏。

**促进长期发展**：虽然短期内加强监管可能抑制金融机构的某些高风险业务，但从长期来看，这类监管增强了金融机构的稳健性，减少了未来的系统性危机风险，从而为经济的可持续发展奠定了基础。

7. 投资者保护与市场透明度

**投资者保护**：证券交易委员会等机构通过严格的披露要求、反欺诈法规以及市场透明度规定，确保投资者获得公平和充分的信息。通过保护投资者利益，维持了市场信心，防止了金融市场因信息不对称导致的系统性风险。

**与市场发展之间的平衡**：在保护投资者的同时，证券交易委员会允许金融市场上新产品和新业务模式的发展。例如金融科技公司的崛起，吸引了更多的投资资金流入市场，促进了资本市场的活力。

总体而言，美国的金融调控和监管体系通过联邦与州的多层次监管、灵活的货币政策、对系统重要性机构的严格监管、对金融创新的支持，以及宏观与微观审慎监管政策的结合，在金融市场的安全性与发展之间实现了有效的权衡。监管机构不仅采取措施防范系统性风险，维护金融体系的稳定性，还通过支持创新和确保市场公平性推动了金融市场的长期健康发展。这种平衡机制使得美国的金融体系既具备韧性，又具备较强的适应性和创新能力。

## 参考文献

［1］安格斯·麦迪森.世界经济千年史.北京：北京大学出版社，2022.

［2］阿尔弗雷德·施泰因赫尔.金融野兽：金融衍生品的发展与监管.上海：上海远东出版社，2003.

［3］阿兰·莫里森·小威廉维尔勒姆.投资银行：制度、政治和法律.北京：中信出版社，2011.

［4］富兰克林·艾伦，道格拉斯·盖尔.比较金融系统.北京：中国人民大学出版社，2002.

［5］富兰克林·艾伦，格伦·雅戈.金融创新力.北京：中国人民大学出版社，2015.

［6］拉古拉迈·拉詹，路易吉·津加莱斯.从资本家手中拯救资本主义.北京：中信出版社，2004.

［7］马克·J.洛.强管理者　弱所有者：美国公司财务的政治根源.上海：上海远东出版社，1999.

［8］斯图亚特·I.格林鲍姆，安吉·V.塔克，阿诺德·W.A.布特.现代金融中介机构.北京：机械工业出版社，2020.

［9］尤瑟夫·凯西斯.资本之都：国际金融中心变迁史（1780—2009年）.北京：中国人民大学出版社，2011.

［10］约翰·S.戈登.伟大的博弈：华尔街金融帝国的崛起.北京：中信出版社，2005.

［11］赵锡军.美国银行业：一个世纪的变迁.经济导刊，2001（2）：7-8.

［12］Allen, F. "Stock Markets and Resource Allocation." In C. Mayer and X. Vives, eds., *Capital Markets and Financial Intermediation*. Cambridge：Cambridge University

Press，2010.

［13］Allen，F.，et al，"A Review of China's Financial System and Initiatives for the Future." Wharton Business School working paper，2008.

［14］Berger，A.，& Udell，G. "Relationship Lending and Lines of Credit in Small Firm Finance." *Journal of Business*，1995，68 (3)：351 – 381.

［15］Boot，A.，Greenbaum，S.，& Thakor，A. "Reputation and Discretion in Financial Contracting." *American Economic Review*，1993，83 (5)：1165 – 1183.

［16］Boot，A.，& Thakor，A. "Banking Scope and Financial Innovation." *Review of Financial Studies*，1997，10 (4)：1099 – 1131.

［17］Crane，D. B.，Froot，K. A.，Mason，S. C.，et al. *The Global Financial System：A Functional Perspective*. Boston：Harvard Business School Press，1995.

［18］Diamond，D. W. "Financial Intermediation and Delegated Monitoring." *Review of Economic Studies*，1984，51 (3)：393 – 414.

［19］Diamond，D. W.，& Dybvig，P. H. "Bank Runs，Deposit Insurance，and Liquidity." *Journal of Political Economy*，1983，91 (3)：401 – 419.

［20］Santos，J. A. C. "Commercial Banks in the Securities Business：A Review." *Journal of Financial Services Research*，1998，14 (1)：35 – 60.

［21］Shleifer，A.，& Vishny，R. W. "Liquidation Values and Debt Capacity：A Market Equilibrium Approach." *The Journal of Finance*，1992，47 (4)：1343 – 1366.

中国篇

# 从金融大国到金融强国

### 第四章

# 双支柱架构：人民币国际化与资本市场开放

　　**摘　要**：本章探讨了双支柱架构在中国迈向金融强国过程中的关键作用，阐述了人民币国际化和资本市场开放的协同效应及其对中国未来金融强国地位的决定性影响。人民币国际化是金融强国的重要标志，通过推动人民币成为国际贸易结算和储备货币，中国不仅能够提升自身的国际影响力，也能够增强金融体系的稳定性。与此同时，资本市场的开放还能够为国际资本提供多样化的人民币计价资产，强化金融市场的广度和深度，推动全球资本的有效配置。两者之间的协同效应能够为中国在国际金融体系中的崛起奠定坚实基础。然而，中国在人民币国际化和资本市场开放的过程中也面临诸多挑战，包括国际金融中心建设的挑战、金融监管的复杂性、资本市场透明度和法治建设的不足等。为确保双支柱架构的有效落地，中国需要进一步深化金融市场改革，提升市场透明度，健全法律框架，确保人民币国际化和资本市场开放能够协同推进。通过持续深化改革、强化政策支持和加强与国际金融市场的合作，双支柱架构将为中国的金融强国建设奠定坚实基础。

　　在全球化和经济竞争加剧的背景下，金融强国的建设已成为国家战略的核心内容。金融强国的定义不是局限于金融资产的规模，而是还包括货币的自由化、国际化以及资本市场的开放与发展。货币的自由化和国际化能够增强一国在国际货币体系中的话语权和影响力，而资本市场的发展则是实现金融资源有效配置、推动经济增长和服务实体经济的重要工具。在全球金融体系逐渐多极化的趋势下，如何通过这两大支柱来推动中国金融体系的国际化，成为当前金融改革的关键任务。本章提出并探讨了双支柱架构这一概念，深入分析了人民币国际化与资本市场开放在中国金融强国建设中的协同作用。人民币的自由化和国际化不仅是国家经济实力的象征，也是推动中国与全球金融市场接轨的重要途径；而资本市场的开放和成长则可为国际投资者提供多样化的人民币计价资产，通过努力打造人民币计价资产交易中心和全球财富管理中心，可进一步增强中国金融市场的国际竞争力。两者共同支撑了中国迈向金融强国的核心路径，是提升中国在全球金融治理中地位的关键要素。为此，我国积极推行一系列金融强国政策，如放松资本市场管制、发展人民币离岸市场、改革汇率机制、加强金融基础设施建设等等，旨在推动人民币的国际化使用并打造具有国际竞争力的人民币资本市场。近期，央行互换便利、创设股票回购与增持专项再贷款等一揽子政策的出台，更是体现了我国大力推动资本市场改革与发展、坚定不移走金融强国之路的能力与决心。

# 一、人民币国际化：路径、目标与难点

## （一）人民币国际化的路径：推进市场化与全球化的货币进程

### 1. 国际货币的职能及其演进路径

国际的经贸活动和金融交易，与国内的经济金融活动类似，需要使用国际货币作为交易媒介，为"高速运转的经贸车轮增加润滑剂"。当一种货币在国际的经贸活动和金融交易中广为使用时，它就成为国际货币。

依据 Cohen（1971）的经典定义，国际货币履行着交易媒介、价值尺度、贮藏手段等基本货币职能。首先，从私人部门（例如私人企业）的角度出发，国际货币可以充当结算货币行使其交易媒介职能，例如跨国贸易双方根据需要决定使用美元或本国货币进行结算。其次，国际货币可以作为计价货币行使其价值尺度职能，例如企业发行债券时要决定发行美元债或者本币债。最后，国际货币可以作为投资工具行使其贮藏手段职能，例如投资者要决定购买美股或美国国债进行投资。从公共部门（例如各国中央银行）的角度出发，央行对外汇市场进行干预，交易本外币，此时国际货币行使其交易媒介职能；各国为维持汇率稳定，往往需要选择一定的货币篮子来锚定汇率，此时国际货币行使其价值尺度职能；各国央行为维持金融市场的稳定，往往需要保持一定量的外汇储备，此时国际货币行使其贮藏手段职能。总的来说，国际货币的职能可以细分为在国际贸易活动中的计价和结算职能以及在国际金融活动中的计价和结算职能，后者又可以细分为金融资产的计价和结算职能、外汇市场的计价和结算职能、充当储备货币和锚定货币的职能等。

尽管全世界范围内有上百种不同货币，但是往往只有少数几种货币甚至仅仅某一种货币被国际的经贸和金融交易所接受。17 世纪时荷兰盾是主导经贸活动的国际货币；19 世纪后期以来，英镑一直扮演着国际货币的角色；1914 年之后，尤其是 20 世纪 40 年代布雷顿森林体系建立以来，美元逐渐取代英镑成为最重要的国际货币，在国际贸易、金融、投资和储备等方面起到重要的作用。21 世纪以来，随着中国经济的崛起、人民币国际化进程的加快以及国际经济政治形势的日趋复杂，国际货币体系的格局开始发生新的变化。

通常而言，国内法定货币的使用源自相关法律的保障与政府信用的背书。但是国际货币的兴衰往往是市场这只"看不见的手"起主要作用。具备了什么特征的国内货币才能成为国际范围内被广泛接受的货币？一国货币是如何逐步崛起、演进，最终成为主导全球经济金融活动的国际货币的？这是我们在讨论人民币国际化问题时首先要思考和解决的问题。

货币国际化具有复杂的成因与路径。综合现有文献，国际货币演进路径一般可以总结为以经济崛起和贸易结算为起点，以金融交易为支撑，最终当货币在国际贸易、金融交易和官方储备中都占有一定比例之后，才可在实际意义上称为国际货币。从国际货币形成过程看，货币国际地位的形成，是国际贸易、金融交易和官方储备三方面相互促进、相辅相成的结果（Gopinath & Stein，2021）。从网络外部性来看，随着一国货币使用范围的扩大，更低的交易成本、更高的可兑换程度等因素会推动该货币被更多使用，产生自我强化效应（Lai & Yu，2015）。从历史经验来看，一国经济的崛起，其本国货币往往最先在跨国贸易结算中使用，进而促进了贸易融资、金融交易和官方储备等方面对本国货币的需求，而国际金融交易又会通过贸易融资、网络外部性等渠道进一步加强经济贸易大国的本币在国际经济中的使用。

传统观点认为，国际货币的出现取决于发行国的经济规模和开放程度以及其经济稳定性。只要一个国家经济强大和足够开放，并且汇率较为稳定，外汇市场流动性充足，其货币就能在国际贸易乃至金融活动中被广泛使用。诚然，国际货币的地位必然有其强大的本国经济实力作为支撑，历史经验也表明，经济停滞导致相对经济规模缩小是英镑贬值并最终退出历史舞台的最重要的原因。具体来看，从国际贸易货币选择的微观角度来说，出口国和进口国的相对市场规模是企业选择计价货币的重要考量，外国生产者向大国出售商品时，会选择目的地国家的货币计价，减少其出口产品相对于主导市场本地产品的价格变动。对美元和欧元的实证结果也显示，相对经济规模是决定计价货币的重要因素（Goldberg，2008）。

此外，国际货币作为一种价值储藏手段，其币值应该是稳定的，过高的通胀率和剧烈波动的汇率都会阻碍一国货币的国际化进程。在选择计价货币时，企业更倾向于选择经济平稳、经济政策连续稳定、受外界冲击较小的国家的货币，以便尽可能减少汇率变动带来的负面影响。经济波动性是生产者实现利润最大化以及出口商和进口商决定计价货币的重要考量（Baron，1976；Giovannini，1988）；从对瑞士出口商的相关研究中也可以看到，汇率波动性是决定出口产品定价货币的重要因素，出口商会选择对货币政策冲击造成的波动最小的国家的货币作为计价货币（Devereux & Shi，2013）。

但是这些传统观点忽略了金融因素，尤其是国内金融市场的发展不足、金融市场不完备等问题，以及贸易和金融活动之间的相互影响。这些因素极大地限制了货币在国际金融交易中的使用，并辐射到其在国际贸易中的使用，进而影响到一国货币的国际地位。因此，这些理论难以解释为何美元的崛起远远落后于美国经济的崛起和开放，同样地，也无法解释为何人民币的国际使用滞后于其经济崛起和对外开放。依据历史经验，一国货币在国际贸易计价、结算中占据一席之地，可能只是其货币国际化的开端，远非终点。

事实上，一个国家的金融发展和金融深度，以及与此相关的市场流动性、融资成本、金融交易成本，是实现该国货币国际化最重要的因素之一。Eichengreen（2011）认为货币的崛起或衰落，与金融市场的发展密切相关，而且金融的力量能在极大程度上影响全球货币体系的架构。Gopinath（2015）在对货币在国际贸易中的使用以及货币与贸易信贷的关系的研究中提出，贸易中的货币使用跟金融的关系值得深入研究和探讨。

实证研究发现，某种货币是否能够成为国际货币与其对贸易融资渠道的依赖程度以及国内金融市场的发展密切相关。一国如果对贸易融资更加依赖，且本国金融市场更加发达，则其货币将更有可能在国际贸易中被广泛接受和使用，反之，如果发行国的金融市场效率低下，导致出口商蒙受重大损失，那么在国际贸易中出口商就永远不会接受该国的货币。从货币职能及其网络外部性而言，如果没有后续的可供投资的本币计价的金融产品、市场和金融基础设施来支持和吸纳通过贸易结算流出的本国货币，那么这些货币仅在贸易领域使用后很快会被兑换成其他国际货币，对货币国际化的帮助将极为有限。[①] Coppola 等（2023）的最新理论也发现，只有经济规模和跨境贸易结算是无法实现货币国际化的，而只有加上金融市场中本币的采用，尤其是债券市场的本币国际化，才能最终推进一国货币的广泛使用。

总而言之，不论是依据理论逻辑还是参考历史经验，一国货币若想要成为国际货币，不但应当增强经济实力、减少经济波动、提升本国货币在贸易结算领域的占比，成为国际贸易强国，更要注重金融市场的发展与开放、降低本币融资的成本、提升本币投资价值，增加本币在金融交易领域的使用，最终吸引世界各国储备本币和锚定本币。如此，国际贸易、金融交易和官方储备三位一体，相互促进，方能形成稳固的国际货币体系。

2. 推动人民币在国际贸易、投资和储备资产中的广泛使用

当学术界还在国际货币体系演进方面进行理论探索和争论的时候，中国

---

① 参见巴曙松在 2024 年中国与全球经济论坛上的发言。

已经于 2009 年开始了推进人民币国际化的实践，旨在加强人民币在对外经济往来中的国际货币职能，最终发展成为国际贸易和国际投融资的主要计价结算货币以及重要的国际储备货币。

回顾人民币国际化历程，中国央行摸着石头过河，按照"主动性、可控性、渐进性"的原则，坚持"服务实体经济，促进贸易投资便利化"的导向，密切跟踪市场变化，贴近经济主体在不同阶段的人民币跨境使用需求，在充分总结试点经验的基础上，做好风险评估与防范，适时在更大范围内推广，逐步实现从经常项目到资本项目、从贸易投资到金融交易、从银行企业到个人、从简单业务到复杂业务的拓展，在一个资本市场半开放的国家，走出了一条独特的货币国际化道路。

我国从跨境贸易人民币结算开始推动人民币国际化进程。2009 年 4 月 8 日上海、深圳、广州、东莞和珠海成为我国开展跨境贸易人民币结算工作的首批试点城市，正式开始了人民币国际化的历程，并在此后逐步放开对地区以及业务的限制。2011 年 1 月 6 日，中国人民银行出台《境外直接投资人民币结算试点管理办法》，自此境外直接投资人民币结算试点正式启动。2012 年 3 月 2 日，中国人民银行与多部委共同发布《关于出口货物贸易人民币结算企业管理有关问题的通知》，不再对出口的试点企业进行限制，任何拥有进出口经营许可的企业都能够用人民币进行结算。至此，人民币跨境结算业务中的有关贸易部分，从贸易的地域范围到业务范围都已经解除限制，全面放开。2018 年 3 月 26 日，以人民币计价的原油期货在上海期货交易所子公司——上海国际能源交易中心挂牌交易，推动大宗商品贸易结算，以"石油人民币"打破石油市场的美元计价定式，是在国际贸易结算领域推广人民币使用的重大举措。在此基础上，我国稳步推进与境外国家的货币合作、签订双边货币互换协定，为国际贸易融资、结算提供流动性。截至 2023 年底，中国人民银行已与超过 40 家境外央行或货币当局签署了双边本币互换协议。这些协议基本覆盖了全球六大洲的重点地区和主要经济体，互换协议的总规模合计约为 4.16 万亿元。同时，我国不断开发和完善金融基础设施建设，例如发展人民币跨境支付系统（CIPS），提高贸易结算效率，降低人民币投融资成本。

近年来，我国大力发展人民币离岸市场，打造香港、新加坡、伦敦等离岸人民币金融中心，并逐步放松对资本项目的管制，着重推进人民币在跨境投融资领域的使用。目前，境外投资者已经可以通过人民币合格境外机构投资者、沪港通、深港通、沪伦通、直接入市投资、债券通、基金互认、黄金国际版、特定品种期货等多种渠道投资我国金融市场。香港作为全球最大的离岸人民币中心，与 100 多个国家和地区发生了人民币客户汇款收付。据中国银行报道，2024 年第一季度离岸市场人民币交易量环比增长 9％，部分地区和国家人民币外汇交易量增长较快，如中国香港、日本、马来西亚人民币外汇交易量环比分别增长 15.6％、14.5％和 19.8％。离岸市场人民币融资规模进一步扩大，2024 年 3 月末香港人民币贷款余额突破 5 200 亿元，较 2023 年末增长 18.8％；离岸市场未到期人民币债券余额首次突破 1 万亿元，较 2023 年末增长 9.1％，当季离岸市场人民币债券发行额达 1 966 亿元，较上个季度增长 58.8％。①

在推动人民币成为世界储备货币方面，政策成果也颇为丰富。2016 年10 月，人民币正式加入国际货币基金组织特别提款权（SDR）货币篮子，这是人民币国际化进程的一个里程碑。2017 年 3 月，国际货币基金组织发布的"官方外汇储备货币构成"（COFER）报告中，首次扩展了货币范围，单独列出人民币外汇储备。2022 年人民币在 SDR 货币篮子中的权重由 10.92％上调至 12.28％。将人民币纳入 SDR 货币篮子，是国际货币体系改革的成果，是对人民币国际化进程的认可，是对中国经济开放的认可，也是对中国一系列具有重大意义的改革的认可。加入 SDR 货币篮子后，人民币国际储备货币的地位显著提高，人民币的国际使用范围从私人部门走向官方部门，与美元、欧元等货币一样正在全方位发挥国际货币职能。

历经十几年发展，人民币国际化取得了突出的成绩。以中国人民银行构建的人民币国际化指数为例，2016 年底，人民币国际化指数不足 2；时至 2023

---

① 资料来源：中国银行离岸人民币指数报告，https://pic.bankofchina.com/bocappd/rareport/202407/P020240718634758387974.pdf.

年第一季度，指数增长到 3.26，仅次于美元、英镑、欧元、日元，取得了长足进步（见图 4－1）。如图 4－2 所示，中国银行离岸人民币指数近年来呈逐步上升趋势。从国际货币职能来看，截至 2023 年底，人民币在国际贸易结算货币、储备货币和国际债券余额中的全球占比分别达到了 4.43%、2.29%、0.72%。[①]根据 SWIFT 的报告，截至 2024 年 7 月，人民币国际支付占比达 4.74%，排名全球第 4（见图 4－3）；国际贸易融资占比达 6.0%，排名全球第 2（见图 4－4）。人民币计价货币功能逐步呈现，支付货币功能稳步增强，投融资货币功能不断深化，金融交易功能大幅改进，储备货币功能明显提升。

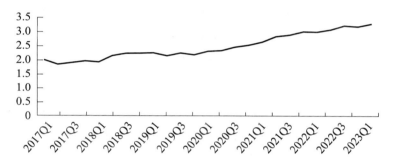

图 4－1　人民币国际化综合指数

资料来源：中国人民银行。

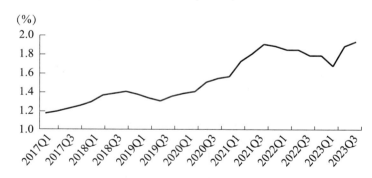

图 4－2　中国银行离岸人民币指数

资料来源：中国银行。

---

　①　资料来源：中国人民大学国际货币研究所. 人民币国际化报告 2024. 北京：中国人民大学出版社，2024.

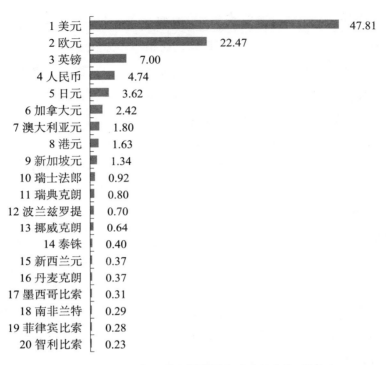

**图 4 - 3  2024 年 7 月主要货币全球支付占比（％）**

资料来源：SWIFT 发布的各期人民币追踪报告。

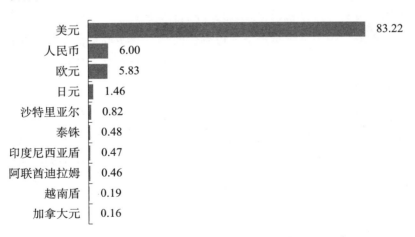

**图 4 - 4  2024 年 7 月主要货币国际贸易融资占比（％）**

资料来源：SWIFT 发布的各期人民币追踪报告。

3. 稳慎推进人民币汇率机制改革，增强汇率的市场化定价能力

国际货币作为一种价值储藏手段，其币值应该是稳定的，过高的通胀率和剧烈波动的汇率都会阻碍一国货币的国际化进程。从微观上来讲，汇率波动性是决定出口产品定价货币的重要因素。确定汇率安排，维护各国外汇市场秩序，是国际货币的重要职能。推进人民币汇率机制改革，增强汇率的市场化定价能力，对人民币的自由化和国际化至关重要。

改革开放以来，中国按照"主动性、可控性、渐进性"的原则，历经多次改革，走出一条中国特色的汇率改革道路。新中国成立初期，人民币汇率主要盯住单一货币或一篮子货币，实行固定汇率制度。改革开放后，为适应经济发展需要，中国实行了官方汇率与外汇调剂市场汇率并存的双轨制。1994 年，中国进行了重大的汇率制度改革，实现了官方汇率与外汇调剂市场汇率的并轨，建立了以市场供求为基础的、单一的、有管理的浮动汇率制度。2005 年 7 月 21 日，中国启动了新一轮汇率改革，取消了盯住美元的政策，开始实行以市场供求为基础、参考一篮子货币进行调节、有管理的浮动汇率制度，人民币对美元一次性升值 2.1％。2015 年 8 月 11 日，中国人民银行宣布调整人民币兑美元汇率中间价报价机制，使得人民币汇率中间价更加市场化和透明，当日人民币兑美元中间价参考上一日银行间外汇市场收盘汇率。近年来，中国继续推进汇率市场化改革，逐步放宽汇率波动幅度，增强汇率弹性，同时使用逆周期因子等工具做到汇率在基本均衡水平上的相对稳定，更好地反映市场供求关系和平衡国际收支。

这些改革措施有助于提高汇率政策的规则性、透明度和市场化水平，促进了人民币汇率的市场化和国际化。在这个过程中，中国也逐步完善了外汇市场基础设施，加强了宏观审慎监管，有效应对了汇率波动带来的风险，同时也促进了人民币国际化和金融市场的开放。

4. 加强人民币交易、支付和清算的金融基础设施建设

一个国家的金融发展和金融深度，以及与此相关的市场流动性、融资成本、金融交易成本，是影响该国货币国际化的重要因素。金融基础设施是资

金运动的"管道"，完善金融基础设施建设是金融业健康发展、高水平金融开放的必要条件。落后的金融基础设施将极大制约金融市场的深化发展，延缓人民币国际化进程。

近年来，我国推出了一系列政策，来加强以人民币清算结算体系为核心的金融基础设施建设。《外汇市场交易行为规范指引》《关于进一步优化跨境人民币政策　支持稳外贸稳外资的通知》等政策出台，加速建立健全外汇市场自律机制，加强对外汇市场交易行为的监管，完善人民币外汇交易机制；人民币跨境支付系统（CIPS）的建设和完善，为人民币跨境结算提供了一个高效、安全的支付清算服务平台。截至 2023 年末，CIPS 的运行时间已实现对全球各时区金融市场的全覆盖，共有直接参与者 139 个，间接参与者 1 345 个，业务范围覆盖全球 182 个国家和地区的 4 442 家法人银行机构；通过与其他国家的央行建立货币互换安排和人民币清算行，中国不断扩大人民币的国际合作网络，建立"多边货币桥"，扩大人民币"朋友圈"，截至 2024 年 5 月末，中国人民银行已在 31 个国家和地区授权了 33 家人民币清算行，覆盖主要国际金融中心；数字人民币、中央银行数字货币（CBDC）的跨境使用，为人民币国际化提供了新的机遇，数字人民币成本低、效率高、安全性强的特点，有助于推动人民币在跨境支付和国际结算中的使用；逐步将人民币国债、政策性金融债券等金融产品纳入人民币流动资金安排合格抵押品名单，为离岸人民币投资提供更高的安全、流动属性。

这些举措加强了人民币在全球范围内的交易、支付和清算能力，完善了相关制度规则、金融标准体系，为跨境投资、金融交易便利化、人民币国际化奠定了坚实基础。

## （二）人民币国际化的目标：综合提升贸易、金融及储备占比与扩大影响力

1. 人民币国际化的起始目标是在国际贸易计价和结算中的占比提高

提升人民币在国际贸易计价和结算中的占比是人民币迈向国际化的第一步。我国是全球货物贸易第一大国、世界第二大经济体，在推动人民币成为

国际化结算货币上具有天然优势。提升跨境人民币结算在我国货物及服务贸易总额中的占比，是撬动人民币国际化的重要支点。

近年来，我国跨境贸易人民币结算总额增长迅猛，2023 年末人民币结算占比创历史最高水平。2023 年全年跨境贸易人民币结算业务累计发生 14.03 万亿元，较 2022 年增加 3.52 万亿元（见图 4‑5），同比增长 33.49％；其中货物贸易人民币结算累计发生 10.69 万亿元，同比增长 34.97％，服务贸易人民币结算累计发生 3.34 万亿元，同比增长 28.96％。进出口企业对跨境人民币结算的需求持续扩大，跨境贸易人民币结算占中国货物及服务贸易总额的 27.02％，较 2022 年增加了约 6.5 个百分点。[①] 自 2016 年起，人民币贸易结算经历了短暂下降、随后不断攀升的发展变化，并于 2023 年达到峰值，人民币贸易结算总额在我国经常项目结算总额中的占比也不断上升，全球跨境贸易中人民币计价结算占比突破 4％。上述趋势表明，人民币被越来越多跨境贸易结算的企业所认可，这有助于企业抵抗汇率波动，降低结算成本，使交易更加高效和安全。

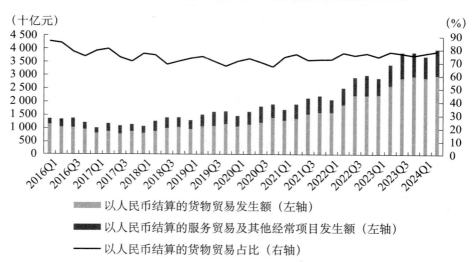

图 4‑5　以人民币结算的货物贸易和服务贸易及其他经常项目规模

资料来源：中国人民银行。

---

[①]　资料来源：中国人民大学国际货币研究所．人民币国际化报告 2024．北京：中国人民大学出版社，2024.

跨境人民币结算规模不断增大得益于我国进出口规模的不断增大、人民币结算占跨境贸易总额比例的上升以及支持跨境人民币贸易结算政策的持续发力。2023 年，新质生产力迅速发展，"新三样"出海带动了中国外贸新增长；同年，我国对《区域全面经济伙伴关系协定》（RCEP）成员及"一带一路"共建国家的进出口规模不断增大，区域经济合作进一步深化；2023 年 11 月中国首个西北沿边地区的自由贸易试验区——中国（新疆）自由贸易试验区正式揭牌，自由贸易试验区持续深化改革开放；2023 年 3 月，中国海油与道达尔能源通过上海石油天然气交易中心平台完成国内首单以人民币结算的液化天然气（LNG）采购交易，大宗商品人民币计价结算出现新突破。在政策端，2023 年 1 月商务部和中国人民银行联合印发《商务部　中国人民银行关于进一步支持外经贸企业扩大人民币跨境使用　促进贸易投资便利化的通知》，鼓励银行为跨境贸易企业提供交易撮合、财务规划、风险管理等综合金融服务。2023 年 7 月，国务院印发《国务院关于做好自由贸易试验区第七批改革试点经验复制推广工作的通知》，为境外非居民纳税人和对外承包工程企业提供了人民币结算便利，为跨境人民币结算提供了助力。

**2. 提升人民币在全球外汇储备中的占比，逐步实现人民币作为国际储备货币的地位**

据国际货币基金组织的统计，截至 2023 年末，全球各国共计拥有价值 12.33 万亿美元的外汇储备，其中 11.45 万亿美元能够确定币种。美元外汇储备的占比从 2000 年的 72% 左右降至 58%，欧元外汇储备的占比为 20%，日元外汇储备的占比为 5.7%，英镑外汇储备的占比为 4.8%，加拿大元外汇储备的占比为 2.58%，人民币外汇储备的占比为 2.29%。2023 年的四个季度，人民币在全球可划分币种的官方外汇储备中的占比分别是 2.57%、2.45%、2.37% 和 2.29%（见图 4 - 6）。人民币在外汇储备中的占比从 2016 年开始上升，从 1.1% 上升到 2022 年的最高点 2.84%，之后又逐渐回落，目前低于澳元、加元、英镑和日元的国际储备水平，人民币国际化在储备货币领域并非一帆风顺。

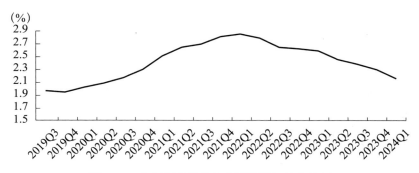

图 4-6　人民币外汇储备占国际外汇储备比例

资料来源：IMF.

近年来，国际政治环境和市场环境发生了深刻变化，地缘政治愈发成为各国选择外汇储备币种的重要参考因素，国际地缘经贸格局已从全球化转向以区域合作为主，出现了局部脱钩、供应链重组以及碎片化现象。国际局势的变化对人民币国际化提出了新挑战，同时也为进一步推进人民币在国际储备中的占比提高带来了新机遇。

自 2022 年 2 月俄乌冲突以来，以美国为首的西方政府对俄罗斯实施金融制裁，包括将俄罗斯主要银行踢出 SWIFT 以及冻结俄罗斯近 50%（约 3 000 亿美元）的外汇储备。美国长期以来愈演愈烈的过度金融制裁或将引发全球去美元化浪潮，世界各国开始积极寻求贸易本币结算和储备资产多元化。加入 SDR 货币篮子后，人民币的国际地位大大提高。在当前动荡的环境下，作为安全资产的人民币受到国际投资者的青睐。俄罗斯央行在 2023 年年度报告中强调了人民币的独特地位，确认"人民币成为俄罗斯外汇储备的唯一且最佳选择"；据报道，俄罗斯外汇市场人民币占比超过 90%；伊拉克央行于 2023 年 2 月 22 日表示，伊拉克计划首次允许与中国的贸易直接以人民币结算，旨在改善外汇储备。关注区域经贸、货币合作，提高人民币在"一带一路"、《区域全面经济伙伴关系协定》（RCEP）等友好区域合作国家中的储备货币乃至锚货币地位，或是人民币国际化取得突破的关键。

3. 扩大人民币在国际金融市场中的影响力，大力发展人民币离岸市场

在逐步提高人民币全球结算货币地位的基础上，要扩大人民币在国际金

融市场中的影响力，推动人民币计价的金融产品走向国际市场。因此，大力发展人民币离岸市场，提高人民币离岸市场的流动性和降低波动性，是人民币国际化进一步的发展方向。

自 2022 年起，全球主要发达经济体纷纷采取了极其激进的加息措施，美联储和欧洲央行的连续加息行动使得政策利率升至 21 世纪新高。这导致了美元和欧元等主要货币的融资成本显著上升，国际金融市场因此经历了剧烈波动。在这种金融周期分化的背景下，中美利差倒挂，并且差距持续扩大，人民币的融资成本保持低位，并且展现出了良好的稳定性，吸引了更多市场参与者倾向于使用人民币进行计价和融资，为扩大人民币在国际金融市场中的影响力、推动人民币计价的金融产品走向国际市场提供了良好的土壤。截至 2023 年底，人民币计价的国际债券余额在全球的占比已经达到 0.72％，年增长率为 14.59％；其中，离岸人民币债券（点心债）和在岸人民币债券（熊猫债）的发行量分别达到了 5 668.5 亿元和 1 545 亿元，年增长率分别超过了 105％和 81％。在股票市场发展方面，2018 年 6 月，摩根士丹利资本国际公司（MSCI）宣布将中国 A 股纳入 MSCI 新兴市场指数和 MSCI ACWI 全球基准指数。2019 年 11 月，MSCI 宣布将 A 股纳入因子提升至 20％。

2024 年 9 月下旬，我国针对房地产以及资本市场出台了一系列刺激政策，包括下调金融机构存款准备金率、下调逆回购以及存量房贷利率、优化住房保障、对符合条件的证券基金等提供互换便利、创设股票回购与增持专项再贷款、大力引导中长期资金入市、持续发行超长期特别国债等。互换便利、创设专项再贷款等政策为市场提供了流动性支持，增强了资本市场的稳定性，提振了市场信心，降低了股市的波动性，为海外投资者提供了更加稳定的投资环境，更进一步释放了央行功能转型、资本市场结构性改革的信号。市场对政策的反应良好，自 2024 年 9 月 24 日至 2024 年 10 月 8 日，沪指涨幅逾 25％，逆转了资本市场长期以来的颓势。这些政策的实施，不仅有助于稳定和提振国内市场，也为海外投资者提供了更多的投资机会和信心，有助于扩大人民币在国际金融市场中的影响力。图 4-7 和图 4-8 分别展示了境外机构和个人持有中国债券和股票的规模变化情况。

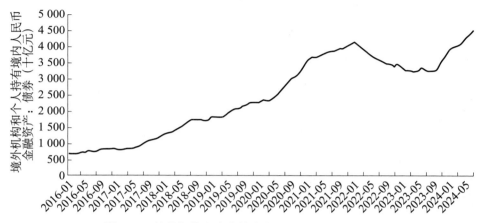

**图 4-7　境外机构和个人持有中国债券规模变化情况**
资料来源：Wind 数据库。

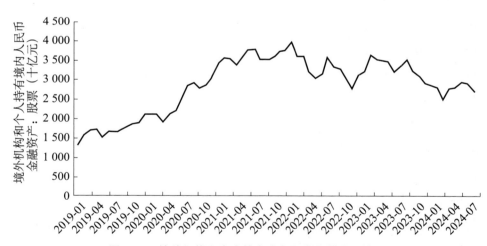

**图 4-8　境外机构和个人持有中国股票规模变化情况**
资料来源：Wind 数据库。

目前，我国资本项目尚未完全开放，通过离岸市场建立与在岸市场之间的良性互动，积极吸引通过贸易结算流出的人民币资金，仍将是人民币国际化发展的重要方式。然而近年来，受限于人民币走弱、部分产品供给不足、发展不完善、人民币流动性调控工具落后、交易透明度不足等因素，人民币离岸市场的发展相对缓慢，这势必拖累人民币在国际金融贸易、计价等领域份额的提升。针对这些问题，一方面，应当在香港等离岸市场建设多元化、有深度的人民币交易产品市场，建立健全覆盖交易结算、托管、登记等各个环节、与国际接轨的金融基础设施，形成一个有深度、规模不断提升、开放和国际化的人民币资产市场。另一方面，可以通过国际货币合作、签订货币互换协议等措施向世界各国输出人民币流动性，提高人民币离岸市场的流动性并降低汇率波动风险，提升人民币资产的可得性、盈利性，吸引更多投资者参与人民币离岸市场。

## （三）人民币国际化的难点：解决"锚"的问题与市场信心

### 1. 建立人民币的货币"锚"

在国际金融市场上，一个稳定的"锚"对于货币的国际化至关重要，它能够为货币的国际持有者提供信心和稳定性，是货币国际价值的风向标。人民币国际化的难点之一在于解决"锚"的问题，如果能将人民币与一种广为接受、具有投资与避险属性的资产进行锚定，能在极大程度上增加人民币在国际市场上的接受程度。

历史上，美元之"锚"的确立，在极大程度上巩固了美元的国际地位。布雷顿森林体系建立后，美元与黄金挂钩，而其他成员国的货币则与美元挂钩，实行固定汇率制度。这一体系确立了美元作为全球储备货币的地位，而美国国债也因其良好的信誉和历史记录、极高的流动性、稳健的避险属性与美元的国际货币地位而成为全球最大的安全资产之一，被视为美元的"锚"。只要美国国债仍能够被国际认可，美元的价值就不会被质疑。布雷顿森林体系瓦解后，在强大的经济和军事实力的支撑下，美国与 OPEC 国家达成协定，将美元作为石油贸易的计价和结算货币。从此以后，"石油美元"时代正式开启，美元成为国际石油市场唯一的计价结算货币，"石油交易"成为美元的锚。美元的国际地位不降反升，只要掌控石油的定价，美元的价值就不会大幅波动。

当前，以国债作为信用货币和衍生货币的"锚"，是许多国家的选择。建立以国债和高评级公司债市场为核心的稳定"锚"，为人民币国际持有者提供流动性高、收益稳定、能够抵抗经济及政治风险的安全资产，将在极大程度上提高人民币的国际信用。此外，也要看到未来全球大宗商品成为人民币"锚"之一的可能性，我国目前也在大力推动石油等大宗商品的人民币计价、结算。依据"棘轮效应"（Goldberg & Tille，2008），如果人民币能在石油这类同质且不可替代的大宗商品的计价、结算中占据一席之地，将极大地影响其他国家的出口结算货币选择。随着技术的发展，未来石油的重要性也许会下降，新能源可能替代石油成为全球追捧的"通货"。在新能源领域，中国具有一定的技术领先优势。在"新赛道"建立先发优势，掌握人民币计价结算主导权，以新能源为"锚"，或是人民币实现弯道超车的良机。

2. 进一步提升国际市场对人民币的接受度和信心

作为新兴市场国家货币，国外市场对人民币的信心可能会影响人民币的国际使用（宋科等，2022）。然而，新冠疫情以来，国际地缘政治风险上升，国内经济基本面下行，人民币国际信心受到影响。2023年，我国经济逐步向"常态化"运行转变，然而，GDP增速与疫情前水平仍有差距。从国内形势来看，经济基本面承压，内外需求不足，房地产信用风险攀升，地方政府化债压力增大，人民币走低引发外资一定程度外逃，在短期内对人民币的国际信心产生了一定影响。从外部环境来看，地缘政治不确定因素增大，以美国为首的发达国家对中国采取对抗姿态，俄乌冲突、巴以冲突等地区性摩擦持续演进，全球资产避险情绪高涨，在一定程度上削弱了外资对人民币的国际信心与安全性判断。

此外，当前人民币在国际上的接受度仍然较低，地区差异性较大，而且近年来有回落趋势，这也给人民币国际化进程敲响了警钟。根据张明和张冲（2024）的估算，2023年人民币实际隐性锚指数为7.05%，同期美元隐性锚指数接近50%。在东南亚、南亚以及"一带一路"沿线等与中国具有重要经贸往来和政治关联的经济体更多地使用人民币，隐性锚指数在 20％ 以上；但在欧美等主要发达经济体以及中亚、东欧等地区，人民币的接受度并不高，指数均在 5％ 以下。2020 年以来，人民币实际隐性锚指数不断下跌，直到 2023 年才略有回升，下跌幅度接近 3 个百分点，全球排名降至第五位，低于美元、欧元、日元、英镑。

疫情以来中国经济面临有效需求不足、预期偏弱、经济下行压力大等挑战；同时还存在地方政府债务高企、房地产市场不稳和资本市场投融资功能严重弱化等问题。对此，2024 年 9 月下旬，我国推出一系列经济刺激政策：在货币政策总量上，综合运用下调存款准备金、降低政策利率、引导贷款市场报价利率下行等多种货币政策工具；通过互换便利、增设专项再贷款、引导长期资金入市等对资本市场进行了结构化改革；通过统一房贷利率、优化保障性住房再贷款政策、支持商业银行收购房企存量土地，缓解了房地产市场债务压力以及违约风险。一揽子政策打消了人们对于政府是否愿意并有能力采取果断措施刺激经济增长的疑虑，扭转了市场信心，释放了长期流动性，改善了金融资源配置的结构性问题，提振了消费者信心，降低了企业和个人的融资成本，进一步提升了各类所有制企业的实际投资增长，吸引了外国直接投资，等等。

然而，宏观刺激计划是中国恢复增长的重要一步。为了释放中国的长期增长潜力，恢复经济的稳健增长，扭转国际市场对人民币的信心削弱的趋势，提高人民币的国际接受度，中国还必须实施进一步的结构性改革（Chinn & Frankel，2007；Goldberg & Tille，2008；芦东等，2023）。具体而言，可以通过优化和落实减税降费政策减轻企业负担，增强市场主体活力；挖掘内需潜力，推动消费回升和投资稳定恢复；采取市场化方式加强对中小微企业的金融支持，推动外贸平稳发展；推动金融业向服务实体经济尤其是高新产业转型，发展新质生产力，推动科技创新和产业升级；深化"放管服"改革，进一步优化营商环境，激发市场活力；深化收入分配制度改革，完善社会保障体系，推动民生改善和社会公平。此外，货币币值的稳定是极大影响人民币国际信心的因素（Baron，1976；Giovannini，1988）。为此，要制定稳健且中性的货币政策，对内保持人民币流动性合理充裕，引导贷款市场利率下行，保持物价相对稳定；对外提高货币政策传导效率，提升汇率政策的规则性，维持人民币预期，降低汇率波动性，为国际社会打上人民币稳定、安全的"强心剂"。

3. 处理人民币国际化进程中的外部冲击，如资本外流和汇率波动，保持人民币在合理均衡水平下的相对稳定

随着人民币国际化的发展、资本账户的开放，国际上对人民币的使用增加会引起资本更频繁的波动、影响人民币汇率的稳定，进而势必对国内金融稳定造成更大的冲击。过高的汇率波动会极大影响企业与投资者在跨国经济金融活动中使用人民币的意愿；大量的资本外逃会导致国内资产价格下跌、货币贬值压力增大，甚至会影响本土企业的生产、投资，进而会影响人民币的国际信誉。此外，如新冠疫情、俄乌冲突、美国货币政策等愈加频繁的外部冲击也会影响国际市场上的人民币利率、汇率波动。

应对人民币国际化进程中的外部冲击，保持人民币在合理均衡水平下的相对稳定，制定一套有效的人民币抗风险机制，是人民币被国际社会认可为"安全资产""避险资产"的坚实基础。

为此，可以在以下几方面采取措施。在汇率制度方面，应当不断完善以市场供求为基础、参考一篮子货币进行调节、有管理的浮动汇率制度，提高汇率市场化水平，使人民币汇率更具弹性，使双向波动成为常态，从而在合理均衡水平上保持基本稳定。在宏观审慎方面，央行应当增加政策工具储备，加强宏观审慎监管，稳定市场预期，抑制系统性金融风险的顺周期累积或传染。在跨境资本监管方面，应当拓宽资本跨境流动渠道，减缓投机性资本流动，打击地下钱庄等非法资本流动，对非理性的海外投资进行限制，遏制资本外流，维持外汇、金融市场稳定。在实体经济方面，应当加大对实体经济特别是重点领域和薄弱环节的支持，保持经济平稳健康发展，为金融稳定提供基本面支撑。在离岸市场方面，可以通过发行人民币票据等市场化手

段调节离岸人民币流动性，影响汇率预期。在外汇储备方面，应当保持充足的外汇流动性，为应对汇率波动提供坚实的基础，增强市场对人民币稳定的信心。

## 二、资本市场的开放与国际金融中心的形成：现状与改革重点

### （一）资本市场开放的战略意义：人民币国际化的重要支撑、推动技术进步和产业升级的关键

资本市场的开放在当前全球金融环境中具有重要的战略意义，特别是在推动人民币国际化和促进技术进步与产业升级方面。随着中国经济的快速发展和对外开放政策的深化，如何有效利用资本市场的潜力，成为实现经济转型和提升国际竞争力的关键。

1. 资本市场的开放是人民币国际化的重要支撑，提供了人民币计价资产的流动性和多样性

资本市场开放为人民币国际化提供了必要的基础（吴晓求等，2020）。人民币国际化的核心在于其成为全球贸易和投资中的主要货币，这不仅需要广泛的国际接受度，还需要丰富的人民币计价资产供国际市场交易和投资。正如《人民币国际化报告 2016》所指出的，货币的国际地位取决于其在国际交易中的使用程度以及可获得性。

通过资本市场的开放，中国能够为国际投资者提供多样化的人民币计价资产。这些资产包括人民币债券、股票和其他金融衍生品，增强了市场的流动性。例如，随着沪港通与深港通等制度的推出，国际投资者能够方便地投资于中国的金融市场，这不仅提升了人民币资产的吸引力，也为人民币在国际金融体系中的地位提升创造了条件。在国际资本流入与资本市场方面，1996 年 12 月，在人民币实现了经常项目可兑换之后，部分资本项目实现了可兑换，但从整体制度而言，仍未实现资本项下的可兑换。在这种条件下，

为了推动中国资本市场开放和国际化，有限度地引进境外投资者，2002 年 12 月 1 日，中国正式施行了《合格境外机构投资者境内证券投资管理暂行办法》，合格境外机构投资者（QFII）制度正式实施。2003 年 7 月 9 日，瑞士银行下了 QFII 第一单，随即交易成功，开创了中国资本市场投资对外开放的先河。

在 QFII 制度实施 9 年后，2011 年底央行发出了人民币合格境外机构投资者（RQFII）试点通知，之后 RQFII 正式登陆中国资本市场。QFII 制度和 RQFII 制度是在资本项下未实现完全可兑换的条件下推出的资本市场对外开放的过渡性制度安排，对提升中国资本市场的影响力和国际化水平具有积极的推动作用。国务院于 2019 年 1 月 14 日批准 QFII 总额度由 1 500 亿美元增加至 3 000 亿美元。2019 年 7 月 20 日，中央金融委员会办公室发布《关于进一步扩大金融业对外开放的有关举措》，推出 11 条金融业对外开放措施。国家外汇管理局宣布，经国务院批准，2019 年 9 月 10 日决定取消 QFII/RQFII 额度限制。同时，RQFII 试点国家和地区限制也一并取消。

除此之外，中国资本市场对外开放的另一项过渡性制度安排是沪深交易所与香港联交所的互联互通，分别简称"沪港通""深港通"。2014 年 11 月 17 日沪港通正式实施，2016 年 12 月 5 日深港通正式启动。在额度限制方面，分为年交易总额限制和日交易额度限制，其中沪港通实施初期年交易总额限制为 5 500 亿元，深港通启动之后，"两通"均取消了年交易总额限制。自 2018 年 5 月 1 日起，沪股通、深股通每日额度由 130 亿元调整为 520 亿元，港股通每日额度由 105 亿元调整为 420 亿元。

总体而言，资本市场上的四大开放措施（QFII 制度、RQFII 制度、沪港通、深港通）都是过渡性制度安排，境外资本投资于 A 股的比例从 2015 年的 1.66%上升至 2024 年的 4.10%左右（见图 4-9）。需要意识到的是，中国资本市场的对外开放仍然处在一个较低的水平上。

此外，流动性是国际货币的一项重要特征（王国刚和相倚天，2022）。一个具有高流动性的资本市场可以吸引更多的国际投资者，这为人民币的广

**图 4 - 9　2013 年 12 月—2024 年 6 月中国境外机构和个人持有金融资产占比变化情况**
资料来源：中国人民银行、Wind 数据库。

泛使用提供了条件。根据 SWIFT 发布的最新报告，2024 年第一季度，人民币的全球支付市场占比达到了 4.7%，继续稳居第四大最活跃货币。资本市场的开放，不仅提升了人民币计价资产的可获得性，还通过增强市场流动性促进了人民币的国际化。

2. 通过吸引国际资本提升市场的深度与广度，推动金融资源的有效配置

资本市场的开放通过吸引国际资本提升市场的深度与广度，推动金融资源的高效配置。开放的资本市场能够为国内企业提供丰富的融资渠道，同时增强市场的竞争性与资金流动性。国际资本的进入不仅能为国内市场注入资金，还能推动技术创新和产业升级（Moshirian et al.，2021）。资本市场的多元化有助于为科技型企业和中小企业提供更多的融资机会，促进其成长和创新。

研究表明，资本市场的开放与国家经济增长密切相关。例如，Bekaert 等（2005）的研究表明，资本市场的开放可以带来年化约 1% 的经济增长。创新企业通常依赖于无形资产和长期高风险的投资，开放的资本市场能够更

好地支持这些企业的融资需求，推动创新活动的发展（Holmstrom，1989）。

此外，资本市场开放有助于降低国家的资本成本，通过分散投资风险吸引外国投资者积极参与本国市场（Henry，2000；Chari & Henry，2008）。Moshirian 等（2021）发现，资本市场开放能够显著提升上市公司的创新产出，尤其是创新强度较高的行业，其专利和创新公司的数量有明显增长。相较于创新强度在底部四分之一的行业，创新强度在前四分之一的行业在实现资本市场开放之后，专利数、引用数和创新企业数分别提高了平均值的 24%、25% 和 19%（见图 4-10）。资本市场通过改善公司治理、分散投资风险和缓解融资约束，进一步提升了企业的创新能力（Brown et al.，2009）。

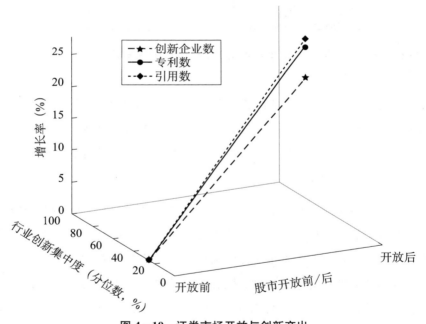

**图 4-10　证券市场开放与创新产出**

资料来源：Moshirian, R., Tian, X., Zhang, B., et al. "Stock Market Liberalization and Innovation." *Journal of Financial Economics*, 2021, 139 (3): 985-1014.

同时，研究表明，股票市场的自由化能够促进生产率的提升，进而推动长期经济增长（Moshirian et al.，2021）。这种机制通过缓解企业的融资约束、分散风险以及改善公司治理，激励企业加大研发投入，提升创新产出，从而推动技术进步与经济结构的转型（吕娟和杨建国，2018；刘庆生等，2017）。通过金融资源的有效配置，资本市场开放不仅能够促进已有创新企业的成长，还能激励更多企业进入创新行业，推动经济的高质量发展（顾志宏等，2018），这对于提升国家的全球竞争力具有战略意义。

3. 强化资本市场在金融创新、推动技术进步和产业技术升级方面的作用，确保市场的长期成长性与活力

资本市场不仅是融资的平台，更是推动金融创新和技术进步的重要动力。在开放的市场环境中，金融创新能够得到更充分的发展，新的金融工具和金融产品不断涌现，助力企业在竞争中保持优势。尤其是在科技驱动的经济时代，资本市场为高科技企业提供了必要的资金支持，推动其技术研发与市场应用。

资本市场的成熟与创新能力直接关系到国家经济的技术进步与产业升级。开放的资本市场能够通过风险投资、私募股权等多样化的融资方式支持新兴产业的快速发展。这种支持不仅体现在资金的提供上，更体现在通过引入先进的管理经验和技术提升国内企业的竞争力上。资本市场的开放在人民币国际化的进程中扮演着重要角色，不仅为人民币计价资产提供了必要的流动性和多样性，还通过吸引国际资本和推动金融创新促进了技术进步与产业升级。通过提升市场的深度和广度，资本市场不仅改善了资源配置的效率，也确保了市场的长期成长性与活力，从而为中国经济的高质量发展提供了坚实的金融支撑。

此外，资本市场的健康发展还能够增强其长期的成长性与活力。通过构建透明、公平、流动性强的市场环境，资本市场能够吸引更多的投资者参与，从而形成良性的市场循环。拥有高透明度和良好公司治理的市场，通常能够获得更高的投资者信任，这反过来又会促进更多的资金流入。

（1）金融市场与创新融资的核心功能。

金融市场的主要功能在于降低企业外部融资中的逆向选择和道德风险，从而减少融资成本并促进经济增长。Rajan 和 Zingales（1998）的研究表明，

在金融市场发达的国家，依赖外部融资的企业比那些不依赖外部融资的企业有更好的发展机会。因此，金融市场的成熟能够帮助高融资依赖企业降低融资成本，推动经济增长。

证券市场与信贷市场对创新的支持存在显著差异。相较于信贷市场，证券市场能够更有效地支持依赖外部融资的创新型企业。首先，证券市场的融资不需要抵押品，这对拥有大量无形资产的创新型企业尤其重要（Brown et al.，2009）。其次，证券市场的价格信号提高了金融资源的分配效率，通过市场价格提供关于企业前景的信息，帮助投资者和企业经理做出更明智的投资决策（Levine，2005）。相比之下，信贷市场对高科技行业的支持存在局限。银行体系由于缺乏价格信号和反馈机制，难以筛选出负收益项目（Rajan & Zingales，2001）。此外，创新型企业的现金流不稳定且缺乏抵押资产，使得银行更不愿意提供贷款（Brown et al.，2012）。研究显示，进入证券市场进行股权融资，是高科技企业获取研发资金的重要渠道（Hall & Lerner，2010）。

在中国的资本市场建设中，张岳平和肖斌（2020）建议，应推动资本市场规则的完善，提高科技企业的运营能力与竞争力。同时，陈慧敏和黄伟铭（2020）强调信息披露的规范化，有助于提升高科技企业在资本市场中的透明度。此外，成程等（2024）的研究表明，自贸区政策的实施，通过促进融资优化、引进人才和助力企业海外扩张，显著提高了区内企业的创新产出和国际影响力。

（2）高科技企业的创新融资与金融市场的支持。

高科技企业通过系统化的科研和技术知识参与新产品或创新过程，因其高特质性带来了更高的风险（Holmstrom，1989），且技术密集型行业比其他行业更具风险性（Hall & Lerner，2010）。金融市场的功能在于帮助分散这些风险，特别是对于孵化科技创新企业尤为重要。

证券市场的发展对于支持高科技行业的创新活动具有显著优势。首先，股票市场提供了丰富的风险管理工具，鼓励投资者将高风险、高收益的创新项目纳入投资组合。其次，股票市场的价格信号为创新型企业提供了更高的预期收益，从而鼓励投资者承担风险并支持这些企业（Kapadia，2006；Pástor & Veronesi，2009）。相比之下，信贷市场由于信息不对称和风险控制，通常限制对高风险创新活动的投资（Stiglitz，1985）。

　　研究表明，与依赖股权融资相比，依赖银行融资的企业拥有较少的专利数量和较低的创新产出（Atanassov et al.，2007）。高科技企业的研发投资风险高，信息不对称性强，信贷市场很难提供与证券市场相同程度的支持（Brown et al.，2009）。证券市场通过提供有效的价格信号和更灵活的融资工具，能够帮助这些企业获得更为充足的资金支持。

　　Hsu 等（2014）的研究发现，在证券市场发达的国家，高科技企业更容易实现创新。而在信贷市场主导的国家，创新产出相对较低。这表明证券市场的发展对高科技企业的创新活动具有更大的推动作用，尤其是能够为投资者提供更清晰的价格信号和降低投资不确定性。证券市场发展位于75％分位数的国家相比位于25％分位数的国家，创新产出增加了4.2％；而信贷市场发展位于75％分位数的国家相比位于25％分位数的国家，创新产出减少了9.9％（见图4-11）。因此，资本市场应该更有针对性地提供金融支持，从而促进创新活动的发展。

## （二）国际金融中心建设的挑战与路径：打造全球竞争力和吸引力

　　国际金融中心的建设是实现金融强国目标的重要组成部分，尤其是在当前全球金融市场竞争日益激烈的背景下，上海、深圳等城市作为中国的主要国际金融中心，其定位与目标愈发重要。如何克服建设过程中的挑战，形成具有全球竞争力和吸引力的金融中心，是推动中国资本市场发展的关键。中国金融开放的目标当然是要构建新的国际金融中心，这个目标不会变（吴晓求，2018）。

　　1. 上海、深圳等城市作为国际金融中心的定位与目标
　　上海和深圳的国际金融中心建设，旨在通过全球视野和战略布局，提升

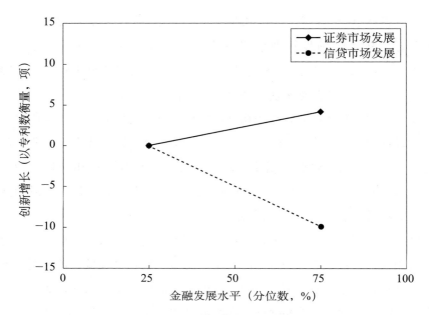

**图 4-11 金融发展与创新增长**

资料来源：Hsu，P.-H.，Tian，X.，& Xu，Y. "Financial Development and Innovation：Cross-country Evidence." *Journal of Financial Economics*，2014，112（1）：116-135.

中国金融市场的影响力。上海的目标是建设成为全球领先的国际金融中心，增强其在全球金融体系中的话语权。与此同时，深圳作为创新型金融中心，致力于推动金融科技与传统金融的深度融合。深圳的定位在于服务新兴产业和高科技企业，支持经济转型升级。这种定位不仅促进了区域内金融市场的繁荣，也为全国的金融创新提供了可借鉴的模式。

国际金融中心的建设面临许多挑战，包括市场竞争、政策环境、人才储备等多个方面。国际金融市场的竞争激烈，其他城市如香港、新加坡等国际金融中心在资源、人才和政策环境方面具有一定优势。如何在这种竞争中脱颖而出，成为国际金融中心建设的首要任务。2024 年 9 月 24 日，英国智库 Z/Yen 集团与中国（深圳）综合开发研究院在韩国釜山联合发布"第 36 期全球金融中心指数报告（GFCI 36）"。该指数从营商环境、人力资本、基础设施、金融业发展水平、声誉等方面对全球主要金融中心进行了评价和排

名。GFCI 36 共有 121 个金融中心进入榜单，全球前十大金融中心排名依次
为：纽约、伦敦、香港、新加坡、旧金山、芝加哥、洛杉矶、上海、深圳、
法兰克福（见表 4-1）。

表 4-1　GFCI 36 全球前十大金融中心

| 金融中心 | GFCI 36 | | GFCI 35 | | 较上期排名变化 |
|---|---|---|---|---|---|
| | 排名 | 得分 | 排名 | 得分 | |
| 纽约 | 1 | 763 | 1 | 764 | 0 |
| 伦敦 | 2 | 750 | 2 | 747 | 0 |
| 香港 | 3 | 749 | 4 | 741 | ＋1 |
| 新加坡 | 4 | 747 | 3 | 742 | −1 |
| 旧金山 | 5 | 742 | 5 | 740 | 0 |
| 芝加哥 | 6 | 740 | 9 | 736 | ＋3 |
| 洛杉矶 | 7 | 739 | 8 | 737 | ＋1 |
| 上海 | 8 | 738 | 6 | 739 | −2 |
| 深圳 | 9 | 732 | 11 | 734 | ＋2 |
| 法兰克福 | 10 | 730 | 13 | 732 | ＋3 |

资料来源：GFCI.

　　我们需要意识到，中国金融中心整体排名有所下滑，顶尖金融中心正
面临激烈竞争。本期指数显示，中国境内的 12 个金融中心中，只有 4 个
城市的评分有所上升，分别为深圳、成都、武汉和西安，排名分别提升了
2 位、4 位、9 位和 9 位。青岛的排名保持不变，而其他城市的排名均有不
同程度的下降。上海下滑 2 位至全球第 8，北京下降 3 位至全球第 18，广
州则下降 5 位至第 34（见表 4-2）。从整体来看，香港、上海、深圳和北
京等主要金融中心在排名上受到美国金融中心的强烈竞争压力，尤其是旧
金山、芝加哥和洛杉矶，已连续超过上海和深圳，并逐步缩小与香港的评
分差距。此外，圣迭戈和波士顿等金融中心接近前二十，对北京的排名也构
成一定挑战。

表 4-2　GFCI 36 中国境内金融中心

| 金融中心 | 中国境内排名 | 全球排名 | 较上期排名变化 |
|---|---|---|---|
| 上海 | 1 | 8 | −2 |
| 深圳 | 2 | 9 | +2 |
| 北京 | 3 | 18 | −3 |
| 青岛 | 4 | 31 | 0 |
| 广州 | 5 | 34 | −5 |
| 成都 | 6 | 39 | +4 |
| 大连 | 7 | 65 | −6 |
| 杭州 | 8 | 72 | −1 |
| 南京 | 9 | 77 | −14 |
| 天津 | 10 | 78 | −13 |
| 武汉 | 11 | 82 | +9 |
| 西安 | 12 | 94 | +9 |

资料来源：GFCI.

2. 吸引国际金融机构与人才，增强金融创新能力，提升金融中心的全球竞争力

吸引国际金融机构与专业人才是提升国际金融中心竞争力的重要手段。国际金融机构的入驻不仅可以带来资金、技术和管理经验，还能够提升市场的国际化水平。吸引国际投资银行、资产管理公司等大型金融机构入驻，可以促进本地金融市场的发展，增强市场的活力和竞争力。

人才是金融中心发展的核心要素。高素质的金融人才不仅能推动金融创新和市场发展，还能提升整个金融行业的服务水平和专业能力。因此，建设有吸引力的人才生态系统，培养和引进高端金融人才，将是国际金融中心建设的重要策略。通过优化居住环境、提升教育资源、提供优厚的薪酬待遇等方式，吸引全球顶尖金融人才参与中国的金融市场发展。

为了增强金融创新能力，各金融中心必须建立多元化的创新生态系统。这包括推动金融科技的发展，支持金融产品的创新，以及鼓励传统金融机构与科技企业之间的合作。通过打造创新孵化器、金融科技园区等，形成良好

的创新环境，可以有效提升金融中心的整体竞争力。

3. 建立与国际接轨的金融监管体系，确保市场稳定性和国际资本的流动性

在国际金融中心建设过程中，建立与国际接轨的金融监管体系至关重要。一个健全的金融监管体系能够增强市场的稳定性，确保国际资本的顺利流动，监管的透明度和有效性是国际投资者选择投资地点的关键因素之一（王勋等，2020）。

中国的金融监管体系需逐步与国际标准接轨，提升政策的透明度与可预见性。这不仅能够增强国际投资者对中国市场的信心，还能促进更多的外资流入。通过优化法律法规，简化审批流程，增强市场的开放性与竞争性，可以有效吸引国际资本进入中国金融市场。同时，随着市场的开放，金融风险的管理和控制也成为监管的重要内容。有效的监管体系不仅要防范系统性金融风险，还需确保市场的流动性。金融机构在开展国际业务时，必须遵循国际监管规则，以降低风险并提升市场稳定性。

2024 年 9 月下旬，央行互换便利、创设股票回购与增持专项再贷款等一揽子政策出台，强调了我国对保证资本市场稳定性的要求。此次新增的货币政策工具并不直接增加央行基础货币投放和扩大货币供给，具有特定的指向性和较为严格的适用条件，是针对市场结构性改革的长期制度安排。互换便利通过"以券换券"的形式增强相关机构融资和投资能力，对资本市场提供流动性支持；股票回购增持再贷款专项用于上市公司和股东回购增持股票，为上市公司市值管理提供便利，也有助于抑制股东"哄抬股价、套现离市、恶意做空、扭曲市场"的行为。这些政策的实施，在一定程度上体现了央行的功能转型，在关注存款型金融机构稳定的基础上，也注重资本市场的稳定，同时也刺激了市场信心，扭转了资本市场长期以来的颓势，为市场长期稳定发展提供了动力。

此外，上海、深圳等城市在国际金融中心建设中既面临挑战，也蕴含机遇。通过明确定位与目标，吸引国际金融机构与人才，以及建立与国际接轨的监管体系，这些城市能够有效提升全球竞争力和吸引力，为中国金融强国

建设提供坚实基础。只有在开放与监管的双重保障下，中国的国际金融中心才能实现可持续发展，为中国资本市场的发展与繁荣贡献力量。

## （三）资本市场改革的重点：打造透明、有成长性的现代金融体系

资本市场的改革是推动人民币国际化和实现经济高质量发展的重要基础。通过构建一个透明、有成长性的现代金融体系，中国不仅能够增强资本市场的国际竞争力，还能为实体经济提供更加有效的金融支持。

1. 推进资本市场的市场化改革，提高市场的透明度和法治化水平

市场化改革是资本市场发展的核心，是实现资源高效配置和增强市场活力的基础。通过推进市场化改革，可以减少政府对市场的干预，允许市场机制在资源配置中发挥主导作用。市场化的资本市场不仅能够提升企业融资效率，还能通过引入竞争机制促进金融创新和服务质量的提升。

提升市场的透明度和法治化水平是市场化改革的重要内容（吴晓求，2018）。透明的市场环境有助于降低信息不对称程度，提高投资者的信任度。资本市场的透明度与投资者的信心成正比，透明度高的市场能够吸引更多的国内外投资者，促进资金的有效流动。为此，建立健全的信息披露制度，确保信息的及时性和真实性，是增强市场透明度的关键。

法治化水平的提升同样至关重要。一个完善的法律体系能够有效保护投资者的权益，维护市场的公平性和公正性，从而为资本市场的健康发展提供保障。法治环境的改善对资本市场的发展具有重要的推动作用。因此，中国在推进资本市场改革时必须加强法治建设，确保各项法规政策的实施，保护投资者的合法权益。

2. 强化多层次资本市场体系，支持中小企业融资，促进科技创新和产业升级

建立多层次的资本市场体系，是推动经济结构转型和支持中小企业融资的重要策略。当前，中小企业在国家经济中占据重要地位，但融资难题依然突出。为此，必须加快构建覆盖不同规模和发展阶段企业的多层次资本市

场。通过完善新三板转板制度等措施，为中小企业提供专属的融资平台，满足其不同的发展需求。同时，政府和监管机构应通过政策支持，鼓励金融机构为中小企业提供更多的信贷支持和投融资服务。

在这个过程中，金融科技的应用也是不可忽视的因素。通过金融科技手段，可以提高融资的效率和便利性，为中小企业提供更加灵活的融资解决方案，推动科技创新和产业升级。各类金融产品和服务的创新，能够有效拓宽企业的融资渠道，促进资金的高效流动。

3. 发展透明、流动性好、有成长性的资本市场，作为人民币国际化的重要保障

一个健康的资本市场不仅应具备流动性和透明度，还需具备长期的成长性。流动性是资本市场活力的重要体现，它能够确保投资者在需要时顺利进出市场，降低交易成本。在当前全球金融市场竞争加剧的背景下，中国资本市场必须增强流动性，吸引更多的国际投资者。

透明的市场环境是实现长期成长的基础。透明度高的市场通常能够维持更高的投资者信任度，从而吸引更多的资金流入。在此基础上，资本市场还应具备与风险市场相匹配的收益，确保投资者的回报水平。这要求在市场机制中建立合理的风险定价体系，让风险与收益相匹配，从而提升市场的吸引力和可持续性。

4. 从战略高度认识资本市场在人民币国际化中的枢纽作用

资本市场不仅是融资平台，更是推动人民币国际化的核心机制。其在人民币国际化过程中的枢纽作用不容小觑。随着人民币在国际市场中的使用逐步增多，资本市场的发展与国际化紧密相连。有效的资本市场能够为人民币计价资产提供广泛的流动性支持，从而推动其在国际贸易和投资中的应用。

在这个过程中，必须清晰认识到，资本市场的建设与人民币国际化是相辅相成的。中国的资本市场必须从战略高度重视其在人民币国际化中的重要性，通过推动市场化改革、增强透明度和流动性，确保资本市场具备良好的成长性，支撑人民币国际化的长远目标。

资本市场的改革是实现人民币国际化和推动经济高质量发展的重要基

础。通过推进市场化改革、强化多层次市场体系建设、提升市场的透明度与流动性，以及认识到资本市场在人民币国际化过程中的枢纽作用，中国的资本市场能够在全球金融体系中发挥更为重要的作用，为实现金融强国建设提供有力支撑。

## 三、金融强国的货币与市场闭环机制

### （一）双支柱架构的闭环逻辑：一体化的市场与货币相互支撑

1. 人民币国际化和资本市场开放是一体化的，互为支撑，形成有机闭环

人民币国际化和资本市场开放是中国迈向金融强国的"两大支柱"，其中人民币国际化并成为可自由交易的国际性货币是金融强国的显著标志，资本市场的对外开放是金融强国实现的载体和重要支撑。无论是从理论还是实际经验出发，两大支柱并非相互孤立的，反而是互为表里、彼此支撑的。一个包容开放且稳定透明的资本市场是人民币实现在贸易结算、金融交易以及储备货币三大领域中的全面国际化的必要条件，而人民币国际地位的确立以及各国对人民币使用的增加对资本市场的开放与发展乃至打造国际金融中心都有着极大的推动作用。若要实现金融强国的目标，"两大支柱"不可偏废。

首先，资本市场的发展可以极大加快人民币国际化进程，而落后的资本市场则会让人民币国际化"寸步难行"。从历史经验来看，货币拥有国际地位的国家，例如美国、英国等，无一不拥有世界上最发达的资本市场以及国际金融中心，现有理论也认为货币国际化对经济体资本账户完全放开、货币可自由兑换、金融市场发展等要求较高。从提升货币在国际贸易结算中的使用程度的角度来说，发达开放的资本市场能为国际贸易的对手企业提供充足的人民币流动性、风险对冲工具，提供相对稳定的人民币借款利率，降低贸易融资成本，大幅增加国际企业在跨国贸易中使用人民币的意愿。从提升货币在国际金融交易、锚定货币以及国际储备中的使用程度的角度来说更是如此。如果资本市场发展缓慢，对国际投资者开放程度较低、缺乏有投资价值

的金融产品，交易制度不完善、交易效率低下，参与者少、流动性差，抗风险能力低下、人民币资产价值大幅波动，则难以让国内主体发行人民币债务进行融资，国际投资者也不会投资人民币资产。相应地，也难以作为国际货币成为他国储备货币及锚定货币。如此一来，国际贸易、金融交易和官方储备三位一体，相互牵制，反倒形成恶性循环，人民币国际化将陷入困局。

其次，人民币国际化地位提升对资本市场的发展也具有重大意义。随着人民币国际化的推进，人民币作为结算和储备货币的国际地位逐渐提升，这不仅增强了中国在全球经济中的话语权，也为国内资本市场吸引了更多的国际投资者和资金流入。人民币国际化推动了中国资本市场的进一步开放，如沪港通、深港通等机制的建立，使得境外投资者能够更加便捷地参与中国股市和债市，提高了市场的流动性和国际竞争力。人民币在国际贸易和金融活动中的广泛使用，降低了国内企业在国际贸易中面临的汇率风险，使得企业能够更加专注于生产经营活动，同时也为资本市场提供了更加稳定的外部环境。随着人民币国际化的深入，市场对于人民币计价的金融产品和服务需求的增加，推动了金融机构开发更多创新产品，丰富了资本市场的层次和产品类型。除此之外，为了适应人民币国际化的要求，中国资本市场在监管制度、市场规则等方面不断与国际标准接轨，提升了市场透明度和监管效率，为资本市场的稳定运行提供了有力保障。

考虑到"两大支柱"的紧密联系，我们应当使用发展的、系统论的眼光来看待"中国金融强国之路"，而非孤立地看待资本市场的发展或者仅仅着眼于人民币国际化。在实现资本市场发展时，应当着重引导其为人民币国际化提供助力，在推进人民币跨境使用时，也要切实考虑对资本市场发展的影响，实现"两大支柱"彼此配合、相互支撑、共同发展，将是中国迈向金融强国的破局关键。

2. 人民币自由化、国际化是先锋和旗帜，资本市场的发展是战略支援、后勤保障和信心来源

人民币的自由化和国际化是中国金融改革的重要组成部分，是中国参与

全球经济治理的重要工具，它标志着中国在全球经济中的地位和影响力不断提升。资本市场的不断开放与发展，对于促进资源合理分配、加快实体经济发展、提升综合国力有着重大意义。如果说人民币自由化、国际化是中国成为金融强国的先锋和旗帜，那么资本市场的发展则为人民币的国际化乃至整个金融强国目标提供了坚实的战略支援和后勤保障，是人民币国际化的信心来源。

人民币自由化、国际化是中国成为金融强国的先锋和旗帜。随着人民币在国际贸易和金融活动中的广泛使用，中国的全球经济影响力得到增强。从金融体系发展的角度来说，为了适应国际市场的需求，中国需要不断推进金融改革，包括利率市场化、汇率机制改革和资本账户开放等，这些改革有助于完善金融市场，增强金融服务实体经济的能力，而一个更加开放和国际化的人民币市场能够吸引更多的外国投资者，为中国的经济发展提供资金支持。从提升经济实力、促进综合国力的角度来说，人民币的自由化和国际化简化了跨境交易的流程，降低了交易成本，促进了中国与其他国家的贸易和投资活动，降低了由汇率波动带来的风险，有助于中国经济更好地融入全球经济体系，增强经济的韧性和抗风险能力。从提升国际金融地位来说，随着人民币国际化的推进，中国央行在维护货币稳定方面的能力得到国际认可，大幅提升了人民币的国际信誉，有助于打破单一美元主导的国际储备货币体系，推动建立一个更加多元化和平衡的国际货币体系，提升中国在国际金融体系中的话语权。

资本市场的发展是战略支援、后勤保障以及信心来源。资本市场的发展将为人民币的跨境流动提供渠道，促进金融创新、为人民币国际化提供更多金融工具，增强国内外市场对人民币资产以及中国金融体系稳健强劲的信心，为人民币国际化以及金融强国提供战略支援。资本市场的发展将丰富风险管理工具、有助于市场主体对冲风险，优化资源配置、提高资本使用效率，并极大促进实体经济发展，从而为人民币国际化以及金融强国提供坚实的后勤保障。政府持续改革资本市场、不断加大政策支持力度、不断完善中国资本市场交易制度及监管体系，将成为人民币国际化以及金融强国建设的重要信心来源。

3. 资本市场的发展是人民币自由化、国际化的重要回流机制

资本市场的发展是人民币自由化、国际化的重要回流机制，对于人民币的自由化和国际化具有至关重要的作用。没有透明、高流动性、有成长性、稳定的资本市场，人民币的自由化、国际化将缺乏有效的闭环体制，难以形成自我循环和自我调节的能力。

人民币的自由化、国际化不能仅仅停留在贸易结算层面。但若没有开放包容的国内资本市场或者稳定透明的离岸人民币市场，则很难提供后续吸引国际投资者的以本币计价的金融产品，以支持和吸纳通过贸易结算流出的本国货币、为人民币构造有效的回流机制。如此一来，人民币资产在国际市场上的吸引力将大打折扣，在金融交易以及储备货币领域的国际化恐遭重重阻碍。

具体而言，资本市场的发展对人民币自由化、国际化的支持可以体现在以下几个方面。首先，资本市场的透明度是吸引国际投资者的关键因素。透明的市场规则和监管体系能够增强投资者的信心，促使更多的国际资本流入，从而推动人民币的国际化。其次，高流动性意味着资本可以快速进出市场，这有助于缓解国际投资者对于资本流动限制的担忧，增加他们持有和使用人民币的意愿。再次，资本市场的成长性为人民币国际化提供了动力。一个充满活力和创新能力的资本市场能够吸引更多的外资进入，促进人民币在国际交易中的使用。最后，稳定性则是国际投资者考虑的重要指标，一个稳定的资本市场能够减少投资风险，增强人民币作为国际货币的吸引力。

资本市场的发展还有助于形成有效的闭环体制。这种体制能够确保资本流动的有序性和可预测性，降低系统性风险，为人民币的自由化和国际化提供坚实的基础。例如，通过完善上市公司分红制度、发展机构投资者、实行股票发行注册制、建立常态化退市机制等措施，可以提高上市公司质量，增强市场的内在稳定性，从而为人民币的国际化提供有力支撑。

在"十四五"时期，人民币国际化的推进将继续破题，通过稳慎推进人民币跨境使用和持有，提升其国际地位。同时，资本市场的改革和发展也将为人民币国际化提供更加坚实的基础。例如，通过深化金融体制改革，加快完善中央银行制度，积极发展科技金融、绿色金融、普惠金融、养老金融、数字金融等，可以加强对重大战略、重点领域、薄弱环节的优质金融服务，进一步提升资本市场的透明度、流动性、成长性和稳定性。

总而言之，只有建立一个透明、高流动性、有成长性和稳定性的资本市场，人民币的自由化和国际化才能形成有效的闭环体制，才能实现健康、稳定、可持续的发展，从而金融强国的目标才能逐步实现。

## （二）国债市场作为人民币国际化的"锚"：稳定信用与吸引国际资本

### 1. 国债市场的稳定性和透明度作为人民币国际信用的基础，支撑其国际化进程

国债市场的稳定性和透明度是人民币国际化的基石，国债市场作为信用的"锚"在人民币国际化过程中具有不可替代的作用。国际货币的地位不仅取决于其背后国家的经济实力，还取决于该货币所依托的金融市场的健全性与透明度。国债作为风险最低的金融工具，为全球投资者提供了一个稳定、安全的投资选择。中国的国债市场通过提高稳定性和透明度，能够为人民币的国际信用提供坚实的支撑。

在全球范围内，主权国家的国债市场长期以来一直被视为评估该国信用风险的关键工具。人民币要在全球范围内实现国际化，其信用必须依托于一个稳定、透明的国债市场。通过增加国债市场的信息披露、提高流动性，人民币可以通过这个"锚"获得国际资本的信任与支持。稳定的国债市场不仅提高了人民币资产的国际吸引力，还通过信用支撑为人民币的国际化提供了长期保障（许平祥和李颖，2019）。

### 2. 国债市场为国际投资者提供安全可靠的人民币计价资产，增强市场吸引力

稳定的国债市场为国际投资者提供了一个安全、可靠的人民币计价资产

选择。在全球资本流动日益频繁的背景下，国际投资者对于一个货币的接受度，往往取决于该货币市场中的投资机会和风险状况。国债作为风险最低的资产类别，是国际投资者评估一个国家货币安全性的重要指标。随着中国国债市场的逐步开放，国际投资者可以更方便地购买人民币计价的国债，这不仅增强了人民币资产的国际吸引力，也有助于人民币在国际市场中的进一步流通。

许平祥和李颖（2019）研究发现，人民币国债市场开放之后，吸引了大量国际资本流入，使得人民币在全球储备货币中的地位进一步提升。近年来，债券通等机制的推出，使得国际投资者能够更加便捷地参与中国国债市场的交易，进一步增强了人民币的国际吸引力。这一过程不仅强化了人民币的国际地位，还推动了中国金融市场的国际化进程。

### 3. 未来新能源交易的定位与支撑

随着全球新能源市场的快速发展，国债市场的稳定性与流动性还能够为未来人民币在新能源交易中的国际化定位提供支撑。全球能源转型已经成为不可逆转的趋势，人民币在未来新能源交易中的地位，将依赖于其背后的金融市场稳定性和信用支持。特别是随着中国在全球能源市场中的重要性不断提升，人民币在新能源交易中充当计价货币的可能性也逐渐加大。国债市场的稳定性不仅为人民币在传统国际贸易中的使用提供了保障，还为其在新能源交易中的扩展提供了有力支撑。通过建立一个透明、流动性强的国债市场，人民币可以成为新能源交易中的主要结算货币。这不仅能够推动人民币的国际化进程，也可以提升中国在全球能源市场中的话语权和影响力。

国债市场作为人民币国际化的"锚"，在稳定信用、吸引国际资本方面发挥着核心作用。通过提高市场的透明度和流动性，中国国债市场为全球投资者提供了一个安全、可靠的人民币计价资产。与此同时，国债市场的稳健发展也为人民币在未来新能源交易中的定位提供了坚实的金融支撑。因此，资本市场的改革与国债市场的发展密切相关，它们共同构成了推动人民币国际化和金融强国建设的重要力量。

## （三）双支柱闭环机制的节点与挑战：推动技术升级与制度完善的战略路径

双支柱闭环机制的建设面临诸多挑战，但只要抓住推动技术升级与制度完善的关键节点，金融强国的目标就有望实现。通过金融与产业的深度融合，推动经济的高质量发展，最终实现中国金融体系在国际舞台上的核心地位。

*1. 金融强国建设的核心在于推动技术进步和产业升级，而非单纯的金融资产规模扩张*

金融强国建设的目标不仅是扩大金融资产的规模，更重要的是通过推动技术进步和产业升级提升国家经济的长期竞争力。当前，中国正处于产业结构转型的关键阶段，传统产业向新兴高科技产业过渡需要强有力的金融支持。在这个过程中，金融市场的功能不是仅仅局限于提供融资渠道，更在于为技术创新提供长期稳定的资金来源。

单纯扩大金融资产规模可能在短期内带来经济增长，但如果没有与技术进步和产业升级紧密结合，这种增长将很难持续。只有通过金融创新和资源的优化配置，推动企业研发和技术转型，才能实现真正的经济可持续增长。因此，金融强国的建设核心在于如何利用金融手段加速技术进步和产业升级，这不仅是金融发展的内在要求，也是经济高质量发展的必由之路。

*2. 强化货币与资本市场的联动，提升中国金融体系的国际影响力和主导地位*

在金融强国建设过程中，货币与资本市场的联动至关重要。人民币的国际化和资本市场的开放互为支撑，构成了金融强国的双支柱架构。要实现人民币国际化，仅靠货币政策的推动是不够的，必须通过资本市场的深化改革和开放，为国际投资者提供更多高质量的人民币计价资产，增强全球投资者对人民币的信任和依赖。

当前，全球金融格局的竞争日趋激烈，中国要提升其在国际金融体系中的影响力，必须通过资本市场的改革增强人民币资产的吸引力。资本市场作为国际投资者进入中国市场的主要途径，不仅需要提供多样化的投资产品，还需要通过政策创新、法治建设和透明化改革，增强市场的稳定性和流动性，从而提升其全球竞争力和主导地位。

3. 建立有效市场与完善法制，强化社会契约精神与市场透明度，保障闭环机制的有效运作

双支柱闭环机制的有效运作，需要依赖一个透明、公正且高效的市场体系。市场的有效性不仅体现在资金的高效配置上，还体现在资本市场规则的完善和透明度的提升上。中国的资本市场要吸引全球投资者，必须通过制度改革，建立健全的信息披露机制，确保市场规则的公平公正。

此外，法治建设也是保障市场有效运作的关键因素。资本市场的健康发展依赖于法制的保障，透明的市场规则和完善的法律框架能够有效降低投资者的风险，增强其信心。通过强化社会契约精神和法治意识，市场参与者能够在遵守规则的基础上开展公平竞争。这不仅提升了市场的运行效率，也为人民币国际化和资本市场的开放提供了稳定的制度保障。

# 四、结论

双支柱架构在金融强国建设中发挥着至关重要的作用。它通过人民币国际化和资本市场的开放，构建了中国迈向全球金融强国的核心路径。人民币国际化不仅是货币政策的前沿目标，也是中国提高国际影响力和巩固全球金融地位的关键手段；资本市场的开放则为国际资本提供了进入中国的渠道，确保了中国金融体系的广度和深度。在这一架构下，两者相辅相成，资本市场的成长性和稳定性为人民币国际化提供了强有力的支持，而人民币国际化又通过吸引更多国际资本增强了资本市场的流动性和透明度。

人民币国际化和资本市场开放的协同效应进一步加速了中国金融体系的全球化进程。资本市场为国际投资者提供了多样化的人民币计价资产，而这

种资产的国际认可度直接决定了人民币在全球范围内的使用频率与储备货币地位。这一协同效应不仅推动了中国金融市场的对外开放，还提升了中国金融体系在全球资源配置中的影响力，巩固了中国作为国际金融中心的地位。

然而，要确保双支柱架构的长期有效运行并持续发挥作用，中国需要进一步深化改革。首先，人民币国际化进程需要在资本市场进一步完善的基础上加速推进，包括增加市场透明度和健全法律框架，吸引更多国际资本。其次，资本市场改革应着眼于构建一个多层次、灵活的市场体系，特别是通过鼓励开放和完善法治建设，提升市场的吸引力和对外部冲击的抵御能力。最后，中国还需在金融监管和政策支持方面持续创新，确保双支柱架构在全球不确定性增强的背景下，能够为中国金融强国建设提供坚实保障。通过深化改革、完善政策支持和加强全球金融合作，双支柱架构将继续成为中国迈向金融强国的核心引擎，为人民币国际化和资本市场的开放提供坚实的基础。

## 参考文献

［1］成程，王一出，田轩，等．对外开放制度创新、全球创新网络嵌入与中国科技国际影响力．管理世界，2024，40（10）：16-43.

［2］芦东，余吉双，何青．经济规模、贸易成本与货币锚定效应：理论框架和实证分析．金融研究，2023（10）：8-27.

［3］宋科，朱斯迪，夏乐．双边货币互换能够推动人民币国际化吗：兼论汇率市场化的影响．中国工业经济，2022（7）：25-43.

［4］许平祥，李颖．国债市场、锚定效应与人民币的国际化：基于美元货币国际循环的经验与启示．武汉金融，2019（3）：4-9.

［5］王勋，黄益平，陶坤玉．金融监管有效性及国际比较．国际经济评论，2020（1）：59-74，6.

［6］王国刚，相倚天．从资金流向看流动性的内涵和机理．金融评论，2022，14（4）：21-42，124.

［7］吴晓求，等．中国金融监管改革：现实动因与理论逻辑．北京：中国金融出版

社，2018.

[8] 吴晓求，郭彪，方明浩，等. 中国金融开放：模式、基础条件和市场效应评估. 财贸经济，2020，41（5）：5-18.

[9] 张明，张冲. 从货币锚演化看人民币国际化进展. 当代金融家，2024（7）：29-32.

[10] Atanassov, J., Nanda, V., & Seru, A. "Finance and Innovation: The Case of Publicly Traded Firms." University of Oregon working paper, 2007.

[11] Baron, D. P. "Fluctuating Exchange Rates and the Pricing of Exports." *Economic Inquiry*, 1976, 14 (3): 425-438.

[12] Bekaert, G., Harvey, C., & Lundblad, C. "Does Financial Liberalization Spur Growth?." *Journal of Financial Economics*, 2005, 77 (1): 3-55.

[13] Brown, J. R., Fazzari, S. M., & Petersen, B. C. "Financing Innovation and Growth: Cash Flow, External Equity, and the 1990s R&D Boom." *Journal of Finance*, 2009, 64 (1): 151-185.

[14] Brown, J. R., Martinsson, G., & Petersen, B. C. "Do Financing Constraints Matter for R&D?." *European Economic Review*, 2012, 56 (8): 1512-1529.

[15] Chari, A., & Henry, P. B. "Firm-specific Information and the Efficiency of Investment." *Journal of Financial Economics*, 2008, 87 (3): 636-655.

[16] Chinn, M., & Frankel, J. A. "Will the Euro Eventually Surpass the Dollar as Leading International Reserve Currency?." In Richard H. Clarida, ed., *G7 Current Account Imbalances: Sustainability and Adjustment*. Chicago: University of Chicago Press, 2007.

[17] Cohen, B. J. *The Future of Sterling as an International Currency*. New York: St. Martin's Press, 1971.

[18] Coppola, A., Krishnamurthy, A., & Xu, C. "Liquidity, Debt Denomination, and Currency Dominance." National Bureau of Economic Research working paper, 2023.

[19] Devereux, M. B., & Shi, S. "Vehicle Currency." *International Economic Review*, 2013, 54 (1): 97-133.

[20] Eichengreen, B. *Exorbitant Privilege: The Rise and Fall of the Dollar and the*

*Future of the International Monetary System*. Oxford: Oxford University Press, 2011.

[21] Giovannini, A. "Exchange Rates and Traded Goods Prices." *Journal of International Economics*, 1988, 24 (1-2): 45-68.

[22] Goldberg, L. S., & Tille, C. "Vehicle Currency Use in International Trade." *Journal of International Economics*, 2008, 76 (2): 177-192.

[23] Gopinath, G. "The International Price System." National Bureau of Economic Research working paper, 2015.

[24] Gopinath, G., & Stein, J. C. "Banking, Trade, and the Making of a Dominant Currency." *The Quarterly Journal of Economics*, 2021, 136 (2): 783-830.

[25] Hall, B. H., & Lerner, J. "The Financing of R&D and Innovation." In B. H. Hall & N. Rosenberg, eds., *Handbook of the Economics of Innovation*, Amsterdam: Elsevier, 2010.

[26] Henry, P. B. "Do Stock Market Liberalizations Cause Investment Booms? ." *Journal of Financial Economics*, 2000, 58 (1-2): 301-334.

[27] Holmstrom, B. "Agency Costs and Innovation." *Journal of Economic Behavior & Organization*, 1989, 12 (3): 305-327.

[28] Hsu, P., Tian, X., & Xu, Y. "Financial Development and Innovation: Cross-Country Evidence." *Journal of Financial Economics*, 2014, 112 (1): 116-135.

[29] Kapadia, N. "The Next Microsoft? Skewness, Idiosyncratic Volatility, and Expected Returns." Rice University working paper, 2006.

[30] Lai, E., & Yu, X. "Invoicing Currency in International Trade: An Empirical Investigation and Some Implications for the Renminbi." *World Economy*, 2015, 38 (1): 193-229.

[31] Levine, R. "Finance and Growth: Theory and Evidence." In P. Aghion & S. Durlauf, eds., *Handbook of Economic Growth*. Amsterdam: Elsevier, 2005.

[32] Moshirian, F., Tian, X., Zhang, B., et al. "Stock Market Liberalization and Innovation." *Journal of Financial Economics*, 2021, 139 (3): 985-1014.

[33] Pástor, L., & Veronesi, P. "Technological Revolutions and Stock Prices." *American Economic Review*, 2009, 99 (4): 1451-1483.

［34］ Rajan，R. G. ，& Zingales，L. "Financial Dependence and Growth. " *American Economic Review*，1998，88（3）：559 - 586.

［35］ Rajan，R. G. ，& Zingales，L. "Financial Systems，Industrial Structure，and Growth. " *Oxford Review of Economic Policy*，2001，17（4）：467 - 482.

［36］ Stiglitz，J. "Credit Markets and Capital Control. " *Journal of Money，Credit and Banking*，1985，17（2）：133 - 152.

### 第五章

# 实现路径：市场化、法治化与国际化

**摘 要**：中国从金融大国迈向金融强国，需要遵循金融强国形成和发展的一般规律，坚持市场化、法治化和国际化的基本原则，推进利率市场化、汇率市场化、金融机构能力提升，健全法治和监管框架，以人民币国际化和资本市场开放为双支柱，进一步扩大金融开放。通过市场化手段，完善价格形成机制、优化资源配置，提升市场主体的活力；通过法治化建设，构建公平、透明的市场竞争环境，加强法律监管；通过国际化改革，增强资本市场的全球竞争力，扩大人民币的国际使用范围。以上三个方面能够为中国建设金融强国和推进经济高质量发展奠定坚实基础。

历经多年改革发展，中国金融的资产结构与风险已发生重大变化，相关法律体系从无到有，监管与治理逐步完善，对外开放逐步扩大，人民币自由化有序推进，市场机制逐步成为金融资源配置的中枢。目前仍存在资产价格基准市场化程度不高、立法与监管理念滞后、人民币双向流动机制不通畅等问题。本章梳理了中国金融的市场化、法治化与人民币国际化的历程，分析了三者对中国金融强国建设的重要性，并进一步讨论了完善的资本市场、法治监管和对外开放对建设金融强国的重要意义和建设路径。

## 一、金融强国的历史起点：市场化

市场在资源配置中起决定性作用，是改革开放的重要经验，也是建设金融强国必须遵循的基本规律。市场化改革的核心是提升市场供需力量在资源配置中的决定性作用，主要体现在两个方面：一是健全的价格形成机制，即让市场来决定利率、汇率、股价等金融资产价格；二是权责明晰的产权制度，即通过股份制改革和外资引进等推进产权的市场化改革。

## （一）利率市场化

利率是重要的宏观经济变量，利率市场化是金融领域最核心的改革之一。改革开放以来我国一直在稳步推进利率市场化，建立健全由市场供求决定的利率形成机制，中央银行通过运用货币政策工具引导市场利率。经过30多年的持续推进，我国的利率市场化改革取得显著成效，已形成比较完整的市场化利率体系。

1. 中国利率市场化改革历程

中国的利率市场化改革实践是消除利率管制、建设金融市场与培育基准利率的整体进程，这是因为仅仅消除利率管制并不足以形成市场化的利率体系。

首先，中国的金融市场从计划经济转型而来，银行系统长期主导金融资源配置，在存贷款市场中具有卖方垄断优势，因而单纯放开利率管制并不能立即形成买卖双方双向竞争的市场机制，进而也就无法形成合理的市场化的存贷款利率（王国刚，2014）。

其次，中国金融市场中，存贷款基准利率事实上长期扮演基准利率角色。但存贷款基准利率由央行制定，并非由市场供求决定的无风险无套利利率，既无法及时反映资金供求情况，也无法有效合理影响其他金融市场的收益率。

中国的利率市场化实践因而采取了双轨制推进的方式，在放松存贷款利率管制的同时引入利率的市场化，形成经济学意义上的帕累托改进（易纲，2009）。改革总体上按照"先货币和债券市场利率、后存贷款利率"的顺序推进。利率市场化改革根据节点，大致可分为三个阶段。

第一阶段，1993—2004年。1993年，党的十四届三中全会提出利率市场化设想，利率市场化改革起步；至2004年，货币市场利率、债券市场利率和外币存贷款利率先后实现市场化，实现人民币"贷款利率管下限、存款利率管上限"的阶段性改革目标。

第二阶段，2005—2015 年。2005—2011 年，利率去管制化过程停滞；2012 年后，中国人民银行多次扩大人民币存贷款利率浮动区间，并在 2015 年完全放开，实现了人民币存贷款利率的完全浮动。同时，市场利率体系有所发展。2007 年，中国人民银行推出上海银行间同业拆放利率（SHIBOR），引入了新的市场化因素，初步建立了以 SHIBOR 为代表的短期基准利率和以国债收益率曲线为代表的中长期基准利率体系（易纲，2009）。

第三阶段，2016 年至今。利率市场化改革持续深入，市场化利率形成和传导机制不断完善。2015 年后，尽管存款利率放开，但存贷款基准利率仍作为指导性利率保留，对信贷市场利率造成隐形管制。2019 年，中国人民银行改革贷款市场报价利率（LPR）形成方式，将其作为基准利率培育，以畅通利率传导渠道，打破贷款利率隐形下限。2023 年，中央金融工作会议强调做好金融工作必须以深化金融供给侧结构性改革为主线，利率市场化未来还将持续深入。

2. 中国利率市场化的现状与不足

目前，我国已建成较为完整的利率体系和传导机制（见图 5 - 1）。中国人民银行主要通过货币政策工具释放政策利率信号，在利率走廊的辅助下引导市场基准利率运行，再通过银行体系传导至贷款利率。央行直接制定的中期借贷便利（MLF）利率、常备借贷便利（SLF）利率、法定准备金利率和超额准备金利率，所公布的指导性的存款基准利率，加上公开市场操作（OMO）利率，以及市场报价形成的 LPR、上海银行间同业拆放利率和国债收益率，共同构成我国利率体系中最主要的品种。

随着利率市场化改革的推进和金融脱媒的发展，中国 M2 与产出物价关系的稳定性越来越差，货币数量的可测性、可控性及与实体经济的相关性明显下降（徐忠，2018），传统的以数量为主的货币调控已难以适应货币政策需要，这促使货币政策调控框架向价格型转变。

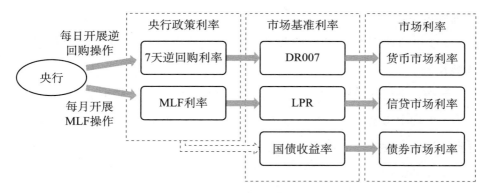

**图 5 - 1 我国利率体系和调控框架**

资料来源：易纲．中国的利率体系与利率市场化改革．金融研究，2021（9）：1—11．

2015 年后，尽管存贷款利率浮动限制已放开，利率已基本实现市场化，但仍存在存贷款基准利率和市场利率并存、利率传导机制不畅、央行政策利率体系不够清晰等问题。

一是当前利率形成机制市场化程度尚有待提高。作为基准利率的 LPR 报价在 MLF 利率基础上形成，而后者的形成机制中行政干预较多，并不能完全反映市场出清的利率水平，导致基准利率市场化程度不足，进而导致银行贷款成本与流动性状况不完全匹配，对资金市场造成扭曲。

二是金融市场建设有待深化，不同市场间利率传导机制不畅。信贷市场中存在存贷款基准利率和市场利率并存的"利率双轨"问题，金融机构贷款利率仍参考贷款基准利率定价，导致市场利率不能有效传导到贷款利率。此外，银行内部也存在利率传导机制不畅的问题。

三是央行专业性和独立性地位仍需进一步提升。当前，央行货币政策承担刺激经济增长、促进就业和维护金融稳定等长期任务，不仅可能干扰市场对货币政策的短期预期，增加短期经济波动，也难以约束经济中的预算软约束部门，长期来看则增加了系统性风险爆发的可能性，也不利于利率机制的市场化。

3. 中国利率市场化影响效应

金融发展与经济增长之间存在正向关系（Levine，1997）。金融市和机构可以减少企业融资过程的信息不对称和道德风险（Rajan & Zingales，1998），促使储蓄从低收益部门向高收益部门转移，从而促进经济增长。

然而，金融抑制导致的低利率会造成金融资源错配。McKinnon（1973）认为，发展中国家不健全的金融体系会引发金融抑制，扭曲金融资源配置，导致经济的欠发达。通常而言，金融抑制包括限制名义利率、要求高准备金、干预外源融资和通过特别的信贷机构为特定行业提供廉价信贷等。其中，限制名义利率上限导致的过低利率水平会通过财富效应和替代效应降低居民消费增长率和未来消费水平，进而影响经济的持续增长。

解除金融抑制，实施利率市场化有助于经济增长。McKinnon（1973）和 Shaw（1973）认为，通过减少金融领域的政府干预，实施利率市场化，有助于实现金融深化，促进市场化资源配置。利率市场化可以促进金融深化，从而更好满足实体经济融资需求（Bekaert et al.，2005）。实证研究也发现，在金融抑制解除后，实际利率提高对经济增长具有显著的正面影响（Fry，1978；Fry，1982）。

利率市场化也有助于形成健康的宏观经济结构。较高的实际利率水平可以抑制过度投资，提高生产部门效率（金中夏等，2013），还可以提高居民消费水平以及消费占 GDP 的比重（金中夏等，2013；陈彦斌等，2014）。杨伟中等（2018）还提出利率市场化改革有助于形成统一的均衡利率，从而消除市场分割和监管套利，提高经济总产出。

综合学术界的理论研究成果和中国经济现实，推动利率市场化有助于促进金融深化，推动各类金融市场出现和发展，消除市场分割和监管套利，形成连接各类金融微观主体的均衡市场利率，引导金融资源合理配置，从而促进宏观经济增长。同时，利率市场化形成的合理市场价格信号将通过价格机制调节居民和企业行为，有助于改善居民收入结构和消费倾向，对宏观经济的结构性调整发挥积极作用。

## （二）汇率市场化

开放是改革的重要内容，开放也是为改革寻找国际通行的准则。中国金融的开放既是以金融体系市场化改革为基础展开的，又是这种市场化改革的逻辑延伸。在既往的实践中，中国金融开放主要是通过人民币汇率的市场化改革、有限的国际资本流动、境外金融机构在华设立分支机构或独立法人机构或投资于中国金融机构等三条主线展开的。

汇率是货币的对外价格，合理的汇率能够为市场主体提供真实的信息和稳定的预期。充分发挥市场机制的引导作用，建立能够反映外汇供求关系的汇率制度，是实现人民币国际化和资本市场开放的重要基础，关系建设金融强国的成败。

### 1. 中国汇率市场化改革历程

从 1981 年以来的汇率改革历史看，人民币汇率机制改革的基本要点是：中间价定价基础由机构报价到市场收盘价；参考货币由单一美元到一篮子货币；浮动幅度不断扩大；从直接管理、窗口指导到引入逆周期调节因子。中国在人民币汇率机制的改革上坚守市场化方向没有变，在操作层面上秉持的逻辑是谨慎的、探索性的试错方法。

1980 年之前，中国实行单一汇率制。1981—1993 年，为鼓励外贸企业出口创汇，中国汇率从单一汇率制转为双重汇率制。双重汇率制经历了官方汇率与贸易外汇内部结算价并存（1981—1984 年）以及官方汇率与外汇调剂价并存（1985—1993 年）两个阶段。1994 年 1 月 1 日，双重汇率并轨，中国由此建立了以市场供求关系为基础的、单一的、有管理的浮动汇率制。这次改革为之后人民币汇率机制的市场化改革奠定了基础，确立了改革的市场化方向。

随着中国经济实力的增强及经济体制改革的不断深入，汇率制度再次经历大幅改革。2005 年 7 月 21 日，对单一的、有管理的浮动汇率制进行了重大调整和完善，改革的核心内容是不再盯住单一美元，而是形成参考一篮子货币的有管理的浮动汇率制度。从盯住单一美元到参考一篮子货币，是人民币汇率形成机制重要的结构性改革。如图 5-2 所示，实践表明此次汇改有利于人民币在合理、均衡的基础上日益趋于相对稳定。之后，央行对人民币汇率机制做了一些微调，重点是扩大人民币兑美元交易价的浮动范围。2012年 4 月由 0.5％扩大到 1％，2014 年 3 月由 1％扩大到 2％，人民币汇率形成的价格弹性明显扩大。浮动范围的扩大是汇率形成机制市场化改革的重要内容之一。

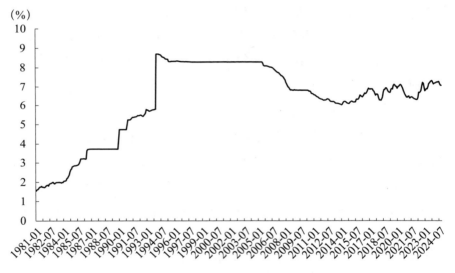

**图 5-2　1981 年 1 月—2024 年 9 月人民币（兑美元）汇率变动趋势**
资料来源：中国人民银行、Wind 数据库。

2015 年 8 月 11 日，央行进一步推动人民币汇率形成机制改革，史称"8·11"汇改。"8·11"汇改的重要内容是，参考前一个交易日的收盘价决定次日的中间价，且浮动区间扩大到±2％。在实际执行过程中，汇改导致了短期内市场波动扩大。考虑到当时市场的走势，2015 年 12 月央行适当调整了中间价的定价机制，再次将一篮子货币纳入其中，形成了"前日收盘价＋一篮子货币汇率变化"的新的中间定价机制，在一定程度上缓解了人民币贬值压力。

为了进一步优化人民币汇率市场化形成机制，对冲外汇市场的顺周期波动，2017年5月，央行在中间价定价模型中引入了"逆周期因子"。从实际情况看，引入"逆周期因子"对外汇市场的预期产生了一定影响，对人民币汇率起到了一定的平衡作用。

伴随不同时期、不同特点的汇率机制改革，人民币汇率在经过大幅波动后正在寻求合理的估值区间。

2. 中国汇率市场化的现状与不足

汇率市场化虽已有一定进展，但与金融强国双支柱架构下的人民币国际化要求相比仍有相当大的不足，主要体现在汇率定价机制市场化不彻底和资本项目开放有待扩大。

在汇率方面，当前定价机制市场化程度仍有待提高。在人民币汇率形成机制中，中国人民银行通过制定中间价和浮动区间主导人民币汇率水平，市场供求、一篮子货币汇率和逆周期调节因子在短期决定汇率走势。因此，尽管人民币汇率形成机制以市场化为方向，但当前仍未实现自由浮动。

在兑换方面，人民币自由兑换仍有较大限制。人民币的自由兑换涉及经常项目和资本项目的自由兑换。其中，经常项目的自由兑换已于1996年实现，资本项目虽已实现了不同程度的开放，但在非居民参与国内货币市场、基金信托市场以及买卖衍生工具等资本项目下还未实现自由兑换，在股票市场交易、债券市场交易、房地产市场交易和个人资本交易等方面的部分项目下的可兑换程度也较低（吴晓求等，2020a）。

人民币的自由兑换同样关系到汇率的市场化。在当前汇率制度下，对资本项目自由兑换的管制实际上起到限制人民币的自由交易从而调节外汇市场供求的作用（吴晓求等，2020a）。在缺乏自由交易的条件下，人民币汇率难以真实反映市场供求，也就无法实现真正的市场化汇率。因此，稳步推进资本项目高水平开放，应当是进一步推动人民币自由化的改革重点。

3. 人民币离岸市场的建设与发展

离岸金融是金融机构向非居民提供的、不受交易货币发行国法规管制的金融服务。2009 年之前，离岸人民币保持较小规模，但自 2010 年起规模快速增长，达到 2 万亿元左右。尽管离岸人民币规模有所增大，但与在岸人民币规模相比仍很小，仅占后者的 2%～5%，且其中仅有 1%～1.5% 由非居民持有，与离岸和在岸美元规模各占 50% 的国际化程度尚有巨大差距（吴晓求等，2020a）。

　　离岸人民币早期以存贷款业务为主，包括人民币存款和贷款、大额存单、人民币债券、外汇交易等业务（孙天琦等，2018）。离岸人民币存款主要分布在中国香港、中国台湾以及新加坡等地，但在中国香港较为集中。如图 5-3 所示，香港人民币存款余额总体上经历了"上升—回调—上升"的趋势。存款余额规模在经历了 2008—2014 年的快速提高后，2016 年与 2017年基本停滞，2018 年后才开始调整恢复。近年来，以金融衍生品等为代表的创新类离岸金融产品也逐渐进入市场（张明和潘松李江，2022）。

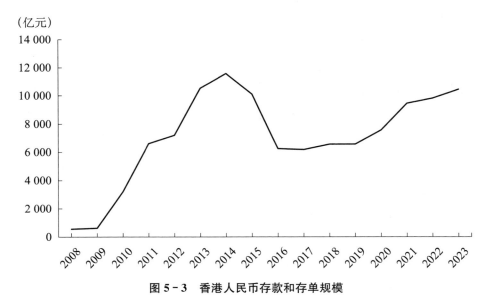

（亿元）

**图 5-3　香港人民币存款和存单规模**

资料来源：香港金融管理局。

　　从历史角度看，20 世纪 50 年代兴起的欧洲美元市场实际上在布雷顿森林体系的资本管制措施下打开了国际资本流动的缺口，一些国家的大型企业借此获取足够的融资。尽管欧洲大陆国家要求对欧洲美元市场进行资本约束，美国和英国则把欧洲美元市场看作打造国际金融中心的重要机会，采取了支持其发展的政策。

在跨境资本流动开放后，不同国家间金融体系市场化程度的巨大差异导致货币市场活动离开对其限制性较高的国家，转而进入欧洲美元市场，纽约、伦敦由此打造和强化了国际金融中心地位。这种转向也迫使德国、法国、日本等其他主要工业国家逐步改变金融制度和业务模式。欧洲美元市场作为离岸美元的主要市场，对美元国际化、纽约国际金融中心地位和美国金融强国地位起到了重要促进作用。

当前，我国对国际账户资本项目下的资金交易有较多管制，对金融机构的外汇业务监管也较为审慎，在短期内开放资本账户面临制度和技术上的挑战。在人民币离岸金融市场已有一定规模的条件下，可以联动在岸和离岸金融市场，有序推进资本账户管制的放宽。在坚持审慎监管导向的前提下，对在岸金融业务所涉及的金融资本流动逐步放松汇兑环节管制，加强交易环节管理，引入价格型市场化手段，构建境内外居民人民币资产"双向"流动管道，推动人民币在"一带一路"共建国家间使用，有序推进人民币区域化。

## （三）金融市场改革与发展

金融的市场化是金融资源配置机制的变革，金融资源配置将由媒介走向市场，金融功能将从以融资为主变为融资与财富管理并重，金融资产和融资结构将发生相应变化，进而引发金融风险结构变化，对金融体系和经济发展产生深远影响。

### 1. 金融风险与结构的变革：金融脱媒的过程

改革开放以来，基于市场机制的证券化金融资产的影响日益明显，中国金融不断向市场化金融转变，金融业态发生了根本性变化（吴晓求，2018）。市场化既是市场在金融资源配置中起主导作用的过程，也是金融体系由间接融资主导向直接融资主导的演变，即金融脱媒的过程。

一方面，中国金融资产的规模迅速扩张。如表 5-1 所示，1978—2023 年，M2 由 1 159.1 亿元增加至 292.27 万亿元，债券规模由 1981 年的 48.66 亿元增加至 2023 年底的 155.73 万亿元，股票市值则由 1990 年底的 23.82 亿元增加至 2023 年底的 77.31 万亿元。1978—2023 年底，城乡居民储蓄存款余额也由 210.6 亿元增加至 137.86 万亿元。

另一方面，中国金融资产的结构也发生了重大变化。从金融资产角度看，1990—2023 年，证券化金融资产（S）规模由 929.92 亿元增长到 233.04 万亿元，在全部金融资产（S＋M2）中的比重由 5.73％上升至 44.36％。从融资角度看，如表 5-2 所示，1990—2023 年，银行信贷资产（C）由 1.75 万亿元增加至 237.59 万亿元，但在社会全部融资（C＋S）中的占比由 94.96％下降至 50.48％。银行信贷资产占社会全部融资的比重下降，债券和股票等直接融资作用更加明显。

表 5-1　中国金融资产结构变动——基于货币资产与证券化金融资产的统计
（1978—2023）

| 年份 | M2（亿元） | 证券化金融资产（S）（亿元） | | | MS＝M2＋S（亿元） | S/MS（％） |
|---|---|---|---|---|---|---|
| | | 股票市值（S1） | 债券余额（S2） | S＝S1＋S2 | | |
| 1978 | 1 159.10 | — | — | — | 1 159.1 | 0.00 |
| 1979 | 1 458.10 | — | — | — | 1 458.1 | 0.00 |
| 1980 | 1 842.90 | — | — | — | 1 842.9 | 0.00 |
| 1981 | 2 234.50 | — | 48.66 | 48.66 | 2 283.2 | 2.13 |
| 1982 | 2 589.80 | — | 92.80 | 92.80 | 2 682.6 | 3.46 |
| 1983 | 3 075.00 | — | 134.50 | 134.50 | 3 209.5 | 4.19 |
| 1984 | 4 146.30 | — | 176.66 | 176.66 | 4 323.0 | 4.09 |
| 1985 | 5 198.90 | — | 237.96 | 237.96 | 5 436.9 | 4.38 |
| 1986 | 6 720.90 | — | 251.59 | 251.59 | 6 972.5 | 3.61 |
| 1987 | 8 330.90 | — | 324.05 | 324.05 | 8 655.0 | 3.74 |
| 1988 | 10 099.80 | — | 513.16 | 513.16 | 10 613.0 | 4.84 |
| 1989 | 11 949.60 | — | 761.42 | 761.42 | 12 711.0 | 5.99 |

续表

| 年份 | M2<br>（亿元） | 证券化金融资产（S）（亿元） | | | MS＝M2＋S<br>（亿元） | S/MS<br>（％） |
|---|---|---|---|---|---|---|
| | | 股票市值<br>（S1） | 债券余额<br>（S2） | S＝S1＋S2 | | |
| 1990 | 15 293.40 | 23.82 | 906.10 | 929.92 | 16 223.3 | 5.73 |
| 1991 | 19 349.90 | 112.18 | 1 103.52 | 1 215.70 | 20 565.6 | 5.91 |
| 1992 | 25 402.20 | 1 048.15 | 1 205.07 | 2 253.22 | 27 655.4 | 8.15 |
| 1993 | 34 879.80 | 3 541.52 | 1 587.44 | 5 128.96 | 40 008.8 | 12.82 |
| 1994 | 46 923.50 | 3 690.62 | 2 615.32 | 6 305.94 | 53 229.4 | 11.85 |
| 1995 | 60 750.50 | 3 474.28 | 4 502.50 | 7 976.78 | 68 727.3 | 11.61 |
| 1996 | 76 094.90 | 9 842.39 | 7 830.64 | 17 673.03 | 93 767.9 | 18.85 |
| 1997 | 90 995.30 | 17 529.24 | 11 761.71 | 29 290.95 | 120 286.3 | 24.35 |
| 1998 | 104 498.50 | 19 521.81 | 18 368.33 | 37 890.14 | 142 388.6 | 26.61 |
| 1999 | 119 897.90 | 26 471.18 | 22 585.38 | 49 056.56 | 168 954.5 | 29.04 |
| 2000 | 134 610.30 | 48 090.94 | 26 538.46 | 74 629.40 | 209 239.7 | 35.67 |
| 2001 | 158 301.90 | 43 522.20 | 30 467.96 | 73 990.16 | 232 292.1 | 31.85 |
| 2002 | 185 006.97 | 38 329.13 | 37 145.03 | 75 474.16 | 260 481.1 | 28.97 |
| 2003 | 221 222.80 | 42 457.72 | 48 658.54 | 91 116.26 | 312 339.1 | 29.17 |
| 2004 | 253 207.70 | 37 055.57 | 61 217.30 | 98 272.87 | 351 480.6 | 27.96 |
| 2005 | 298 755.48 | 32 430.28 | 80 314.39 | 112 744.67 | 411 500.2 | 27.40 |
| 2006 | 345 577.90 | 89 403.89 | 99 102.50 | 188 506.39 | 534 084.3 | 35.30 |
| 2007 | 403 401.30 | 327 141.00 | 130 656.46 | 457 797.46 | 861 198.8 | 53.16 |
| 2008 | 475 166.60 | 121 366.43 | 157 453.43 | 278 819.86 | 753 986.5 | 36.98 |
| 2009 | 610 224.50 | 243 939.12 | 181 407.02 | 425 346.14 | 1 035 570.6 | 41.07 |
| 2010 | 725 851.80 | 265 422.59 | 207 021.02 | 472 443.61 | 1 198 295.4 | 39.43 |
| 2011 | 851 590.90 | 214 758.10 | 224 462.83 | 439 220.93 | 1 290 811.8 | 34.03 |
| 2012 | 974 148.80 | 230 357.62 | 263 244.71 | 493 602.33 | 1 467 751.1 | 33.63 |
| 2013 | 1 106 524.98 | 239 077.19 | 300 567.60 | 539 644.79 | 1 646 169.8 | 32.78 |
| 2014 | 1 228 374.81 | 372 546.96 | 360 178.14 | 732 725.10 | 1 961 099.9 | 37.36 |
| 2015 | 1 392 278.11 | 531 462.70 | 485 629.50 | 1 017 092.20 | 2 409 370.3 | 42.21 |
| 2016 | 1 550 066.67 | 507 685.88 | 643 592.67 | 1 151 278.55 | 2 701 345.2 | 42.62 |
| 2017 | 1 690 235.31 | 567 086.08 | 749 442.66 | 1 316 528.74 | 3 006 764.1 | 43.79 |

续表

| 年份 | M2 （亿元） | 证券化金融资产（S）（亿元） | | | MS＝M2＋S （亿元） | S/MS （%） |
|---|---|---|---|---|---|---|
| | | 股票市值 （S1） | 债券余额 （S2） | S＝S1＋S2 | | |
| 2018 | 1 826 744.20 | 434 924.03 | 859 141.68 | 1 294 065.71 | 3 120 809.9 | 41.47 |
| 2019 | 1 986 488.82 | 592 935.00 | 973 868.53 | 1 566 803.53 | 3 553 292.4 | 44.09 |
| 2020 | 2 186 795.89 | 797 238.17 | 1 145 645.85 | 1 942 884.02 | 4 129 679.9 | 47.05 |
| 2021 | 2 382 899.56 | 916 088.18 | 1 308 728.40 | 2 224 816.58 | 4 607 716.1 | 48.28 |
| 2022 | 2 664 320.84 | 788 005.91 | 1 419 395.95 | 2 207 401.86 | 4 871 722.7 | 45.31 |
| 2023 | 2 922 713.33 | 773 130.71 | 1 557 250.43 | 2 330 381.14 | 5 253 094.5 | 44.36 |

资料来源：国家统计局、Wind 数据库、中国人民银行。

表 5-2　中国金融资产规模变动——基于直接融资与间接融资的视角
（1978—2023）

| 年份 | 金融机构各项贷款 （C）（亿元） | 证券化金融资产（S）（亿元） | | | CS＝C＋S （亿元） | S/CS （%） |
|---|---|---|---|---|---|---|
| | | 股票市值 （S1） | 债券余额 （S2） | S＝S1＋S2 | | |
| 1978 | 1 890.42 | — | — | — | 1 890.42 | 0.00 |
| 1979 | 2 082.47 | — | — | — | 2 082.47 | 0.00 |
| 1980 | 2 478.08 | — | — | — | 2 478.08 | 0.00 |
| 1981 | 2 853.29 | — | 48.66 | 48.66 | 2 901.95 | 1.68 |
| 1982 | 3 162.70 | — | 92.80 | 92.80 | 3 255.50 | 2.85 |
| 1983 | 3 566.56 | — | 134.50 | 134.50 | 3 701.06 | 3.63 |
| 1984 | 4 746.80 | — | 176.66 | 176.66 | 4 923.46 | 3.59 |
| 1985 | 6 198.38 | — | 237.96 | 237.96 | 6 436.34 | 3.70 |
| 1986 | 8 142.72 | — | 251.59 | 251.59 | 8 394.31 | 3.00 |
| 1987 | 9 814.09 | — | 324.05 | 324.05 | 10 138.14 | 3.20 |
| 1988 | 11 964.25 | — | 513.16 | 513.16 | 12 477.41 | 4.11 |
| 1989 | 14 248.81 | — | 761.42 | 761.42 | 15 010.23 | 5.07 |
| 1990 | 17 511.02 | 23.82 | 906.10 | 929.92 | 18 440.94 | 5.04 |
| 1991 | 21 116.39 | 112.18 | 1 103.52 | 1 215.70 | 22 332.09 | 5.44 |
| 1992 | 25 742.81 | 1 048.15 | 1 205.07 | 2 253.22 | 27 996.03 | 8.05 |

续表

| 年份 | 金融机构各项贷款（C）（亿元） | 证券化金融资产（S）（亿元） | | | CS＝C＋S（亿元） | S/CS（％） |
|---|---|---|---|---|---|---|
| | | 股票市值（S1） | 债券余额（S2） | S＝S1＋S2 | | |
| 1993 | 32 955.83 | 3 541.52 | 1 587.44 | 5 128.96 | 38 084.79 | 13.47 |
| 1994 | 39 975.09 | 3 690.62 | 2 615.32 | 6 305.94 | 46 281.03 | 13.63 |
| 1995 | 50 544.09 | 3 474.28 | 4 502.50 | 7 976.78 | 58 520.87 | 13.63 |
| 1996 | 61 156.55 | 9 842.39 | 7 830.64 | 17 673.03 | 78 829.58 | 22.42 |
| 1997 | 74 914.07 | 17 529.24 | 11 761.71 | 29 290.95 | 104 205.02 | 28.11 |
| 1998 | 86 524.13 | 19 521.81 | 18 368.33 | 37 890.14 | 124 414.27 | 30.45 |
| 1999 | 93 734.28 | 26 471.18 | 22 585.38 | 49 056.56 | 142 790.84 | 34.36 |
| 2000 | 99 371.07 | 48 090.94 | 26 538.46 | 74 629.40 | 174 000.47 | 42.89 |
| 2001 | 112 314.70 | 43 522.20 | 30 467.96 | 73 990.16 | 186 304.86 | 39.71 |
| 2002 | 131 293.93 | 38 329.13 | 37 145.03 | 75 474.16 | 206 768.09 | 36.50 |
| 2003 | 158 996.23 | 42 457.72 | 48 658.54 | 91 116.26 | 250 112.49 | 36.43 |
| 2004 | 178 197.78 | 37 055.57 | 61 217.30 | 98 272.87 | 276 470.65 | 35.55 |
| 2005 | 194 690.39 | 32 430.28 | 80 314.39 | 112 744.67 | 307 435.06 | 36.67 |
| 2006 | 225 347.20 | 89 403.89 | 99 102.50 | 188 506.39 | 413 853.59 | 45.55 |
| 2007 | 261 690.88 | 327 141.00 | 130 656.46 | 457 797.46 | 719 488.34 | 63.63 |
| 2008 | 303 394.64 | 121 366.43 | 157 453.43 | 278 819.86 | 582 214.50 | 47.89 |
| 2009 | 399 684.82 | 243 939.12 | 181 407.02 | 425 346.14 | 825 030.96 | 51.56 |
| 2010 | 479 195.55 | 265 422.59 | 207 021.02 | 472 443.61 | 951 639.16 | 49.65 |
| 2011 | 547 946.69 | 214 758.10 | 224 462.83 | 439 220.93 | 987 167.62 | 44.49 |
| 2012 | 629 909.64 | 230 357.62 | 263 244.71 | 493 602.33 | 1 123 511.97 | 43.93 |
| 2013 | 718 961.46 | 239 077.19 | 300 567.60 | 539 644.79 | 1 258 606.25 | 42.88 |
| 2014 | 816 770.01 | 372 546.96 | 360 178.14 | 732 725.10 | 1 549 495.11 | 47.29 |
| 2015 | 939 540.16 | 531 462.70 | 485 629.50 | 1 017 092.20 | 1 956 632.36 | 51.98 |
| 2016 | 1 066 040.06 | 507 685.88 | 643 592.67 | 1 151 278.55 | 2 217 318.61 | 51.92 |
| 2017 | 1 201 320.99 | 567 086.08 | 749 442.66 | 1 316 528.74 | 2 517 849.73 | 52.29 |
| 2018 | 1 362 967.00 | 434 924.03 | 859 141.68 | 1 294 065.71 | 2 657 032.71 | 48.70 |
| 2019 | 1 531 123.20 | 592 935.00 | 973 868.53 | 1 566 803.53 | 3 097 926.73 | 50.58 |
| 2020 | 1 727 452.00 | 797 238.17 | 1 145 645.85 | 1 942 884.02 | 3 670 336.02 | 52.93 |

续表

| 年份 | 金融机构各项贷款（C）（亿元） | 证券化金融资产（S）（亿元） | | | CS＝C＋S（亿元） | S/CS（%） |
|---|---|---|---|---|---|---|
| | | 股票市值（S1） | 债券余额（S2） | S＝S1＋S2 | | |
| 2021 | 1 926 903.00 | 916 088.18 | 1 308 728.40 | 2 224 816.58 | 4 151 719.58 | 53.59 |
| 2022 | 2 139 853.00 | 788 005.91 | 1 419 395.95 | 2 207 401.86 | 4 347 254.86 | 50.78 |
| 2023 | 2 375 905.37 | 773 130.71 | 1 557 250.43 | 2 330 381.14 | 4 706 286.51 | 49.52 |

资料来源：国家统计局、Wind 数据库、中国人民银行。

金融资产结构趋势性变化背后的基础性力量是金融脱媒。金融脱媒的基本逻辑是实现融资活动的去中介化。经济发展及与之相伴的居民收入增长和产业升级迭代，催生了家庭部门财富管理需求和企业部门融资需求的多样化。需求的多样化激发了股票、债券、衍生品市场的出现和发展，推动了货币市场、外汇市场和金融服务提供商的发展，引发了金融功能的升级、风险结构的转变、金融业态的革新，形成了金融脱媒的趋势（吴晓求等，2020b）。

随着中国金融资产结构和居民金融资产配置结构的变化，中国金融风险结构也已由改革开放初中期以机构风险为单一风险来源，演变为机构风险与市场风险并存。考虑到未来中国金融将会走向开放，金融风险也将更加复杂而敏感（吴晓求，2018）。这一方面促使金融功能再次升级，开始具备风险管理的功能，同时也要求监管模式发生相应的改革与转变。

### 2. 商业银行市场化改革

金融的市场化不仅体现在金融市场规模的扩大和深化上，还体现在金融微观结构的市场化改革上，特别是体现在商业银行股份制改革与引入战略投资者、对接国际监管规则、与外资商业银行竞争和中资银行走出去上。

中国的商业银行市场化改革始于 1993 年。1993 年 12 月 25 日，国务院发布《国务院关于金融体制改革的决定》，要求国有银行进行市场化改革，提高经营自主性。2002 年，进一步明确国有商业银行改革的方向是股份制改造，通过财务重组、优化治理和公开上市，使其转变成真正的市场主体。此后至 2008 年，商业银行市场化改革的主要内容是国有银行股份制改造。其间，国有银行剥离不良资产，并接受中央汇金公司的注资以充实资本，在引进战略投资者的基础上相继上市。股份制改造帮助国有商业银行初步建立起现代公司治理机制，完成了股权多元化，初步实现了股东对银行的监管。

2003 年，中国银监会出台《境外金融机构投资入股中资金融机构管理办法》，鼓励境外法人以战略投资者的身份中长期持股国内的金融机构。境外战略投资者对国有商业银行改革起到特殊的促进作用。一方面，境外战略投资者为商业银行带入先进公司治理机制，有利于提高商业银行的公司治理水平（朱盈盈等，2008；张宗益和宋增基，2010）。另一方面，境外战略投资者持股比例提高也有利于增强股东对管理层的监督，降低代理成本，提高银行业绩。

在国有商业银行进行改革的同时，股份制银行和城市商业银行（城商行）迅速发展。全国性股份制银行至 2003 年初已成立 12 家，并陆续实现商业化转型，其中部分实现公开上市。城商行数量在 1995 年首家城市信用社转型后迅速增加，佼佼者陆续实现公开上市。截至 2023 年底，全国共有 12 家全国性股份制银行[①]，其中 10 家已公开上市；共有 125 家城商行[②]，其中 17 家已公开上市。股份制银行和城商行共同构成我国银行体系的重要组成部分。

中国银行业的监管也在改革中逐步接轨国际标准。中国银监会成立后，对巴塞尔银行监管委员会的银行风险监管思路和方法进行了长期追踪与研究，于 2007 年和 2008 年，在借鉴国际监管标准的基础上，结合中国商业银行体系特点，分别发布《商业银行操作风险管理指引》和《商业银行操作风险监管资本计量指引》。2009 年，中国正式加入巴塞尔银行监管委员会，并于 2023 年 11 月，由新成立的国家金融监督管理总局结合《巴塞尔协议Ⅲ改革最终方案》颁布《商业银行资本管理办法》，实现中国银行业监管标准与国际标准接轨。

扩大金融双向对外开放是深化金融改革的重要途径。2001—2004 年，中国加入世界贸易组织后，确定了银行业对外开放的时间表，同时放开了外资金

---

[①②] 参见国家金融监督管理总局发布的《银行业金融机构法人名单》。

融机构入股中资银行的限制。党的十八大以后，我国金融业开放程度进一步加大，放宽外资持股比例和机构设立限制，扩大外资金融机构经营范围，外资银行"引进来"取得较大进展。截至 2023 年底，共有 41 家法人银行、116 家外国及港澳台银行分行和 132 家代表处在华设立，营业性机构总数量已经达 888家，总资产已达到 3.86 万亿元①。同时，金融机构"走出去"经营管理水平和全球竞争力也在持续提升。截至 2021 年底，中国工商银行、中国农业银行、中国银行、中国建设银行、交通银行等 5 家大型商业银行在海外设立机构近 1 300 家，覆盖 62 个国家和地区②，中国商业银行"走出去"也取得了一定成效。

### 3. 资本市场的设立与改革

中国资本市场的设立和制度变革是中国金融市场化改革的重要一环。资本市场历经多次发行制度的演进，实现了从计划经济色彩浓厚的行政管理到市场主导资源配置的合理转变。

1990—1999 年，是股票发行"审核制"阶段。自 1990 年起，随着沪深证券交易所、国务院证券委员会（证券委）和中国证券监督管理委员会（中国证监会）相继成立，证券市场发展为全国性市场。至 1993 年，全国统一的股票发行审核制度建立。这一阶段的证券发行带有浓厚的计划经济特征，完全由行政力量主导。

1999 年《中华人民共和国证券法》颁布实施至 2019 年科创板设立，是股票发行"核准制"阶段。核准制主要基于专业人士对申请上市企业的财务信息分析决定股票上市与否，相对于审核制更加强调市场化的筛选机制，是制度上的重大改进，但仍存在忽视企业成长性和定价机制僵化等问题，仅是制度上的过渡性安排。

2019 年至今，是股票发行"注册制"阶段。2019 年，科创板设立并试

---

① 金融监管总局释放权威信号：中国金融业开放的大门将越开越大．澎湃新闻，https：//www.thepaper.cn/newsDetail_forward_26140448.

② 机构"走出去引进来"双向发力：金融财税助力高水平对外开放．经济日报，2022-11-17.

点注册制发行。注册制是以信息披露为中心，让市场发挥资源配置的决定性作用的发行制度。此后，注册制的实施范围逐渐扩大，创业板于 2020 年、沪深主板于 2023 年实施注册制。全面注册制意味着中国资本市场市场化时代的来临。

发行制度的演进实现了政府与市场在金融资源配置中职能角色的转变，政府从直接管理资源配置、把握市场准入的中心位置逐步后退，将股票发行资源和定价的权利与功能交还市场（吴晓求和方明浩，2021）。然而，当前资本市场仍然存在功能定位不清、上市公司质量不高、监管处罚不严等问题，制约着市场的健康发展。

第一，资本市场的核心功能需要重新定位。长期以来，中国资本市场片面强调融资功能，忽视财富管理、资源配置等功能，导致市场缺乏必要的活力与韧性，也难以发挥资源优化配置功能。资本市场需要从重视单一的融资功能过渡到融资、财富管理和资源优化配置三者并重的阶段。

第二，上市公司质量亟待提升。上市公司的整体盈利能力较低，成长性和成长的持续性不足。过往核准发行标准对企业成长性评估不足，退市机制不顺畅，难以真正实现"优胜劣汰"。注册制全面施行后又一度出现 IPO 泛化，模糊了一级市场和二级市场的边界，放大了市场投资风险。

第三，资本市场透明度监管有待进一步提高。相关法律制度体系不够完善，上市公司及大股东违法违规成本过低，缺乏对投资者的救济和赔偿机制，不仅导致虚假信息披露、操纵市场、内幕交易等违法违规行为较频繁，也严重影响了市场的声誉。


## 二、金融强国的制度基石：法治化

中国金融业法治建设历程反映了中国金融体系从无序治理发展到有序治理的过程，其核心在于通过制定和实施法律法规，逐步完善金融市场的规范化和法治化环境，保证市场公平、有序、有效运行，并以此促进金融市场的发展。在全面深化改革和全面依法治国背景下，加快完善种类齐全、结构合理、服务高效、安全稳健的现代金融市场体系，客观上要求金融管理部门和有关部门从立法、司法、执法等环节全面加强金融法治建设（刘向民，2018）。

## （一）中国金融业法治建设历程

### 1. 法治建设的基本进程

中国金融业法治建设的历程体现了国家对金融市场健康发展和稳定运行的重视。通过《中华人民共和国中国人民银行法》《中华人民共和国商业银行法》《中华人民共和国证券法》《中华人民共和国保险法》的制定和不断修订（具体内容如表5-3所示），中国逐步建立了完善的金融法律体系，为金融市场的规范化发展和金融风险的有效控制提供了法律保障。这一过程不仅标志着中国金融市场逐步走向成熟，也为金融业的可持续发展奠定了坚实的法律基础。以资本市场法制化基本进程为例，截至2019年，我国已形成以《中华人民共和国公司法》和《中华人民共和国证券法》为核心、以国务院行政法规和监管部门行政规章为重点、以最高人民法院司法解释和资本市场自律机构业务规则为补充的证券法律体系。资本市场的法制化进程不仅从体系上进行全面完善，还基于大陆法系的基本架构，针对资本市场一些新的变化吸取英美法系的特点，先后推出独立董事制度、特殊投票权制度、代表人诉讼制度等（吴晓求和方明浩，2021）。

表5-3　金融立法相关内容

| 金融法名称 | 通过年份 | 意义 |
|---|---|---|
| 《中华人民共和国中国人民银行法》 | 1995年 | 确立中央银行地位与职能，保障中央银行独立性与权威性 |
| 《中华人民共和国商业银行法》 | 1995年 | 独立民事主体的法律地位促进银行业市场化、法治化进程 |
| 《中华人民共和国证券法》 | 1998年 | 加强市场监管提升市场透明度与保护投资者权益 |
| 《中华人民共和国保险法》 | 1995年 | 权利义务对等关系促进保险市场规范化发展 |

　　随着经济体制改革和金融市场的不断发展，中国金融司法建设经历了多个阶段的演变。在改革开放初期，伴随市场经济的引入，金融体系面临诸多挑战，亟须通过司法手段来保障金融交易的安全性与稳定性。在此时期，金融司法的功能主要集中于对金融纠纷的调解与仲裁，尚未形成系统的司法机制。进入 21 世纪，随着金融市场的逐步完善，金融司法建设的需求日益增强。2003 年，中国最高人民法院发布了《关于人民法院审理金融案件若干问题的规定》，标志着金融司法体系的初步形成。这一规定的实施，不仅为金融案件的审理提供了法律依据，也明确了金融纠纷的司法管辖范围，提高了金融案件的审判效率和质量。同时，金融法院的设立也为专业化审判提供了条件，使得金融案件的处理更加高效、精准。

　　随着金融市场的快速发展，金融产品和服务日益多样化，金融风险的复杂性不断增大。由此，金融司法建设在制度化和专业化方面显得尤为重要。近年来，中国积极推动金融法院建设，并逐步建立了一系列金融司法制度。2018 年 4 月全国人大常委会决定设立上海金融法院，进一步加强了对金融领域的司法保障，促进了金融市场的健康发展（刘向民，2018）。此外，金融司法的透明度和公正性也得到了显著提升，人民群众的金融维权意识逐渐增强，法律诉讼成为维护自身合法权益的重要手段。值得注意的是，金融司法建设不仅限于对纠纷的处理，更涉及对金融秩序的维护和对金融创新的支持。金融科技的快速发展给传统金融业务带来了新的挑战与机遇，因此，金融司法的创新也在不断推进。法律适用的灵活性、司法解释的及时性以及对新兴金融模式的适应能力，成为当今金融司法建设的重要课题。随着人工智能、大数据等技术的应用，金融司法将在信息透明、风险控制等方面发挥更加积极的作用。

　　中国金融执法建设的历程伴随着改革开放的深入推进，逐步形成了一个相对完善的金融法律法规体系与执法机制。自 20 世纪 80 年代初期起，随着经济体制改革的启动，中国的金融体系开始逐步建立，但金融监管的法律基础尚显薄弱，主要依赖国家政策和行政命令。1979 年中国人民银行的成立标志着中央银行制度的建立，并且中国人民银行逐渐承担起金融监管职能，为后续金融执法奠定了初步基础。

随着市场经济体制的进一步深化，金融法律法规的建立愈发迫切。1995年《中华人民共和国商业银行法》的颁布，标志着中国金融法制建设的重要里程碑，它明确了银行的法律地位、经营活动及监管职责。此外，1999年《中华人民共和国证券法》的实施，为证券市场的基本法律框架提供了保障，强化了对证券市场的监管，增强了市场的透明度与公正性。与此同时，1998年中国证券监督管理委员会（中国证监会）与国务院证券委员会合并组成国务院直属正部级事业单位，标志着金融监管体系的逐步健全，使得证券市场的监管与执法更为专业化和系统化。

进入21世纪，中国金融执法体系的完善成为重中之重。2003年3月1日《金融机构反洗钱规定》的施行，标志着国家在打击洗钱行为、维护金融体系安全性方面迈出了重要一步。随着市场的发展，金融领域的违法行为逐渐增多，监管部门通过加大执法力度和增加处罚措施，逐步建立起较为完善的执法体系。同时，国家还建立了多部门协同监管机制，金融稳定发展委员会的成立，促进了央行、中国银监会、中国证监会等监管机构之间的有效协作，形成了金融执法的合力。2012年《中华人民共和国信托法》的实施进一步完善了信托行业的法律监管框架，提升了金融创新的合规性。2013年，中国银行保险监督管理委员会（中国银保监会）的成立，标志着银行和保险监管资源的整合，提升了金融执法的专业性与针对性。同时，面对互联网金融的快速发展，监管机构逐步关注金融科技领域的监管，推出了一系列有针对性的政策，以适应新兴金融业务的需求。

近年来，金融市场的复杂性和多样性日益增加，影子银行、P2P借贷等新型金融业务的兴起使得监管工作变得愈发艰巨。为应对这些新挑战，金融监管机构加强了对金融风险的监测和应对，积极探索数字货币的研究与监管，致力于保持金融体系的稳定。此外，随着全球化的推进，跨境金融监管的合作与协调也成为重要议题，这不仅增强了中国金融市场的国际适应能力，也为未来的金融执法体系建设提供了新思路。

### 2. 法治建设的理论内涵

金融的法律理论主张金融体系是由法律构成的，法律是构建社会经济关系的基石，金融并不独立于法律体系之外。金融资产的价值在很大程度上取决于合同的法律依据（Pistor，2013）。例如，有关有限责任、偿付优先级和价值转化等的各类制度定义了资产的法律属性，提高了资产的财富创造能力（Pistor，2019）。区别于传统的法与金融理论对信息成本、不确定性以及流动性限制的忽视，金融的法律理论把出发点构建在高信息成本、较大不确定性以及流动性限制等现代金融市场基本特征的基础上。如果没有信息成本和不确定性，市场参与者就可以签订涵盖未来所有可能情况的完备合约，因而也就不会发生流动性危机。然而，如果同时存在信息成本、不确定性和流动性限制，市场参与者之间签署的不完备合约就有可能引发市场的高度波动，甚至在极端情形下导致危机（许荣等，2020）。

金融的法律理论有四大基石：第一，与传统的法及金融理论隐含的假设正相反，金融的法律理论认为法律内置于金融之中，离开了合同、私法规则与公法制度，金融市场无法单独存在。金融市场中包括股票、债券和衍生品在内的所有工具都是金融机构或私人之间的法律契约，市场参与者创建了私法规则以使这些金融契约产生拥有流动性的市场。除此之外，为了确保这些金融契约得到有效执行，还需要公法制度以及相应的监管机构。基于这一视角，金融的法律理论为全球互换市场（包括货币互换、利率互换、股权互换等）的发展提供了一个很好的分析范例。第二，由于支撑金融市场的法律制度同时来源于私法规则与公法制度，这些因素导致金融市场成为一个混合系统（Deakin et al.，2017）。在讨论法律对经济制度的影响时，只侧重其中任一方面都是有失偏颇的。比如，外汇市场和主权债务的交易市场是通过市场机构来交易国家发行的金融契约，这两个市场尤其体现了私法与公法的混合属性。第三，市场参与者在多大程度上需要严格遵循法律规定取决于其在金融体系中距离金融中心的位置远近。在金融市场正常发展时期，即在不确定性较小且流动性充足的情形下，金融体系通常呈现出扁平结构，而并不呈现出层级结构。这意味着私人机构发行的债务和政府机构发行的债务之间的信用利差相对较小，并且事实上很多较高等级的公司债务在抵押中可以被当作政府债务的替代品。但是，在金融市场不确定性大幅上升、流动性缺乏时期，必须由政府扮演最后贷款人的角色。第四，尽管这些法律制度的形成源起于支持金融市场发展，然而它们事实上也成为金融不稳定的重要原因（Pistor，2013）。在一个契约不可能完备的市场中，契约的权利和义务本身就会成为结构僵化的根源，正如银行和存款客户签订的随时可以取款的存款契约有可能导致银行挤兑危机一样。

### 3. 法治建设的影响和作用

中国法治建设的影响和作用涉及法律制度的建立与完善、社会治理的转型、经济发展模式的调整以及国际影响力的提升等方面。以下将从法律制度建设、社会治理、经济发展和国际影响四个层面，详细探讨中国法治建设的影响和作用。

第一，法律制度建设是中国法治建设的核心内容之一，直接影响到国家治理的有效性和公平性。近年来，我国通过不断完善法律法规体系，逐步建立了较为完整的法律框架。包括宪法、民法、刑法、行政法以及各类专项法律，这些法律不仅为社会行为提供了明确的规范，还为法律的实施提供了坚实的基础。在规范化和稳定性方面，法律制度的完善使得社会行为更加规范，降低了社会运作的随机性和不确定性。例如，《中华人民共和国民法典》的实施明确了个人和法人在财产、合同、婚姻家庭等方面的权利义务，有助于减少社会争议和冲突，促进社会和谐。在权利保障方面，法治建设增强了对公民权利的保障。法律的明确规定确保了公民的基本权利和自由，提供了有效的法律救济途径。例如，劳动法和消费者权益保护法的实施保护了劳动者和消费者的合法权益，提高了社会的公平正义水平。

第二，中国的法治建设在社会治理方面起到了重要作用。通过法治手段，国家能够更加有效地管理社会事务，提高治理能力和治理水平。在社会管理的法治化方面，通过法律手段，国家能够更好地管理和调控社会事务。例如，反腐败法和监察法的实施加强了对公职人员的监督，提升了政府部门的透明度和公信力，减少了腐败现象的发生。在公共服务的规范化方面，法律规定了公共服务的标准和程序，提高了公共服务的效率和公平性。例如，行政处罚法和行政许可法的实施规范了行政行为，减少了行政权力的滥用，确保了行政过程的公正和透明。

第三，法治建设对中国经济的发展产生了深远的影响，推动了市场经济体制的完善和经济增长的可持续性。在市场经济环境的优化方面，通过制定和完善商业法律、金融法规和知识产权保护法，中国为市场经济的发展提供了法律保障。这些法律为市场交易提供了规则和秩序，降低了市场风险，增强了市场主体的信心。例如，合同法和公司法的实施提高了市场交易的规范性和安全性。在创新驱动的支持方面，法律制度的完善有助于支持经济创新和技术进步。知识产权法的实施保护了创新成果，鼓励了企业和个人进行技术研发和创新活动，推动了经济结构的升级和产业的转型。

第四，中国法治建设不仅对国内产生了积极影响，也在国际上提升了中国的影响力和话语权。在国际合作与交流方面，通过加强法治建设，中国能够更好地参与国际规则的制定和国际事务的处理。例如，中国积极参与国际法律框架的建设，并与其他国家进行法律和司法合作，推动了国际法治的进步。在国际形象的塑造方面，法治建设有助于提升中国的国际形象和软实力。法律的完善和实施增强了国际社会对中国的信任，促进了外国企业和投资者对中国市场的认可和参与。

总之，中国法治建设在多个层面产生了深远的影响和作用。从法律制度的完善到社会治理的提升，再到经济发展的促进以及国际影响力的增强，法治建设为中国的现代化进程提供了重要的保障和支持。未来，中国需要继续深化法治建设，推动法律体系的不断完善，以适应不断变化的社会需求和国际环境，为国家的长期发展奠定更加坚实的基础。

## （二）加强法治建设的基本逻辑

### 1. 正确处理好政府与市场的关系

在中国，社会主义市场经济模式最重要的问题就是如何处理好政府与市

场的关系。党的十八届三中全会所形成的市场是资源配置的决定性力量这一
理论认识，为今天乃至为未来如何处理好政府与市场的关系，如何看待民营
经济的发展，如何处理国企、民企、外企的关系，提供了明确的理论背书。
市场是资源配置的决定性力量这一理论认识意义深远。我们只要恪守这一原
则，在这个理论框架的基础上，不断完善制度，规范规则，经济就会进入预
期的有序之中。

政府与市场的关系是社会主义市场经济体系中的核心问题。政府的角色
不仅仅是经济管理者，更是市场规则的制定者和执行者。通过完善的法治，
政府能够有效维护市场秩序，保障市场的公平竞争。首先，政府需要制定和
执行一系列法律法规，以规范市场主体的行为，确保市场交易的透明度和公
正性。其次，政府应当通过立法手段保障要素的自由流动。例如，通过反垄
断法和反不正当竞争法，防止市场垄断行为，确保市场资源的合理配置和自
由流动。最后，市场的价格机制应由市场供求决定，政府应减少对价格的干
预，通过法律手段维护市场的正常运行，防止因政策失误或不当干预导致的
市场扭曲。

## 2. 完善法治建设与提升治理水平

金融最核心的元素还是国家软实力，而软实力来自完善的法制、高度的
契约精神和足够的透明度（吴晓球，2024）。在英国，最早形成了一套与现
代金融特别是资本市场相匹配的制度和法律架构，有深厚的法治传统。继英
国之后，美国进一步完善了资本市场的法律体系，从《1933 年证券法》、
《1934 年证券交易法》到后来的《1940 年投资公司法》《1999 年金融服务现
代化法》《萨班斯-奥克斯利法案》等，形成了完整的现代金融法律体系。

法律的存在只有通过严格的执行才能发挥作用。法律不止是一种条文，
条文只是法律的表现形式或载体，法治的核心是有法的灵魂和理念。每个人
的内心都存有法律的底线，对法律保持敬畏，在法律面前人人平等，任何人
都必须遵守法律的约束，这应该是法的灵魂。法的条文很重要，让社会有规
范行为的准则。只有这样，社会才会慢慢进入良性循环。一个国家的富裕与

发展，包含四个重要方面：第一，完善的法制；第二，低成本的税赋；第三，没有战争的社会秩序；第四，具有激励功能的制度。

在社会主义市场经济条件下，完善的法制和符合现代市场经济原则的制度是最重要的。有了它，社会就有繁荣和发展的基石。政策的频繁调整对经济的发展具有微调作用。政策不可以大幅度调整，只能做有限的微调，只能平抑经济周期性波动。实际上，制度的作用远胜于政策的作用。尊重法治和制度的作用就是尊重市场的作用。如同党的十八届三中全会所总结的，市场是资源配置的决定性力量。这是我们党在总结过去改革开放经验基础上所做出的科学总结。在这之前，我们的认识还没有上升到市场是资源配置的决定性力量这一理论高度，中国经济发展能有今天的成就，是因为我们遵守了这一基本原则。

法律的生命在于其实施，法律制度的完善不仅体现在法律文本的制定上，更体现在实际的司法和执法能力上。法律制度的有效性需要通过高效的司法和执法机制来实现。首先，提升司法能力要求法院系统在法律适用过程中保持公正和权威，确保法律裁决的客观性和透明度。其次，执法机关需要具备专业性和独立性，确保执法过程的公正性和法律的有效执行。此外，提升法律实施的能力还包括对执法人员的培训和对执法程序的规范化，确保法律条文能够在实际操作中被准确执行。通过建立健全的法律监督机制，可以进一步增强法律实施的透明度和公信力，促进法律的全面落实。

3. 制度创新的经济效应

为促进高水平中国特色社会主义市场经济建设，法治必须发挥关键作用，通过推动制度创新来实现经济体系的优化升级。具体而言，法制的完善不仅能确保市场规则的公正和透明，还能为制度创新提供坚实的法律保障和稳定的环境。这一过程包括以下几个方面：首先，通过制定和完善法律法规，提供明确的政策框架和操作规范，从而引导市场主体的行为并有效减少不确定性和风险；其次，法制的改革应致力于解决市场运行中的制度性障碍，激励与保障企业和组织的创新活动，提高经济系统的整体运行效率；最后，法治建设还需关注法律执行的有效性和公平性，确保法律法规的落实能够真正促进经济发展的目标，从而实现社会主义市场经济的高水平发展。因此，通过加强法制建设，推动制度创新，能够为中国特色社会主义市场经济的发展提供更加有力的支撑和保障。

制度创新是推动社会主义市场经济高质量发展的关键因素。在现代经济体系中，制度的完善和创新不仅涉及法律法规的制定，还包括对现有制度的优化与调整。通过制度创新，可以促进资源的高效配置，提高市场的整体效率。具体而言，法律制度需要与时俱进，适应经济发展的新变化和新挑战。例如，针对数字经济的快速发展，应建立和完善相关法律框架，以保障数据安全、知识产权等重要领域的合法权益。此外，制度创新还包括通过完善公司的治理结构、优化税收政策等措施激发市场主体的创新活力和竞争力。

### （三）中国健全法治与监管体系的未来重点

在中国经济快速发展的背景下，法治与监管体系的健全显得尤为重要。尤其是在金融领域，健全的法律制度和现代监管体系不仅可以有效规制金融市场，预防和化解金融风险，还能够促进经济的可持续发展。未来，中国在法治与监管体系的建设中应着重于以下两个方面：加强市场透明度建设以及构建现代监管体系。

#### 1. 加强市场透明度建设

在当今经济全球化与信息化迅速发展的背景下，加强市场透明度建设已成为中国健全法治与监管体系的重要组成部分。市场透明度不仅是提升市场效率的基础，也是确保公平竞争和保护消费者权益的关键因素。透明的市场环境能够减少信息不对称，促进资源的合理配置，从而推动经济的可持续发展。为了实现这一目标，政府、企业及社会各界需共同努力，以构建一个更加开放、公正、透明的市场体系。

首先，政府在提升市场透明度方面应发挥引导和监管的核心作用。通过完善法律法规，明确信息披露的义务和标准，政府能够有效规范市场参与者的行为，确保相关信息的及时、准确、全面披露。此外，加强对信息发布平台的监管与管理，促进信息传播的透明化与可追溯性，也是提升市场透明度的重要手段。政府应鼓励企业积极发布社会责任报告和环境影响报告，以增强其对外部利益相关者的透明度。

其次，企业作为市场主体，其透明度建设不仅关乎自身的信誉与发展，更对整个市场环境的健康运行起着重要作用。企业应自觉遵循信息披露原则，建立完善的信息管理体系，确保内部信息及时向外部利益相关者公开。在此过程中，企业还应强化内部控制，设立专门的信息披露机构来负责协调各部门的信息发布工作，确保信息的准确性与一致性。同时，企业的透明度提升也有助于增强消费者的信任，促进市场的健康发展。

最后，社会公众与媒体在加强市场透明度建设中也扮演着不可或缺的角色。公众通过获取信息参与市场决策，提升自身的消费意识和维权能力，进而推动市场的透明化进程。媒体作为信息传播的重要载体，应加强对市场行为的监督与报道，揭露不正当竞争和不透明行为，引导社会舆论关注市场透明度问题。通过媒体的作用，市场参与者的行为将受到更多的监督与评估，促进市场的自我修复与规范化。

2. 构建现代监管体系

第一，构建现代监管体系是确保金融市场稳定性和健康发展的重要前提。现代监管体系应具备以下核心要素：一是前瞻性。监管体系需要具备前瞻性，能够识别和预防潜在的金融风险。二是灵活性。监管措施应根据市场变化进行调整，以应对复杂多变的市场环境。三是协调性。监管部门之间应加强合作，实现信息共享和资源整合。

第二，在构建现代监管体系过程中，跨部门协作是关键。金融市场的监管涉及多个部门，如金融监管部门、中央银行、证券交易所等。应通过建立信息共享机制和协调机制，确保各部门之间的有效沟通与合作。这不仅可以提高监管效率，还能在面对复杂的金融风险时形成合力，增强监管的综合性和有效性。

第三，随着科技的发展，监管科技在金融监管中发挥了越来越重要的作用。中国应积极引入和发展监管科技应用，如大数据分析、人工智能和区块链技术，以提高监管的精准度和效率。通过科技手段，可以实时监测市场动态，识别潜在风险，提升风险预警和应对能力。

第四，建立动态监管机制也是构建现代监管体系的重要组成部分。传统的静态监管模式往往难以应对快速变化的金融市场。动态监管机制则通过实时监控、动态调整等方式，能够更加及时地响应市场变化和金融风险。这要求监管机构具备强大的数据分析能力和快速反应能力，以适应金融市场的复杂性和动态性。

中国在健全法治与监管体系方面的未来重点应包括加强市场透明度建设以及构建现代监管体系。通过制定和完善关键法律、优化资本市场的法律和制度基础，以及构建现代化的监管体系，中国可以有效规制金融市场，预防和化解金融风险，促进经济的可持续发展。在这一过程中，不仅需要法律的不断完善和制度的优化，更需要监管科技的创新应用和跨部门的有效协作。只有这样，中国才能在全球金融市场中占据更为重要的地位，实现经济高质量发展。

## 三、金融强国的核心路径：国际化

在全球化不断推进的今天，国家间经济和金融联系日益紧密。要实现金融强国的目标，必须走好国际化道路，重点在于构建好人民币国际化和资本市场开放这两个支柱。这不仅是提升国家经济实力的重要手段，更是实现全球经济影响力的重要途径。

### （一）人民币自由化和国际化

自由化、国际化的本币是金融强国的两个最重要的标志之一，另一个标志是高度开放的金融市场以及国际金融中心的形成。

1. 人民币自由化：进一步扩大资本项目开放

自由化是人民币国际化的前提。货币自由兑换是货币国际化的基础，主要包括经常项目和资本项目的自由兑换。中国自 1996 年接受国际货币基金组织（IMF）第八条款以来，已实现经常项目下的人民币自由兑换，资本项目开放也逐步推进。

人民币在经常项目的自由兑换方面已取得显著进展。在这一领域，企业和个人可以方便地进行外汇交易。图 5-4 显示了人民币在中国整体跨境结算中的份额，可以看出，2023 年人民币在中国整体跨境结算（包括经常项目和资本项目）中的份额已超过美元。截至 2023 年，人民币结算占中国总货物贸易的 26%。这表明，越来越多的国际交易选择使用人民币进行支付，而这种趋势也促进了跨境贸易的便利性。企业在进行贸易和服务支付时，不再面临过多的限制，进一步促进了经济的国际化进程。

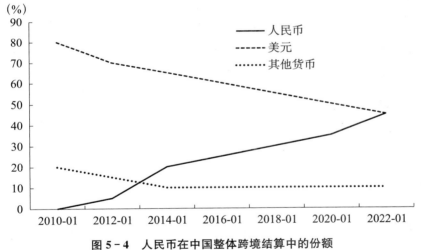

**图 5-4　人民币在中国整体跨境结算中的份额**

资料来源：CEIC、国家外汇管理局、汇丰银行。

尽管经常项目的自由兑换已经达成，但资本项目的开放依然是人民币自由化过程中最具挑战性的部分。资本项目的自由兑换涉及跨境资本的流动，包括投资、贷款、股权等金融交易。近年来，随着中国金融改革的不断深化，资本项目的开放范围和程度得到了显著提升。例如，中国已经通过合格境外机构投资者（QFII）和人民币合格境外机构投资者（RQFII）制度，逐步允许境外投资者进入中国的股票和债券市场。同时，沪深港通、债券通等制度创新也进一步扩大了国际资本进入中国市场的渠道，增强了资本项目开放的灵活性。

资本项目这一领域的开放进程较为复杂，关系到一个国家的金融安全和经济稳定。因此，中国在逐步开放资本项目的同时，一直保持着一定程度的管制，以防止因资金大规模流入或流出导致金融市场的剧烈波动或系统性风险。虽然目前中国的资本项目开放范围和程度不断扩大，但在资本流动、证券投资和外汇衍生品市场等方面仍存在不少限制。根据国际货币基金组织的报告，中国的资本账户开放程度相较于其他主要经济体依然偏低。为了防范潜在的金融风险和维护经济稳定，中国政府对资本项目的管理采取了相对谨慎的态度。这种管制措施旨在避免大规模的资本外流，从而保护国内金融市场的稳定性。进一步推进人民币的资本项目自由化，需要与国际收支平衡管理和宏观审慎政策相结合，逐步放宽对资金流动的限制，确保跨境资金流动的风险可控。

2. 人民币国际化：进一步提升人民币国际影响力

人民币国际化不仅体现在货币自由兑换的广度和深度上，更重要的是体现在人民币在国际支付、外汇储备以及国际金融交易中的地位上。人民币国际化的实现不仅取决于中国经济和贸易的强大基础，还取决于中国的软实力，例如法治、契约精神等国际认可度的提升。

首先，从国际支付的角度来看，人民币在全球支付体系中的份额正在逐步增长，尤其是在跨境贸易和投资中，人民币的流通量持续攀升。图 5 - 5 展示了 SWIFT 人民币在全球支付中的占比。根据 SWIFT 的统计，2024 年 8 月，人民币在全球支付中的占比为 4.69%。2023 年 11 月以来，人民币连续十个月成为全球第四大支付货币。尽管如此，相对于美元和欧元等主要国际货币，人民币在全球金融体系中的地位仍然较为薄弱，使用频率和交易量均远低于这两种货币。随着中国经济的不断发展和国际化进程的推进，预计未来人民币在国际结算中的份额还将继续上升。

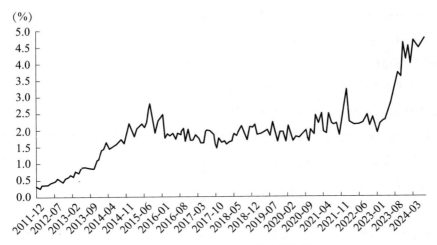

**图 5－5　SWIFT 人民币在全球支付中的占比**

资料来源：Wind 数据库。

　　尽管人民币在国际支付领域取得了进展，与美元和欧元等传统国际货币相比，其全球地位仍然相对较弱。美元作为全球最重要的储备货币和支付货币，长期主导着国际贸易结算、金融交易以及储备资产的配置。欧元作为欧盟的统一货币，凭借欧盟的经济规模和地缘政治影响力，也占据了全球支付和储备市场的重要份额。人民币虽然在近年来实现了快速增长，但其使用频率和交易量与美元和欧元相比仍有较大差距。国际市场对人民币的需求在一定程度上受到中国资本项目尚未完全开放、金融市场国际化程度不足等因素的制约。

　　其次，除了国际支付之外，人民币作为储备货币的地位同样是衡量其国际化进程的重要指标。目前，越来越多的国家央行将人民币纳入其外汇储备体系，作为对冲汇率风险和分散资产配置的重要手段。特别是在"一带一路"共建国家和东盟等区域经济体，人民币已经成为其外汇储备的主要组成部分之一。这一趋势不仅体现了人民币作为储备货币的认可度在逐步提高，也增强了人民币在全球金融体系中的稳定性和吸引力。随着中国进一步开放金融市场、改善法律环境以及推进资本项目的自由兑换，人民币的储备货币地位有望进一步提升。

然而，人民币国际化的进程不仅取决于中国的经济实力，更取决于中国的软实力建设。软实力包括法律制度的透明度、契约精神的强化、市场的开放性以及政府在国际规则制定中的话语权。国际投资者对人民币及中国金融市场的信心，既依赖于中国庞大的经济体量和贸易规模，也依赖于对中国法治环境、金融监管机制以及经济政策的信任。如果中国能够进一步加强对外资的法律保护、提高市场透明度、增强政策的可预期性，将有效促进人民币在国际市场中的使用与接受。

同时，人民币的国际化还需要离岸市场的进一步建设和发展。香港、新加坡等离岸人民币中心的逐步完善，为人民币的全球使用提供了重要的平台。离岸市场通过提供更多人民币计价的金融产品和交易机会，降低了国际投资者持有和交易人民币的成本，增强了人民币在全球资本市场中的竞争力。此外，货币互换机制的扩展，也为人民币在国际金融体系中发挥更大作用奠定了基础。通过与其他国家的央行签署货币互换协议，人民币能够在危机时提供流动性支持，从而提升其国际信任度。

总体来看，人民币国际化是一个长期的过程，要求中国在国际经济中的话语权不断提升，同时需要通过金融基础设施的建设、法律法规的完善以及国际合作的加强来推动这一进程。

## （二）金融市场对外开放

金融市场的对外开放是中国金融国际化的重要组成部分，主要分为金融机构的开放和资本市场的开放两大方面。

### 1. 金融机构的开放

近年来，中国金融机构的开放为外资进入国内金融市场提供了前所未有的机遇。金融机构的对外开放不仅涵盖了银行、保险和证券等主要金融领域，还鼓励中国本土的金融机构走向国际市场。通过这一双向开放的政策，中国金融市场的国际化程度得到了显著提升，外资金融机构的涌入也为中国金融行业的创新和服务升级带来了深远影响。

在银行和保险领域的对外开放方面，中国的政策逐步放宽了对外资金融机构的准入限制。早在 1996 年，《在华外资银行设立分支机构暂行管理规定》允许外国银行在特定城市设立分行，标志着银行业开放的初步尝试。随着 2001 年中国加入世界贸易组织（WTO），中国逐步履行入世承诺，放宽外资金融机构的设立形式、业务范围和地域限制。2002 年实施的《外资金融机构管理条例实施细则》进一步明确了外资银行和保险机构的管理规范，推动了这些领域的对外开放。

此后，中国对外资银行和保险机构的持股比例限制进行了逐步调整。自2019 年国务院金融稳定发展委员会推出 11 项金融业对外开放措施以来，外资对商业银行、保险公司等金融机构的投资限制进一步放松，外资银行在中国市场的地位逐渐稳固。至 2024 年，外资控股的金融机构在中国市场的占比逐步提升，尽管外资金融机构的市场份额依然较小，但其在服务质量、金融产品多样性和技术创新方面的贡献不可忽视。如图 5-6 所示，尽管外资银行资产占比自 2007 年达到 2.06% 的高点后有所下降，但外资保险公司资产占比自 2004 年以来稳步增长，至 2019 年末已达 6.51% 的峰值。

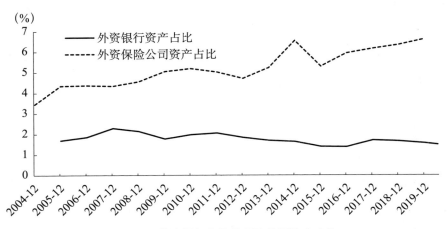

图 5-6　外资银行和外资保险公司资产占比

资料来源：Wind 数据库。

在证券市场的对外开放方面，合资券商的持股比例限制也经历了几次重大调整。2002 年中国证监会发布了《外资参股证券公司设立规则》，首次明确外资参股券商的持股比例上限为三分之一。经过 2007 年和 2012 年两次修订，外资参股比例虽有所放宽，但始终受到一定限制。真正的转折发生在 2017 年，当时中国宣布放宽外资在证券公司、基金管理公司、期货公司等中的持股比例限制，允许外资持股比例达到 51%。这一政策实施三年后，外资持股比例限制将彻底取消。2020 年，中国取消了外资券商的持股比例上限，外资开始可以在中国证券行业实现完全控股。

随着外资控股限制的取消，外资券商在中国市场的布局迅速扩大。截至 2024 年，已有摩根大通、高盛、渣打等多家外资独资券商进入中国市场运营。此外，合资券商的外资持股比例也在逐步提升，外商独资券商数量不断增加，标志着中国证券市场的进一步开放。2024 年初，《外商投资准入负面清单》中的金融业限制措施已全面清零，这意味着外资券商在中国市场可以进行更广泛的业务拓展，极大地推动了国内证券行业的国际化进程。

此外，外资金融机构的进入促使中国金融市场向国际标准靠拢，在规则制定、信息披露和公司治理等方面逐步与全球市场接轨。这种变化为中国金融市场赢得了国际投资者的信任，进一步吸引了更多的跨境资本流入，推动了中国金融市场的国际化发展。

中国金融机构的对外开放不仅是政策上的突破，更是推动国内金融业向更高水平发展的关键引擎。通过引入外资、打破市场壁垒，金融机构的开放为中国金融市场的改革和升级注入了强大的动力，也为人民币国际化和资本市场的进一步开放奠定了坚实的基础。

2. 资本市场的开放

中国的资本市场开放是一个循序渐进的过程，其目标是通过逐步放宽对外资的准入，促进金融市场的国际化，并最终打造人民币计价的资产交易中心和全球财富管理中心。在这一过程中，B 股市场的设立、合格境外机构投资者（QFII）和人民币合格境外机构投资者（RQFII）制度的引入，沪深港通和债券通的实施，都是资本市场开放的关键步骤。这些制度创新在过去数年里取得了显著成效，使得境外资本能够更为便捷地进入中国市场，同时也推动了人民币资产的全球化流动。

（1）B股制度。

中国最早的股票市场开放制度是 1991 年紧随资本市场出现而推出的 B 股制度。B 股是以人民币标明面值的、使用外币认购和买卖的、境内交易所上市交易的特种股票，设立之初的目的就是吸引境外资金来发展境内经济。起初，B 股的投资人仅限于外国和港澳台地区的自然人、法人和其他组织，或定居在境外的中国公民，以及中国证监会规定的其他投资人。2001 年 2 月 19 日，中国证监会宣布对内开放 B 股交易市场，准许持有合法外汇的境内居民自由开户和买卖 B 股。B 股的设计思路是在资本市场成长早期，在对外开放风险和不确定性较高的环境中，设立与主体板块 A 股不同的市场，可供境外投资者投资以及境内企业合法对外募资，成为中国资本市场对外开放的一个金融创新和制度性创举。市场分割的制度安排做到了有效的风险隔离，B 股很好地完成了为早期中国资本市场进行探索的历史使命。

允许境内居民使用合法外汇投资 B 股让 B 股和 A 股的价差缩小，然而，市场分割和严苛的交易限制导致 B 股流动性低，且相较 A 股存在长期折价。随着 QFII 制度的诞生、A 股市场改革的深入和境内企业境外融资限制的解除，B 股在境内市场开放和满足企业外汇融资需求功能上的作用在减弱，在中国资本市场中的地位也逐步下降。如今，B 股指数的不佳表现有时反而会影响到 A 股指数，难以与国际接轨的 A、B 股命名方式也不利于资本市场深化开放。适时转出 B 股存量，实现 B 股市场退出，解决好历史遗留问题，是 B 股制度的下一步改革方向。

（2）合格投资者制度。

B 股为早期的中国资本市场实现了低程度的对外开放，设立目的强调吸收运用外汇资金而非为资本市场开放做准备。合格境外机构投资者（QFII）制度正式标志着中国积极推动资本市场开放的决心。1996 年 12 月，中国实现了经常项目的自由兑换，成为国际货币基金组织的第八条款国，之后部分资本项目实现了可兑换，但就整体制度而言，仍未实现资本项下的完全可自由兑换。在这种条件下，为加快推动中国资本市场改革开放和国际化，有限度地引进境外投资者，自 2002 年 12 月 1 日起，中国正式实施 QFII 制度。2003 年 7 月 9 日，瑞士银行下了 QFII 第一单，随即交易成功，开创了中国资本市场投资对外开放的先河（吴晓求，2018）。自 2003 年 6 月起，以保险外汇资金投资中国企业境外股票为试点，中国启动合格境内机构投资者（QDII）试点工作。2007 年 7 月，QDII 制度正式启动，开辟境内资本投资境外市场通道，建设资本市场的双向开放体系。在 QFII 制度实施 9 年后，于 2011 年底中国资本市场正式开启人民币合格境外机构投资者（RQFII）制度。经历 2014 年 11 月启动、2015 年 12 月暂停、2018 年 5 月重启的人民币合格境内机构投资者（RQDII）制度，从开始就不设额度控制，鼓励境内人民币资本在境外参与离岸市场建设，推动人民币国际化。

QFII、QDII 和 RQFII、RQDII 制度是在资本项目未实现完全可兑换的条件下，为加快资本市场改革开放而采取的过渡性制度安排，对提升中国资本市场的开放程度和国际影响力具有积极的推动作用。到 2020 年，监管部门对合格投资者制度进行了多次改革和完善，不断深化外汇管理制度改革，采取有力措施持续扩大对外开放，进一步便利境外投资者参与中国资本市场，提升跨境投融资便利化程度。2019 年 9 月 10 日，国务院批准国家外汇管理局关于取消 QFII/RQFII 额度限制的决定，同时取消 RQFII 试点国家和地区限制。2020 年 5 月 7 日，中国人民银行、国家外汇管理局制定并发布了《境外机构投资者境内证券期货投资资金管理规定》，QFII/RQFII 额度限制取消正式落地，伴随着 QFII/RQFII 成立以来的额度管理体制成为历史。如图 5－7 所示，2020 年 5 月 31 日，在额度管理体制下，QFII 的最后批准投资额度是 1 162.59 亿美元，RQFII 的最后批准投资额度是 7 229.92 亿元。QDII 的投资额度从 2004 年末的试点额度 88.90 亿美元增长到 2023 年末的 1 655.19 亿美元。自 2020 年 9 月以来，QFII、RQFII 可投资范围扩大至新三板、期货、期权等市场和产品的改革也在积极落实。

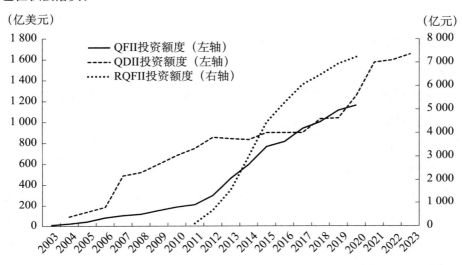

**图 5-7　QFII、RQFII、QDII 投资额度的变动情况**

资料来源：国家外汇管理局。

中国证监会网站发布的 2024 年 6 月的合格境外机构投资者名录显示，2024 年上半年，36 家外资机构获批合格境外机构投资者资格。截至 2024 年 6 月底，合格境外机构投资者数量已达 839 家。尽管如此，中国的资本市场开放程度仍相对有限。截至 2023 年末，外资参控股的证券公司总资产占中国证券业总资产的比重仅为 4.7%。而在境外资本对中国股票和债券市场的参与度方面，外资持有的 A 股市值占比仅为 3.7%，外资债券持有量占中国债券市场存量的 2.6%。这些数据表明，虽然外资在中国资本市场中的影响力有所增强，但与美国市场相比仍处于较低水平。在美国市场中，外资持有股票和债券的比例分别约为 15% 和 20%，这意味着中国在资本市场国际化进程中还有很大的提升空间。

（3）沪深港通。

中国资本市场对外开放的另一项过渡性制度安排是沪深交易所与香港联交所的互联互通，分别简称"沪港通""深港通"。2014 年 11 月 17 日沪港通正式实施，2016 年 12 月 5 日深港通正式实施。在沪深港通制度下，内地投

资者委托香港交易服务公司投资香港交易所股票，香港投资者委托内地交易
服务公司投资内地股票。额度限制分为年交易总额限制和日交易额度限制，
同样体现了资本市场对外开放进程的不断加快。沪港通实施初期年交易总额
限制为 5 500 亿元。

深港通建立之后，沪港通、深港通均取消了年交易总额限制。自 2018
年 5 月 1 日起，沪深港通北上每日额度由 130 亿元调整为 520 亿元，沪深港
通南下每日额度由 105 亿元调整为 420 亿元。

如图 5 - 8 所示，"两通"中的北上日均交易额整体呈逐月上升趋势，到
2024 年 9 月，沪港通北上、深港通北上每月日均交易额分别达到 669.98 亿
元和 626.89 亿元。2021 年 2 月 1 日，科创板、深交所 A＋H 上市公司的 H
股、上证 380 指数成份股纳入沪港通，首批符合条件的 12 家科创板公司已经
接通香港。未来有更多科创板公司纳入沪港通，外资将改善科创板流动性，提
高国际化程度，吸引优质科创企业上市融资，发挥好资本市场支持科技创新的
功能。沪深港通制度一直在不断完善，逐步取消了年交易总额限制，提高了日
交易额度限制，丰富了投资标的，同时投资门槛降低到特定个人投资者。

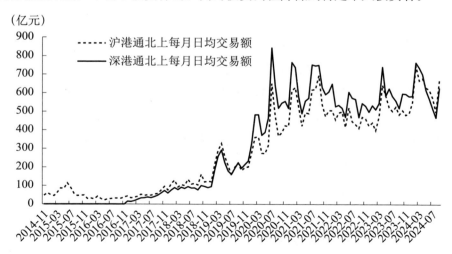

图 5 - 8 沪深港通中沪股通、深股通北上每月日均交易情况

资料来源：上海证券交易所、深圳证券交易所、Wind 数据库。

目前，通过沪深港通制度进入内地市场的资本已经远超 QFII 制度的规模。沪深港通制度没有取代 QFII、RQFII 制度，反而因为两种制度交易细则的不同，沪深港通制度与 QFII、RQFII 制度实现了良好的互补。沪深港通制度专注股票市场，用本币交易，实行资金原路返回；QFII、RQFII 制度允许多元组合，用外币交易，实行资金跨境留存。

（4）债券通。

自 2015 年以来，中国银行间债券市场开放进程在不断加快，用境外投资者入市总限额取代单个机构的逐一限额，申请程序由审核制改为备案制，使得境外投资者可以较为自由地投资境内银行间债券市场。QFII、RQFII 制度和银行间债券市场合格机构计划都包含了在一定程度上允许外国投资者投资内地债券市场的开放措施。债券通是内地市场与香港市场在债券交易方面建立的互联互通机制，将内地银行间交易市场和香港交易所市场连接起来，是目前专门针对境外投资者进入中国内地债券市场的最新体制创新。目前北向通由香港进入内地债券市场投资的通道已经于 2017 年 7 月 3 日开通建立，南向通由内地投资香港债券市场的通道也在积极筹备。自债券通开通以来，境外投资者进入中国境内债券市场有了新的渠道，资金规模不断增长，中国债券市场开放迎来新局面。

资本市场的开放不仅仅是吸引外资的问题，更是提升市场效率、增强市场竞争力的重要方式。通过引入国际资本和先进的金融管理经验，中国的资本市场在产品多样性、交易效率和风险管理等方面不断提升。特别是沪深港通和债券通等制度的推出，既拓宽了资本市场的国际化渠道，又为境外投资者提供了更多的人民币计价资产选择。随着这些制度的进一步完善，资本市场的开放将持续推动人民币国际化，增强人民币在全球金融体系中的影响力。

同时，资本市场的开放还需要与金融科技的创新密切结合。数字化金融服务的发展，提升了金融机构的运营效率，扩大了金融服务的可及性，并降低了企业的融资成本。这些变革为资本市场的进一步开放创造了更加有利的条件，有助于中国在全球金融格局中占据更为重要的地位。

从长期来看，进一步开放资本市场不仅是吸引外资进入的必然要求，也是实现人民币国际化、提升全球金融治理话语权的关键步骤。通过增强境外资本对人民币资产的参与度，中国将更好地融入全球资本市场，实现从"引进来"到"走出去"的战略转型，最终达到提升国际金融中心地位的目标。

## （三）国际金融治理参与

中国在参与国际金融治理的过程中致力于通过优化规则、提升自身话语权来增强在全球金融体系中的地位。国际金融治理涵盖了国际货币体系改革、国际金融组织的参与以及跨境支付体系的建设等关键领域。中国的参与不仅是为了适应全球经济的变化，更是为了在规则制定中争取到符合自身及广大发展中国家利益的空间。

国际货币体系改革一直是中国推动国际金融治理的重要方向。全球货币体系目前以美元为主导，但这一体系存在一定的不平衡，导致其他国家在全球经济波动时容易受到美元政策的影响。为此，中国积极推动国际货币体系的多元化改革，倡导在全球范围内建立更加公平、稳定的货币体系。这一改革强调通过多边合作减少单一货币主导的弊端，确保不同国家，尤其是新兴市场和发展中国家的利益能够在全球规则制定中得到保障。通过推动国际货币体系的改革，确保全球金融市场的稳定性和公平性，帮助各国更好地应对经济周期中的不确定性。

与此同时，参与国际金融组织的决策和规则制定过程，也是中国提升国际话语权的重要手段。国际金融组织如国际货币基金组织和世界银行，在全球金融治理中扮演着至关重要的角色。中国通过深度参与这些国际组织的改革，积极推动这些组织内部的权力结构和决策机制的优化，争取更大的代表性和发言权。这不仅是为了确保全球经济规则的公平制定，更是为了增强发展中国家在全球治理中的话语权，使全球治理体系更加合理和均衡。

国际金融治理的另一个重要方面是构建安全、高效的跨境支付体系。随着全球化和数字经济的发展，跨境金融交易日益频繁，安全和效率问题成为全球金融体系的重要挑战之一。中国通过构建自主可控的跨境支付体系，尤其是人民币跨境支付系统（CIPS），为全球支付安全和效率的提升做出贡献。CIPS不仅降低了中国在跨境支付中对外部系统的依赖，也提高了人民币在国际支付中的地位。通过该系统，中国在推动全球跨境支付体系标准化、降低交易成本以及提升交易安全性等方面发挥了重要作用。跨境支付体系的优化有助于提升全球金融交易的透明度和顺畅性，减少系统性风险，从而进一步推动人民币国际化进程。

总的来说，中国通过参与国际金融治理，推动国际货币体系改革，增强在国际金融组织中的参与度，以及构建高效安全的跨境支付体系，逐步提升了在全球金融治理中的话语权。这一系列措施不仅有助于中国在全球经济舞台上占据更有利的位置，也为全球金融体系的稳定和繁荣贡献了重要力量。

## 参考文献

[1] 陈彦斌，陈小亮，陈伟泽. 利率管制与总需求结构失衡. 经济研究，2014，49（2）：18-31.

[2] 金中夏，李宏瑾，洪浩. 实际利率、实际工资与经济结构调整. 国际金融研究，2013（8）：4-12.

[3] 刘向民. 我国金融法治建设四十年. 中国金融，2018（15）：22-25.

[4] 孙天琦，刘宏玉，刘旭，等. "离岸金融"研究. 上海金融，2018（11）：14-18.

[5] 王国刚. 存贷款利率市场化改革的难点、路径选择和应对之策. 金融评论，2014，6（2）：1-18，123.

[6] 王国刚，郑联盛. 中国证券业70年：历程、成就和经验. 学术研究，2019（9）：88-97，177-178，2.

[7] 吴晓求. 改革开放四十年：中国金融的变革与发展. 经济理论与经济管理，2018（11）：5-30.

[8] 吴晓求，方明浩. 中国资本市场30年：探索与变革. 财贸经济，2021，42（4）：20-36.

［9］吴晓求，许荣，孙思栋 . 现代金融体系：基本特征与功能结构 . 中国人民大学学报，2020，34（1）：60－73.

［10］吴晓求，等 . 中国资本市场研究报告（2020）：中国金融开放：目标与路径 . 北京：中国人民大学出版社，2020.

［11］吴晓球 . 金融强国的实现路径与建设重点 . 经济理论与经济管理，2024，44（1）：1－6.

［12］徐忠 . 经济高质量发展阶段的中国货币调控方式转型 . 金融研究，2018（4）：1－19.

［13］许荣，王雯岚，张俊岩 . 法律对金融影响研究新进展 . 经济学动态，2020（2）：117－131.

［14］杨伟中，余剑，李康 . 利率扭曲、市场分割与深化利率市场化改革 . 统计研究，2018，35（11）：42－57.

［15］易纲 . 中国的利率体系与利率市场化改革 . 金融研究，2021（9）：1－11.

［16］易纲 . 中国改革开放三十年的利率市场化进程 . 金融研究，2009（1）：1－14.

［17］张明，潘松李江 . 人民币离岸金融市场：发展动力、经验教训与前景展望 . 新金融，2022（2）：4－12.

［18］张宗益，宋增基 . 境外战略投资者持股中国上市银行的效果研究 . 南开管理评论，2010，13（6）：106－114.

［19］中国人民大学课题组，吴晓求 . "十四五"时期中国金融改革发展监管研究 . 管理世界，2020，36（7）：5－15.

［20］朱盈盈，曾勇，李平，等 . 中资银行引进境外战略投资者：背景、争论及评述 . 管理世界，2008（1）：22－37，56.

［21］Bekaert，G.，Harvey，C.，& Lundblad，C. "Does Financial Liberalization Spur Growth？." *Journal of Financial Economics*，2005，77（1）：3－55.

［22］Gindis，D.，Hodgson，G. M.，et al. "Legal Institutionalism：Capitalism and the Constitutive Role of Law." *Journal of Comparative Economics*，2017，45（1）：188－200.

［23］Fry，M. J. "Models of Financially Repressed Developing Economies." *World Development*，1982，10（9）：731－750.

［24］Fry，M. J. "Money and Capital or Financial Deepening in Economic Development? ." *Journal of Money，Credit and Banking*，1978，10（4）：464－475.

［25］Levine，R. "Financial Development and Economic Growth：Views and Agenda." *Journal of Economic Literature*，1997，35（2）：688－726.

［26］McKinnon，R. I. *Money and Capital in Economic Development*. Washington D. C. ：Brookings Institution Press，1973.

［27］Pistor，K. "A Legal Theory of Finance." *Journal of Comparative Economics*，2013，41（2）：315－330.

［28］Pistor，K. *The Code of Capital：How the Law Creates Wealth and Inequality*. Princeton：Princeton University Press，2019.

［29］Rajan，R. G. ，& Zingales，L. "Financial Dependence and Growth." *The American Economic Review*，1998，88（3）：559－586.

［30］Shaw，E. S. *Financial Deepening in Economic Development*. Oxford：Oxford University Press，1973.

［31］Galbis，V. "Financial Intermediation and Economic Growth in Less Developed Countries：A Theoretical Approach." *Journal of Development Studies*，1977，13（2）：58－72.

### 第六章

# 国家硬实力：科技创新与可持续增长的实体经济

摘　要：实体经济是大国综合国力的根基，是财富创造的根本源泉。党的二十大报告提出"以中国式现代化推进中华民族伟大复兴"，其经济建设任务是"加快构建新发展格局，着力推动高质量发展"，其中明确要求建设现代化产业体系。强大的实体经济为资本市场提供了丰富的增长性资产，使得我国资本市场对全球投资者更具吸引力。科技创新企业的崛起为资本市场注入了新鲜血液，推动了新型金融产品和服务的创新。同时，金融市场的深化和对外开放，也为科技创新提供了更多的资金支持，进一步促进了科技企业的成长和实体经济的发展。资本市场与实体经济的良性互动，确保了金融体系的稳定性和抗风险能力。纵观全球金融强国的发展历程，无论是美国的硅谷，还是英国的工业革命，它们无不依靠科技创新推动实体经济的升级和金融市场的扩展。实体经济为金融市场提供了坚实的基础，科技创新则推动了产业结构的转型升级，金融市场的开放进一步促进了经济的繁荣发展。这一良性循环不仅推动了我国经济的可持续增长，也为我国在全球经济体系中赢得了更多的主动权和影响力。科技创新和实体经济是走好金融强国之路的根基，既是中国式现代化建设的一个重大实践问题，也是一个重大理论命题，是中国特色社会主义政治经济学的题中应有之义。

## 一、实体经济是金融强国的基础

发展实体经济是新时代新征程我国经济高质量发展的根本指向。实体经济肩负着发挥财富增加效应、发展带动效应、韧性增强效应、风险化解效应、共同富裕效应、价值观引导效应等重要功能。物质资料生产与再生产是人类社会存在与发展的基础与条件，是社会财富形成与积累的核心内容，以物质资料生产与再生产为核心内容的实体经济是社会财富增加的直接承担者。实体经济涉及部门与区域广泛，投入与产出复杂，对科技创新、人力资本、区域协调、对外贸易、城市化发展等具有广泛的发展带动效应。物质资料的生产与再生产是应对重大外部冲击与国际竞争挑战，实现经济持续稳定发展的重要保障，实体经济是增强经济韧性的根本依靠。虚拟经济及其可能造成的"泡沫经济"是经济社会重大系统性风险的重要来源，作为价值创造部门的实体经济则天然地不具有生成重大系统性风险的内在属性，同时为化解重大系统性风险提供基本的物质保障。实体经济涉及物质生产与非物质生产的众多部门，就业创造效应显著，以实体经济为基础的初次分配是实现共同富裕的基本机制。价值创造是实体经济的本质，实体经济的发展发挥着倡导劳动光荣、为社会创造财富的社会价值观的重大作用。

## （一）实体经济对金融强国的重要性

### 1 实体经济是金融资源的主要需求方

金融是国家经济发展的重要引擎，而实体经济则是金融发展的基础支撑。实体经济是指以物质产品和服务为基础的生产和交换活动，涵盖制造业、农业、基础设施建设以及服务业等领域。金融的本质是为实体经济服务，金融与实体经济相互依存，尤其是在大国经济中，强大的实体经济对金融体系的稳定与发展至关重要。因此，只有拥有充满活力且健康发展的实体经济，才能为建设金融强国提供坚实的物质前提。

强大的实体经济为金融市场提供了稳定而持续的融资需求，确保了金融体系的运行和健康发展。企业的发展、基础设施的建设、产业的升级都需要金融资源的支持，尤其是贷款融资、股权融资、债权融资等。实体经济的活跃度直接决定了金融市场的活跃度，如果实体经济增长乏力，金融市场的资金需求和投资机会也将萎缩。

中国制造业和基础设施建设长期以来是经济增长的重要引擎。这些领域对资金的需求巨大，需要通过银行贷款、债券发行、股权融资等方式从金融市场获取资本支持。与此同时，实体经济的持续发展也为金融市场提供了多样化的投资标的，使金融市场保持活力。随着中国实体经济的壮大，金融体系也在不断成长，形成了全球第二大经济体和金融市场的格局。

2. 实体经济为金融体系提供稳定的基础资产

金融体系的核心在于资产的稳定性与安全性，而这些基础资产的来源主要是实体经济。制造业、农业、基础设施建设等实业部门提供了稳定的资产，如房地产、生产设备、土地等，这些资产不仅是企业运行的必要资源，也是金融机构发放贷款、提供融资时的重要抵押物。因此，强大的实体经济不仅为金融市场提供了信用基础，也降低了金融市场的风险，增强了金融体系的抗风险能力。

特别是在大国经济中，实体经济的多元化和规模优势使得金融体系可以从不同领域获取资产支持，形成多层次、多类型的金融产品和投资机会。这种经济多样性降低了金融市场的系统性风险，有助于提高金融市场的稳定性。例如，在中国，制造业、房地产、农业、科技等多个领域的共同发展，为金融体系提供了多样化的资产池，增强了金融体系的韧性。

3. 实体经济为金融创新提供广阔空间

实体经济的蓬勃发展不仅为金融市场提供了大量基础资产，还为金融创新提供了源源不断的动力。实体经济的复杂性和多样性对金融服务提出了更多样化的需求，推动了金融产品和服务的创新。例如，随着高科技产业的快速发展，风险投资、股权基金等新型融资方式应运而生；跨境贸易的扩大则催生了供应链金融、跨境结算等新型金融产品。实体经济需求的不断变化，推动着金融行业的不断创新和进步。

尤其是在科技创新、绿色产业、新能源等新兴领域，实体经济的需求引导着金融工具的创新。例如，科技创新型企业的成长需要大量资金支持，这促使风险投资、私募股权、科创板等资本市场工具快速发展。同时，绿色经济的发展对金融服务提出了新的要求，绿色债券、绿色基金等产品逐步涌现，推动了金融体系的可持续发展。因此，实体经济的创新能力是金融创新的动力源泉，金融与实体经济的相互作用使得经济体系更加活力四射。

4. 实体经济促进了金融风险的有效分散

金融体系的稳定性与健康发展离不开有效的风险管理。而实体经济的多元化发展，有助于金融风险的分散与降低。当一个国家的实体经济具备多层次、多领域的特点时，金融体系可以通过分散风险来增强其稳定性。例如，制造业、农业、基础设施和服务业等实体经济板块的共同发展，意味着金融市场可以在不同行业之间分配资源，降低对单一行业或资产的依赖，从而增强金融体系的抗风险能力。

在全球经济不确定性加剧的背景下，强大的实体经济尤其重要。它不仅能为金融体系提供强有力的风险缓冲，还能在遭遇外部冲击时维持经济的基本稳定。例如，在新冠疫情全球大流行期间，中国实体经济展现出了较强的韧性，尤其是制造业和基础设施建设领域的稳健表现，为金融市场的平稳运行提供了重要支持。

## （二）实体经济是金融强国的核心支撑

对于金融强国而言，强大的实体经济尤其重要。这是因为大国经济的体量庞大、结构复杂，金融体系的稳定发展离不开实体经济的强力支撑。在全球化背景下，金融强国体系必须具备较强的抗风险能力和内生动力，而这些能力的来源正是强大而活跃的实体经济。

1. 大国经济的产业链与金融体系的深度融合

大国经济通常具有完整的产业链，从初级生产到高端制造，再到消费和服务业，覆盖了广泛的经济领域。金融体系通过为这些产业链的各个环节提供资本支持，形成了与实体经济的深度融合。例如，金融机构为制造业提供融资支持，为消费领域提供信贷服务，为基础设施建设提供长期资金保障。

这种深度融合增强了金融体系的韧性，使其能够更好地适应经济波动和外部冲击。

中国作为全球最大的制造业基地和第二大经济体，其金融体系与实体经济的结合极为紧密。无论是银行信贷还是资本市场融资，制造业、基础设施建设等领域的实体经济都占据了重要地位。这不仅促进了金融市场的繁荣，也为金融机构提供了稳定的资金来源和丰富的投资机会。为了促进制造业的发展，我国颁布了与智能制造相关的一系列产业政策，如表6-1所示。

表6-1 "智能制造"产业政策

| 发布时间 | 产业政策 | 内容要点 |
|---|---|---|
| 2015年3月 | 《2015年智能制造试点示范专项行动实施方案》 | 旨在通过试点示范项目探索智能制造模式，逐步推广成功经验和技术。 |
| 2015年12月 | 《国家智能制造标准体系建设指南（2015年版)》 | 为智能制造标准体系的构建提供了方向，帮助企业理解智能制造各阶段的技术要求和标准化规范。 |
| 2016年4月 | 《智能制造工程实施指南（2016—2020)》 | 提供了智能制造在"十三五"期间的实施路径，涵盖技术标准、产业生态、政策支持等内容。 |
| 2016年12月 | 《智能制造发展规划（2016—2020)》 | 进一步明确了智能制造的目标、路线图和实施步骤。规划提出，到2020年要初步形成具有国际竞争力的智能制造产业体系，普及智能制造关键技术与装备。 |
| 2019年11月 | 《关于推动先进制造业和现代服务业深度融合发展的实施意见》 | 旨在推动制造业与服务业的融合，通过智能制造、服务型制造等新模式新业态促进制造业转型升级。 |
| 2021年12月 | 《"十四五"智能制造发展规划》 | 该规划是"十四五"期间推动中国制造业智能化转型的纲领性文件，明确了到2025年智能制造的发展目标和重点任务。 |

2. 实体经济助推金融强国的全球竞争力

对于金融强国而言，提升全球竞争力是重要目标之一。而强大的实体经济为金融体系走向全球提供了有力支持。拥有强大制造能力和广泛国际贸易联系的实体经济，使得大国能够在全球资本市场上占据重要地位。例如，中国的制造业和出口贸易为人民币国际化和金融体系国际化奠定了坚实基础。随着中国企业的全球化扩展，越来越多的跨国企业开始使用人民币进行贸易结算，推动了人民币在全球的使用和接受。

此外，强大的实体经济还为金融机构的国际化扩展提供了支持。例如，随着中国制造企业和基础设施建设企业在"一带一路"共建国家的投资和项目增加，金融机构也随之进入这些国家，为其提供信贷支持、结算服务和金融产品。这不仅增强了中国金融机构的国际竞争力，也推动了金融体系的国际化发展。

3. 实体经济是金融强国应对外部冲击的"压舱石"

大国经济通常面临复杂的国际环境和多重外部冲击，如全球经济波动、地缘政治紧张、贸易摩擦等。在这样的背景下，强大的实体经济是金融强国体系抵御外部风险的重要"压舱石"。实体经济的稳定发展和强劲增长为金融市场提供了持续的资金流动和稳定的投资渠道，使得金融体系能够在外部冲击下保持稳定。例如，在中美贸易摩擦期间，尽管外部环境充满不确定性，但中国实体经济，尤其是制造业的强劲表现，使得中国金融体系未受到重大冲击。反而在这一背景下，金融市场通过创新金融工具支持企业提升竞争力，推动了经济的持续增长。因此，实体经济的强大不仅为金融市场的健康发展提供了动力，也增强了其应对外部风险的能力。

## （三）科技创新是实体经济助推金融强国的重要保障

中国科技创新的发展对构建金融强国至关重要，是推动金融体系高效运行、提升金融竞争力和促进金融市场深度与广度的重要基础。随着全球科技竞争的加剧和经济发展模式的转型，科技创新与金融体系的深度融合成为中国金融强国建设的关键驱动力。

1. 科技创新促进金融体系的结构优化与创新能力提升

科技创新为金融体系提供了丰富的创新动能，极大推动了金融产品和服务的创新。近年来，人工智能、大数据、区块链等前沿技术在金融领域的应用不断拓展，催生了智能投顾、在线支付、区块链金融、保险科技等一系列新型金融产品和服务。这不仅有效提升了金融市场的效率，还降低了交易成本，增强了市场透明度和金融资源配置的有效性。

科技创新提升了金融机构的运营效率，成为现代金融体系中不可或缺的推动力量。通过金融科技的应用，金融机构在风险控制、客户服务、业务处理等方面都得到了显著优化。例如，人工智能技术的应用帮助金融机构提升了风控水平，增强了对客户数据的实时分析能力，极大提高了信贷审批、风险评估等关键环节的精准度和效率。同时，区块链技术的应用则提升了金融机构内部与跨机构的信息传递及协作效率，减少了金融交易中的信息不对称和不透明问题。图 6-1 展示了各主要国家研发总支出。

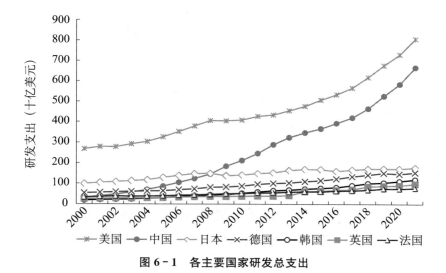

**图6-1 各主要国家研发总支出**

资料来源：依据《2024年美国科学与工程指标》整理而得。

### 2. 科技创新促进资本市场深化与资源优化配置

资本市场作为现代金融体系的核心，为科技创新企业的融资提供了重要平台。随着科技创新的不断推进，越来越多的科技型企业通过资本市场实现了跨越式发展。中国设立的科创板及创业板，正是旨在支持科技创新型企业通过直接融资方式获得发展资金。这一举措有效促进了资本市场结构的优化，提升了资本市场的包容性与多样性。

科创板的推出不仅吸引了大量具有高成长性和技术创新优势的企业，还推动了市场化定价机制和监管制度的进一步改革。通过更加灵活的上市条件、信息披露要求和差异化的投资者准入标准，资本市场对科技创新的包容性显著增强，为科技企业融资提供了更多机会，也推动了资本市场的整体深化。

科技创新通过提升资本市场的资源配置效率推动了金融强国的构建。科技型企业的快速发展对资金的需求量大，且风险相对较高，而资本市场通过风险定价机制和多层次市场体系，将社会资本更高效地引导到具备高成长性、高回报潜力的科技创新领域。尤其是风险投资和私募股权基金的发展，为科技创新企业提供了长期的资本支持，有效推动了高风险、高收益的科技企业的成长壮大。同时，科技创新提升了资本市场的信息透明度，减少了市场主体之间的信息不对称。大数据分析、人工智能算法等技术在金融市场中的应用，为投资者提供了更多元、更精准的信息支持，帮助其做出更合理的投资决策，从而提升了资本市场资源配置的效率。

3. 科技创新推动金融风险管理的改进与金融稳定性提升

科技创新在金融风险管理领域的应用大幅提升了金融体系的风控能力。金融风险是金融体系发展过程中不可避免的挑战，尤其是随着金融市场规模和复杂度的增大，风险管理的重要性愈发突出。通过科技创新，金融机构能够更有效地识别、监控和防范金融风险。例如，大数据技术能够对金融市场中的海量数据进行实时分析，及时发现潜在风险点，并通过风险预警机制有效规避可能的系统性风险。

科技创新还增强了金融市场的韧性，使其能够在复杂多变的环境中保持稳定运行。区块链技术的去中心化和防篡改特性，使得金融市场中的信息和交易记录更加透明和安全，有效降低了金融欺诈和数据泄露的风险。同时，金融科技的广泛应用也使得金融体系在面对突发事件时具备更强的应对能力和抗压性。

## （四）国际贸易和人民币国际化拓展了实体经济助推金融强国的外部支撑

### 1. 国际贸易推动金融市场的深度与广度扩展

国际贸易活动的增加对资本市场的国际化具有重要推动作用。随着中国逐渐成为全球贸易的重要参与者（见图6-2），国际资本市场对中国的关注和参与也日益增加。外资机构的进入，不仅为中国资本市场带来了更多的资金流入，还带来了先进的投资理念和风险管理工具，提升了中国金融市场的国际竞争力。通过国际贸易的繁荣，更多的跨国企业进入中国市场，推动了资本市场结构的多元化与国际化进程。

国际贸易扩展了中国金融市场的广度，使得金融市场的参与者和金融产品种类更加多样化。随着中国与其他国家之间的贸易往来不断加深，企业、个人以及金融机构在外汇、跨境支付、进出口融资等领域的需求显著增加。为了满足这些需求，金融机构需要不断开发和创新金融产品，如出口信贷、贸易融资、外汇衍生品等，丰富了金融市场的产品体系。

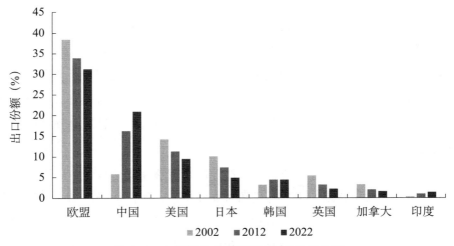

图6-2 知识和技术密集型制造业出口份额

资料来源：依据《2024年美国科学与工程指标》整理而得。

## 2. 国际贸易推动金融产品与服务的创新

在国际贸易过程中，进出口企业对资金周转、支付方式及风险控制的需求推动了金融机构在贸易融资领域的创新。以信用证、保函、国际结算等传统贸易融资工具为基础，金融机构开发了更多的融资模式，如供应链金融、应收账款质押融资、保理业务等，极大提升了企业的资金流动性和国际贸易的效率。这类创新性金融产品不仅为企业解决了资金周转难题，还帮助金融机构在国际贸易活动中获取了更多的利润来源。

国际贸易直接推动了中国外汇市场的快速发展和创新。随着中国企业在全球市场中扮演越来越重要的角色，外汇交易需求迅速增长，这为外汇市场的深化与拓展提供了重要契机。为适应国际贸易中的外汇需求，金融机构开发了多种外汇产品和工具，如远期外汇合约、外汇掉期、外汇期权等，帮助企业管理汇率风险，优化资金管理。

## 3. 国际贸易推动人民币国际化进程

国际贸易为人民币国际化进程提供了强大动力。作为全球第二大经济体，中国的贸易伙伴遍布全球，这为人民币作为贸易结算货币提供了广泛的应用场景。随着中国与"一带一路"共建国家以及其他新兴市场国家的贸易往来加深，越来越多的国际贸易活动开始使用人民币进行结算（见表6-2）。这不仅扩大了人民币的国际使用范围，还为中国的货币政策工具提供了更大

表 6 - 2　GDP 份额、贸易份额和货币国际化指数

| 经济体 | 2018 年 | | | 2023 年 | | |
|---|---|---|---|---|---|---|
| | GDP 份额（%） | 贸易份额（%） | 货币国际化指数 | GDP 份额（%） | 贸易份额（%） | 货币国际化指数 |
| 美国 | 23.73（1） | 20.04（3） | 52.19（1） | 27.12（1） | 20.56（3） | 49.31（1） |
| 欧元区 | 15.83（3） | 45.23（1） | 26.81（2） | 17.65（3） | 44.74（1） | 25.03（2） |
| 英国 | 3.32（5） | 5.34（5） | 4.22（4） | 3.31（5） | 4.78（5） | 3.76（5） |
| 日本 | 5.82（4） | 7.18（4） | 4.37（3） | 4.18（4） | 5.85（4） | 4.40（4） |
| 中国 | 16.06（2） | 22.21（2） | 2.95（5） | 18.19（2） | 24.07（2） | 6.42（3） |

注：括号中为各数值的排序。

的施展空间。通过推动人民币在国际贸易中的使用，中国进一步提升了自身在全球金融体系中的地位。人民币国际化的进程增强了中国金融市场的开放度和国际竞争力，是构建金融强国的重要步骤之一。国际贸易作为人民币国际化的重要载体，为人民币在全球范围内的接受度和流通性提供了重要的现实基础。

4. 人民币国际化提升中国金融市场的开放度与竞争力

人民币国际化促进了中国金融市场的进一步开放。随着人民币在国际市场上的广泛使用，全球投资者对中国资产的需求大幅增加，尤其是在债券市场和股票市场上。中国政府为推动人民币国际化逐步开放了资本账户，降低了境外资本进入中国金融市场的门槛，这极大提升了金融市场的流动性与深度。

人民币国际化为中国金融市场引入了更多的国际投资者和金融机构，提升了市场的多样性和竞争力。国际资本的进入不仅增加了金融市场的资金供给，还带来了先进的金融产品设计理念、风险管理技术和市场运作经验，促进了中国金融市场的现代化进程。

在人民币国际化过程中，跨境贸易结算、投资和外汇交易的需求为中国金融体系带来了巨大的创新动力。为适应国际市场需求，金融机构不断推出新的金融产品与服务，如人民币跨境支付系统（CIPS）、人民币计价的金融衍生工具、跨境人民币债券（熊猫债）等。这些创新不仅提高了人民币在国际市场上的流通效率，还推动了中国金融体系的多元化和专业化。

人民币国际化还推动了金融科技的发展。为提升跨境交易和支付的效率，中国金融机构加大了在金融科技领域的投入，区块链、人工智能等技术的应用极大提升了人民币跨境结算的效率和安全性。这种金融产品和服务的创新，不仅加快了人民币国际化进程，还为中国金融强国建设提供了重要支撑。

## 二、科技创新为金融强国注入新鲜血液

随着全球技术的进步和数字经济的快速发展，科技创新企业的崛起成为

全球资本市场的重要推动力量。特别是在中国，科技创新企业以其高成长性、高创新力和巨大的市场潜力，为资本市场带来了全新的发展机遇。这些企业的成功不仅推动了传统行业的转型升级，还带动了资本市场的结构优化和发展模式创新。

## （一）科技创新企业通常具备极高的成长性

创新型企业的成长过程是一个持续进行创新投入的发展过程，它高效地利用全球性的创新网络，有效地整合创新资源，成功地推出具有强辐射力的创新成果，最终实现企业的可持续成长。相比一般创新型企业的成长，科技创新企业的成长具有更为显著的特点。表6-3给出了知识和技术密集型（KTI）行业的构成。

表6-3　知识和技术密集型行业的构成

| 产业类别 | 产业名称 |
| --- | --- |
| 高技术制造业 | 制药 |
| | 化工及化工产品（不含药品） |
| | 计算机、电子和光学产品（包括半导体） |
| | 电气设备 |
| | 机动车辆、拖车和半挂车 |
| | 航空航天器及相关机械 |
| | 铁路、军用车辆和其他运输设备 |
| | 其他机械和设备 |
| | 医疗和牙科器械 |
| 知识密集型服务业 | IT和其他信息服务 |
| | 科学研发服务 |
| | 软件出版 |

2021年，KTI行业的全球增加值产出为10.6万亿美元，其中KTI服务业贡献了3.3万亿美元，KTI制造业贡献了7.3万亿美元。从2012年到2021年，全球KTI服务业的增加值增长了68%，而KTI制造业增长了

41%。如图 6 - 3 所示，美国是最大的 KTI 服务提供国，2021 年的增加值产出达到 1.3 万亿美元。从 2012 年到 2021 年，美国 KTI 服务产出翻了一番多，美国在全球 KTI 服务中的份额从 2012 年的 30% 增加到 2021 年的 39%，几乎是 2021 年欧盟的 2 倍。虽然美国在 KTI 制造业的份额略有增加，但中国的 KTI 制造业产出在同一时期内增长了约 2 倍，其全球份额从 22% 增加到了 33%。

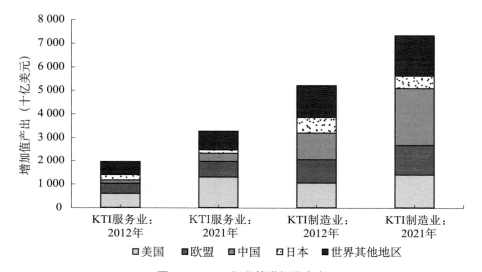

**图 6 - 3　KTI 行业的增加值产出**

资料来源：依据《2024 年美国科学与工程指标》整理而得。

1. 高投入性

创新型企业的创新活动往往具有规模大、涉及范围广、影响深远等特性，而为了支撑这些创新活动，需要投入大量的资金、人力、技术等创新资源。创新资源的高投入是保证企业拥有持续创新能力和顺利开展创新活动的关键因素。在创新型企业成长的各个阶段，无论是为了企业的生存而投入的创新资源，还是为了企业的可持续发展而投入的创新资源，其投入规模都是庞大的。

2. 高风险性

创新型企业在成长过程中主要可能面临两方面的高风险：

一是创新结果的不确定性所导致的高风险。创新是对未知事物的大胆尝试和探索，是对不确定事物的一种投资，企业往往会对创新活动投入大量资金，然而其失败率往往较高。创新的失败进而会引发企业其他方面乃至整个企业的经营危机，因此企业的创新活动往往伴随着高风险。

二是创新成果转化的产品未能满足市场需求所导致的高风险。企业投入了大量资金、人才、技术设备等创新资源用于创新产品的生产，而其所生产的产品可能未能符合市场的真实需求，从而未能给企业带来所期望的利润。

### 3. 高收益性

创新型企业在成长的进程中会自发地进行大量创新活动，并将大量创新资源投入创新活动当中，而企业也需要大量创新活动来尽快抢占消费市场、吸引顾客、扩大市场份额。创新型企业的创新成果往往具有高能级的辐射效应，能够提升企业的核心竞争力，并催生新的消费市场，这些都能够使得企业的收益大幅增加。

### 4. 高自主性

在创新型企业成长过程中，整个企业在浓厚的创新氛围中展开工作，上至管理者、下至员工往往都具有很高的创新积极性，能够自发、自主地在各方面进行创新，为消费者提供极具创新性的产品或服务。创新型企业的高自主性具体表现为：一是具有自主的创新能力；二是拥有自主知识产权或自主品牌；三是自觉地适应或改变环境；四是自觉地进行管理、组织上的革新；五是自觉地开拓新的市场。企业也正是在这种自主性的创新氛围下充分发挥组织成员的自主创新，从而实现整个企业的发展壮大，最终由一般的创新型企业逐渐成长为具有全球影响力的创新型企业。

### 5. 高成长性

对于创新型企业而言，其高成长性具体体现在以下两个方面：

一方面，创新型企业凭借其强大的持续创新能力将企业通过超额利润实现的剩余资源积累转化为企业能力，从而推动企业持续、高速成长。

另一方面，创新型企业的创新成果往往具有高能级的辐射效应，能够催生全新的消费市场，由此而带来的超额收益推动着企业形成跳跃式发展。

## （二）创新型企业成长路径的探索与实践

企业成长路径就是企业实现发展目标所采取的方式、方法和途径。而创新型企业的成长路径就是创新型企业实现价值增长的一系列方式、方法和途径。创新型企业不同于一般创新型企业，其研发投入强度更高、创新力度更大，因而其成长过程中的每一个阶段都伴随着创新活动的发生。本小节认为创新型企业的成长路径主要有以下五种：

### 1. 自主创新型成长路径

自主创新型成长路径是指企业充分利用自有核心技术和外部优势资源逐步发展壮大，这是西方发达国家创新型企业成长路径的主要形式。西方发达国家为企业的发展提供了得天独厚的外部环境，企业能够轻易获得自身快速发展所需的各种资源。这类企业能够将创业者的人力资本和投资者的风险资本二者进行有效整合，也能够准确地把握产业的核心技术变革和产品升级换代的最佳时机，从而以最快的速度进入新的产业领域，创造出新的市场。它们往往在某一产业领域具备了某种竞争优势，处于产业的领先位置，通过企业核心竞争力与领先优势迅速扩大经营规模，从而逐渐成长为世界级企业。

### 2. 模仿超越型成长路径

模仿超越型成长路径是指企业由于自身条件限制而引进领先企业的先进技术，通过模仿来缩短进入某一领域的时间，并且在模仿过程中不断进行自主创新，逐步摆脱对其他企业的技术依赖，形成自身具有竞争力的核心技术，从而超越模仿对象的一种成长路径。这种类型的创新型企业在初始阶段处于产业发展的落后阶段，也不具备竞争优势，为了在与行业中在位企业的竞争中脱颖而出，往往采取模仿创新与差异化战略相结合的方式，逐渐缩小与行业中领先企业的差距，甚至实现赶超。最典型的代表就是日韩企业。

### 3. 合作跨越型成长路径

合作跨越型成长路径是指企业在发展过程中与大学、科研机构、其他企业进行合作研究，甚至不惜与强劲的竞争对手进行合作，其目的是能够充分利用合作单位的优势资源为己所用，并在合作过程中不断对先进技术进行消化创新，超越对手，形成跨越式发展。这类创新型企业在成立初期由于自身研发能力未达到国际先进水平，为了尽快抢占市场，便通过技术合作的方式来获得其所需要的先进技术。这类企业往往市场适应能力较强，善于整合企业内外部优势资源，并形成自身独特的核心技术。它们能够更快地获得先进的、前沿的技术，从而在一个更高的起点上开始企业的快速成长。

### 4. 迂回战术型成长路径

迂回战术型成长路径是指企业在成立之初，由于自身实力较弱，不具备与强大竞争对手正面抢占市场的能力，转而从竞争对手忽略的、无暇顾及的市场着手，把自身全部力量用于这一市场的开拓，在取得成功之后再去与强大竞争对手展开正面竞争的一种成长路径。这类创新型企业由于成立初期资金不足、规模较小、信誉较低、竞争力较弱等原因而不采取正面竞争的方式，而是另辟蹊径，选择竞争程度不激烈的市场，从而逐步发展壮大。但是选择迂回战术的企业在发展过程中必然要攻克重重困难，如前期恶劣的工作环境、文化交流的障碍、员工较低的工作积极性等。这些都要求企业在发展过程中不断摸索、总结教训、积累经验，形成自身的核心竞争力，从而具备与竞争对手正面竞争的实力。

### 5. 政府主导型成长路径

政府主导型成长路径是指企业在发展过程中由政府作为其主要支配力量，政府为企业的发展提供资金、人才等资源，企业在政府的大力支持下优先享用政府资源，受政府相关政策的保护，从而不断发展壮大，最终成长为创新型企业。这类企业往往涉及一些与国家利益直接相关的产业领域，或是与国家的重要发展战略息息相关，因而这些企业受到政府部门的调节和支配，能够在政府的大力扶持下迅速成长起来。由于政府在这类企业发展过程中扮演着主导性的作用，因而这类企业的成长路径具有两个较为明显的特点：一是政府对企业经营的干预性。企业在经营过程中的一切方针政策都需要在政府的指导下制定，政府对企业的投资方向、经营策略掌握绝对的话语权。二是企业对政府的依赖性。企业在发展过程中必须紧跟政府的步伐，政府掌握着企业经营的资金和资源，企业对政府有较强的依赖性。

## （三）美国的全球"科技-产业-金融"体系[①]

美国是目前全球"科技-产业-金融"体系最为健全的国家之一，通过政府政策支持、科技产业金融（简称科产金）主体协同等，吸引了全球半数以上的投资，在高性能计算、合成生物等领域产生一批"从 0 到 1"的重大原创性、引领性成果，诞生了 SpaceX、OpenAI 等一批全球顶尖独角兽企业，为美国抢占新一轮科技革命和产业变革制高点打下了坚实基础。

### 1. 政策制度：点面结合支持科产金良性发展

美国注重发挥各类政策工具的联动作用，综合运用财税、金融、成果保护等政策，为激发企业创新活力、促进金融支持创新营造良好环境。

美国联邦政府发挥"有形的手"的关键作用，为产业科技创新提供"面"的支持。在财税政策方面，美国通过政府预算和税收优惠为高技术产业发展和企业创新提供普惠性支持。根据 2024 财年预算方案，研发预算达到历史最高的 2 100 亿美元，其中，先进能源研究计划署（ARPA-E）预算增加 38％，美国国家科学基金会（NSF）预算增加近 15％，国防先进研究计划署（DARPA）预算增加 8％，国立卫生研究院（NIH）预算达 486 亿美元。在金融政策方面，通过具有政府背景的机构高效撬动社会资本支持企业进行前沿技术、核心技术攻关和创新成果产业化商业化进程。1958 年颁布

---

① 王凡，陶青阳，郭雯，等．赛迪智库｜中国可借鉴美国"科技-产业-金融"良性循环经验．澎湃新闻网，2023－10－18．

《小企业投资法案》，批准美国小企业管理局（SBA）启动"小企业投资公司计划"，通过私人投资资本、信用担保杠杆资金以及一定比例的养老基金参与中小企业投资，为中小企业获得权益资本和长期贷款奠定了基础。1974年颁布《雇员退休收入保障法》，将风险投资总税率由49％降到20％，1978年又将长期资本收益的最高边际税率降为28％，进一步刺激了风险投资的发展，为风险投资长期支持高回报的科技创新铺平了道路。在保障政策方面，联邦政府形成了涵盖知识产权、成果转移等较为体系化的支持。联邦政府先后制定《专利法》《商标法》《版权法》《反不正当竞争法》等，以规范科研市场环境，加强对知识产权的保护。《拜杜法案》《史蒂文森-威德勒技术创新法》《国家竞争性技术转让法》等破除公私创新合作壁垒，充分调动政府、高校院所、企业等各方积极性，极大提高了科研成果转化的效率。

美国联邦政府高度重视颠覆性创新，为小企业发展提供"点"的支持。在信贷支持方面，联邦政府为中小企业提供多渠道的贷款支持。一方面，美国小企业管理局向符合特定要求的小企业提供信用担保，主要项目有7（a）贷款项目、CDC/504中长期贷款项目和小额贷款项目。另一方面，SBA建立了7（a）贷款二级市场，发放贷款的机构可以在市场上交易贷款中由SBA担保部分产生的现金流。在资金支持方面，联邦政府鼓励中小企业参与具有商业化潜力的研发活动。SBA实施小企业创新研究（SBIR）和小企业技术转移（STTR）两大专项计划。一方面，SBIR和STTR对支持中小企业创新进行明确规定。SBIR规定，凡是超过1亿美元的政府对外委托项目，均需将其中3.2％的资金用于支持中小企业技术创新。另一方面，两大计划一般分三个阶段实施。第一阶段是在半年内确定研发技术价值、可行性和商业价值，最高资助可达25万美元。第二阶段是为期两年的研发过程，年度资助额度通常为75万美元。第三阶段即要求研发成果商业化，这个阶段SBIR/STTR计划将不再给予资助。在政企合作方面，联邦政府推动中小企业合作创新。SBA专门成立获得政府采购合同办公室，加强与国防部、国家航空航天局（NASA）等政府机构的合作，帮助小企业获得政府合同和大型联邦采购中的分包合同，促进技术产品转移转化。

2. 主体协同：企业、高校、科研院所、金融机构相互拥抱

企业主导产学研用金深度融合。企业作为产业科技创新的组织核心，主导产学研用金融合，通过研发、战略、资金等的联动，推进科技创新和高科技产业发展。在前沿创新方面，2021 年美国企业研发投入经费中有近 22％的比例用于基础研究和应用研究，远超中国、德国等国家。在上下游协同创新方面，美国以产业链龙头企业为引领，带动上下游科技企业开展协同创新，依托产业链供应链撬动社会资本，提高金融对科技创新的支持力度，助推重点产业实现技术跃升。在产学研联动创新方面，美国企业与高校、科研院所、金融机构等主体联动，强化资源共享和优势互补，构建"技术＋金融＋应用"的高效循环模式。图 6-4 给出了部分国家的专利申请量。

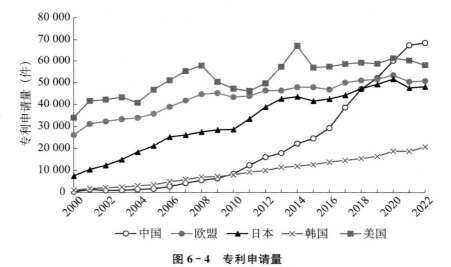

图 6-4　专利申请量

资料来源：依据《2024 年美国科学与工程指标》整理而得。

科研机构推动科技成果向经济价值转化。美国的科研机构主要由国防部、能源部、国家科学基金会、国家航空航天局、美国国立卫生研究院等政府科研机构下属的联邦实验室（如劳伦斯伯克利国家实验室、洛斯阿拉莫斯国家实验室等），以及斯坦福大学、麻省理工学院、杜克大学等高等院校组

成。通过技术许可、技术转让、衍生企业协议等方式与产业界进行深度联系，充分发挥人才设施的优势，推进基础研究、应用研究、成果转化有机结合，与企业、风险资本等紧密互动，共同推动科技成果向经济价值转化。在联邦实验室方面，美国通过广泛设立实验室嵌入式创业项目，为初创团队提供最先进的实验设施，促进顶尖创业型科学家和工程师进入实验室开展早期研发和产品商业化。在高等院校方面，美国高校面向产业一线需求开展基础研究和应用研究，与企业紧密合作开展成果转化，加速技术商业化进程。斯坦福大学设立技术许可办公室，对企业开放大学实验室，形成"学术-工业"综合体的发展模式，衍生出超千家企业，并以产业实际需求为导向形成了涵盖孵化基金、风险投资、法律咨询等的创新链条服务体系，为硅谷的繁荣奠定了坚实基础。图 6－5 展示了 2000—2023 年硅谷与美国劳动力人均附加值。

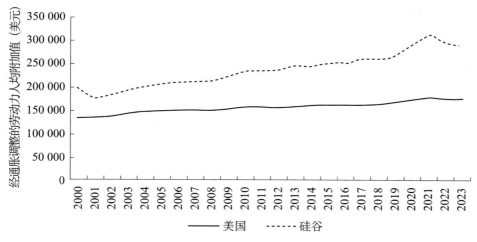

**图 6－5　2000—2023 年硅谷与美国劳动力人均附加值**

资料来源：Silicon Valley Index.

　　金融形成对产业科技创新的长效支持，经过多年发展，美国形成了成熟的市场化金融体系，充分发挥价值判断作用，在科技和产业之间搭起"桥梁"，通过银行信贷、证券市场等多样化的融资渠道和灵活的风险投资环境有力地支持了不同阶段的科技创新和初创企业成长。在银行信贷方面，为了更好地服务于不同发展周期、研发阶段的科技型企业，以硅谷银行为代表的科技银行对现有银行的金融功能进行创新和完善，充分发挥渠道支持作用，将银行贷款、风险投资、资本并购相结合，形成"投贷联动"的支持模式，极大缓解了科技型企业"融资难、融资贵"的问题。在资本市场方面，美国的资本市场经历多年发展，已形成由主板市场、二板市场、区域性交易所、全国性场外交易市场和地方性柜台交易市场组成的金字塔形结构。其中，场外交易市场上市门槛较低，为高新技术产业、能源产业、医药健康产业等的企业创新提供了便利的融资平台，极大满足了大批高新技术企业上市直接融资和创业风险资本退出的需要。同时，资本市场建立了"自愿升级、强制降级"的转板制度，并可实现跨级转板。这一制度能够充分发挥证券市场"优胜劣汰"机制的作用，有利于提高上市科创公司整体质量，形成对硬科技的准确价值判断，促进资本市场对企业创新进行长期支持。在风险投资方面，风险投资与科技型企业共生繁荣，通过资金撬动美国科技进步和技术产业化，并分散创新过程风险。在资金来源方面，大多数美国风险投资资本来自养老基金、保险公司等金融机构，如大学基金、财团、企业以及高净值人群，资金来源多元化特征显著。图 6-6 给出了 2000—2023 年硅谷风险投资规模。

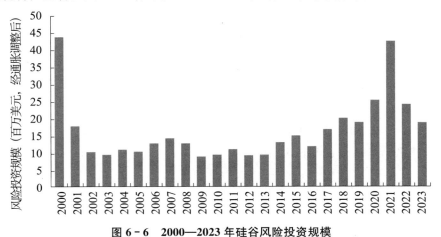

**图 6-6　2000—2023 年硅谷风险投资规模**

资料来源：Silicon Valley Index.

## （四）科技创新催生了资本市场上的新兴产业板块

2024 年 6 月 19 日，2024 陆家嘴论坛在上海开幕。中国证监会官员围绕"科技创新与资本市场高质量发展"发表主题演讲。他表示中国具有三大优势，分别是人才、资本和市场。在自主创新中，把这三大优势结合起来，资本市场责任非常重大。早前，国务院国资委召开专题会议强调：要更加注重科技创新，把研发融入血液中，把创新融入战略中，加快突破关键核心技术，推动科技创新成果产业化；要更加注重优化布局，抓好传统产业转型升级，抓好战略性新兴产业加快布局。以中国的科创板和创业板为代表，专门为高科技企业设立的市场板块为这些企业提供了直接融资渠道。这些板块的设立不仅提升了资本市场的活跃度，还进一步推动了创新驱动的经济增长。科创板自成立以来，已经吸引了大量科技创新型企业上市，它们涵盖了信息技术、生物医药、智能制造等新兴产业。这些新兴企业的上市带动了市场的结构优化，资本市场不再仅仅依赖传统产业，而是逐渐向技术密集型、创新驱动型产业转移。

### 1. 科技型公司成为一二级市场优质资源

科技创新是推动产业高质量发展的重要支撑，是加快形成新质生产力的重要要求，对经济社会全局和长远发展具有带动作用。近年来，在政策的大力支持下，我国科技型公司融资渠道正逐步拓宽，成为一二级市场的优质资源。据证券时报·数据宝统计，截至 2024 年 6 月 19 日，2023 年以来共有331 家注册制公司登陆 A 股市场，按照战略性新兴产业划分，以"新一代信息技术产业、生物产业、高端装备制造产业"为主的科技型战略性新兴产业公司多达 200 家，占比达到六成。2024 年以来上市的 41 家公司中，科技型战略性新兴产业公司占比超过 65％，创 2020 年以来次新高。这一占比未来或将持续上升。IPO 申报企业中（剔除终止、中止以及暂缓发行、暂缓表决公司），信息技术类公司超 40 家，占申报公司数量近三成，医药生物产业公司占比近一成。从行业分布来看，上述 200 家公司中，新一代信息技术产业上市公司有 98 家，最新上市的公司有达梦数据、灿芯股份、中瑞股份等；高端装备制造产业及生物产业公司各有 72 家、30 家。从板块分布来看，创业板、科创板公司分别有 69 家、58 家，主板公司数量最少，仅有 22 家。

**2. 三大战略性新兴产业募资占比超六成**

从首发募资来看，上述 200 家科技型战略性新兴产业公司平均首发募资 11.51 亿元，其余 131 家公司平均首发募资 10.05 亿元；前者超募（加权计算）17.14%，后者超募 21.51%。从行业来看，2023 年以来上市的 331 家注册制公司中，属于战略性新兴产业公司的有 315 家，首发合计募资超过 3 450 亿元，其中上文提及的三大科技型战略性新兴产业公司募资合计超过 2 300 亿元，占前者的比例超过六成。从超募情况来看，生物产业公司的超募比例超过 24%，高端装备制造产业公司及新一代信息技术产业公司分别超募 20.09% 和 14.7%。

具体来看，首先，新一代信息技术产业公司募资金额合计超过 1 450 亿元，位居九大战略性新兴产业之首，募资金额占比超过四成；其次，高端装备制造产业公司募资金额合计超过 550 亿元；生物产业公司合计募资金额超过 300 亿元，位居九大行业第五位。

**3. 科技型公司研发强度持续走高**

近年来，科技型战略性新兴产业的研发投入保持了上升趋势。据证券时报·数据宝统计，2021—2023 年，上述 200 家科技型战略性新兴产业公司研发支出总额分别为 151.47 亿元、202.91 亿元、242.89 亿元，2023 年研发支出较 2021 年（可比数据）增加超 55%，其余公司研发支出同期增幅为 47% 左右。从研发强度来看，2021—2023 年，上述 200 家科技型战略性新兴产业公司研发强度（均值）分别为 8.15%、9.07%、10.18%，持续超越其余公司（持续低于 5%）。从单家公司来看，2021—2023 年研发强度持续超过 10% 的公司有 39 家，其中研发强度持续超过 30% 的公司仅有 6 家，分别是盛科通信-U、智翔金泰-U、索辰科技、云天励飞-U、康乐卫士及英方软件。进一步来看，2021—2023 年研发强度持续超过 10％，且同期加权净资产收益（ROE）持续超过 10％的科技型战略性新兴产业公司仅有 8 家，最新上市的公司有达梦数据、星宸科技、诺瓦星云、成都华微等。达梦数据研发强度持续上升，2023 年达到 20.79％，公司是全球第二个在软件层面全面突破共享存储集群核心技术的数据库厂商，拥有包括"达梦启云数据库云服务系统""达梦启云云开放平台"等云计算系列产品。公司 2021—2023 年加权 ROE 位居 20％以上。星宸科技是中国第二大行车记录仪芯片厂商，其 IPC SoC 及 NVR SoC 出货量全球第一。该公司 2023 年研发强度超过 24％。成都华微是国内少数几家同时承接数字和模拟集成电路国家重大专项的企业之一，其研发强度持续超过 20％。锦波生物在重组人源化胶原蛋白领域处于国际技术领先地位，公司 2023 年加权 ROE 大幅上升，2024 年第一季度加权 ROE 超过 10％，位居 8 家公司之首。芯动联科是目前少数可以实现高性能微电子机械系统（MEMS）惯性传感器稳定量产的企业。航天环宇是国家级专精特新"小巨人"企业，经过多年的发展，具有较强的技术能力、产业化优势和综合竞争力，并成为航天科技、中航工业、中国航发等军工央企的核心供应商。航天环宇 2023 年研发强度、加权 ROE 分别为 10.55％、10.66％。

## 三、国际贸易和人民币国际化为金融强国提供重要支撑

随着全球化进程的加快和中国经济的崛起，国际贸易和人民币国际化成为推动资本市场发展的重要力量。这一进程不仅为资本市场带来了大量的资金流入，还创造了更多的投资机会和新的金融产品。尤其是人民币国际化的进展，使得中国资本市场进一步融入全球金融体系，为全球投资者提供了新的资产配置渠道。

国际贸易的增长为资本市场带来了大量资金流动和新的投资机会。中国作为全球最大的贸易国之一，其进出口规模不断扩大，推动了贸易相关的金融需求增加。跨境结算、贸易融资、货币兑换等金融活动的活跃，使得资本

市场的资金流动性显著提高。国际贸易还带动了相关产业的发展，尤其是制造业、物流业和科技创新领域的企业，这些企业的崛起为资本市场注入了大量优质资产，进一步吸引了国内外投资者的关注。

人民币国际化为中国资本市场的开放和国际化奠定了坚实的基础。随着人民币逐步成为国际贸易中的重要结算货币，越来越多的跨国企业和金融机构开始接受和使用人民币进行结算和投资。这一趋势增强了人民币的国际地位，同时也为中国资本市场吸引了更多的外资流入。尤其是在"一带一路"倡议的推动下，人民币在全球范围内的使用更加广泛，为中国企业的海外扩张和资本市场的跨境融资提供了便利。

## （一）人民币国际化推动新型金融产品的创新

人民币国际化不仅增强了中国资本市场的国际竞争力，还推动了新型金融产品的不断创新。随着人民币在国际市场上使用范围的扩大，金融机构需要开发出更多符合国际投资者需求的人民币相关产品。这一需求推动了离岸人民币市场的发展，并催生了一系列新型金融产品，如人民币计价的债券、人民币外汇期货和人民币跨境支付系统。

### 1. 人民币离岸金融市场的发展成就

离岸人民币市场的快速发展是人民币国际化的重要成果之一。香港、新加坡、伦敦等国际金融中心成为离岸人民币业务的主要承载地，人民币存款、贷款、债券等离岸金融产品应运而生。例如，离岸人民币债券（俗称"点心债"）已经成为全球投资者配置人民币资产的重要工具。这种债券不仅为境外投资者提供了投资人民币的机会，也为中国企业在国际市场上融资提供了新的渠道。此外，人民币外汇期货和期权等衍生品也逐渐成熟，为全球投资者对冲汇率风险、管理资产提供了更多选择。

离岸人民币规模快速增长。自 2009 年起，离岸人民币规模从无到有，快速增长。从离岸人民币存款来看，香港人民币存款余额经历了"上升—回调—上升"的趋势。从离岸人民币贷款来看，香港人民币贷款规模经历了

"上升—回调—波动"的趋势。香港开展人民币业务的金融机构数量也从2009 年末的 60 家稳定在 2021 年初的 143 家。不难发现，人民币离岸金融市场的发展并非一帆风顺。人民币离岸金融市场的发展在 2016 年与 2017 年陷入了停滞甚至倒退，从 2018 年开始在艰难调整中缓慢恢复。

人民币计价金融产品相继问世。离岸人民币产品创新早期以存贷款等离岸银行业务为主，主要包括人民币存款和贷款、大额存单、人民币债券、外汇交易等业务（孙天琦等，2018）。近年来，跨境人民币产品创新逐步转移至资本项下的各个科目，以金融衍生品、基金等为代表的创新类离岸金融产品也逐渐进入市场。香港离岸人民币市场产品创新强劲，其在人民币房地产投资信托（REIT）、人民币理财产品、人民币保险产品和人民币黄金等产品体系与创新方面具有独特的优势。

境外主体持有的人民币资产迅速增加。从境外主体持有的境内人民币金融资产总量和种类来看，其经历了总量的上升和种类的丰富。一方面，境外主体持有境内人民币金融资产在迅速增加。另一方面，境外主体在离岸人民币市场上持有的人民币资产不断增加。人民币存款在早期是境外主体持有的主要境内资产类型，但在 2014 年末达到峰值后，其值呈现波动下降的趋势。与人民币存款走势相异，境外主体持有的人民币股票、债券和贷款均呈现从无到有的快速上升趋势。截至 2021 年 3 月，境外主体持有的境内人民币债券和股票规模分别为 3.36 万亿元和 3.65 万亿元，超过了境外主体持有的境内人民币存款规模（1.28 万亿元）和贷款规模（1.10 万亿元）。

2. 人民币跨境支付系统（CIPS）的发展与成就

CIPS 的推出极大推动了人民币在全球范围内的使用。CIPS 作为人民币国际化的重要基础设施，为全球金融机构提供了一个安全、高效的跨境支付清算平台。这一系统的建立不仅提升了人民币跨境结算的效率，还增强了人民币作为国际储备货币的地位。通过 CIPS，资本市场中的国际投资者可以更加便捷地参与中国市场，同时也促进了人民币相关金融产品的创新和发展。

我国自 2012 年开始建设 CIPS，既是为了顺应对外开放过程中与国际标准和通行做法相对接的外部要求，也是为了满足人民币国际化的内在需求。一方面，2012 年，《金融市场基础设施原则》（Principles for Financial Market Infrastructures，PFMI）成为全球公认的规范金融市场基础设施（FMI）的系统化标准，中国明确以该原则为标准监管国内金融市场基础设施，在跨境清算基础设施方面重点建立符合国际标准和通行做法的整体制度框架和基础性安排，为国际贸易、投融资和金融市场交易等提供高效的跨境支付清算渠道。另一方面，以人民币结算的跨境贸易、直接投资金额快速增加，以经常项目项下为例，2009 年经常项目人民币结算金额为 36 亿元，2012 年则增至 2.94 万亿元，传统人民币跨境支付模式——代理行模式、清算行模式和 NRA 账户在效率方面的不足凸显。人民币国际化对统一、高效、便捷的人民币跨境支付清算服务产生内在需求。

2015 年 10 月和 2018 年 5 月，CIPS（一期）和 CIPS（二期）先后投产，对人民币跨境支付清算渠道进行了整合，满足了全球各主要地区人民币业务发展的需要，进一步提高了人民币跨境资金的清算效率。CIPS 是专司人民币跨境支付清算业务的批发类支付系统，是人民币跨境支付清算主渠道，由中国人民银行监管，具有主权特征。CIPS 的主要特点体现在人民币跨境支付和清算系统上。首先，CIPS 的定位是支持特定币种（主要是人民币）在特定情境下（跨境支付时）的清算需求，是中国人民银行建立的、主要支持本币的清算系统。其次，CIPS 提供资金清算服务，通过与中国人民银行的大额支付系统相连，完成账户内资金的借记或贷记。CIPS 与美国的美元清算系统 CHIPS 对标，解决的是国际支付清算的资金流。

CIPS 是人民币国际化基础设施中的国家级主干工程，有助于推动中国与"一带一路"共建国家的经贸往来，对促进人民币国际化进程会起到重要支撑作用。

## （二）人民币国际化带动资本市场的开放与深化

一个有活力、有韧性的资本市场，必然是一个开放包容、互利合作、共同发展的市场。近十年来，资本市场在进行全面深化改革的同时加快对外开放的步伐，"引进来"和"走出去"齐头并进，逐渐形成双向开放的新发展格局。人民币国际化的深入推进为资本市场的进一步开放提供了有力支撑。随着人民币成为国际储备货币和贸易结算货币，中国资本市场的吸引力不断增强，越来越多的全球投资者开始将人民币资产纳入其投资组合。这一趋势推动了资本市场的国际化进程，同时也促进了中国金融体系的现代化和改革。

1. 金融高水平开放与高度发展是资本项目可兑换的先决条件

稳慎推进资本项目开放和人民币国际化是统筹国内国际两个大局、贯彻新发展理念、建设现代化经济体系的必然要求，也是构建更完善的要素市场化配置体制机制的重要组成部分。货币国际化发展遵循着以下顺序：金融市场的广度、深度和弹性加大—资本项目开放—本国货币国际化。资本项目可兑换和人民币国际化不是空中楼阁，需要和中国金融开放程度、市场发展水平以及市场承受能力和金融监管水平等配套条件相适应，避免不成熟的金融开放引发资本大进大出、汇率大起大落的金融风险。按照自己的节奏，不断夯实国内金融市场的制度建设与发展基础，行稳致远推动人民币发挥符合中国经济实力与地位的国际货币功能。

2. 人民币国际化推动资本市场高水平制度型开放

通过借鉴国际通行的规则和管理体系，我国吸引了高质量的外资机构投资者进入我国市场，市场上中长期资金的"源头活水"更加充分。在机构准入方面，中国证监会于 2020 年全面放开证券、期货和基金管理公司外资股比限制，外资机构在华经营范围和监管要求均实现国民待遇。很多国际知名机构加快了在华投资展业步伐，目前已有摩根大通、瑞银证券、野村证券、富达国际等 12 家外商控股或全资证券基金期货公司获批，花旗银行等 3 家外资银行在华子行获得基金托管资格。在机制建设方面，沪深港通投资标的范围稳步扩大，沪伦通境内拓展至深交所，境外拓展至德国和瑞士市场。中日、中国内地与中国香港 ETF 互通产品平稳推出并顺利运行。人民币合格境外机构投资者新规发布，允许人民币合格境外机构投资者投资商品期货、商品期权等衍生品品种，目前已有 9 个品种向境外投资者开放，其中 2021 年新增原油、棕榈油期权两个国际化品种。在外资流入方面，A 股陆续纳入 MSCI、富时罗素、标普、道琼斯等国际指数并逐步提升纳入比例，外资连续多年保持净流入。境内企业境外上市规则公布。监管机构积极妥善处置中概股问题，及时回应市场关切，积极致力于推进国际监管合作，支持各类企业依法依规赴境外上市。

### 3. 跨境资本双向流动和在岸离岸市场均衡发展

人民币国际化要注重金融双向开放，拓展人民币跨境双向流动渠道机制，促进离岸与在岸市场间的相互作用和均衡发展。人民币国际化的一个重要经验是积极开放在岸金融市场，充分发挥了人民币国际化的主场效应，"境外主体持有的在岸资产"一直是人民币国际化指数最可靠的驱动因素。与在岸人民币资产备受国际投资者青睐相比，人民币流出和人民币离岸市场发展存在失衡，近年离岸人民币资金池出现萎缩。离岸金融市场是当代国际金融的核心，没有一定规模的人民币离岸市场做支撑，人民币国际化只能在低水平上徘徊。在可预期的未来，全球"宽货币、低利率"将继续为以人民币为基础的在岸金融市场提供高利差优势。伴随人民币国际储备职能进一步显现、互联互通渠道不断畅通、人民币资产纳入全球主要指数等因素的推动，外资流入将持续加速，这意味着需要更大规模的资金流出加以对冲，促进境内外资金和产品双向流通，实现人民币在岸离岸金融市场均衡发展、资本账户动态平衡，构建完整的人民币国际化发展版图。大湾区跨境金融双向开放是一个良好的开端。

### 4. 人民币国际化提升了人民币资产作为全球储备资产的接受度

随着越来越多的国家将人民币纳入其外汇储备，人民币的国际地位日益提高。人民币在 SDR 篮子货币中的权重提升。2022 年 5 月 11 日，国际货币基金组织（IMF）执董会完成了五年一次的特别提款权（SDR）定值审查。这是 2016 年人民币成为 SDR 篮子货币以来的首次审查。执董会一致决定，维持现有 SDR 篮子货币构成不变，即仍由美元、欧元、人民币、日元和英镑构成，并将人民币权重由 10.92％上调至 12.28％（升幅为 1.36 个百分点），将美元的权重由 41.73％上调至 43.38％，同时将欧元、日元和英镑的权重分别由 30.93％、8.33％和 8.09％下调至 29.31％、7.59％和 7.44％，人民币的权重仍保持第三位。国际投资者对人民币资产的需求增加，进一步推动了以人民币计价的债券、股票和基金等金融产品的发展。例如，近年来人民币债券市场的规模迅速扩大，吸引了大量国际资本的流入。这不仅增强了中国资本市场的资金供给，也推动了市场的多样化和创新。

中国经济从高速增长转向高质量发展，更需要通过本市场双向开放促进国内国际双循环，更好地服务于经济社会高质量发展大局。资本市场扩大双向开放，目的是提高我国资本市场配置全球资本要素的能力，更好地服务于我国经济高质量发展。

## （三）人民币国际化带动了新型金融服务的兴起

随着人民币国际化和国际贸易的增长，金融机构不断推出新的金融服务以满足跨境业务的需求。特别是在跨境投融资、外汇管理、风险对冲等方面，金融机构开发了许多创新服务，为企业和投资者提供了更高效、更灵活的金融支持。

### 1. 跨境人民币服务是人民币国际化进程中的一大亮点

人民币跨境收付金额从 2009 年的不到 100 亿元增至 2021 年的 36.6 万亿元，占同期本外币跨境收付总额的 47.4％，2022 年上半年这一占比升至 49.1％。人民币跨境收支大体平衡，2021 年累计净流入 4 044.7 亿元。从结构来看，2009—2016 年，人民币跨境资金流动主要集中在经常项目与直接投资渠道，两者合计占全部人民币跨境结算额的八成以上。为了支持企业的海外扩展和投资，银行和金融机构推出了包括人民币跨境贷款、人民币跨境债券等多种投融资工具。人民币跨境流动渠道拓展遵循从经常项目到资本项目、从直接投资到金融交易、从机构到个人的路径，逐步形成了涵盖经常项目与直接投资、融资和金融市场等三大渠道的有进有出、循环流通机制。2021 年，经常项目人民币跨境收付金额为 7.95 万亿元，占同期经常项目本外币跨境收付的 17.3%。货物贸易、服务贸易、收益及经常转移人民币跨境收付占同期该项目本外币跨境收付的比重分别为 14.7%、24.3% 和 51.8%。基于市场需求，以促进贸易和投资便利化为导向，金融、商务、外资等管理部门持续完善跨境贸易、投融资、金融交易人民币结算等基础制度，证券投资项下基本实现本外币一体化管理，企业境外放款、银行境外贷款、全口径跨境融资和跨国企业集团资金池等业务已经或正推动实现本外币一体化管理。

2. 外汇管理服务的创新也为资本市场的参与者提供了更多的选择

外汇市场的广度和深度进一步扩展。外汇市场的交易量从 2012 年的 9.2 万亿美元增长至 2021 年的 36.9 万亿美元，已成为全球第八大市场，同时也呈现更加成熟的发展特征，为市场主体更好配置资源和管理汇率风险创造了良好条件。外汇市场的交易品种不断增加，目前已具有即期、远期、外汇掉期、货币掉期和期权等产品，具备了堪比国际成熟市场的基础产品体系，可交易货币超过 40 种，涵盖了我国跨境收支的主要结算货币。外汇市场参与主体不断丰富，银行间外汇市场形成以境内银行为主、境内外各类主体并存的格局。外汇市场监管体系不断完善，促进外汇市场诚信、公平、有序、高效运行。

外汇市场日臻成熟、韧性增强。这主要得益于以下因素：一方面，我国国际收支结构更加稳健。党的十八大以来，我国经济转向高质量发展阶段，国内需求对经济增长的贡献上升，经常账户顺差同国内生产总值的比率保持在 2% 左右，始终处于合理均衡区间。在对外资产方面，我国外汇储备充裕，民间部门持有资产规模不断增大，抵御外部冲击的资源总体充足；在对外负债方面，外债增长主要来自境外央行等长期资金配置我国债券，外债结构不断优化、风险总体可控。人民币汇率调节国际收支的自动稳定器作用更加明显。另一方面，外汇市场供求在汇率形成中的决定性作用进一步凸显，人民币汇率双向浮动、弹性增强，能够及时有效释放外部压力，有利于稳定市场预期。此外，外汇市场参与者更趋理性。银行、企业等主要参与者逐步适应汇率双向波动，总体保持逢高结汇、逢低购汇的理性交易模式，企业汇率风险中性意识增强，更多企业以财务状况稳健性和可持续性为导向，审慎安排资产负债的货币结构，合理管理汇率风险。

### （四）国际贸易与全球供应链重塑中的人民币角色

**1. 推进人民币在跨境贸易和投资中的使用**

受益于共建"一带一路"十周年以及 RCEP 国家间长期的密切经贸往来，该区域内国家的价值链贸易在全球已经占据很大份额。随着区域产业链的深化调整、各国互补优势的充分发挥以及分工合作模式的优化升级，作为区域核心国家货币的人民币将面临广泛的真实交易需求。2023 年 1 月，商务部与中国人民银行联合发布《关于进一步支持外经贸企业扩大人民币跨境使用 促进贸易投资便利化的通知》，旨在提高人民币在"一带一路"沿线跨境使用的便利化程度。未来应当积极在"一带一路"沿线和 RCEP 区域推进人民币的使用和流通，尝试通过对外直接投资、产业园建设、跨境电商等形式增强人民币在区域内的结算计价职能，提升人民币的区域锚定效应。

**2. 加强人民币的大宗商品计价职能**

大宗商品计价货币具有很强的路径依赖与网络正外部性。中国已经先后推出原油、铁矿石等面向境外投资者的期货品种，使用人民币进行大宗商品结算乃至计价取得较快突破。例如，2018 年推出的上海原油期货（INE）在上线后 8 个月内就使中国成为全球第三大原油期货交易市场。未来，中国作为能源资源需求大国与其他亚洲国家存在广阔的能源合作空间，俄乌冲突后的油气资源供给分化也为提升人民币的大宗商品计价职能提供了新的机遇。

**3. 探索数字人民币在数字价值链中的应用**

针对全球价值链数字化、智能化的趋势，应当认真研究数字货币在其中的角色定位和使用空间。我国数字人民币已进入试点阶段，有关探索走在世界前列。2021 年 2 月，中国与泰国、阿联酋等多个亚洲国家和地区的中央银行联合发起多边央行数字货币桥项目（m-CBDC Bridge）。未来可在亚洲周边国家和地区进行数字人民币的跨境结算试点，并通过推进人民币跨境支付系统（CIPS）建设与合作、央行数字货币合作等方式探索数字人民币在数字价值链中的可能作用。

## 四、实体经济促进金融强国的政策建议

在当今全球竞争日益激烈的背景下，科技创新和高科技企业发展已成为国家经济发展的核心驱动力。中国在这一领域取得了显著的进展，这不仅得益于国家的政策支持和市场环境的变化，还与思想观念的转变和法律环境的改善密切相关。

### 1. 加强政策支持与法律保障

科技创新与实体经济的深度融合离不开国家层面的政策支持与法律保障。首先，政府应加大对高科技企业的资金投入，特别是在研发阶段和市场应用初期，通过财政补贴、税收减免、风险投资引导等多种方式，降低企业的创新风险，激发科技创新活力。同时，要建立更加完善的知识产权保护机制，加强对科技成果的法律保护，确保企业的技术创新和研发成果能够得到充分的回报。通过增强知识产权保护，可以有效遏制技术抄袭、知识产权纠纷等问题，保障科技创新的可持续性。

### 2. 构建创新驱动型经济

未来的经济增长不再单纯依赖于传统的资源消耗型发展模式，而是通过科技创新推动实体经济实现转型升级。构建创新驱动型经济，需要加快建设现代化产业体系，以智能制造、大数据、人工智能等前沿技术为核心，推动制造业从低附加值向高附加值转变。政府应出台相关政策，引导传统产业通过技术改造、产业升级来提升生产效率，增强企业在全球市场中的竞争力。此外，应大力发展新兴产业，扶持具有创新潜力的中小企业，特别是那些在

新技术、新能源、生物科技等领域具有核心技术的企业，培育一批独角兽企业和科技领军企业，推动产业结构进一步优化。

3. 优化市场机制，促进科技与金融的深度融合

金融是推动科技创新的重要力量。未来，应该深化资本市场的改革与开放，建立健全支持科技创新的金融服务体系，推动科技企业通过资本市场获得资金支持。通过设立科技创新专项基金、加强对风险投资和私募股权投资的支持力度，帮助科技企业突破初创期的资金瓶颈，促进技术的产业化与商业化。此外，金融市场应加强与科技企业的对接，通过资本与技术的深度融合推动更多科技企业实现上市融资，为资本市场提供优质资产。

4. 推动人才培养和国际合作

科技创新的核心是人才。未来，应该大力培养具备国际竞争力的科技人才，特别是在高科技和战略性新兴产业领域的人才储备。可以通过优化教育体系、推动产学研结合、引进海外高端人才等多种方式，提升人才培养质量，增强创新能力。同时，应加强国际科技合作，积极参与全球科技创新网络，尤其是在人工智能、芯片、新材料等战略领域，开展广泛的国际合作和技术交流，吸引更多国际资本和技术资源汇入中国市场。

5. 深化产业链升级，增强产业韧性

未来，推动科技创新与实体经济的融合发展，必须聚焦产业链升级，增强产业链的自主可控能力。中国应通过加强对关键核心技术的研发与掌控，减少对国外技术和零部件的依赖，提升产业链安全性和韧性。在此过程中，应推动企业加强上下游合作，构建更加稳定、高效的产业链供应链体系，确保在全球经济动荡中保持战略定力。

6. 推进数字化转型，提升科技创新效率

随着数字经济的不断发展，数字化转型成为未来企业发展的必然趋势。中国应加快推动实体经济的数字化转型，通过广泛应用大数据、云计算、人工智能、区块链等新兴技术，提升传统产业的生产效率和运营管理水平。政

府应积极支持企业的数字化转型，引导企业加大在智能制造、智慧物流、数字营销等领域的投资，通过技术创新进一步优化产业结构，推动经济高质量发展。

**7. 建立健全创新生态系统，提升产业竞争力**

未来的发展还需要建立健全科技创新与产业发展的生态系统。要通过政策引导、金融支持、产业协同等方式，打造一个健康、可持续的创新生态环境。在这一生态系统中，科技企业、金融机构、科研机构、政府机构应紧密合作，形成创新链、产业链、资金链、政策链的有机联动，推动产业升级与技术革新。通过完善创新生态系统，可以确保科技成果从实验室到市场的顺利转化，进一步提升我国在全球产业链中的竞争力。

展望未来，推动科技创新与实体经济的融合发展，是我国建设金融强国、增强全球竞争力的必由之路。通过政策支持、法律保障、金融创新、人才培养、国际合作等多种措施，构建创新驱动型经济，增强产业链韧性，我国将进一步优化经济结构，实现经济的高质量发展。在全球经济竞争日益加剧的背景下，科技创新与实体经济的深度融合，将为我国在国际经济舞台上赢得更多的主动权和话语权。

## 参考文献

［1］巴曙松，方圆. 人民币国际化：发展路径、国际经验与未来展望. 清华金融评论，2023（6）：18-20.

［2］陈小玉. 技术创新与国际贸易及分工地位文献综述. 中国商论，2024（2）：31-35.

［3］邓宇. 发展新质生产力与深化科技金融创新：兼论国际经验与中国实践. 西南金融，2024（4）：20-35.

［4］郭贝贝，吕诚伦. 金融支持实体经济的内在逻辑、匹配机制与改革措施. 湖南社会科学，2022（2）：52-59.

［5］顾海峰. 战略性新兴产业演进的金融支持体系及政策研究：基于政策性金融的支持视角. 科学学与科学技术管理，2011，32（7）：98-103.

［6］何青，胡通，梁柏林. 金融服务新质生产力发展：历史经验与中国启示. 当代

财经，2024（7）：59-70.

　　［7］江飞涛，李晓萍．改革开放四十年中国产业政策演进与发展：兼论中国产业政策体系的转型．管理世界，2018，34（10）：73-85.

　　［8］刘东升，郑丽琳．工业智能化与产业升级：结构转型还是区位转移？．经济经纬，2024，41（2）：65-76.

　　［9］刘皓琰．数字经济时代的人民币国际化：基于政治经济学视角的考察．经济学家，2024（1）：56-66.

　　［10］刘敏楼，宗颖．金融支持实体经济发展：理论探讨与中国实践．新疆社会科学，2020（5）：49-59.

　　［11］倪红福．全球产业结构和布局调整的主要特征及应对思路．人民论坛，2023，（17）：70-77.

　　［12］石晓军，杜宝瑞．金融支持实体经济：一个以中国经验为主的文献综述．深圳社会科学，2022，5（2）：26-41.

　　［13］谭秋梅，郭燕．人民币国际化下内外均衡的冲突与协调：国际货币的经验借鉴与启示．国际经贸探索，2007，23（7）：67-71.

　　［14］王昌林，李扬，吴晓求，等．推动金融高质量发展　加快建设金融强国：学习贯彻中央金融工作会议精神专家笔谈．金融评论，2023，15（6）：1-22，122.

　　［15］吴晓求．进一步扩大金融对外开放．中国金融，2021（4）：14-16.

　　［16］吴晓求．如何实现中国式现代化．财贸经济，2022，43（12）：13-14.

　　［17］吴晓求．中国式现代化中金融的作用．现代金融导刊，2023（4）：9，6.

　　［18］吴晓求，方明浩，何青，等．资本市场成长的逻辑：金融脱媒与科技进步．财贸经济，2023，44（5）：5-21.

　　［19］吴晓求，方明浩，许荣．中国资本市场的功能转型与估值校正．财贸经济，2024，45（6）：5-20.

　　［20］杨丹辉．世界大变局下的产业政策：演进动向与逻辑重构．改革，2023（11）：2-14.

　　［21］杨军．中国式现代化视角下推动实体经济高质量发展的创新路径．中州学刊，2023（3）：36-42.

　　［22］袁瀚坤，韩民春．新质生产力赋能对外贸易高质量发展：理论逻辑与实现路

径．国际贸易，2024（3）：15－21.

　　［23］张礼卿．稳慎扎实推进人民币国际化：发展历程与路径探析．人民论坛·学术前沿，2024（1）：24－32.

　　［24］周晔，丁鑫．科技赋能提升金融支持实体经济效率了吗？：基于金融供求结构视角．国际金融研究，2023（10）：50－61.

### 第七章

# 国家软实力：完善的法治与高度的契约精神

摘　要：本章聚焦于法律体系的完善性与国家软实力之间的动态关系，并探讨其在金融强国构建中的核心作用。首先，本章对法治体系的概念进行了界定，并探讨了其在市场经济中的基础性作用，特别是在金融交易合法性和权益确认方面的重要性。其次，本章深入探讨了法律制度及法系渊源与金融市场发展之间的协同演进，强调了法律对金融创新、投资者保护、市场透明度提升的促进作用，明确了法治、契约精神与市场透明度构成金融稳定的三大支柱。再次，本章进一步论证了法治的重要地位，及其对金融强国建设在信心、安全、国际化方面的关键作用。最后，在对中国金融法治建设现状进行评估的基础上，本章突出强调了法治理念、法治传统和对法的尊重的意义，指出了当前法治建设的重点与难点，针对我国构建完善的金融法治体系提出了系列政策建议，包括强化立法、执法、司法效能，加强信息披露规范，以及建立投资者保护机制，等等。

## 一、完善的法制和高水平的法治是实现金融强国的关键

### （一）完善的法制有关概念及内涵

1. 完善的法治体系的概念及内涵

完善的法治体系是全面依法治国的基石，囊括了法治的各个层面和环节，要求在法律制定、实施、监督、保障等环节实现有机统一。法治的理念、思维、程序、方式共同构成了法治体系的理论基础，是市场经济健康发展的保障。市场经济本质上是一种法治经济，它要求法律规范全面渗透到经

济活动的各个层面。在市场经济体系中，无论是市场参与者的资格认定，还是经济行为的实施，抑或行为后果的权益确认和收益分配，都应当在法律的框架内进行。此外，政府在宏观经济调控和市场微观规制方面的行为，以及市场参与者在产权保护、市场交易和市场竞争等方面的活动，也均需遵循法律的规定。

  法治作为国家治理的精髓，是金融稳定发展的压舱石，对于金融强国的建设举足轻重。金融法制化是全面依法治国在金融领域的具体体现，金融活动必须遵循法律的规定和原则，确保金融市场的稳定、公平和高效。根据《中华人民共和国最高人民法院公报》，当前金融犯罪案件数量虽有所下降但仍高位运行（见图7-1），法治建设任重而道远。构建稳定和谐的金融市场环境，促进金融公平正义，不仅是金融法治的终极目标，也是国家治理体系和治理能力现代化的重要体现。金融法治建设是一场深刻的社会变革，要不断深化对法治的认识，完善法治实践，以确保金融市场健康发展。在金融领域筑法治之基、行法治之力、积法治之势，营造良好的金融法治环境，对于服务实体经济、防范金融风险、弘扬诚信文化和契约精神、全面建设社会主义现代化国家都具有重要意义。

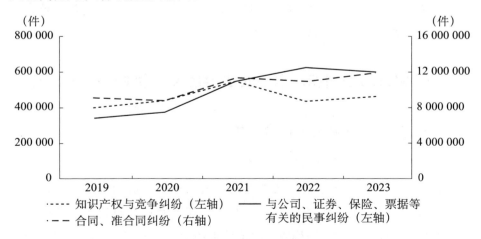

**图7-1　我国部分民事一审收案案件数量**

资料来源：历年《中华人民共和国最高人民法院公报》。

## 2. 中国特色社会主义法治体系

在全面依法治国的伟大征程中，我们要坚持以中国特色社会主义制度为根基，以中国特色社会主义法治理论为指导，构筑起一套完备的法治体系。这一体系不仅包括了法律规范的制定、法治的实施、监督、保障，还包括了党内法规的完善，形成了一个全方位、立体化的法治网络。党的十九大报告指出，建设中国特色社会主义法治体系、建设社会主义法治国家，是全面推进依法治国总目标。

法律规范体系是法治的骨架，它要求我们制定出系统、完备、科学的法律规范，以覆盖国家治理的每一个角落，确保在任何情况下都有法可依。这意味着银行法、证券法、保险法、互联网金融法等每一项法律都必须与时俱进，不断更新，以适应市场的风云变幻和人民的殷切需求。法治实施体系是法律规范的血脉，它要求法律不仅要制定得好，更要执行得力。在金融领域，这涉及金融监管机构的执法行为、金融机构的合规操作、金融消费者的权益保护等，确保金融法律得到严格执行，让法治的力量渗透到金融市场的每一个细胞。法治监督体系是法治的免疫系统，它确保法律规范得到有效执行，权力运行受到制约。在金融领域，这包括对金融机构的监管、对金融市场的监控、对金融违法行为的查处等，以维护市场的公平、公正和透明，确保金融秩序的稳定。法治保障体系是法治的支柱，它为法治实施提供支持和保障，包括政治、制度、思想、组织和人才保障。这包括金融法律服务体系、教育和培训体系、法律援助体系等，为金融市场参与者提供全面的法律服务，确保法治的实施不落空。中国特色社会主义法治体系强调党的领导，党内法规体系是其重要组成部分，规范党的内部管理和党员行为，保障党的纪律严明和组织统一。完善党内法规体系有助于提高党的执政能力和领导水平，确保党始终是法治体系的坚强领导核心。

然而，根据世界正义工程（World Justice Project）发布的《2023年世界法治指数报告》，我国法治指数近年来呈下降趋势，在全球排名中尚有不少提升空间（见图7-2）。这一评估虽未必完全反映我国法治发展的实际，但它警示我们，法治建设永远在路上。我们必须不断深化改革、加强制度建设、增强法治意识和能力，推动中国特色社会主义法治体系在金融领域不断向前发展，为实现国家治理体系和治理能力现代化提供有力支撑。

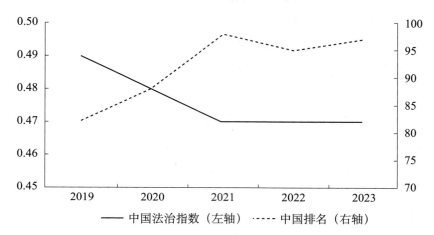

**图 7 - 2　世界正义工程发布的中国法治指数及排名**

资料来源：历年《世界法治指数报告》。

## （二）法制建设与金融市场发展的协同演进

### 1. 法制建设与金融市场发展

法制建设与金融市场发展的关系是金融领域中一个重要而复杂的话题。从货币的产生与演进到金融工具的创新与发展，其背后的基础均是信任。金融运行本质上依赖的就是信任及信用。相比于实体经济领域的实物保障，金融完全依赖于信用的特点更需要有契约精神和法治保障。从历史维度来看，金融法律框架的变迁在很大程度上映射了金融行业的发展轨迹，金融市场的稳定与繁荣在很大程度上依赖于健全的法制建设。美国和英国作为两个典型的普通法系国家，其金融法律体系的构建与完善为证券市场的规范运作奠定了坚实的基础，并极大增强了投资者的信心。

关键金融法律的制定和实施为美国证券市场提供了规范框架。《1933 年证券法》的出台强调了信息披露的重要性，保护了投资者并提高了市场透明度。《1934 年证券交易法》确立了美国证券交易委员会（SEC）的监管地位，而《格拉斯-斯蒂格尔法案》则促成了银行业与证券业的分离。《1999 年金融服务现代化法》结束了这一分离，推动了金融业的综合经营。2002 年，《萨班斯-奥克斯利法案》强化了审计独立性，提升了财务报告的可靠性。在2008 年国际金融危机后，《多德-弗兰克法案》实施了更严格的监管措施，包括沃尔克法则，以保护消费者权益。

英国的金融法律体系源于早期对金融危机的回应，如 1720 年《泡沫法令》。随着工业革命的推进，《1862 年公司法》引入了有限责任，促进了企业的发展。《1979 年银行法》和《1986 年金融服务法》分别增强了监管权力和推动了金融服务业的统一立法。《2000 年金融服务与市场法》建立了英国金融服务管理局（FSA），促进了监管体系的统一。《2012 年金融服务法》将FSA 拆分为英国金融行为监管局（FCA）和英国审慎监管局（PRA），它们分别负责行为监管和审慎监管，以提高金融稳定性。

法律对金融的影响可以通过稳定投资者预期、增强市场信心来吸引市场主体积极参与到财富创造的过程中，并使金融发展本身也成为一个可持续的过程。法律在减少小股东和内部人信息不对称以及代理成本方面作用显著。通过法律条款中的信义义务和累积投票制，公司法可以保护中小投资者的利益，使其免受大股东或其他内部人的盘剥。法律也可以通过确保财产权和合同的执行增强投资者的信心，促进资本的有效配置。一旦风险得以减少，投资者拥有了投资信心，就会支付更高的价格购买证券，这有利于公司的可持续融资。

### 2. 法系渊源与国际金融中心建设

法系是法学界依据各国法律体系的历史传统进行的分类。通常发达国家的法律体系可分为英美法系和大陆法系。英美法系亦称普通法法系，以英国和美国为代表，起源于英国中世纪至资本主义时期的法律，尤其是以判例法为核心的传统。大陆法系又称民法法系，其历史可追溯至古罗马法，以 19世纪的《法国民法典》和《德国民法典》为典范，是一套以成文法为基础的法律体系。两大法系在多个维度上呈现差异：第一，法哲学基础不同。英美法系偏重于私人产权的保护，而大陆法系则强调国家权力。第二，在法律渊源方面，英美法系赋予司法机关与立法机关相似的立法权，大陆法系则将立法权主要赋予立法机关和行政机关。第三，在法律形式上，英美法系倾向于实用主义，法律体系较为分散，系统性较弱，而大陆法系则注重法律形式，体系结构清晰，法典化程度较高。第四，在法律推理方法上，英美法系侧重于从判例中归纳规则，大陆法系则侧重于从成文法中演绎具体规则。第五，在法律适用上，英美法系强调法官在法律发展中的积极作用，而大陆法系则对法官自由裁量权施加严格限制。此外，在司法组织、诉讼程序和法院判决的形式等方面，两大法系亦呈现显著差异。

不同法系对投资者权利的法律保护程度也有差异，并最终深刻影响金融市场的发展。La Porta 等（1997，1998，2000）的开创性研究表明，两大法系对投资者保护程度不同。与民法传统相比，英国的普通法更有利于保护股东、债权人的利益。Allen 等（2005）也认为普通法系对股东和债权人的保护较为完备，在投资者保护方面通常表现得更为出色，能够提供更为全面和及时的保护措施。德系大陆法其次，法系大陆法对股东和债权人的保护较为不足（见表 7-1）。普通法系明确地对投资者权益提供更多的法律保障，加上更强劲的法律执行力度，为投资者提供了优良的投资环境。中国构建了不同于欧美的普通法系和大陆法系的第三种法律模式。

普通法所具有的适应能力和灵活性也会更有利于金融发展。判例法传统、法院裁决的法律效力和较少的形式主义，能够为投资者提供全面及时的保护。第一，判例法传统。普通法系国家的法院在裁决案件时，依赖于法律的基本原则、历史判例以及法官对法律精神的深刻理解与自由裁量。这种体系使得法律的更新与演变无须经历烦琐且成本高昂的法律条文修订过程。第二，法院裁决的法律效力。普通法系国家的法院裁决本身就是法律的来源之一。这些裁决由于直接源自社会经济的实际情况，因此相较于刻板的法条，能够更加迅速和灵活地响应经济金融环境的变化。第三，较少的形式主义。

普通法系在法律实践中减少了形式主义的束缚，使得诉讼过程更为便捷，从而提高了法律的实施效率和有效性。

表 7-1　普通法系国家、大陆法系国家和中国对债权人与股东利益的保护

| | 英国法系均值 | 德国法系均值 | 法国法系均值 | 普通法系和大陆关系全样本均值 | 中国 |
|---|---|---|---|---|---|
| **债权人利益** | | | | | |
| 对资产的自动留置权 | 0.72 | 0.67 | 0.26 | 0.49 | 0.0 |
| 抵押债权人的优先赔偿权 | 0.89 | 1.00 | 0.65 | 0.81 | 0.0 |
| 对进入重组的限制权 | 0.72 | 0.33 | 0.42 | 0.55 | 1.0 |
| 管理层不得参与重组 | 0.78 | 0.33 | 0.26 | 0.45 | 1.0 |
| 总体债权人利益 | 3.11 | 2.33 | 1.58 | 2.30 | 2.0 |
| **股东利益** | | | | | |
| 同股同权 | 0.17 | 0.33 | 0.29 | 0.22 | 1.0 |
| 允许通过邮寄行使代理权 | 0.39 | 0.00 | 0.05 | 0.18 | 0.0 |
| 在股东会召开前股权未受阻 | 1.00 | 0.17 | 0.57 | 0.71 | 0.0 |
| 积累投票/份额代表权 | 0.28 | 0.30 | 0.29 | 0.27 | 0.0 |
| 受压制少数股东保护 | 0.94 | 0.50 | 0.29 | 0.53 | 1.0 |
| 新发行优先认购权 | 0.44 | 0.33 | 0.62 | 0.53 | 1.0 |
| 召开临时股东会股权份额 | 0.09 | 0.05 | 0.15 | 0.11 | 0.1 |
| 对抗董事会胜利 | 4.00 | 2.33 | 2.33 | 3.00 | 3.0 |
| 强制性股权 | 0.00 | 0.00 | 0.11 | 0.05 | 0.0 |

资料来源：Allen et al.（2005）.

　　普通法系下的个人主义倾向强调保护合同自由和个人权利，有助于激发市场活力。在普通法系中，法律规则通常是由法官制定的建立在判例之上，并受到受信责任或公平等一般性原则的启示。人们期望法官在新的情形中运用这些一般原则来裁决，即便是特定行为在法条中没有被描述过或被禁止过。与大陆法明确的规则相比，普通法模糊的信义义务原则更有利于保护投资者。大陆法明确的规则可能经常被有足够想象力的内部人钻空子。判例法

提供了一种机制来使得法律的解释和应用在时间上保持一致性。法院在类似
案件中遵循先前的判决，为当事人提供了一种预期。这种适应性确保了法律
能够跟上时代的步伐，同时为市场参与者提供了对未来法律发展的合理预
期，允许法院根据社会经济条件对法律进行解释和调整。

自美国 1933 年《格拉斯-斯蒂格尔法案》实施之后，金融分业制度被许
多国家效仿，不同法系和国家的金融立法呈现趋同性、融合性特征。尽管很
多学者认可普通法系的特性可能更有利于金融市场的发展，但实行普通法与
大陆法孰优孰劣尚无定论。无论是大陆法系还是普通法系，都以法律威慑作
为维护金融市场秩序的基础。如果法律不能有效发挥威慑作用，则金融市场
的基本规则势必难以得到遵守，市场机制势必难以发挥决定性作用。

中国在建设金融强国的过程中，可以在保持大陆法系稳定性的基础上适
当引入普通法系的灵活性和创新支持。王小鲁等（2024）对全国 31 个省份
的营商环境进行的企业调查和研究显示（见图 7-3），各省份的企业经营的
法治环境指数近年来并未有明显改善，甚至部分出现下降趋势，这表明我国
营商环境仍需进一步改善，特别是法治环境。通过不断优化法律体系，加强

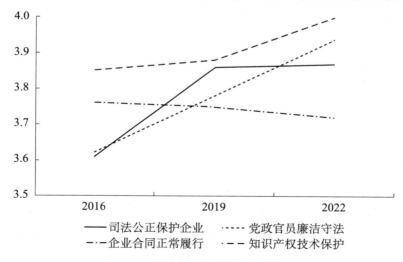

**图 7-3　我国企业经营的法治环境指数**
资料来源：中国市场化指数数据库。

法律的透明度和国际化，中国才有望提升金融市场的活力和国际竞争力。同时，中国也需要关注国际金融法律的发展趋势，借鉴国际经验，完善自身的金融法律体系，以适应全球化金融市场的需求。

### （三）金融强国共性特征：法治、契约精神、市场透明度

在现代金融体系中，法治、契约精神与透明度构成了金融稳定的三大支柱和金融强国崛起的关键因素，它们共同维系着金融市场的秩序与繁荣，为金融交易提供了坚实的基础。法治是金融市场运行的基石，它通过确立一套明确、公正的规则体系，为金融活动提供了必要的法律保障。在法治环境下，所有市场参与者都在同等的法律框架下运作，无论是大型金融机构还是个人投资者，都必须遵守相同的法律法规。这种平等性是确保市场公正和诚信的关键。此外，法律的公正执行和对违法行为的惩处，进一步增强了市场纪律，保护了市场参与者的合法权益，保障了金融市场的稳定运行。法治确保了金融活动的有序进行，降低了交易成本，提高了市场效率。

在金融交易中，契约精神是确保交易公正性和有效性的基石。它要求市场参与者在合同的签订和执行过程中必须恪守诚信原则和法律规定。契约精神的核心是对信任和责任的尊重，在实践中意味着合同各方必须履行其承诺，确保交易的公平性和有效性得到保障。契约精神还要求金融机构在产品设计、风险评估和客户服务等方面坚持诚信和透明的原则。透明度是金融市场效率和信任度的关键驱动因素。一个高度透明的市场能够确保所有重要金融信息得到及时准确披露，减少信息不对称，有助于投资者获取全面的信息并做出更为明智的投资决策，进而促进资本的有效配置。此外，市场透明度的提升有助于监管机构及时发现和预防潜在的金融风险，增强市场监管的有效性。

法治提供了一套完善的法律体系，确保了合同的合法性和执行力，从而强化了契约精神。当市场参与者知道契约权利将得到法律的保护和执行时，他们更愿意遵守契约，从而增强了市场的诚信和信任。法治要求的透明的法

律框架和监管要求迫使金融机构公开关键信息，使得投资者能够基于完整的信息做出决策，这有助于提高市场的整体效率和公平性。法治为契约精神提供了坚实的法律基础，契约精神的强化促进了市场透明度的提升，市场透明度的提升反过来又增强了法治的有效性，使得法治更加公正和透明。这三大原则共同构筑了金融市场的稳健运行，是金融强国建设的重要保障。三者的有效实施既是金融强国崛起的重要保障，也是金融市场健康发展的关键。通过不断完善金融法律体系，加强契约精神的培养，提高市场透明度，可以有效地推动金融市场的健康发展，实现金融强国的目标。

## （四）法制对金融强国建设的关键作用：信心、安全、国际化

### 1. 法制的完善对于提升市场信心至关重要

在金融领域，法律框架的完善性对于确保市场规则的明确性和可预测性至关重要。这种明确性和可预测性是市场参与者积极参与市场活动的基础。例如，英国通过《2009 年银行法》等法律加强了金融市场监管，并赋予监管机构如英格兰银行更多的职权，以提高市场透明度和公正性。英国实施的"双峰监管"模式，包括审慎监管局（PRA）和金融行为监管局（FCA）以及金融监察专员服务处（Financial Ombudsman Service，FOS），为市场提供了稳定的运营环境，增强了投资者信心。这种模式强化了中央银行在金融监管中的统筹作用，尤其是在监管系统重要性金融机构方面。美国则通过《1933 年证券法》和《1934 年证券交易法》等法案，确立了证券发行和交易的基本规则，确保了合同执行和产权保护，为商业交易和投资决策奠定了坚实的法律基础。这些法律的实施，特别是《萨班斯-奥克斯利法案》，通过加强公司治理、提高财务报告的透明度和准确性，以及加大对财务欺诈行为的惩处力度，显著提升了金融市场的透明度和公正性。

监管机构的设立，如英国的金融服务管理局（FSA）和美国的证券交易委员会（SEC），明确了监管权力和责任，为投资者提供了监管框架，确保了市场的公平性和诚信度。此外，英国的金融服务补偿计划（Financial

Services Compensation Scheme，FSCS）和美国的证券投资者保护公司（Securities Investor Protection Corporation，SIPC）等制度，为投资者提供了法律保护和赔偿途径。法律的连续性和稳定性为市场参与者提供了可靠的长期规划基础，减少了市场参与者面临的潜在风险，使他们能够更加自信地进行长期投资。特别是在金融危机或其他市场动荡时期，完善的法律制度能够提供稳定性，因为法律框架为应对这些挑战提供了既定的规则和程序。例如，英国的《2000 年金融服务与市场法》为金融市场提供了清晰的法律框架，使市场参与者能够预测未来的市场发展。美国的《多德-弗兰克法案》对衍生品市场的监管，增强了市场对未来的理性预期。在 2008 年国际金融危机等市场动荡时期，英国和美国的法律框架提供了应对挑战的既定规则和程序，为市场提供了稳定性，减少了恐慌和不确定性。这种稳定性和可预测性是市场健康发展的基石，也是国际金融中心建设的重要保障。

2. 健全的金融法治体系是金融安全和稳定运行的基石

完善的法治对于维护金融主权和推动金融持续发展至关重要。一个完善的金融法治体系是实现金融市场健康发展、维护国家金融安全和推动金融创新的关键，有利于促进健康、稳定和公平的金融市场环境的形成。

英国和美国通过关键立法，如英国的《2000 年金融服务与市场法》和美国的《联邦储备法》，确立了监管机构的职责和权力，加强了对金融市场的监管和控制，有效维护了国家的金融稳定和主权。英国的"双峰监管"模式通过金融行为监管局和审慎监管局的分工合作，提高了金融监管的效率和针对性。金融行为监管局专注于保护消费者和市场诚信，而审慎监管局则负责监管金融机构的稳健性。这种模式在国际金融危机后被引入，以提高金融体系的抗风险能力，并确保金融市场的稳定运行。美国的《多德-弗兰克法案》通过加强对系统重要性金融机构的监管，限制银行的投机性交易，并设立消费者金融保护局，增强了金融体系的整体稳定性和对消费者权益的保护。该法案的实施是对 2008 年国际金融危机的直接响应，旨在防止类似的金融危机再次发生。这些法律框架不仅为金融创新提供了法律保障，而且通过支持金融科技等新兴金融业务的发展，为金融市场的持续繁荣提供了动力。英国和美国的实践成为国际金融法治的典范，不仅提高了金融市场的透明度和效率，还增强了市场对金融危机的抵御能力。

3. 法治化的深度与广度是金融国际化的前提条件

完善的法治能够吸引外资、为外生性资本提供信心，这是跨国投资决策的关键因素。英国和美国之所以能成为国际金融中心，完善的法治环境功不可没。英国通过《2000 年金融服务与市场法》等立法确立了清晰的金融监管框架，而美国通过《1934 年证券交易法》等法律建立了严格的信息披露和投资者保护机制，为外资提供了强有力的法律保障。相比之下，我国在吸引外资方面虽然取得了显著进展，但在法治化方面仍有提升空间。通过进一步深化金融法治改革，完善金融监管体系，可以更有效地吸引和保护外资，促进金融市场的健康发展。

金融法治的完善是实现金融强国目标的重要支撑。一个稳健、高效的金融法治环境能够促进金融市场的创新和竞争力，提升国家在全球金融体系中的地位。国际化战略的实施也需要法治的支持。通过构建与国际法治接轨的体系，我们可以更好地参与全球金融治理，推动金融资源的全球配置，实现金融市场的深度融入和共赢发展。

# 二、国家软实力的内涵：法治与国际规则的遵守、国际美誉度

## （一）国家软实力的内涵

国家软实力（soft power）的概念由美国哈佛大学教授约瑟夫·S. 奈在20 世纪 90 年代初提出，指的是一个国家通过吸引和说服而非强制或胁迫的方式，影响其他国家行为的能力，是国家整合内部社会力量、寻求外部文化认同的重要工具，与经济实力、军事实力、科技实力等传统的物质硬实力互为对立概念。2023 年中央金融工作会议指出，金融是国民经济的血脉，是国

家核心竞争力的重要组成部分。在金融领域，软实力意味着我们的信用基础、法治环境、营商环境等，软实力的意义在于让投资者放心和有安全感，是经济有成长性的体现，如此国际资本才会源源不断地流入我国金融市场。

金融软实力是金融强国的重要组成部分，它涵盖了金融体系的文化、价值观、国际影响力等多个方面。金融强国的建设需要国家遵守国际规则，有高度的契约精神、市场透明度和综合信用能力，在国际上有很高的威望，这些都是建立在法治基础之上的。如果法治不健全，金融市场就会饱受舞弊、欺诈等问题困扰，乱象频生，投资者的信心也将受到严重打击，因此未来朝着完善法治的方向前行至关重要。但现阶段中国经济最大的挑战之一就是法治问题，只有具备完善的法制和良好的营商环境，中国经济才能持续稳定发展。

## （二）完善的法制是国家软实力的基石

在金融领域，软实力的体现与完善的法制息息相关。法治是金融软实力的基石，为金融活动提供了规范和秩序，确保了金融市场的稳定和公平。纵观金融强国的发展历程，没有完善的金融法治体系，建设金融强国就是无源之水、无本之木。因此，健全的金融法制是金融软实力的关键要素。一个国家通过建立和执行有效的金融法律体系，能够增强金融市场的透明度、稳定性和公平性，从而提升国家的金融信誉和吸引力。法律的稳定性和可预测性为金融市场提供了必要的规则和秩序，保障了交易的安全和效率。法律对投资者权益的保护增强了市场参与者的信心，吸引了更多的资本流入。法律体系的透明度和公正性也是吸引国际投资者和金融机构的重要因素。一个健全的法律体系能够提供有效的争端解决机制，保护各方合法权益，从而提升市场的国际竞争力。

2008年国际金融危机后，美欧等发达经济体不断完善金融法律体系，以适应金融市场的发展和变化。英国的"双峰监管"模式和美国的《多德-弗兰克法案》等都是通过加强监管来提升金融软实力的例证。这些法律架构不仅为金融市场参与者提供了明确的行为准则和权益保护，而且增强了市场的吸引力和竞争力，从而提升了国家的金融软实力。法治的强化对于国际规则的遵守至关重要，它能够提升一个国家的国际美誉度，进而增强其软实力。金融法治的完善有助于构建一个稳定、透明、公平的市场环境，不仅能够吸引外资，还能在国际金融市场中树立良好的国家形象。

我国在金融领域的硬件设施方面取得了显著进步，但是在法制环境、市场透明度和监管效能等软实力方面仍有提升空间。我国已经建立了包括《中华人民共和国中国人民银行法》《中华人民共和国商业银行法》《中华人民共和国证券法》在内的金融法律体系，为金融市场的运行提供了基本法律框架。然而，为了进一步提升金融软实力，需要在法制环境、市场透明度和监管效能等方面进行深入改革和完善。英国和美国等国家在金融法治方面的成功经验表明，遵循国际规则、加强法治实践对于提升金融软实力至关重要。我国应进一步强化法治思维，加强金融法治实践，提升金融法治的国际竞争力。加强法治建设、提高市场透明度、增强监管效能、遵循国际规则以及积极提升国际声誉，可以有效地提升我国金融软实力，增强金融市场的国际竞争力。

契约精神是金融市场运行的另一个关键要素。它要求市场参与者遵守合同约定，履行自己的义务。高度的契约精神能够促进交易的顺利完成，降低交易成本，提高市场效率。契约精神是金融市场健康运行的核心原则之一，它要求所有市场参与者严格遵守合同条款，履行各自的义务。这种精神的强化有助于确保交易的顺利进行，降低交易成本，提升市场的整体效率。社会高度的契约精神来自完善的法制，社会如果有强烈的、深刻的法治理念和深厚的法治传统，那么经济活动中的契约精神就会慢慢形成，契约精神根植于法治土壤。在法治缺乏的基础上，无法寄希望于社会有良好的契约精神。

在法治的基础上，久而久之，这个社会就会形成良好的契约精神。英国和美国的金融法制都强调契约的神圣不可侵犯，这在它们的法律体系中得到了体现和保护。在英国和美国的金融法律体系中，对契约精神的尊重和保护尤为突出，这在两国的法律体系中得到了明确的体现。英国的普通法体系，特别是其判例法传统，为合同的解释和执行提供了丰富的法律资源。判决构成了普通法的基础，并且对后来的案件具有约束力。这种遵循先例的规则确保了法律的连续性和可预测性，为契约精神的维护提供了坚实的法律基础。契约精神在美国同样深入人心，其法治特色、渊源及历史贡献中，契约和法治精神对化解社会纠纷、调节阶级关系等发挥了重要作用。美国法治是以成文宪法为基础、以违宪审查机制为核心的司法中心主义，其中司法权在美国法治运转中处于核心地位。市场透明度是金融市场健康运行的前提，它要求金融市场的信息披露机制能够及时、准确、全面地向市场参与者提供必要的信息，以便他们做出明智的投资决策。英国和美国等国家通过严格的信息披露法规，如美国的《萨班斯-奥克斯利法案》，提高了金融市场的透明度。这些法规要求上市公司定期披露财务报告和其他重要信息，增强了投资者对市场的信心。

完善的法治、高度的契约精神和足够的市场透明度三者相互依赖、相互促进，共同构成了金融软实力的核心。只有当这三者有机统一时，金融市场才能高效、稳定地运行，国家的金融软实力才能得到有效发挥。数据显示，近年来我国各省份企业经营的法治环境指数提升不明显甚至出现倒退（见图 7-4），表明我国金融法治建设道阻且长。英国和美国的金融法治建设已经为我们提供了宝贵的经验，它们通过不断优化法律体系、强化契约精神和提高市场透明度，成功地构建了强大的金融软实力。因此，我国在发展金融软实力的过程中应当借鉴经验，持续推进金融法治的完善、契约精神的培养和市场透明度的提升。

## 三、法治完善的重点和难点：法治理念、法治传统以及对法的尊重

金融法制是指一个国家按照国家意志制定并执行有关调整金融关系、规范金融活动的各种法律规范的活动的总和。我国政府一直重视金融市场的法

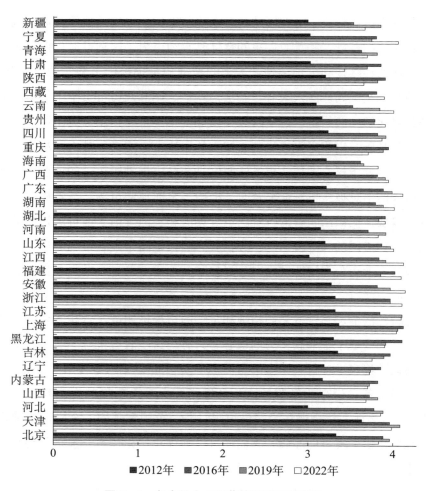

**图 7 - 4　各省份企业经营的法治环境指数**

资料来源：中国市场化指数数据库。

治环境建设，党的二十大报告明确指出："必须更好发挥法治固根本、稳预期、利长远的保障作用，在法治轨道上全面建设社会主义现代化国家。"

## （一）中国法治建设的现状评估

### 1. 中国法治建设历程及发展

新中国成立以来，我国金融法治建设经历了一个从空白期到发展期、不断完善成熟的历程。新中国成立伊始，我国建立了国家银行体制，由中国人民银行负责管理几乎所有金融业务，商业信用被国家信用取而代之。这一阶段，我国主要以行政手段来管理各项金融活动，金融法制基本处于空白期。随着党的十一届三中全会的召开，改革开放拉开序幕，金融体制改革与金融法制建设也开始起步。1986 年发布《银行管理暂行条例》，明确了央行、各专业银行及其他金融机构在我国金融体系中的地位和职责；1993 年施行《储蓄管理条例》，保护存款人的合法财产权利；此外，《外汇管理暂行条例》《金银管理条例》《现金管理暂行条例》等金融法规的陆续出台，对理顺金融关系、维护市场秩序发挥了重要作用，我国金融市场呈现出机构多元化、业务多样化的发展局面。

1995 年是我国金融法制史上具有里程碑意义的一年，《中华人民共和国中国人民银行法》《中华人民共和国商业银行法》《中华人民共和国票据法》《中华人民共和国保险法》等一系列金融法律为我国金融立法领域构建了基本的法律规范框架。2003 年《中华人民共和国银行业监督管理法》《中华人民共和国证券投资基金法》以及 2006 年《中华人民共和国反洗钱法》的出台，进一步完善了我国金融法律体系。2015 年《存款保险条例》强调保障存款人权益，织牢金融安全网；2018 年资管新规要求消除多层嵌套、打破刚性兑付，规范金融机构资管业务；2021 年《防范和处置非法集资条例》为行政机关防范和处置非法集资的行为提供了指导规范；2022 年《中华人民共和国期货和衍生品法》为衍生品交易基本制度建设健全和市场行为规范提供了法律依据；目前，《中华人民共和国金融稳定法》也在制定和审议过程中，强调加强顶层设计和统筹安排。

我国金融法制建设取得了长足发展，目前已基本建立了层次丰富、覆盖全面、结构合理、保障坚实的现代金融法制体系。我国积极统筹协调重要金融立法，丰富完善立法形式和程序，紧跟金融业发展脚步，完善和修改相关金融法律。《中华人民共和国证券法》《中华人民共和国保险法》《证券投资基金法》等重要法律更是历经多次修订，不断适应金融的新发展局面，科学提升金融立法质效。金融执法工作机制持续优化，建立起了依法从严打击证券违法活动的执法司法体制机制，进行金融风险专项整治。金融司法和金融法制宣传均取得较大成效，探索创建金融法院、金融法庭，司法服务保障更加有力。目前已经设立上海金融法院和北京金融法院两家金融法院。

近年来金融创新不断发展，与前沿技术深度融合，金融产品逐渐丰富，市场参与主体也日渐增多。然而机会往往与风险同行，在为市场注入新动力的同时，层出不穷的金融创新也使各种风险诱因交织叠加。金融风险呈现出高度复杂性、关联性、技术性、突发性等特点，市场的快速发展给金融法治建设提出了更高的要求。我国金融法治建设当前仍处于全面推进阶段，在法律体系、法律实施、法治保障、法治意识等方面仍存在不足，金融法治建设任重而道远。

2. 中国法治建设存在的问题

（1）法律体系性较弱，规则存在一定的不确定性。

首先，金融立法存在一定的滞后性。现行的金融法律往往是基于过去的案例及已有情况来制定出台的，金融立法需要时间来考察是否需要法律来介入。我国金融市场发展迅速，金融创新开拓新的领域，产品不断更新，风险变化莫测，势必带来新领域的法律空白。旧制度与新情况之间的矛盾冲突难以弥合，金融立法存在天然的滞后性。不少法律在一些方面已不适应现实的要求，部分领域的法律空白或模糊规定始终存在，迫切需要尽快进行清理、修改和完善，以缩小法规与现实的差距，协调法律内部关系，增强可操作性。

其次，金融法律体系性和融贯性不强。我国金融稳定法律规范系统化程度依然不高，简单化、割裂化、破碎化等情况持续存在（靳文辉，2023）。例如，我国没有一部专门的法律来规范金融机构破产的程序和安排。金融机构破产涉及相关撤销、解散、接管、重组、存款保险等问题，目前可依据的法律规章零散分布于《中华人民共和国企业破产法》《中华人民共和国中国人民银行法》《金融机构撤销条例》等。各条款散乱堆叠，对金融机构破产程序启动标准、申请主体、金融消费者特殊保护等方面的规定模糊，缺乏系统性和实际的可操作性。

规则的不确定性和政策的不持续性也极大影响了企业的信心。市场主体根据未来预期做出经营决策，影响企业预期的首要因素就是政策是否连贯、是否可预期。不确定的政策会增加企业不安全感，加剧观望情绪，挫伤投资热情。政策超预期的变化和环境的波动势必对企业家的心理和企业的经营状态产生重大影响，企业变得日益保守，甚至是原地不动地观望。

（2）执法监管职责不协调。

习近平总书记强调"法律的生命力在于实施，法律的实施在于人"。即便有再完美的法律，如果有法不依、无法实际执行，也不能称其为成熟完善。

当前我国的金融监管存在的问题主要表现为责任落实不到位，央地间、部门间监管不协调，多头监管和监管真空现象同时存在。首先，各机构监管相对分散，缺乏跨行业跨部门的统一监管（黄辉，2019）。我国以金融机构为中心分配监管职责，缺乏统一监管，监管职责分辨不清，对非法金融活动处置责任不清、推诿塞责。其次，央地间监管不协调，地方金融主体角色错位。我国的金融监管理念强调中央对金融管理的主导权，同时又要求地方政府承担属地化风险防范的责任。地方政府不仅是监管者，还是市场参与者，面临招商引资的压力，这使得地方金融监管工作容易受到本地经济发展的干扰，导致金融风险防范工作被忽视，偏离了中央金融监管的目标（刘志伟，2016）。此外，金融罚则有所缺失，部分执法机构职责不清、人员素质参差，部分人员的腐败渎职更为不法行为大开了方便之门。

若公权力和私权利之间存在失衡，公权力就容易因缺乏严格限制而无序扩张。在法治社会中，公权力的行使必须有法律的明确授权和受到严格监督，以确保其不超越法定权限和侵犯公民权利。同时，公民也应当享有充分的权利和自由去监督和制约公权力的行使，以防止其滥用和腐败。对于公权力部门来说，"法无授权即禁止"。如果法律没有明确规定其可以行使某项权力或采取某种行为方式，那么这些行为就应当被视为不被允许或受到严格限制。例如，行政机关在行使强制执行权时必须有法律的明确授权，司法机关在定罪量刑时也必须遵循法律的明文规定。

（3）司法独立性缺失，自由裁量权滥用。

首先，在我国"强行政、弱司法"的权力配置格局下，司法权对于行政权的依附性体现得较明显，地方保护主义较严重，司法部门缺乏事实上的独立性。一方面，由于司法管辖区与行政管辖区高度重叠，司法机关在人力、财力、物力上对地方政府的依赖性较强，其审判工作容易受到地方政府的影响和干预，影响了案件审理的独立性和公正性；另一方面，法院系统在审判工作和法官管理上采取了行政管理模式，使得审判权与行政权界限模糊，法官在审理案件时难以完全依法独立行使职权。面对内幕交易、操纵市场、虚假陈述等严重的欺诈行为，司法常常难以有所作为（江春和李安安，2016）。

其次，自由裁量权的滥用使得同案异判现象频发。自由裁量权赋予了执法人员和裁判人员一定自主决定权，司法机关在法律规定的范围内享有一定的选择权，即可以根据具体情况和立法精神自行判断并做出公正、合理的决定。但是自由裁量权如果被滥用，可能导致合法利益受损、社会秩序混乱、特权思想滋生以及腐败现象等问题。为了填补法律的空缺和统一裁判标准，司法机关通过发布指导性案例和规范性文件来加强指导。然而，指导性案例供给数量少、生成速度缓慢，并不能充分满足且迅速回应实践需求。不同司法机关对这些规范性文件的理解也存在差异，有时会出现泛化适用规范性文件的情况，加剧同案不同判的问题。判决结果的差异极大影响了司法裁判的稳定性，破坏了社会对司法工作的预期。

（4）法制教育存在短板，法治思维能力欠缺。

法律规范需要相应社会意识的配合才能得到充分实施。当前我国法治教育依然存在诸多突出问题，例如学科地位缺失、师资力量匮乏、资源投入不足、考核体系不科学、教学理念与教学方法落后等，严重影响了法治教育的有效开展与推进。公众接受法制教育的程度不高，对法制的认识不足，影响了法律的权威性和公信力，使得法律在实际执行中困难重重。

执法人员队伍中也有法律知识储备不足、法治思维能力欠缺的问题。知法、懂法、守法、在法律的规范内活动是对执法人员的基本要求。但是一些执法人员的法律知识储备不足，法律思维能力欠缺，甚至抱有特权思想，将自己置于法律的监督和制约之外，滋生腐败行为。

法律常识的缺失往往表现为对法律规则的漠视，例如缺乏知识产权的法律意识。我国已出台《中华人民共和国商标法》《中华人民共和国专利法》《中华人民共和国技术合同法》《中华人民共和国著作权法》《中华人民共和国反不正当竞争法》，知识产权数量逐年上升，然而权利人的知识产权管理水平和保护意识不够强。很多企业未建立知识产权管理体系，对侵权行为的表现形式和危害程度认知有限，同时大部分权利人不愿意花费过多精力配合相关部门开展打假工作，重使用、轻保护的现象普遍存在。

## （二）法治完善的难点：法治理念、法治传统和对法的尊重

金融强国需要强烈深刻的法治理念、深厚的法治传统和对法的尊重。法的条文很重要，让社会有规范行为的准则。法律不只是一种条文，条文只是法律的表现形式或载体，法治的核心是有法的灵魂和理念。每个人内心都存有法律的底线，对法律保持敬畏，法律面前人人平等，任何人都必须遵守法律的约束，这样社会才会进入良性循环。

### 1. 法治理念是法治社会的基石

法治理念是关于法治的理性认识，是关于法治的思想观念、价值判断的总和，表现为人们在知识、情感、意志、信念等层面对法治的理性化观念。法律规则是法治社会的载体，法治理念是法治社会的灵魂，法治理念决定法治实践。社会主义法治理念的基本内涵包括依法治国、执法为民、公平正义、服务大局、党的领导五个方面。公平正义理念是社会主义法治理念的价值追求，执法为民理念是社会主义法治理念的重要组成部分。这体现了我国社会主义法治的本质，从根本上反映了"立党为公、执政为民"的执政理念

以及构建社会主义和谐社会对政法工作的核心要求。

法治理念是消费者权益保护的基础，消费者权益保护推动法治理念的落实。发达金融体系普遍具备完善的投资者和消费者保护措施来弥补监管漏洞，平衡市场参与者之间的关系。英国《2000 年金融服务与市场法》首次将消费者保护写入金融监管的目标体系当中。美国在 1969 年通过了《诚实贷款法》，于 1974 年通过了《信贷机会均等法》和《公平贷款法》，旨在保护中小投资者、存款人、投保人的利益。2008 年金融危机凸显了有效的消费者权益保护对金融体系长期稳定的重要性，加强金融消费者权益保护成为国际共识。

然而，我国金融消费者权益保护投入不足、制度体系有待完善，金融消费者权益保护机构地位、职能、权限等缺乏相应的法律基础，金融消费纠纷多元化解机制存在缺陷，群体性案件屡有发生（温树英，2019）。某些村镇银行大股东常年违法套取或高息诱揽储户资金，长期逃避地方金融监管，甚至通过赋红码来阻碍储户取款，涉嫌非法集资、金融监管不力及监管腐败等重大法律风险。中行原油宝、e 租宝、华讯投资炒股骗局、中信银行泄露公民个人信息等案件，造成大范围的金融消费者权益受损，不仅挫伤了金融业的整体形象，也带来了巨大的金融风险。法治社会的标志是法治理念与法治结构的建设达到同等水平。构建有效的金融消费者权益保护体系，切实保障金融消费者权益，是践行"以人民为中心"发展思想的必然要求，也是维护金融消费者对金融市场的信心、推动金融业高质量发展的必然选择。

2. 法治传统支撑金融中心建设

金融最核心的元素是国家软实力，而软实力来自完善的法治、高度的契约精神和足够的市场透明度。完善的法治至关重要，在法治的基础上社会就会形成良好的契约精神。二战之后英国殖民地纷纷独立，英国的国土面积变小，经济规模大约排在全球第七位，但英国仍然是全球最重要的国际金融中心。2024 年英国伦敦在全球金融市场国际化影响力排名中位居第一，超过了纽约。支撑英国国际金融中心地位的不是实体经济，而是深厚的法治传统和高度的契约精神。英国最早形成了一套与现代金融相匹配的制度和法律架构，有深厚的法治传统。继英国之后，美国进一步完善了资本市场的法律体系，《1933 年证券法》《1934 年证券交易法》以及后来的《1940 年投资公司法》《1999 年金融服务现代化法》《萨班斯-奥克斯利法案》等，形成了完整的现代金融法律体系。

法系渊源对金融中心的建成也具有重要影响。基于现代金融市场的庞大规模和复杂交易，金融中心必须有健全灵活的法律制度基础以及独立有效的司法体系来支撑和执行各种法律制度。以判例法为典型的英美法系正好为金融活动的创新求变提供了一种稳健灵活的法制环境，普通法体制在建设金融中心时具有相当大的优越性和生命力。不过，随着我国法律文明全球性互动的加强，两大法系在很多方面具有的差异逐渐模糊。大陆法系对判例的重视和英美法系成文法律的频繁出台，展示了法系间的相互借鉴与融合。

3. 对法的尊重孕育契约精神

我国的法治建设自改革开放以来已经走过了四十多年，逐步向法治社会迈进。然而，有些人还没有树立起对法律的足够尊重，未发育出成熟的法治精神和契约精神。当代中国社会在一定程度上缺乏对法的尊重，与传统文化的惯性息息相关。以孔子为代表的儒家学说的治国理念的核心是礼治与德治。董仲舒最早提出了"德主刑辅"的主张。董仲舒主张在德与刑的关系上，应当首先以道德教化为主，而以刑罚制裁为辅。"德主刑辅"的治国理念重在通过对人的道德教化使人们自觉地遵守社会秩序，而法律只是一种辅助手段。从春秋战国时期的儒法之争到汉武帝罢黜百家、独尊儒术，儒家思想逐渐渗透到社会各方面，对封建社会产生了很大影响。

改革开放四十多年来，法治化进程推进的速度整体较快，在法治结构的搭建上已经初具法治社会的模式。然而，在法治建设的进程中却依然阻力不断、困惑重重，原因正在于一些人并没有真正形成法治的思维方式，没有真正做到尊重法律。对于任何一种变革而言，观念的转变不仅是最重要的，同时也是最困难的。法治结构的搭建可以快速推进，然而形成尊重法律的环境需要深刻的变革和经历一个较为艰难的过程。

## （三）法治完善的重点：立法、执法、披露

### 1. 完善多层次立法，明确处罚标准

完善金融法律体系，制定金融法，作为金融领域的基本法，与其他金融法律法规共同构成比较完备的金融法律体系。加强金融领域重要法律法规的立改废释，加快补齐新兴领域制度短板，发挥司法解释、部门规章、规范性文件等填补空白的作用。细化《中华人民共和国刑法》《中华人民共和国证券法》等法律条文，确立清晰的刑事、民事和行政责任标准。针对金融创新采用灵活的兜底条款，确保对新问题的法律适应性。完善与国际接轨的金融法律体系，确保市场秩序和公平环境。加大违法惩处力度，提高违法成本，切实增强金融监管有效性，维护金融管理秩序。

虚假信息披露、内幕交易之所以猖獗，是因为没有严刑峻法，违法成本很低。2001年11月美国安然事件发生后，安然公司有关责任人被判了二十年不等的刑罚，相关会计师事务所破产，有关金融机构被处以高达几十亿美元的罚款，同时中小投资者通过集团诉讼获得赔偿。安然事件发生后美国颁布了《萨班斯-奥克斯利法案》，将中介机构和投资顾问业务做了彻底隔离，明确了会计师、审计师的责任，此后美国的欺诈和虚假信息披露问题得到缓解。在瑞幸咖啡财务造假22亿元案件中，美国证监会与之和解的金额为1.8亿美元。然而，康美药业财务造假案涉及虚增营收、虚增利息收入以及虚增营业利润等规模高达300亿元左右，但仅被处以60万元的顶格罚款。我们也需要提高违法处罚上限以提高违法成本，强化市场纪律。

### 2. 利用科技手段增强信息披露，优化信用环境

资本市场是现代市场经济的重要内核，需要有较高的透明度、较发达的商业文明、较强的契约精神以及较广泛的诚信文化。信息披露是维持公平的重要机制，发行、交易、退市和减持都要如实、及时、完整披露重大信息，要健全公平的资本市场制度。加强对评级机构监管，提高信用评级程序和数

据透明度，在规范信用评级方法、加强风险和不确定性揭示、完善评级公司治理机制等方面明确相关要求。

要加强金融基础设施建设，从信用评级到法律、会计、审计、服务中介机制，抑制过度信用条件要求，防止过分的风险承担行为。对于虚假信息披露，中介机构都难逃其责。法律要加大对中介机构不尽责或参与作假行为的处罚，包括刑事处罚和民事赔偿。要压实中介机构看门人的责任，对所有违法者包括链条当中的机构与人，都需要有非常明确且非常严重的处罚标准。

要利用大数据、云计算、人工智能等现代信息技术手段推动信息披露电子化。以信息技术手段将信息数据化、结构化、规范化，实时搜集、处理和分析金融市场数据，确保信息披露的及时性和准确性，有效提高信息生成、交换、应用的效率。要开发并应用自动化信息披露系统，减少人工干预，降低人为错误的风险。要通过预设的披露模板和规则，自动抓取相关数据并生成披露报告，提高披露效率和质量。要建立高效的信息监测和预警系统，及时发现并纠正信息披露中的违规行为。同时，要利用网络平台和社交媒体等渠道拓宽信息披露的覆盖面和影响力，加强公众社会监督。

3. 建立投资者赔偿机制，保护金融消费者权益

要构建有效的金融消费者权益保护体系，切实保障金融消费者权益。要建立中小投资者赔偿机制，包括相关法律结构和诉讼机制，如代理人制度、集团诉讼制度等。中小投资者保护基金应承担司法救助牵头者责任，帮助中小投资者进行合理的赔偿和有效的法律救济，维护投资者信心，保护投资者的合法权益。

目前资本市场的改革存在一些问题。例如新 ST 制度有重大的缺陷。若大股东违法违规占款，公司就要进入 ST 程序。进入 ST 程序后，公司股价往往会连续跌停。若公司股票收盘价连续 20 个交易日都低于 1 元，公司将触及交易类退市情形，这实际上是让中小投资者承担大股东违规违法占款所带来的巨大损失。此外，上市公司违法行为的退市制度安排，要有配套的救济和赔偿制度。对这类上市公司退市必须建立民事赔偿机制，赔偿资金要

从大股东或实际控制人的资产当中扣除，不能一退了之。严刑峻法是对违法者的严刑峻法，而不是让买了虚假信息披露的上市公司的股票的中小投资者去承担退市的责任。影响投资者投资决策的虚假信息所带来的损失必须由相应责任人赔偿，这是维护市场信心的基本法律保障和重要的制度安排。

### 4. 尊重市场规律，深化体制改革

现代市场经济的基石是制度而不是政策。中国经济的问题在很大程度上不具有经济周期特征，这正是经济政策频繁调整难以达到理想状态的原因。

建设金融强国，应该充分相信制度的力量，不要过分迷信政策的力量。政策是在法治和制度的框架下起微调作用，制度改革比政策调整更重要。自由的市场是公允价格和公平交易的前提。政策的频繁调整会扰乱市场预期，进而引发严重的不确定性，需要制定一个基于现代市场经济原则的制度体系。有了完善的法制和符合市场经济原则的制度设计，市场主体就会做出理性判断。

### 5. 加强执法司法合作，提升监管质效

要对各类违法违规行为零容忍，进一步提升市场准入、日常监管、检查稽查、行政处罚等监管执法行为的透明度和法治化水平。要严肃整治违法违规行为，严格执法，强化对股东、实际控制人的穿透式监管，加强对第三方服务机构的延伸监管。要充分适用罚款、拘留等强制措施，畅通拒执罪公诉、自诉程序，加大对规避执行、妨碍执行、抗拒执行的惩处力度。

司法机构应恪守法治要义，重点提升金融监管规则的适用性，加强金融司法与金融监管的协同。要坚持依法裁判，在引用规范性文件作为裁判依据时要充分释法说理。针对部分存在理解障碍或重大分歧的规范性文件，法院可主动协同金融监管部门参与沟通协作，协助金融监管部门完善相关规则。最高人民法院、最高人民检察院也应及时发布司法解释，或通过指导性案例对金融审判依据的适用困境做出回答，统一司法者对规则内容的理解，缓解新型金融领域同案异判的问题。

发挥监管部门和司法部门的专业优势，加强执法司法合作，共同化解金

融风险，惩治金融犯罪（鲁篱，2021）。在金融监管规则制定过程中，深入研判案件背后的监管规则问题，配合司法机关推进金融案件诉源治理，使矛盾纠纷止于萌芽、解于诉前。在违法违规股东出清、问题机构风险处置、打击逃废债等方面，进一步形成工作合力，维护公平有序的金融市场法治环境。加强对金融领域法律问题的联合调查研究，明确执法司法办案标准和政策尺度，适时提出法律法规修改完善建议。

6. 加强法律文化建设，厚植行业文化

习近平总书记指出："只有内心尊崇法治，才能行为遵守法律。只有铭刻在人们心中的法治，才是真正牢不可破的法治。"要做到内心尊崇法治、将法治铭刻在内心，必须信仰法治，而信仰法治的前提是认同法治的价值。通过政策解读宣传和金融案例讲述等方式向社会公众传播金融法律常识，整合违法违规金融案件公示平台、加大曝光力度，增加对违规者的道德约束压力，努力培育公众契约精神和依法维权意识，营造良好的金融法治环境。

要加强金融法治人才队伍建设。要不断充实金融法治人才队伍，健全法律顾问和公职律师管理制度，加快法律人才培养。要加强行政执法人员培训考核和监督管理，持续提高执法人员专业化、职业化水平。金融监管人员需要合理把握执法尺度，有法可依、于法有据地推进政策落实，将法律要求和制度规定讲在前，引导金融从业者根据法规政策导向合法经营，防患于未然。要完善合规监管制度，指导金融机构真正构筑起科学先进、全面覆盖、权责清晰、独立权威、务实高效的合规管理体系，使依法合规成为金融从业人员的行动和职业追求。

**参考文献**

[1] 江春，李安安. 法治、金融发展与企业家精神. 武汉大学学报（哲学社会科学版），2016，69（2）：90-97.

[2] 靳文辉. 论金融监管法的体系化建构. 法学，2023（4）：133-146.

[3] 黄辉. 中国金融监管体制改革的逻辑与路径：国际经验与本土选择. 法学家，

2019（3）：124-137.

　　［4］刘志伟．地方金融监管权的理性归位．法律科学（西北政法大学学报），2016，34（5）：156-164.

　　［5］鲁篱．论金融司法与金融监管协同治理机制．中国法学，2021（2）：189-206.

　　［6］王小鲁，樊纲，李爱莉．中国分省营商环境指数2023年报告．北京：社会科学文献出版社，2024.

　　［7］温树英．国际金融监管改革中的消费者保护法律问题研究．北京：中国人民大学出版社，2019.

　　［8］约瑟夫·S. 奈．美国注定领导世界？——美国权力性质的变迁．北京：中国人民大学出版社，2012.

　　［9］Allen，F.，Qian，J.，& Qian，M. "Law，Finance and Economic Growth in China." *Journal of Financial Economics*，2005，77（1）：57-116.

　　［10］La Porta，R.，Lopez-de-Silanes，F.，Shleifer，A.，et al. "Legal Determinants of External Finance." *Journal of Finance*，1997，52（3）：1131-1150.

　　［11］La Porta，R.，Lopez-de-Silanes，F.，Shleifer，A.，et al. "Law and Finance." *Journal of Political Economy*，1998，106（6）：1113-1155.

　　［12］La Porta，R.，Lopez-de-Silanes，F.，Shleifer，A.，et al. "Investor Protection and Corporate Governance." *Journal of Financial Economics*，2000，58（1-2）：3-27.

### 第八章

# 中央银行的功能定位与转型：从单一稳定到双重稳定

**摘　要：**强大的中央银行是金融强国的关键核心金融要素之一，也是在新时期坚定不移走好中国特色金融发展之路的必然选择。本章旨在探讨中央银行如何通过功能再造与角色调整，更好地服务于金融强国建设，推动金融高质量发展。首先，在系统回顾中央银行制度发展历程的基础上，本章阐述了推动央行功能再造与建设强大的中央银行的历史必然。其次，通过分析中国金融结构与风险结构的双重演进趋势，本章厘清了推动央行功能再造与建设强大的中央银行的现实逻辑。中国金融体系从以融资为主向融资和财富管理并重的转变，在推动资本市场和科技创新的深度融合并影响金融风险结构的基础上，还能够深入推动央行角色调整与功能再造。最后，本章阐述了在金融强国建设过程中，如何实现由单一向多元的中央银行的功能再造，包括但不限于建立维护币值稳定和金融稳定的"双目标"、注重总量和结构"双调节"以及推动国内外"双市场"的协调合作。

## 一、强大的中央银行是现代金融体系稳定的重要保证

### （一）强大的中央银行是建设金融强国的内在要求

中央银行是金融体系的中枢，现代中央银行制度是现代化国家治理体系的重要组成部分。作为金融强国的关键核心金融要素之一，中央银行与金融强国的其他关键核心金融要素密切关联。具体来说，中央银行能够通过完善基础货币投放机制、调节货币供应和流通来维护币值稳定，这正是人民币成

为"强大的货币"的必要条件和基础保障。中央银行能够依据经济金融发展规律推动金融机构多元化和高质量发展，而且可以通过高效的流动性管理、科学的业务指导、穿透式监管等方式，推动各类金融机构加强分工协作、实现优势互补，增强其服务实体经济的能力，打造强大的金融机构。中央银行能够在逐步完善的宏观审慎政策框架下，协同金融监管部门做到金融监管全覆盖，实现"强大的金融监管"。中央银行能够对内推动深化金融体制改革，对外稳慎有序推进资本账户开放和人民币国际化，为培育形成强大的国际金融中心夯实制度基础。中央银行在制定和执行货币政策、参与国际经济金融治理时需要一大批高素质金融人才，内在要求锻造强大的金融人才队伍。

建设强大的中央银行要始终坚持党中央的集中统一领导，坚持金融服务实体经济的根本宗旨，以构建中国特色现代金融体系为目标，深化金融供给侧结构性改革，推动金融高水平开放，加快建设现代中央银行制度，推动健全现代货币政策框架；切实维护币值稳定和金融稳定，为高质量发展营造良好的货币金融环境。强大的中央银行应当具备五种能力：一是政策制定能力。强大的中央银行能够根据经济运行状况灵活制定和调整货币政策，通过灵活适度且精准有效的货币政策，达到控制通货膨胀、促进就业和经济增长等目的。其发行的货币能够成为一种国际货币，具有强大的国际影响力，并在全球主要央行中有较强的话语权和影响力。二是监管能力。强大的中央银行在防范化解金融风险、维护金融体系稳定、开展宏观审慎监管等方面具有很强的控制力，能够有效地对金融机构进行监管，从而确保金融体系的稳定与安全。在传统货币政策和金融政策的基础上，强大的中央银行可以整合宏观审慎政策工具，以有效应对金融市场的系统性风险。三是预期引导与沟通能力。有效的沟通策略对于建立中央银行与公众及市场之间的信任至关重要。通过明确、及时且透明地发布政策信息和经济分析报告，中央银行能够塑造和引导市场预期，降低市场不确定性。四是创新与适应能力。随着金融市场和金融科技的快速发展，强大的中央银行将不断加强对金融科技企业以及产品的监管，确保技术创新在不损害金融稳定的前提下促进金融服务质效提升。五是金融基础设施建设能力。强大的中央银行所建立的支付清算、征信、反洗钱等金融基础设施既能够实现自主可控、安全高效，又具有极强的国际竞争力。

## （二）中央银行制度演进与建设强大的中央银行的历史必然

建设现代中央银行制度是推动高质量发展的内在需要，也是应对国际中央银行制度变化的必然选择。党的十九届四中全会提出了建设现代中央银行制度的目标，以推动国家治理体系和治理能力的现代化。党的十九届五中全会从推动高质量发展以及统筹发展和安全的角度，对建设现代中央银行制度进行了战略规划。纵观国际中央银行制度演变历程，最初中央银行的主要职能是为政府提供融资，后来转变为专注于货币管理，并逐步发展出通过调节货币供应和利率来维护货币价值稳定的现代中央银行制度。20 世纪 70 年代，全球中央银行开始重视充分就业的目标，2008 年国际金融危机之后，又增加了对金融稳定和国际协调合作的关注（易纲，2023）。自 1984 年中国人民银行不再直接向企业和个人提供金融服务，转而专注于中央银行职能以来，一直将维护币值稳定作为其首要任务，并以此促进经济增长。中国人民银行较早地关注了金融稳定和国际收支平衡，近年来也开始重视充分就业的目标，不断致力于加快构建适应我国国情的现代中央银行制度（易纲，2021b）。

现代中央银行制度与强大的中央银行两者之间具有内在一致性和关联性。强大的央行，一定是现代央行；而现代央行，除了自身强大之外，还离不开强大的经济实力、科技实力和综合国力的支撑。一方面，建设强大的中央银行，就要求实现从大国央行向强国央行的角色转变，在职责定位上进一步贯彻独立性原则，同时保持实际操作的灵活性，维护币值稳定。同时，还要关注金融稳定，构建并完善货币政策与宏观审慎政策双支柱框架，实施跨周期调控，使得利率、汇率、经济增长率、失业率等宏观变量处于比较合理、协调、稳定的区间。另一方面，强大的中央银行以强大的经济基础为条件，要求具有领先世界的经济实力、科技实力和综合国力。从全球央行制度演变来看，中央银行制度的发展本身就是一部经济发展史，无论是被认为成立最早的瑞典国家银行，还是公认的现代中央银行鼻祖英格兰银行，以及对全球经济和金融市场有深远影响的美联储，各国央行制度的诞生和演变都基于当时的经济基础、综合国力。建设强大的中央银行就需要不断提升经济硬实力，通过经济高质量发展，扎实推进金融高质量发展，进而实现大国央行向强国央行的转变，走好中国特色金融发展之路。

### （三）强大的中央银行与现代中央银行制度构建

现代中央银行随着经济发展而不断演变，确立了一系列普遍认可的主要目标和职责。它扮演着货币发行机构的角色，掌控货币的发行、供应和流通，调整利率，确保货币价值的稳定；也是国家的银行，执行宏观经济政策，管理国库，监管外汇资产，并参与全球金融管理，推动就业最大化、经济增长和国际贸易平衡；还是银行的银行，通过在市场上与金融机构进行交易来提供流动性，确保支付和结算系统的稳定，并在必要时作为最后的贷款来源。

党的十八大以来，通过不断的实践，中国初步构建了一个既符合金融规律又有中国特色，有别于传统中央银行的现代中央银行制度。该制度体系以货币政策和宏观审慎政策为核心，以支持实体经济的信贷政策为重点，以多元化的金融市场为基础，以金融基础设施为支撑，以金融稳定为保障，以中央银行的财务管理为后盾，以国际金融合作为平台，平衡了短期目标和长期目标、稳定增长和风险防范、国内均衡和国际均衡的关系，在具有高度适应性、竞争力和包容性的现代金融体系中发挥了重要作用（马玲，2024）。

首先，现代中央银行更加注重维护币值稳定和金融稳定，而币值稳定和金融稳定双目标的实现离不开健全货币政策和宏观审慎政策双支柱调控框架的支撑。现代中央银行通过精心设计的货币政策工具（如利率政策、公开市场操作和量化宽松政策）来维护币值稳定，确保经济中的货币供给与需求保持平衡。这些工具的有效运用，有助于控制通货膨胀，同时促进经济增长和就业。现代中央银行是金融稳定的重要维护者。近年来，中国人民银行推动防范化解重点领域金融风险，比如，设立保交楼贷款支持计划、保障性住房再贷款等，助力房地产市场平稳健康发展。与传统的直接干预不同，现代中央银行更倾向于使用市场化的间接调控手段，通过影响市场预期和信号来实现政策目标。这种市场化的方法更符合现代金融市场的运作机制，不仅提高了金融资源配置的效率，而且增强了金融市场的自我调节能力。与此同时，中央银行加强了宏观审慎监管，通过监管金融机构的资本要求、流动性覆盖率和风险管理等方式来减少金融体系的脆弱性，提高金融体系对冲击的抵御能力，维护金融体系的整体稳定，防范系统性金融风险。

其次，现代中央银行更加注重总量和结构政策并重以及多层次金融市场体系构建。总量调控是指中央银行通过货币政策工具，如利率政策、存款准备金率调整等来控制货币供应量，以实现宏观经济目标，如控制通货膨胀、促进经济增长和就业。这种调控方式关注整个经济体系中的货币供应总量，以确保经济在合理的货币环境下运行。而结构优化则侧重于金融市场内部的资源配置效率和金融产品多样性，以满足不同经济主体的需求。结构性货币政策作为总量性货币政策的有益补充，主要功能是将资金引导至确有必要支持的重点领域和薄弱环节，促进信贷结构调整。此外，中央银行不断推动金融市场创新，加强对金融市场结构的监管，以提高金融市场的透明度和效率。在此基础上，中央银行致力于构建包括货币市场、资本市场、外汇市场和衍生品市场等在内的多层次金融市场体系，为不同规模和类型的经济主体提供多样化金融服务，促进资本的有效配置，从而推动经济增长。

最后，现代中央银行更加注重国际协调合作的国际金融治理机制的构建。在全球化背景下，现代中央银行越来越重视通过国际合作来应对跨境资本流动和全球金融稳定性的挑战。为了应对跨国金融活动带来的监管挑战，现代中央银行加强了与其他国家中央银行及国际金融监管机构的合作。这种合作不仅包括信息共享，还涉及监管标准和政策的协调一致。现代中央银行积极参与国际货币基金组织和金融稳定委员会等国际组织的活动，通过这些平台推动全球金融标准的制定和实施。这些国际组织提供了一个多边合作框架来帮助中央银行共同应对全球金融挑战。有效的国际金融治理有助于减少全球金融体系的系统性风险，促进全球经济的稳定和繁荣。

## 二、金融结构的变化：多元时代来临

### （一）中国金融结构的变化

改革开放以来，中国金融业态经历了深刻的变革。随着经济的规模化增长和市场化深入推进，金融脱媒趋势逐渐显现并加速演进，客观上要求深入推动金融供给侧结构性改革，构建一个更加高效、灵活和有韧性的金融体系。其中，提升债权和股权等直接融资的比重，构建多层次资本市场，以满足科技型中小企业迅速发展的融资需求，提高金融支持实体经济效率，是更具关键性、长期性和战略性的改革举措（董竹和周悦，2019），与金融脱媒的本质内涵高度契合（赵瑞娟和秦建文，2020）。上述改革措施旨在打破传统金融中介的束缚，促使资金供给者与需求者之间进行更加直接的资本对接（李扬，2007）。基于此，企业和投资者不再依赖银行等金融机构作为中间桥梁，资金能够更加高效地流动，减少了中间环节的摩擦成本，也让企业在面对资本市场时拥有更大的灵活性和主动权。值得一提的是，近年来随着信息技术和通信技术的快速发展，中国金融业迎来了第二次脱媒浪潮。这一浪潮深刻改变了传统金融的物理状态和运行模式。互联网金融、移动支付以及其他创新性金融科技形式，大幅削弱了传统金融中介在资金流动中的核心作用。资金供需匹配不再依赖物理网点等传统渠道，而是通过科技平台实现更加高效、便捷的服务。

在脱媒大趋势下，现代金融体系的功能也从单一的融资向融资与财富管理并重转型，资本市场的作用愈加突出。资本市场不仅承载了大量的直接融资需求，还通过创新金融工具和产品，为企业和投资者提供了更广泛、更多层次、更多维度的服务体系，涵盖从个人财富增值、机构投资者的资产配置到更广泛的资本增值机制。通过不断优化的金融产品和资产配置工具，资本市场已经成为全球财富管理的核心枢纽（吴晓求等，2023）。一方面，随着全球经济发展和居民收入水平提升，财富管理需求显著增长。个人和机构投资者不再满足于传统的银行储蓄等低风险、低收益的财富保值方式，而是更加注重资产的多元化配置和收益的长期增长（Koumou，2020）。资本市场通过股票、债券、基金、衍生品等丰富的金融工具和产品，使投资者能够根据不同的风险偏好和收益预期，灵活配置资产，满足财富管理需求。另一方面，财富管理需求也反过来推动了资本市场发展（吴晓求等，2022）。传统资本市场主要为企业融资服务，提供股票、债券等标准化金融工具。然而，随着高净值人群和机构投资者对财富增值的要求提高，市场必须开发更复杂的金融产品来满足其需求。资本市场从简单的融资平台转变为全面的资产配置中心，提供更丰富的产品和服务，如 ETF、对冲基金、私募股权、房地产投资信托等。这在一定程度上推动了市场向深度和广度扩展，促使资金流动性提升，增强了市场的承载能力。这种双向互动机制使得资本市场与财富管理在不断扩展中形成了良性循环。资本市场的扩展为财富管理提供了更多选择，而财富管理需求的增多则推动了资本市场进一步走向成熟。

资本市场与科技创新形成了深度耦合关系，二者相互依存、互为驱动。科技创新企业往往研发周期长、初期投资大，具有高度的不确定性和非线性的成长轨迹，使得银行等传统金融机构对其持保守态度，不愿意提供信贷支持。而资本市场能够通过提供丰富的金融产品，从天使投资、风险投资到IPO和后续的再融资，有效适配科技创新企业在各个成长阶段的融资需求，不仅为企业提供了资金，也为投资者提供了分享企业成长红利的机会，逐步成为科技创新企业融资的主要渠道（徐玉德和李昌振，2022）。此外，大数据分析、人工智能、区块链等技术应用，能够提高市场效率，降低交易成本，有效改变资本市场运作模式，增强市场的透明度和公平性（Philippon，

2016），为资本市场提供了更好的风险管理工具，使其能够更好地服务于科技创新企业。更为重要的是，资本市场与科技创新的紧密结合也推动了金融监管的创新（陆岷峰和欧阳文杰，2023）。随着金融科技的发展，监管机构需要更新其监管框架，以适应新的市场环境。在此过程中，中央银行发挥着关键的引导作用，其监管框架需要不断调整，以应对新兴技术和创新带来的风险和不确定性。2021年，中国人民银行印发的《金融科技发展规划（2022—2025年）》指出，要以加强金融数据要素应用为基础，以深化金融供给侧结构性改革为目标，以加快金融机构数字化转型、强化金融科技审慎监管为主线，将数字元素注入金融服务全流程。在此过程中，中央银行肩负着引导资本市场数字化转型、推动金融科技审慎监管的双重职责。数字化思维不仅体现在市场的交易系统中，还要贯穿业务运营的全链条。不仅体现在融资结构的优化上，还包括通过科技手段提升资本市场包容性和普惠性，确保科技创新和市场稳定之间的平衡。

## （二）风险结构的变化

随着金融体系结构的多元化，金融风险的来源和类型也变得更加复杂。在改革开放初期，中国金融体系相对简单，以银行为核心的金融机构在资金配置和融资服务中占据主导地位，金融风险主要体现在金融机构资本充足性问题上，具体表现为机构风险，也就是金融机构由于资本充足率不足或资产负债结构失衡，导致其在应对经济波动或内部经营压力时出现偿付能力不足或流动性紧张的现象。这类风险往往源自金融机构的资产质量恶化、负债压力增加等问题，当银行等金融机构无法通过充足的资本来应对资产端的损失或负债端的流动性需求时，便会陷入流动性危机，甚至影响其持续经营能力。这在20世纪末和21世纪初的中国金融市场中尤为突出。由于当时的金融体系尚未完全市场化，许多金融机构，尤其是地方性银行和一些中小型金融机构，资本基础较为薄弱，资产负债结构也相对脆弱，普遍存在资本金不足的问题，缺乏足够的资本缓冲来应对外部经济冲击和内部资产质量恶化带来的风险。

当前，资本市场的快速扩展使得市场风险逐渐成为影响中国金融体系的重要风险来源。中国金融风险结构已由改革开放初中期的单一的机构风险（资本不足风险）演变成今天的机构风险（资本不足风险）与市场风险（透明度风险）并存的格局（吴晓求，2018）。从广义角度看，无论是上市公司在发行股票时进行的信息披露，还是债券发行以及定价时的信用评级要求，实际上都归类于市场透明度的范畴。这些信息不仅需要具备客观、系统的特点，同时信息的发布还应确保公开、完整和及时，而其接收者应是公众整体，而非某些特定的个人。因此，证券化金融资产或资本市场的核心风险源自透明度的欠缺，这构成了一种典型的透明度风险。这种风险可能会导致信息不对称，进而引发市场失灵。信息不对称的情况会使部分市场参与者掌握更多的信息，从而获取不对称的收益，损害市场公平性（Akerlof，1970）。长期来看，信息透明度不足将削弱投资者对市场的信任，进而使得资本市场的融资功能失效，市场参与者对资产的定价失去信心，最终可能会演变为系统性金融风险（Morris & Shin，2002；New York University Stern School of Business et al.，2009）。

正如金融市场需要高透明度一样，中央银行作为金融体系的核心，其自身的透明度对于政策执行的有效性也至关重要（Geraats，2002）。中央银行不仅是宏观经济稳定的守护者，还承担着引导金融市场预期、管理系统性风险以及维护市场稳定的重要责任。中央银行的透明度不仅体现在其货币政策的制定与执行过程中，也涵盖了其监管行为和市场干预的公开性与透明度。透明度的提升意味着中央银行能够通过公开的政策沟通、明确的政策目标和实施路径，向市场参与者传递清晰的信息，使得市场能够准确理解中央银行的政策意图。这种透明度为市场提供了一个稳定的框架，使市场参与者能够更准确地预测未来政策走向，并基于此做出更为理性的投资决策，避免因信息不足或误解而导致的投机行为和市场波动（Blinder et al.，2008；Ehrmann & Fratzscher，2007）。

在国际金融危机后的十几年里，许多中央银行通过提高透明度来提升政策的有效性，尤其是在非常规货币政策（如量化宽松政策、负利率政策等）的背景下，透明度显得尤为重要（Bernanke & Reinhart，2004）。由于非常规货币政策涉及大量的市场干预和资产购买操作，中央银行需要向市场清楚解释其政策背后的逻辑和目标，以确保市场理解这些政策并据此做出理性决策。例如，欧洲央行在应对欧元区债务危机时，通过定期的政策声明和新闻发布会，明确说明了其资产购买计划和未来政策路径，成功地引导了市场预期，避免了市场的过度波动。类似地，美联储通过透明的沟通机制，提前告知市场其加息或缩减资产负债表的计划，帮助市场平稳过渡。这些经验表明，透明度提升不仅可以减少市场不确定性，还能增强政策可信度，使中央银行能够更有效地执行其货币政策和履行宏观审慎监管职能。

中央银行透明度的另一个重要作用在于对市场预期的有效管理（Hansen et al.，2018；Sutherland，2023）。中央银行提前向市场传递其政策立场和预期目标，旨在避免市场参与者因政策不确定性而引发的恐慌性反应。尤其是在全球资本市场高度互联的背景下，任何政策上的模糊或沟通不畅都可能导致市场的剧烈反应，增加市场风险。通胀目标制就是一个通过提高央行透明度来引导市场预期的典型案例。新西兰、英国、加拿大等国家在采用通胀目标制后，公开其通胀目标并定期向市场披露相关信息，确保市场清楚了解央行的政策目标和调整路径（Mishkin & Posen，1998），尽管各国在实施通胀目标制的具体方式上存在较大差异，但其成功主要归因于提高了政策的透明度和可信度，在平衡其他目标的同时也保持了一定的灵活性。

近年来，我国央行也在逐步提升货币政策的透明度，推动政策制定和执行的公开化、规范化。自 1995 年《中国人民银行法》实施以来，中国人民银行逐步完善信息披露机制，致力于增强与市场的沟通及互动。通过每月与商业银行召开经济金融形势分析会、发布季度货币政策执行报告、召开新闻发布会等方式，向市场详细披露货币政策的执行情况、政策方向以及未来展望，确保市场能够及时了解政策动向。这不仅增强了公众对央行政策的理解，也有助于引导市场预期，减少政策实施过程中的不确定性，提升货币政策的传导效率，实现"事半功倍"的效果。然而，在国际金融形势复杂多变、全球经济不确定性增大的背景下，我国货币政策面临的挑战也日益增多。未来仍需进一步完善货币政策目标体系，加强与市场的沟通，探索符合中国国情的、与现代央行制度相匹配的货币政策框架，助力构建稳定、创新、充满活力的现代金融体系。

# 三、中央银行功能再造：从单一走向多元

## （一）维护双目标：维护币值稳定和金融稳定

币值稳定与金融稳定双目标的实现，需要货币政策与宏观审慎政策的协调配合。加快完善中央银行制度是一项系统工程，我国央行已经明确以双支柱支撑实现双目标在其中的重要性，即健全货币政策和宏观审慎政策双支柱调控框架，实现币值稳定和金融稳定双目标。围绕货币政策、系统性金融风险防控、金融稳定和国家金融安全、国际金融治理和合作、金融市场、金融基础设施建设、金融管理和服务等职责，加快建设现代中央银行制度。持续推动金融供给侧结构性改革，优化金融机构体系和金融市场的结构、布局，加快构建中国特色现代金融体系。党的十九大做出"健全货币政策和宏观审慎政策双支柱调控框架"的重要部署。习近平总书记在省部级主要领导干部推动金融高质量发展专题研讨班开班式上明确指出，金融强国应拥有强大的中央银行，有能力做好货币政策调控和宏观审慎监管、及时有效防范化解系统性风险。这充分说明了以双支柱支撑实现双目标的重要性。

1. 维护双目标：央行功能再造的题中之义

党的二十大报告指出，要深化金融体制改革，建设现代中央银行制度。《中国人民银行法》明确表示，中国人民银行是中华人民共和国的中央银行，在国务院领导下，制定和执行货币政策，防范和化解金融风险，维护金融稳

定。而货币政策的目标是，保持货币币值的稳定，并以此促进经济增长。因此，中国人民银行的目标可以总结为维护"金融稳定"和保持"币值稳定"，这对于推动中国式现代化具有重要意义。

维护币值稳定是现代中央银行制度双目标的题中之义。货币政策目标应聚焦主次，增强央行独立性。央行应以币值稳定为首要目标，其次考虑经济增长（中国人民大学课题组和吴晓求，2020）。管好货币信贷是经济健康循环的基本保证，也是中央银行维护币值稳定的具体要求。习近平总书记指出，"千招万招，管不住货币都是无用之招"，全面深刻概括了中央银行管理货币对经济发展全局的重要作用。自中国人民银行正式履行中央银行职能以来，我国的货币政策框架几经演变，但币值稳定一直都是宏观调控关注的重点。具体地，货币供给由货币乘数和基础货币共同决定。其中，货币乘数受经济形势变化和宏观调控因素的共同影响，而基础货币是中央银行能够控制的外生变量，是中央银行重要的操作目标。经济运行态势和宏观调控政策的变化将引起货币供应机制和货币供应量的变化（孙丹和李宏瑾，2015）。

随着经济金融快速发展，在币值稳定的基础上，金融稳定的重要性也愈发凸显。随着这种重要性的提升，在 2008 年国际金融危机发生前，全球的货币当局普遍遵循了所谓的"杰克逊霍尔共识"。该共识认为只要物价和产出保持稳定，金融稳定就能得到保证（马勇和黄辉煌，2021）。该共识导致资产价格仅仅被视为货币政策传导机制中的一个隐含因素，而没有被直接纳入政策目标，货币政策通常只在资产价格波动影响到通货膨胀水平时才会做出调整（葛奇，2016）。然而，随着通胀在大多数国家得到了有效控制，经济金融化不断深入发展，证券、房地产和大宗商品等资产的价格波动开始成为宏观经济冲击的重要来源，这些资产价格的波动对实体经济产生了显著的负面溢出效应（张成思和张步昙，2015）。这表明金融稳定与币值稳定并不是完全等同的，而是相对独立的两个概念。为了维护币值与金融的稳定，中央银行需要更加关注资产价格的波动，以及这些波动可能对金融体系和实体经济带来的影响。中央银行开始考虑将金融稳定作为一个独立的目标，而不仅仅是物价稳定的副产品。这需要对货币政策工具的创新，需要引入使用宏观审慎政策来直接应对资产价格泡沫和信贷过度扩张等问题，以减少系统性风险和提高金融体系的韧性。

从整体上讲，中央银行的角色正在从单纯的通胀目标守护者转变为更加全面的金融稳定守护者。这种转变要求中央银行在制定和执行货币政策时，不仅要关注传统的通胀和产出目标，还要密切关注金融市场的动态，以及这些动态对整个经济体系可能产生的影响。而通过货币政策与宏观审慎政策的结合，中央银行可以更有效地维护币值稳定与金融稳定，从而为经济的持续健康发展提供坚实的基础。

2. 建立双支柱框架：实现双目标的必经之路

在双目标框架下，宏观审慎政策框架逐渐被重视，以降低跨机构的关联性风险和跨周期的顺周期性风险，其被货币当局纳入政策框架，以补充传统的货币政策框架。中央银行开始认识到，单纯以稳定货币价值为目标的货币政策框架未能充分考虑信贷和资产价格对货币价值稳定性的影响。因此，央行开始在货币政策的基础上融入宏观审慎政策，形成了一个旨在维护币值稳定和金融稳定的双支柱调控框架。这种框架不仅满足了现实调控的需求，而且在理论和实践上都显示出其合理性和可行性（马勇，2019）。

（1）建立双支柱框架的现实动机。

我国金融体系经历了迅猛发展的阶段，形成了与实体经济紧密相连、相互依存的内生性联系。一方面，成熟的金融体系为实体经济的创新提供了持续的资金支持，金融和科技逐渐成为推动经济增长的两大战略支柱。然而，随着金融体系的扩张，其对实体经济的影响也在加深，金融体系的稳定性及其周期性波动成为宏观经济波动的关键因素。金融与宏观经济之间日益增强的内生性关系表明，必须在统一的政策框架下同时考虑金融和币值的调控。换句话说，有效的政策框架需要实现金融稳定与币值稳定的和谐统一。

尽管金融稳定与币值稳定统一调控的理念和方向十分清晰，但仅依靠传统货币政策工具难以应对现实中的复杂情况。在金融与货币之间复杂的相互作用下，过去几十年的政策实践和频繁的金融危机表明，传统的政策工具——无论是货币政策、财政政策还是微观审慎监管——即使正确运用且有效实施，也不足以确保金融和货币价值的长期共同稳定，尤其是在处理隐蔽且复杂的金融风险问题时。例如，尽管币值稳定通常被视为金融稳定的基础，但这两者并不总是一致的。根据世界银行的数据，从 20 世纪 70 年代末至 21 世纪初，全球共有 93 个国家经历了 112 次系统性金融危机，有 46 个国家经历了 51 次局部性金融危机，而这些危机中的大多数都是在政策当局成功控制通胀的情况下发生的。金融危机不仅会直接损害金融体系的稳定与发展，还会通过溢出效应对实体经济的稳定与发展造成冲击。而且，从过去几十年的经验来看，币值稳定与金融稳定的目标经常发生冲突，币值稳定并不总能确保金融稳定。例如，在极端情况下，货币政策的急剧转变和大幅收紧可能会导致金融不稳定；经济增长率、失业率等宏观经济变量的问题也可能引发不稳定因素，带来金融风险。特别是在低通胀和高增长的经济快速发展时期，虽然货币政策能够较好地控制通胀和实现经济稳定，但这并不足以确保金融稳定，而金融稳定常常成为威胁实体经济稳定的一个重要潜在风险点。

在经济总量调节的传统货币政策中，对于资产价格波动等结构性问题的处理能力有限（马勇，2013）。尽管货币政策旨在稳定物价并促进经济增长，但在金融体系规模不断扩大的背景下，传统的"通胀目标制"框架可能存在缺陷，即过于关注通胀和失业等实体经济变量，而忽视了对金融变量的动态监控。这可能导致金融体系内部风险的累积，且无法及时应对系统性风险。因此，在宏观层面上，宏观审慎政策通过跨周期和逆周期调节，提前介入以预防和解决系统性金融风险，显得尤为重要。这要求我们构建与货币政策并行的宏观审慎政策，专门负责维护币值稳定和金融稳定（黄益平等，2019）。2008 年国际金融危机后，宏观审慎政策作为对危机的集体反思和政策回应，正式成为全球决策者的政策工具，旨在构建专门应对金融风险和维护金融稳定的新型政策工具。随着宏观审慎政策的纳入和发挥调控功能，传统的基于货币政策的"单一支柱"框架逐渐转向了结合货币政策和宏观审慎政策的

"双支柱"框架。

可以看到，双支柱调控框架的形成具有深刻的现实基础和紧迫性。金融稳定和币值稳定对宏观经济具有重要影响，但传统货币政策无法有效实现金融稳定，因此需要构建一个新的"政策支柱"（即宏观审慎政策）来专门实现金融稳定的目标。同时，考虑到金融稳定和币值稳定之间深度融合和相互影响的内生性关系，传统的"货币政策支柱"和新的"宏观审慎政策支柱"必须在统一框架下充分协调和配合，以提高政策实施的效果和效率，避免政策不一致导致的冲突和摩擦。

（2）建立双支柱框架的理论依据。

从理论基础来看，货币政策作为总量性政策，其设计初衷并非针对金融体系的结构性失衡。当金融失衡严重而实体经济运行相对稳定时，货币政策在不损害实体经济的情况下很难有效纠正金融失衡。例如，为了刺破资产泡沫，可能需要大幅提高政策利率，这无疑会对实体经济产生广泛且严重的负面影响（Bean et al.，2010）。此外，由于金融周期与经济周期之间存在不一致性和波幅差异，货币政策难以同时实现币值稳定和金融稳定双重目标。宏观审慎政策的引入，为货币当局提供了更丰富的政策工具，有助于解决微观审慎监管中可能出现的"合成谬误"问题。宏观审慎监管的资本缓冲规则和逆周期拨备调整等政策工具，相较于货币政策的相机抉择，具有明显优势，因为它们能够增强市场参与者的预期并减轻金融机构调整的负担。然而，宏观审慎政策并非万能，需要与货币政策相配合，以实现币值稳定和金融稳定的双重目标（Viñals et al.，2010）。

在执行中，货币政策和宏观审慎政策在工具和目标上具有相互关联性（Schoenmaker & Wierts，2011），这意味着在同一个框架下统筹实施两类政策，不仅在理论上具有必要性，而且在制度设计上具有先发优势。在金融与实体经济深度融合的当下，经济变量和金融变量间的联系不断加强，二者相互影响。货币当局在统一的框架下协调统一货币政策和宏观审慎政策，构建统一的双支柱框架有助于同时实现实体币值稳定和金融稳定。一方面，成功的宏观审慎政策可以降低金融体系的整体风险，保障货币政策传导渠道通畅；反过来，货币政策也会影响资产价格和资产负债表，进而影响到金融体系的稳定性。在实践中，宏观审慎政策的比较优势在于面向金融领域的"定向调控"，尤其是针对特定金融领域（如信贷市场、证券市场、房地产市场等）的失衡进行结构性调节，而货币政策的优势则在于"总量调控"，即为币值稳定创造一个良好有序的货币金融环境。在特定的经济阶段，面对日益严重的金融失衡，必须考虑使用货币政策进行总量调节。如果经济过热迹象已经出现，货币政策仍然放任信贷闸门大开，那么，任何后续的宏观审慎工具都难以奏效。换言之，宏观审慎政策的结构性调节优势必须以适当的货币总量调节为基础。事实上，只有在运用货币政策来防止整体金融过剩的基础上，宏观审慎工具才能更从容地发挥定向和结构性调控功能。另一方面，当货币政策实施有效即货币金融环境总体良好时，如果金融领域存在风险隐患或失衡状况，宏观审慎政策应及时"跟进"并予以纠正，以防止局部性的失衡发展成为系统性风险并对宏观经济金融稳定性产生冲击。因此，成功而有效的双支柱政策能够互相增强和彼此促进，以维护币值稳定和金融稳定。

由此可见，币值稳定和金融稳定双目标的实现，离不开货币政策和宏观审慎政策双支柱调控框架的支持。这一框架实现了从直接调控向间接调控的转型，价格型调控特征更加明显，强化了制定和执行货币政策、防范和化解金融风险、维护金融稳定的职能，有效推动了经济社会的平稳健康发展。

### 3. 以双支柱实现双目标：中国的实践经验

从中国的现实情况来看，近年来金融市场的产品创新、技术创新以及金融业综合经营的加速发展，使得金融产品、市场和机构之间的联系越来越紧密，金融市场内部的风险形成、集聚方式和传染路径日趋复杂化。很多风险的形成具有隐蔽、突发和难以事前准确判断的特点，这不仅增加了系统性金融风险形成的可能性，也显著增加了政策当局防范和管理金融风险的难度。在这种情况下，传统的基于货币政策和微观审慎监管的分离式政策体制已很难适应新的需要，构建和完善货币政策和宏观审慎政策双支柱调控框架是在复杂条件下实现币值和金融同时稳定的客观需要。

　　在实践中，中国在探索货币政策与宏观审慎政策的结合方面走在了前列。在2008年国际金融危机之前，中国人民银行就意识到中央银行不能仅关注物价稳定，还有必要维护金融稳定，仅依靠货币政策很难兼顾价格稳定和金融稳定双目标，因此中国人民银行开始探索使用更多工具以分担维护金融稳定的调控压力。在该时间段内，央行采取的窗口指导、最低首付比等政策都符合宏观审慎的理念。在2008年国际金融危机之后，按照党中央、国务院的部署，中国人民银行构建宏观审慎政策框架的步伐开始加快，政策协调机制逐步建立，差别准备金动态调整机制、全口径跨境融资等工具逐步完善，并陆续加强了跨境资本流动、房地产金融等重点领域的宏观市场管理，同时在统筹监管系统重要性金融机构等方面取得了有益进展。2016年，央行正式提出了构建双支柱框架的构想。2016年第四季度，中国人民银行在其货币政策执行报告中首次提出"货币政策＋宏观审慎政策"双支柱框架的概念。随后，2017年党的十九大报告正式提出要"健全货币政策和宏观审慎政策双支柱调控框架"，明确了中国人民银行通过货币政策和宏观审慎政策的协调来实现物价和产出稳定以及金融稳定的目标。这一框架旨在在促进经济增长和防范通胀的同时，确保不发生系统性金融风险，将宏观审慎政策提升到了新的高度，并标志着双支柱调控模式成为中国金融改革发展顶层设计的重要组成部分，目标是实现金融和币值的共同稳定和长期可持续发展。

　　近年来，中国人民银行坚持市场化改革方向，通过组织架构和部门职能调整，进一步完善了中央银行宏观调控体系，"货币政策＋宏观审慎政策"双支柱调控框架的内涵不断丰富。在立法方面，2021年出台了《宏观审慎政策指引（试行）》，加快推动了《中华人民共和国中国人民银行法》和《中华人民共和国商业银行法》的修订，并推动金融稳定法的立法。在制度建设方面，建立和规范了存款保险制度，完善了系统重要性金融机构监管，建立了银行风险监测预警体系，确立了基于央行评级的分级分类管理机制，开展了增量高风险机构硬约束早期纠正试点，建设了国家金融基础数据库以推动金融业综合统计等。在政策工具创设方面，建立了宏观审慎评估体系（MPA），设立了金融稳定保障基金，丰富和完善了金融机构资本补充工具等。此外，为了更好地维护金融稳定，宏观审慎监管制度还需要与微观审慎监管制度有效衔接，这要求中央与地方、央行与其他金融监管部门协调配合，共同发力。

## （二）注重双调节：注重总量和结构双重调节

2024 年《政府工作报告》指出："稳健的货币政策要灵活适度、精准有效。保持流动性合理充裕，社会融资规模、货币供应量同经济增长和价格水平预期目标相匹配。加强总量和结构双重调节。"简言之，我国货币政策的基本策略就是"加强总量和结构双重调节"，这已成为近年来我国货币政策的基本范式（彭兴韵，2024），也是建设强大的中央银行的重要抓手。

1. 货币政策的总量调控：管好流动性总闸门

追溯货币政策总量调控的理论基础，主要可以分为货币主义与凯恩斯主义两大学派。货币主义学派认为，央行应选择数量型中间目标，通过控制货币供应量来稳定经济。货币主义学派强调货币与商品是经济系统中的两个关键平衡变量，货币的变化必然引发价格水平的相应变动。根据货币数量论的费雪方程式（$MV=PT$），在货币流通速度保持恒定的前提下，货币供应量的增加将直接反映为通胀率和实际产出增长率的总和。这意味着货币供给的变化必然会影响整体价格水平和经济产出的变动，两者之间存在密切的联动关系。因此，合理调控货币供应量的增长速度，对于稳定通货膨胀和保持经济增长至关重要。20 世纪 60 年代，以弗里德曼为首的货币主义学派通过深入研究货币需求函数，对传统的货币数量论进行了进一步的拓展。他们通过实证数据验证了货币存量增长率与名义收入增长率之间的紧密联系，认为要保持名义收入的稳定增长，关键在于严格监控货币供应量的增速，确保其维持稳定的增长态势。基于这一理论框架，央行可以通过调整存款准备金率以及开展公开市场操作等多种手段来调节银行体系中的准备金水平，进而影响货币供

应量的变化，从而为经济的平稳运行和长期发展提供有力保障（Friedman，
1995）。

相对而言，凯恩斯主义学派主张将利率（价格型指标）作为货币政策的中间目标。Hicks（1937）提出的 $IS$-$LM$ 模型进一步阐明了利率在调节货币市场和产品市场均衡中的核心作用。模型指出，货币供应量是由央行控制的外生变量，而货币需求则取决于利率水平和经济产出的变化。在产品市场中，利率通过调整投资支出影响整体产出水平。基于这一理论，凯恩斯主义学派认为，利率作为中间目标更具直接调控效果，因为其能够更灵活地影响投资和消费。巴罗在 1989 年的《利率目标制》一文中进一步阐述了利率中间目标的优势，认为相比货币供应量目标，利率目标更加适应市场变化，并能更好地实现货币政策的最终目标。

从历史经验来看，西方发达国家的货币政策中间目标经历了"价格—数量"交织演进的过程，这种变化反映了经济理论和实践的不断发展。以美国为例，20 世纪 40—60 年代，美联储在凯恩斯主义盛行的背景下，将利率作为货币政策的中间目标，并通过与美国财政部合作，将国债利率维持在低位，以支持战后重建和政府开支。然而，这种操作在朝鲜战争后引发了严重的通货膨胀。随后，美联储逐渐转向以短期货币市场利率为锚的中间目标，这一政策框架一直延续到 20 世纪 60 年代末。到了 20 世纪 70 年代，全球爆发石油危机，美国经济陷入滞胀，凯恩斯主义因无法有效应对滞胀问题而逐渐退出主流经济学思想的舞台。在此背景下，以弗里德曼为代表的货币主义理论开始兴起并获得了广泛的支持，美联储转而以货币供应量为中间目标。1971 年，美联储将货币供应量划分为 M1、M2、M3 三个层次，并选择 M1为主要的货币政策中间目标。然而，随着 20 世纪 70 年代末金融创新的兴起，M1 的可预测性逐渐下降，美联储于 1982 年将中间目标转为 M2，但由于 M2 受法定存款准备金的约束较少，M2 与实际 GDP 的相关性变得不稳定。因此，1993 年，美联储放弃了以货币供应量为中间目标的政策，重新回归到以利率为基础的价格型中间目标，并广泛采用泰勒规则来指导政策执

行，中央银行根据通货膨胀率与实际产出偏离潜在产出的程度，灵活调整基准利率，确保货币政策在应对经济波动时具有前瞻性和稳定性。泰勒规则的实质是将货币政策的价格型总量调控与经济体的通胀和增长水平进行动态挂钩，确保经济体内的货币供应与通胀和产出保持动态平衡。

在 2008 年国际金融危机之后，美联储实施了大量数量型调控措施，最为典型的是量化宽松（QE）政策。由于利率已接近零下限，传统的价格型调控失效，美联储转向直接购买长期国债和抵押贷款支持证券来增加市场流动性，扩大货币供应量。美联储通过减少商业银行的储备金来提高货币供应总量，进而降低长期利率，刺激投资和消费需求（Bernanke，2013）。随着经济的逐渐复苏和通胀预期的上升，数量型调控面临边际报酬递减的问题，货币供应量的变化未能持续有效地推动实际产出和就业增长。从 2015 年开始，美联储逐步退出量化宽松政策，缩小资产负债表规模。近年来，美联储更强调价格型调控，即通过调整联邦基金利率来实现货币政策目标。特别是在 2019 年后，美联储重新聚焦于利率作为中间目标，运用泰勒规则等理论模型来指导利率水平的调整。2020 年 8 月，美联储正式引入"平均通胀目标制（Average Inflation Targeting，AIT）"以应对长期低通胀和低利率环境的挑战。这一政策框架的核心在于，美联储不再将 2% 的通胀目标视为一个上限，而是允许通胀率在一段时间内平均达到 2%，希望通过明确向市场传递其对通胀目标的灵活容忍度来有效锚定通胀预期，避免长期通胀过低可能对经济活动、就业增长和货币政策空间产生的不利影响。

经过多年探索，我国具有中国特色的货币政策总量调控框架也已初步形成并不断发展完善，采用数量型和价格型调控并行的办法。传统上，我国货币政策对金融总量指标的关注主要体现在对 M2、社会融资规模等指标增速的设定上。这些指标作为金融体系流动性的关键衡量标准，长期以来被视为调控货币供应量和信贷规模的核心工具。央行通过设定具体的目标数值来引导市场预期，并确保经济增长与通货膨胀位于可控范围内。然而，随着我国经济发展进入新阶段，货币信贷增长已由供给约束转为需求约束。如果把关注的重点仍放在数量的增长上甚至存在"规模情结"，显然有悖经济运行规律，将可能导致资源错配，难以有效支持经济结构转型。当前的货币政策已逐渐调整对这些数量指标的过度依赖，尤其是对具体增速目标的设定淡出，政策重心更多地转向"与名义经济增速基本匹配""合理充裕"等定性描述。

中国人民银行在 2023 年第二季度的货币政策执行报告中指出，要根据形势变化合理把握节奏和力度，综合运用多种货币政策工具，保持流动性合理充裕，保持货币信贷和融资总量合理增长。2024 年第二季度，中国人民银行进一步阐述了其货币政策的立场和目标，包括综合运用降准、公开市场操作、中期借贷便利、再贷款、再贴现等工具增设临时正、逆回购操作，保持流动性合理充裕。其中，央行并未设定具体的数量增速目标，体现出其对灵活应对市场动态、精准调控流动性的重视，把金融总量更多作为观测性、参考性、预期性的指标，更加注重发挥利率这一价格型指标的调控作用。

近年来，我国持续推进利率市场化改革，已基本建立利率形成、调控和传导机制（见图 8-1）。中国人民银行通过货币政策工具调节银行体系流动性，释放政策利率调控信号，在利率走廊的辅助下，引导市场基准利率以政策利率为中枢运行，并通过银行体系传导至贷款利率，形成市场化的利率形成和传导机制，调节资金供求和资源配置，实现货币政策目标（易纲，2021a）。

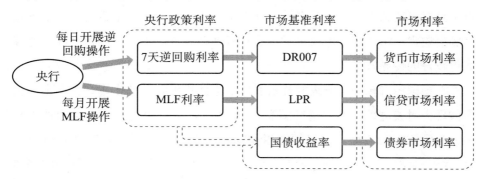

**图 8-1  我国利率体系和调控框架**

资料来源：易纲. 中国的利率体系与利率市场化改革. 金融研究, 2021 (9)：1-11.

当前，虽然利率市场化改革取得了显著进展，政策利率传导至金融市场利率的路径逐步明晰，但仍存在诸如利率传导不畅、利率走廊过宽等问题。从建设强大的中央银行的角度来看，完善利率市场化改革、健全利率传导机制是增强货币政策调控能力的核心举措。未来，我国央行仍需要进一步在政策执行中确保价格信号的清晰传导，确保各类市场主体对利率变动具有足够的敏感性。这不仅要求利率市场化改革的深入推进，还需要增强金融市场的深度和流动性，特别是通过扩大国债市场的规模和流动性，健全债券市场的价格发现功能，提升其在利率传导中的核心作用。因此，建设强大的中央银行，是一个持续推进的系统性工程，涉及货币政策工具的优化、利率市场化改革的深化、金融市场基础设施的完善以及政策传导机制的畅通。在这一过程中，中央银行通过精准的利率调控和高效的货币政策传导，能够更加有效地管理经济周期，维持金融市场的稳定，最终实现稳增长、控通胀、防范系统性金融风险等目标，为我国经济的长期健康发展提供强有力的保障。

### 2. 货币政策的结构效应：助力做好"五篇大文章"

立足于我国实际国情，在多重约束条件下，货币政策采取"总量为主，兼顾结构"的调控框架。结构性货币政策是总量性货币政策的有益补充，主要功能是将资金引导至确有必要支持的重点领域和薄弱环节，促进信贷结构调整；也具有一定的总量效应，是调节货币供给的重要渠道。结构性货币政策工具以再贷款类中央银行交易工具为主，通过银行信贷渠道传导，市场化是底层逻辑。结构性货币政策工具不直接补贴企业，不产生寻租空间，能够取得较好的传导效果。

在中国经济转型与升级的背景下，结构性货币政策的作用尤为突出，主要体现为对关键领域的"精准滴灌"。近年来，央行通过一系列结构性工具加大对国家重大战略、重点领域以及薄弱环节的支持力度，实现对科技金融、绿色金融、普惠金融、养老金融、数字金融"五篇大文章"领域的基本覆盖，并支持解决经济社会发展阶段性重点问题。一是助力建设普惠金融服务长效机制。支农支小再贷款、再贴现是中国人民银行支持普惠金融领域的长期性工具，服务普惠金融长效机制建设。近年来，结构性货币政策支持"三农"、小微企业等普惠金融领域力度持续加大，在增加支农支小再贷款、再贴现额度的基础上，还创设了普惠小微贷款支持工具、普惠小微贷款减息支持工具等阶段性工具。二是助力经济社会绿色转型发展。为助力实现"碳达峰、碳中和"目标和能源结构平稳转型，2021 年 11 月，中国人民银行并行实施碳减排支持工具和支持煤炭清洁高效利用专项再贷款，对符合条件的碳减排和煤炭清洁高效利用贷款本金分别提供 60%、100% 的再贷款资金支持。三是支持科技创新和数字经济发展。为响应"科技强国"战略，促进科技进步，2022 年 4 月，中国人民银行创设科技创新再贷款，支持金融机构加大对科技创新企业的信贷支持力度；同年 9 月，创设设备更新改造专项再贷款，支持金融机构向制造业、社会服务领域和中小微企业、个体工商户等设备更新改造提供贷款。四是助力探索培育国内普惠养老市场。为助力培育普惠养老市场，2022 年 4 月，中国人民银行联合国家发展和改革委员会在部分地区开展普惠养老专项再贷款试点工作，支持金融机构向普惠养老服务机构提供优惠利率贷款，助力构建普惠养老模式，及早应对人口老龄化问题。五是支持解决经济社会发展阶段性重点问题。首先，支持脱贫攻坚战。扶贫再贷款自 2016 年起向贫困地区地方法人金融机构发放，引导金融机构扩大对贫困地区信贷投放。自打响脱贫攻坚战以来，扶贫再贷款累计发放 6 688 亿元，支持"三区三州"深度贫困地区的专项扶贫再贷款累计发放 458 亿元，为打赢脱贫攻坚战提供了资金保障。2020 年，我国脱贫攻坚战取得了全面胜利。其次，设立四项工具支持房地产市场健康发展。保交楼贷款支持计划支持保交楼项目，租赁住房贷款支持计划支持试点城市住房租赁市场发展，房企纾困专项再贷款支持受困房地产企业项目并购化险，民营企业债权融资支持工具（第二期）促进房地产领域民营企业债权融资。最后，支持交通物流纾困。创设交通物流专项再贷款、收费公路贷款支持工具，主要用于缓解交通物流行业受疫情冲击的情况，支持金融机构加大对道路货物运输经营者和中小微物流（含快递）仓储企业的信贷投放，支持全国性金融机构在 2022

年第四季度对收费公路贷款减息 0.5 个百分点（中国人民银行货币政策司课题组，2024）。表 8-1 给出了部分结构性货币政策工具。

表 8-1　部分结构性货币政策工具梳理

| 工具名称 | 存续状态 | 支持领域 | 发放对象 |
|---|---|---|---|
| 长期性工具<br>（数据截至 2024 年 6 月末） | | | |
| 支农再贷款 | 存续 | 涉农领域 | 农商行、农合行、农信社、村镇银行 |
| 支小再贷款 | 存续 | 小微企业、民营企业 | 城农商行、农合行、村镇银行、民营银行 |
| 再贴现 | 存续 | 涉农、小微和民营企业 | 具有贴现资格的银行业金融机构 |
| 阶段性工具<br>（数据截至 2024 年 6 月末） | | | |
| 普惠小微贷款支持工具 | 存续 | 普惠小微企业 | 地方法人金融机构 |
| 抵押补充贷款 | 存续 | 棚户区改造、地下管廊、重点水利工程等 | 开发银行、农发行、进出口银行 |
| 碳减排支持工具 | 存续 | 清洁能源、节能减排、碳减排技术 | 21 家全国性金融机构、部分外资金融机构和地方法人金融机构 |
| 普惠养老专项再贷款 | 存续 | 公益型、普惠型养老机构运营，居家社区养老体系建设，老年产品制造 | 工农中建交、开发银行、进出口银行 |
| 科技创新和技术改造再贷款 | 存续 | 科技型中小企业、重点领域技术改造及设备更新项目 | 21 家全国性金融机构 |
| 房企纾困专项再贷款 | 到期 | 房企并购项目 | 5 家全国性资产管理公司 |

资料来源：中国人民银行。

值得一提的是，结构性货币政策在维护资本市场稳定方面发挥了重要作用。2024 年 9 月，中国人民银行创新性地推出两项结构性货币政策工具，分别是证券、基金、保险公司互换便利和股票回购、增持再贷款（见图 8-2）。通过证券、基金、保险公司互换便利，符合条件的机构可将其持有的债券、股票 ETF 等资产抵押，从央行换入国债、央行票据等高流动性资产，提升机构资金获取能力与股票增持能力，首期操作规模为 5 000 亿元。股票回购、增持再贷款则引导商业银行向上市公司及其主要股东提供低成本贷款用于股票回购或增持，首期额度为 3 000 亿元，贷款利率为 2.25%。这两项工具的推出标志着央行首次通过创新结构性货币政策工具直接支持资本市场，通过强化市场流动性供给、优化资金配置，显著提升金融机构的资产质量和资金调度能力，更为市场注入了强劲的信心和动力，托举市场预期回升，助力资本市场稳健运行，推动金融体系更有效服务实体经济，实现高质量发展。

表 8－2 两项结构性货币政策工具创新

| 工具名称 | 支持领域 | 发放对象 | 计划首批规模（亿元） |
|---|---|---|---|
| 证券、基金、保险公司互换便利工具 | 支持证券、基金、保险公司投资股票市场 | 符合条件的证券、基金及保险公司 | 5 000 |
| 股票回购、增持再贷款工具 | 支持上市公司及其主要股东回购和增持上市公司股票 | 符合条件的商业银行 | 3 000 |

资料来源：中国人民银行。

结合近年来中国人民银行的实践，主要可以总结出我国结构性货币政策的四点经验。一是在功能定位上，结构性货币政策契合"精准"和"有效"的目标，旨在更好地满足人民群众和实体经济多样化的金融需求，让金融回归本源，更好地服务于实体经济。作为总量性货币政策的有益补充，结构性货币政策进一步通过精准的资金引导，聚焦特定领域和薄弱环节，确保金融资源在宏观调控大框架下能够有效传导至关键行业和区域，补短板、强弱项，支持经济结构调整优化。二是在传导机制上，结构性货币政策具有定向和直达的特征。一方面，不同于总量性货币政策工具的不定向操作，结构性货币政策工具的操作对象是特定金融机构和特定最终主体，依托金融机构的专业判断，充分发挥其在项目识别和评估中的独特优势，提升了资源配置的精准度。另一方面，相对于传统货币政策工具，结构性货币政策工具的中介目标和最终目标都更聚焦于特定行业或领域，确保信贷资源能够集中支持特定领域的优先发展需求，强化了资金的定向使用，减少了资源错配的可能性，最终提高了政策目标达成度。三是在工具设计上，结构性货币政策注重引入激励相容机制，力求做到合理适度、聚焦重点、有进有退，以强化政策效果。在数量上，中央银行将其提供的资金量与商业银行向特定领域发放的贷款量挂钩，鼓励商业银行加大对重点领域的信贷投放，从而引导资金精准流向需要支持的领域。在价格上，中央银行通过提供优惠利率的再贷款工具，鼓励商业银行降低这些特定领域的贷款利率。再贷款的优惠利率程度保持适中，不仅起到激励作用，还避免了对市场定价机制的过度干预和扭曲。同时，建立约束机制，强化金融机构在贷款发放中的主体责任，确保贷款资金的有效运用。通过加强工具管理的审计与监督，压实金融机构的责任，在条件允许时做好信息披露工作，进一步提高透明度和政策执行的公信力。四是在政策协同上，结构性货币政策与财政政策、产业政策等宏观政策紧密配合，形成了强大的政策合力，有效发挥了"几家抬"的协同效应。通过将结构性货币政策与财政贴息相结合，不仅精准激励了金融机构加大对重点领域的信贷投入，还有效降低了实体经济的融资成本，为经济结构调整和高质量发展提供了有力支撑。与此同时，结构性货币政策工具具备动态调整机制，达到阶段性目标后将有序退出，以确保金融政策的灵活性和针对性。在退出过程中，政策重心将逐步转向长期性信贷支持和金融改革，进一步巩固对特定领域的长效支持体系，保障经济持续健康发展。近期创设的支持资本市场的结构性货币政策工具，正是这一政策协同战略的范例，通过协调各项宏观政策的发力方向，增强宏观政策取向一致性，进一步提振市场信心，维护资本市场稳定。

可以看到，"货币如水"意味着释放的流动性可能会流向收益率高的行业及领域（如房地产或资本市场），容易导致"大水漫灌"和"脱实向虚"。结构性工具则针对重点领域和薄弱环节，注重"精准滴灌"和"靶向治疗"，促进实体经济和金融均衡发展。总量政策除了宏观效应，也会产生结构性影响；结构性工具除了结构性调节效应，也会对经济产生总量影响。货币政策的总量和结构性工具相互搭配，互为补充，可达到更优调控效果，有效促进经济稳定增长和产业结构优化（生柳荣和何建勇，2022）。

## （三）协调双市场：推动国内外市场协调合作

在全球经济日益一体化的背景下，建设强大的中央银行不仅要具备宏观经济调控的能力，还必须具备协调国内外市场、推动双市场合作的能力。随着中国经济开放程度不断提高，国内市场和国际市场之间的联系日益紧密，货币政策的制定和实施不仅影响国内经济，也对全球金融市场产生溢出效应。因此，建设强大的中央银行需要在推动国内经济稳定发展的同时，妥善应对国际经济环境的变化，协调"双市场"之间的互动与合作，确保在国际舞台上具备更强的政策执行力和影响力。

一是推进人民币国际化。首先，推动人民币跨境使用与支付便利化是人民币国际化的重要基础。2009 年跨境贸易人民币结算试点的推出为人民币国际化拉开了序幕。随着试点逐渐推广、业务类型拓展以及业务办理流程简化，人民币国际化得到初步发展。通过推动人民币在双边和多边贸易中的使用，中国人民银行不仅能够减少企业在跨境交易中因汇率波动带来的风险，还可以为全球贸易体系提供更多的货币选择，提升国际市场对人民币的接受度。近年来，越来越多的中国出口企业和其贸易伙伴选择使用人民币进行结算，特别是在"一带一路"共建国家，人民币结算的广泛应用有效降低了这些国家对美元等第三方货币的依赖，增强了区域金融稳定性（宋科等，2022）。在跨境贸易人民币结算发展的同时，人民币计价的跨境投资和金融交易也逐步放开。2011 年 1 月，中国人民银行允许国内企业使用人民币进行对外直接投资，银行可以向对外投资的企业或项目发放人民币贷款。2011 年 12 月，人民币合格境外机构投资者（RQFII）制度出台，准许部分境内金融机构的香港子公司使用在香港离岸人民币市场募集的资金，开展境内证券投资业务。2014 年 11 月，沪港股票市场交易互联互通机制建立，"沪港通"正式启动。自 2015 年起，中国人民银行准许境外机构参与境内银行间债券市场。在各项政策的推动下，人民币国际地位逐步提升。2015 年 11 月，人民币成为继美元、欧元、日元、英镑后第五种加入 SDR 货币篮子的货币，这反映出国际社会对人民币认可度的提高。截至 2024 年第二季度末，全球已有 70 多个国家将人民币纳入储备货币，人民币在全球储备资产中占比 2.24%，相较 2021 年底下降 0.66 个百分点，成为全球第五大外汇储备货币。其次，人民币跨境使用的制度安排和规则体系是推动人民币国际化的关键支撑。中国人民银行通过推进双边货币互换协议、扩展人民币清算行网络、完善人民币跨境支付系统（CIPS）等措施，构建起一套全方位支持人民币跨境使用的基础设施。货币互换协议不仅为境外市场提供了人民币流动性支持，还通过增强市场对人民币的流动性预期，提升了境外市场主体持有人民币资产的信心。与此同时，CIPS 的建设大幅提高了人民币跨境支付的效率和安全性，使得人民币在跨境交易中的结算功能更加可靠。这一系列基础设施的建设，为各类市场主体在使用人民币进行国际贸易结算、投融资活动和跨境支付时提供了稳定的技术保障和制度支持。

二是深化金融领域制度型开放。建设强大的中央银行离不开透明、开放且高度流动的金融市场。金融市场的透明度和规则体系是国际投资者决定参与市场的重要依据。为此，中国人民银行持续完善市场信息披露机制、优化监管规则、提高金融市场的透明度，为市场主体提供了更加清晰的政策预期和更稳定的投资环境，减少了投资者对市场波动和政策不确定性的担忧。同时，不断提升境外投资者投资中国金融市场的便利性，丰富可投资的资产种类，形成涵盖股票、债券、衍生品及外汇市场的多渠道、多层次开放格局。

此外，为进一步推进金融市场开放与转型，近年来中国人民银行大幅放宽金融服务业市场准入，完善准入前国民待遇加负面清单管理模式，一方面完全取消银行、证券、基金、期货、人身险领域的外资持股比例限制，在企业征信、评级、支付等领域给予外资机构国民待遇，放宽对外资机构在资产规模、经营年限等股东资质方面的要求，大幅扩大外资机构业务范围。2018年以来，外资来华设立各类金融机构 110 多家。2023 年，万事达在华合资银行卡清算机构万事网联获批开业。另一方面，在开展新业务试点时对中外资机构一视同仁。2022 年以来，碳减排支持工具金融机构持续扩容，截至目前共 13 家外资银行被纳入碳减排支持工具的金融机构范围。

　　三是统筹金融开放和金融安全。金融开放带来了全球资本的流动和金融创新，同时也伴随着金融风险的增加。为了平衡金融开放与金融安全，中国人民银行致力于构建一套完备的风险防控体系，筑牢金融市场的"防波堤"。强大的中央银行需要不断进行功能再造，通过提升风险防控、管理资本流动和确保金融安全，推动金融市场的高水平开放，建立更具韧性的金融体系。在资本跨境流动加速的环境下，国际资本流入流出不仅会对金融市场产生重大影响，还可能加剧市场波动性，进而影响金融稳定（范小云等，2020）。为了有效管理资本流动，中国人民银行建立了跨境资金流动的宏观审慎监管框架，通过资本项目的逐步开放，结合宏观审慎政策工具，实时监测和调控跨境资金流动的规模和方向。这样的管理机制可以在确保资本自由流动的同时防范突发的大规模资本流动对金融市场造成的冲击。通过这种多层次、全方位的资本流动管理，央行不仅可以灵活应对外部经济波动，还能确保国内金融市场的稳定性。

## 参考文献

［1］巴曙松，陈勇，赵慧倩. 互联互通模式：中国资本市场开放的新动力. 中国外汇，2023（11）：6 - 9.

［2］董竹，周悦. 金融体系、供给侧结构性改革与实体经济发展. 经济学家，2019（6）：80 - 89.

［3］范小云，张少东，王博. 跨境资本流动对股市波动的影响：基于分部门资本流动波动性视角的研究. 国际金融研究，2020（10）：24 - 33.

［4］葛奇. 金融稳定与央行货币政策目标：对"杰克逊霍尔共识"的再认识. 国际金融研究，2016（6）：3 - 12.

［5］葛奇. 泰勒规则和最优控制政策在 FRB/US 模型中的稳健性比较：兼论耶伦新常态货币政策的利率路径选择. 国际金融研究，2015（9）：3 - 15.

[6] 黄益平，曹裕静，陶坤玉，等．货币政策与宏观审慎政策共同支持宏观经济稳定．金融研究，2019（12）：70-91.

[7] 姜欣欣．建设金融强国是构建新发展格局的必由之路．金融时报，2024-07-01.

[8] 李扬．脱媒：中国金融改革发展面临的新挑战．新金融，2007（11）：15-17.

[9] 陆岷峰，欧阳文杰．现代金融治理体系视角下的监管体制改革研究．经济学家，2023（8）：86-94.

[10] 马勇．基于金融稳定的货币政策框架：理论与实证分析．国际金融研究，2013（11）：4-15.

[11] 马勇．"双支柱"调控框架的理论与经验基础．金融研究，2019（12）：18-37.

[12] 马勇，黄辉煌．双支柱调控的金融稳定效应研究．经济理论与经济管理，2021，41（9）：35-54.

[13] 马玲．八方面举措加快完善中央银行制度．金融时报，2024-07-30.

[14] 彭兴韵．总量和结构双重调节的货币政策新范式．银行家，2024（4）：32-37.

[15] 生柳荣，何建勇．货币政策总量和结构功能分析．中国金融，2022（14）：25-27.

[16] 宋科，侯津柠，夏乐，等．"一带一路"倡议与人民币国际化：来自人民币真实交易数据的经验证据．管理世界，2022，38（9）：49-67.

[17] 孙丹，李宏瑾．新常态下的中国货币供应机制及货币调控面临的挑战．南方金融，2015（4）：15-22，77.

[18] 吴晓求．改革开放四十年：中国金融的变革与发展．经济理论与经济管理，2018（11）：5-30.

[19] 吴晓求，方明浩，何青，等．资本市场成长的逻辑：金融脱媒与科技进步．财贸经济，2023，44（5）：5-21.

[20] 吴晓求，何青，方明浩．中国资本市场：第三种模式．财贸经济，2022，43（5）：19-35.

[21] 徐玉德，李昌振．资本市场支持科技创新的逻辑机理与现实路径．财会月刊，2022（16）：141-146.

[22] 易纲．中国的利率体系与利率市场化改革．金融研究，2021a（9）：1-11.

[23] 易纲．建设现代中央银行制度．时代金融，2021b（1）：4-5.

[24] 易纲．建设现代中央银行制度更好服务中国式现代化．清华金融评论，2023

（5）：16 - 17.

[25] 赵瑞娟，秦建文. 金融供给侧结构性改革背景下的金融脱媒效应：基于利率和资产价格双渠道的分析. 中央财经大学学报，2020（9）：35 - 43.

[26] 张成思，张步昙. 再论金融与实体经济：经济金融化视角. 经济学动态，2015（6）：56 - 66.

[27] 中国人民大学课题组，吴晓求. "十四五"时期中国金融改革发展监管研究. 管理世界，2020，36（7）：5 - 15.

[28] 中国人民银行货币政策司课题组. 结构性货币政策助力做好"五篇大文章". 中国金融，2024（2）：25 - 27.

[29] Akerlof, G. A. "The Market for 'Lemons'：Quality Uncertainty and the Market Mechanism. " *The Quarterly Journal of Economics*，1970，84（3）：488 - 500.

[30] Ando, A. , & Modigliani, F. "The 'Life Cycle' Hypothesis of Saving：Aggregate Implications and Tests. " *The American Economic Review*，1963，53（1）：55 - 84.

[31] Bean, C. , Paustian, M. , Penalver, A. , et al. "Monetary Policy after the Fall. " Proceedings-Economic Policy Symposium-Jackson Hole，Federal Reserve Bank of Kansas City，2010.

[32] Bernanke, B. S. "A Century of US Central Banking：Goals，Frameworks，Accountability. " *Journal of Economic Perspectives*，2013，27（4）：3 - 16.

[33] Bernanke, B. S. , & Reinhart, V. R. "Conducting Monetary Policy at Very Low Short-Term Interest Rates. " *American Economic Review*，2004，94（2）：85 - 90.

[34] Blinder, A. S. , Ehrmann, M. , Fratzscher, M. , et al. "Central Bank Communication and Monetary Policy：A Survey of Theory and Evidence. " *Journal of Economic Literature*，2008，46（4）：910 - 945.

[35] Ehrmann, M. , & Fratzscher, M. "Communication by Central Bank Committee Members：Different Strategies，Same Effectiveness？. " *Journal of Money，Credit and Banking*，2007，39（2 - 3）：509 - 541.

[36] Friedman, M. "The Role of Monetary Policy. " *The American Economic Review*，1968，58（1）：1 - 17.

[37] Geraats, P. M. "Central Bank Transparency. " *The Economic Journal*，2002，

112 (483): F532 – F565.

[38] Hansen, S. , McMahon, M. , & Prat, A. "Transparency and Deliberation Within the FOMC: A Computational Linguistics Approach. " *The Quarterly Journal of Economics*, 2018, 133 (2): 801 – 870.

[39] Hicks, J. R. "Mr. Keynes and the 'Classics': A Suggested Interpretation. " *Econometrica*, 1937, 5 (2): 147 – 159.

[40] International Monetary Fund. "The Interaction of Monetary and Macroprudential Policies—Background Paper. " IMF Policy Paper, 2012.

[41] Koumou, N. B. G. "Diversification and Portfolio Theory: A Review. " *Financial Markets and Portfolio Management*, 2020, 34 (3): 267 – 312.

[42] Markowitz, H. "The Utility of Wealth. " *Journal of Political Economy*, 1952, 60 (2): 151 – 158.

[43] Mishkin, F. S. , & Posen, A. S. "Inflation Targeting: Lessons from Four Countries. " National Bureau of Economic Research Working Paper, 1998.

[44] Morris, S. , & Shin, H. S. "Social Value of Public Information. " *American Economic Review*, 2002, 92 (5): 1521 – 1534.

[45] New York University Stern School of Business, Acharya, V. V. , & Richardson, M. P. *Restoring Financial Stability: How to Repair a Failed System*. Hoboken: John Wiley & Sons, 2009.

[46] Philippon, T. "The FinTech Opportunity. " National Bureau of Economic Research Working Paper, 2016.

[47] Schoenmaker, D. , & Wierts, P. "Macroprudential Policy: The Need for a Coherent Policy Framework. " *DSF Policy Paper*, 2011 (13): 1 – 12.

[48] Stein, J. C. "Monetary Policy as Financial Stability Regulation. " *The Quarterly Journal of Economics*, 2012, 127 (1): 57 – 95.

[49] Sutherland, C. S. "Forward Guidance and Expectation Formation: A Narrative Approach. " *Journal of Applied Econometrics*, 2023, 38 (2): 222 – 241.

[50] Vināls, J. , Narain, A. , Elliot, J. , et al. *The Making of Good Supervision: Learning to Say "No"* . International Monetary Fund, 2010.

### 第九章

# 监管体系的变革：双峰监管与风险管理

**摘　要**：在全球金融监管体制的探索进程中，目标导向的双峰监管将审慎监管和行为监管两大职能适度分离并形成合力，在提高监管效率和落实透明度监管中具有独特的优势，其思路被纳入众多国家的监管模式改革中。这也为中国金融监管体制的改革和完善提供了重要的借鉴思路。在双峰监管理念的基础上，综合考虑中国的金融结构特征和功能需求，并着重强调透明度监管，成为未来推动金融强国建设的重要监管制度保障。在双峰监管体制下，银行与资本市场监管均应守住系统性金融风险底线，贯彻服务实体经济的宗旨，实现效率与稳定、金融与实体经济的动态均衡与和谐发展。在此基础上，应进一步加强中央银行与资本市场的联通与贯通，通过货币政策工具的创新，为资本市场的长期稳定运行提供托底式的流动性支持。

金融强国建设需要强大的金融机构和完善的资本市场双轮驱动。在中国的金融机构体系中银行具有重要的地位，而良好运行的银行体系在经济中应发挥流动性创造、降低信息不对称程度、降低监督成本和资本成本的功能。良好运行的资本市场除了发挥融资功能之外，还应服务科技创新、便利风险管理、促进公司治理完善，并发挥财富管理的功能。适度承担风险是金融体系高质量实现上述功能的必要条件，而在新发展格局建设过程中，随着经济结构的变化，金融结构需要随之演变完善，金融监管需要尊重金融结构的演变规律，在守住不发生系统性风险底线的基础上，保障金融功能充分发挥，最大限度地服务好实体经济，为中国式现代化铺平道路。

## 引　言

从最近十多年的全球金融监管实践来看，世界各主要国家的金融监管体制逐渐走向了双峰监管模式。双峰监管体制基于审慎监管（宏微观审慎监管结合）和行为监管的双重平行目标，从监管框架的结构设计入手，力求避免监管冲突，同时提高监管的科学性和有效性。双峰监管体制的主要优势是通过设置双目标结构来实现审慎监管和行为监管的分离，从而同时实现金融风险的防范和投资（消费）者权益的保护。目前，包括美国、英国、澳大利亚和中国等国的金融监管体制都具有某种程度的双峰特征。根据中国目前的现实情况和监管需求，应该在双峰监管体制下进一步平衡金融机构和资本市场的监管，特别是加强和完善透明度监管。

无论是银行还是资本市场监管的目标都应该是在风险可控的基础上确保其充分发挥服务实体经济的功能。金融风险的危害核心在于其对金融服务实体经济功能的损害。以损害金融服务实体经济功能为代价的风险控制是本末倒置的。基于此原则，好的金融监管制度和政策需要从理解银行和资本市场功能出发理解其风险特征演化的规律，并从平衡效率和风险的角度出发。过度风险承担的主要危害来自其对金融体系服务实体经济功能的持续破坏。而系统性金融风险的积累往往是一个长期的过程，需要监管者在长期中动态平衡效率与风险。

## 一、何谓双峰监管？

### （一）金融监管体制的基本模式分类

根据 Goodhart（2000）的总结，金融监管体制的模式在现实中主要基于以下三个不同的准则设立：一是基于金融机构的特点，二是基于金融机构的业务功能，三是基于金融监管的目标。由于不同国家之间存在国情差异，世界主要国家的金融监管体制也呈现出动态多元化的特征。在本节，我们首先简要介绍三种基本的金融监管体制，即基于金融部门观点的"机构型监管体制"、基于金融功能观点的"功能型监管体制"和基于金融监管目标的"目标型监管体制"。

### 1. 机构型监管：高度专业化模式

机构型监管在一些文献中又称"分业监管"，主要是按照金融机构的类型划分，对应分别设立相应的金融监管机构。在这一模式中，不同的监管机构分别对隶属于各自领域的金融机构进行监管，无权对其他类型的金融机构实施监管。显而易见，该模式体现了比较鲜明的"盯住对象"的监管思想，具有高度专业化的特征，使得监管者可以较为全面地了解被监管者（金融机构）的整体状况。同时，由于各监管机构分别负责不同的监管对象，分工较为细致，职权划分较为明确，因而能在一定程度上集中监管目标和提升监管效率。从世界各国金融监管的实践来看，早期的金融监管体制主要是基于机构原则设立的。图 9-1 给出了一个示例性的机构型监管体制。

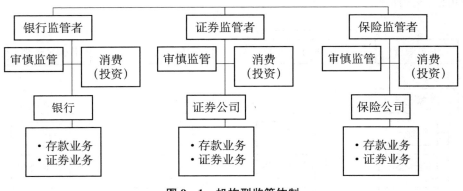

**图 9-1　机构型监管体制**

应该说，在金融发展的初级阶段，由于金融结构总体上比较简单，金融创新尚不活跃，因而金融机构的类型相对可以被清晰界定，此时机构型监管模式在监管的效率和针对性方面具有一定的比较优势。不过，随着金融发展和金融创新日益活跃，金融结构趋于复杂，金融机构业务和类型的边界也由于混业经营开始模糊化，机构型监管的以下缺点就逐渐开始暴露出来：一是不同监管者的目标有时难以协调兼顾，如果设立多重目标，又容易产生分歧，导致金融机构难以理解和遵守；二是当每个监管机构都需要对金融机构所从事的众多业务进行监管时，它必须针对各类业务（银行、证券和保险业务）分别制定监管规则，这会造成对社会资源的浪费；三是当金融机构的金融产品和服务相似度较高时，如果存在多个不同的监管者，那么不同监管者之间的监管要求差异很容易导致金融机构的监管套利行为（寻求监管要求最低的监管者，从而形成事实上的监管规避）。

2. 功能型监管：动态适应性模式

功能型监管是指立足于金融的基本功能而设立对应的监管机构，只要是同一类型的业务活动，不论由何种类型的金融机构承担，均归一个监管者监管。换言之，功能型监管通过将不同金融机构的同类业务归由同一监管者监管，可以在很大程度上节约监管资源，避免重复监管和监管缺位，因而是一种比较适合于混业经营模式的监管体制。一个示例性的功能型监管体制结构如图 9-2 所示。

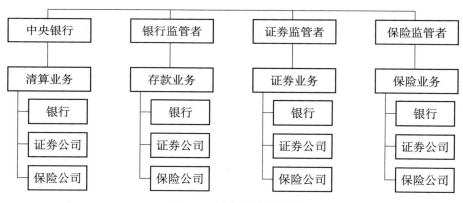

图 9-2　功能型监管体制

功能型监管体制的主要理论基础是 Merton 和 Bodie（1993）等提出的金融功能理论。该理论认为，在混业经营和金融创新背景下，不同金融机构之间的边界可能已经变得非常模糊，但支付清算、资源配置、风险管理、信息处理、激励机制等基本功能却具有稳定性。因此，立足金融功能比区分金融机构类型更加现实有效，这就决定了金融监管体制也应该着眼于金融的基本功能而非刻板的机构类型划分。此外，金融功能观更加注重金融机构的动态发展和演变，而不是试图维护既有的机构类型，因而监管当局可以根据金融业的发展需要灵活设计监管方案，从而使监管机制更加具有弹性和应对能力。

当然，按照功能划分的金融监管体制也存在一些潜在的问题：（1）纯粹的功能型监管体制可能导致监管部门始终难以获得对金融机构整体情况的全面认知，这可能会影响监管部门对相关问题（如系统稳定性）的判断，严重时可能会产生误判和决策失误；（2）多元化经营的金融机构可能同时面临多个监管机构的监管，这会导致监管成本的显著上升；（3）为扩大监管的势力范围，监管机构可能存在滥用功能监管的倾向，将某些原本不属于自身监管范畴的机构和业务纳入监管，从而导致监管过度；（4）金融机构可能利用功能型监管体制的特点，尽可能地向监管比较松和限制比较少的领域靠拢，从而形成事实上的监管套利。

3. 目标型监管："第三条道路"

鉴于机构型监管和功能型监管所存在的缺陷和不足，一些学者又提出了基于监管目标来设计监管体制的思路，比较具有代表性的包括 Taylor（1995）提出的双峰式监管体制和 Goodhart（1998）提出的矩阵式监管体制。从理论上看，只有将实现监管目标的责任明确授予监管机构，才能确保监管责任制的透明和有效。同时，考虑到金融的零售和批发业务之间存在重要差异，这在客观上要求采用不同的监管方式，因而针对零售和批发业务分别设立独立的监管者具有合理性。此外，对于宏观整体稳定、微观个体稳定和市场行为规范等方面的监管，由于同样涉及监管理念和方法差异的问题，因而单一监管者能否全面有效解决这些问题仍然不十分清楚。基于上述考虑，一些学者提出（Taylor，1995；Goodhart，1998），金融监管体制的设计应该更加直接具体地指向金融监管的各个目标。

（1）泰勒的双峰式监管体制。

作为目标型监管的一种代表体制，双峰监管体制强调，金融监管的核心目标有两个：一是为强化对金融消费者的权益保护，防止欺诈行为，需要对金融机构的各种机会主义行为进行合规监管；二是为确保金融机构的微观稳定和金融体系的宏观稳定，抑制系统性金融风险和有效防范金融危机，需要加强对金融部门的审慎监管（Taylor，1995）。图 9-3 给出了一个代表性的双峰式监管体制结构。

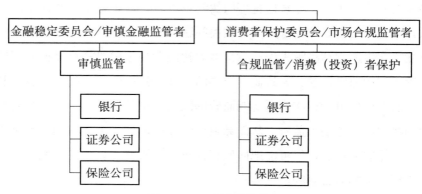

**图 9-3 双峰式监管体制**

对于双峰式监管体制的必要性和合理性，Taylor（1995）指出，在金融创新和日益融合的条件下，金融业内部的业务差异已经变得越来越无足轻重，强调传统的差异只会导致不同管辖权下金融机构之间的竞争"非中性"。为防范系统性风险和维护金融稳定，泰勒建议成立两个专门的机构：一是独立实施审慎监管的"金融稳定委员会"，对所有可能导致系统性风险和金融不稳定的机构加强审慎监管；二是独立的"消费者保护委员会"，专门针对金融机构的机会主义行为进行合规监管。从政策实践来看，双峰式金融监管体制确实得到了一些国家的认可和采纳，比如澳大利亚 1998 年的金融监管改革基本上就是沿着双峰模式展开的。

（2）古德哈特的矩阵式监管体制。

较之 Taylor（1995）的双峰式金融监管体制，矩阵式监管体制更加重视金融机构之间的差异性。一方面，该体制明确考虑了银行机构在金融体系中的重要地位，通过区分审慎监管者和系统监管者，防范金融风险的溢出和传染；另一方面，为减少由信息不对称和委托代理导致的问题，该体制还区分了金融零售业务和批发业务。从矩阵式监管体制的结构来看，Goodhart（1998）等提出的代表性结构主要包含 5 个监管部门，分别为针对存贷金融机构的系统监管者、针对非银行金融机构（证券公司、保险公司和其他金融机构）的审慎监管者、针对金融批发业务的合规监管者、针对金融零售业务的合规监管者、维护公平竞争的交易监管者。表 9-1 给出了一个代表性的矩阵式金融监管体制。

当然，矩阵式监管体制也并非完美无瑕，在该体制下，交叉监管和重复监管的问题仍然存在，这会增加金融机构的负担和导致监管成本上升。此外，矩阵式监管不可避免地需要对监管机构的行为进行协调，并对不同目标之间的取舍进行权衡，这也会导致监管成本上升和监管效率下降。

表 9-1　矩阵式金融监管体制

| | 系统监管者 | 审慎监管者 | 合规监管者 | | 交易监管者 |
| --- | --- | --- | --- | --- | --- |
| | | | 批发业务 | 零售业务 | |
| 银行 | √ | | √ | √ | √ |
| 建筑协会 | √ | | √ | √ | √ |
| 信贷协会 | √ | | | √ | |
| 一般保险 | | √ | | √ | |
| 人寿保险 | | √ | | √ | |
| 基金管理 | | √ | | √ | √ |
| 单位信托 | | √ | √ | √ | √ |
| 养老基金 | | √ | | √ | |
| 金融咨询 | | | | √ | |
| 货币与外汇经纪商 | | | √ | | √ |
| 证券经纪商 | | | | √ | √ |
| 金融互助协会 | | √ | | √ | |

上述三种基本监管体制（机构型监管、功能型监管和目标型监管）既是金融实践发展对金融监管需求的客观反映，同时也是金融监管理论发展的一种体现，其目标是要在不断变化的金融环境中寻求最优的监管体制安排。从

实践来看，各国的金融监管体制虽然千差万别，但无论基于哪个基础模式设计的监管体制，都是基于对这个国家经济、政治和社会文化等多种因素的综合考虑。

## （二）双峰监管模式的主要优势

双峰监管融合了针对系统性风险的审慎监管和针对金融机构机会主义行为的合规监管的优势，构成了一个相对完备的监管体系。双峰模式的基础在于两大机构的联系和合作，拥有其独特的优势。在金融市场中，审慎监管机构和行为监管机构一方面保持相对独立，能集中专业资源高效运作，坚守维护金融稳定和保护消费者的两大使命，共促金融服务实体经济健康发展；另一方面处于一个监管体系中，能互相协调、彼此补充，形成天然的合作，提高金融市场的透明度和监管体系运行的有效性。

### 1. 监管机构各司其职，不存在功能重叠

在双峰监管机制下，审慎监管机构和行为监管机构责任划分明确，即行为监管机构与审慎监管机构分离，"左眼监管安全"和"右眼监管服务"。审慎监管机构的职责类似医生，找出金融机构的"病因"并对症下药，维护金融体系的健康稳定；行为监管机构则可比作警察，有权对机构行为进行调查和问责，强调行为约束，旨在促成公平交易和保护金融消费者的合法权益。这种清晰的权责划分能有效降低因职能重合而造成的效率损失。

此外，两大机构能充分发挥各自在监管职能上的专业性，集中资源，各司其职，提高金融体系的整体运作效率。审慎监管基于金融知识，追求金融稳定。因此，审慎监管机构主要关注金融风险防范，通过财务监测等手段进行多层次的风险管理。而行为监管基于法律知识，强调合规管理。行为监管机构则通过制定公平的交易和运作规则来监督管理金融机构的经营活动。在双峰监管机构下，一家金融机构将同时受到两个部门的监管，审慎监管机构对企业定期披露、合规管理、风险监测等工作制定规则、明确要求，而行为监管机构则随时监控企业是否存在涉足风险和对消费者不利的举措，并有权

对其违规行为进行处罚。审慎监管机构和行为监管机构之间的职能没有重合，不会打乱针对不同专业问题而设立的监管思路，反而能发挥术业有专攻的优势，得以全面综合地获取和掌握金融市场信息，有效地适应金融市场的复杂性。

2. 缓和两大监管目标的内在矛盾

现代市场经济体制下的金融监管部门肩负着防范系统性风险、规范金融机构行为、保护金融消费者合法权益的多重使命，最终目的在于构建高效、透明、公平、稳定的金融市场，促进金融服务于实体经济。在一个经济体中，监管机构除了要维护金融稳定，还要兼顾行业的金融发展，从而顺利推动实体经济发展。因此，在发展与监管的二元要求下，监管部门在实际操作中可能会出现较难兼顾的情况，也会在实际运作中忽视对消费者权益的保护。首先，在监管允许的范围内金融机构以业绩为首要目标，消费者与金融机构之间存在较大的信息不对称，易被诱导消费，跌入金融陷阱。其次，相互独立的监管机构容易引起监管空白和监管冲突，监管职责的不明确将大大提高金融消费者的维权成本。此外，金融创新使金融体系处于不断发展变化中，如若没有单独的监管机构对消费者负责，游离于监管之外的金融行为会放大市场参与主体的风险，损害消费者的直接利益。

立足于金融服务实体经济的宗旨，探索新的金融监管模式以求同时实现保护消费者和维持金融稳定两大目标意义重大。双峰监管根据监管目标的功能需求，将审慎监管和行为监管职能适度分离开，尽量避免监管中价值目标的多元化导致的利益冲突，从而达到相辅相成、相得益彰的效果。在双峰监管体制下，审慎监管机构和行为监管机构保持相对独立而非完全割据。二者之间可以协调运行、长期沟通，达到一个较好的平衡点，使得整个金融体系既能完成金融体系的风险管理，又能做好消费者的行为监督，有效缓解了金融体系安全和消费者权益保护难以两全的矛盾。当金融稳定与消费者保护目标产生冲突时，双峰监管模式允许监管机构之间的协调，也明确规定审慎监管的优先地位，监管机构应以金融稳定为主。

3. 提高信息透明度，保障消费者权益

传统的监管模式常关注金融机构的风险管理而欠缺在行为监管上的布局，消费者权益得不到有效保障。双峰监管强调行为监管的职能，从合规性的角度对金融监管做了补充。行为监管的关注点落在金融市场中机构和个人的行为上，重点在于促进公平交易和为金融消费者提供保护。而在金融市场上，没有透明度就没有公平的交易。金融机构中的专家熟悉金融市场的法律法规，也掌握其中的私有信息。然而，金融市场的一般参与者往往难以取得一致且准确的信息，在金融市场的博弈中通常被置于不利的位置。增强金融机构的信息透明度是保证消费者公平参与金融交易的首要基础，将有助于改善市场预期和提高消费者信心，缓解金融机构和消费者处于不平等地位的现象。

随着金融业综合经营的兴起和金融创新的不断发展，跨行业、跨市场的交叉性产品纷纷涌现，形成了交易结构复杂、交易链条较长、交易信息不对称的新兴业务模式，金融市场中透明度不足的风险急剧上升。为了防范金融乱象和保护消费者权益，金融机构的透明度不仅要对基本监管规则负责，还要服务于保护消费者的理念。因此，在金融市场中加强透明度监管显得尤为重要。双峰监管的架构适应透明度监管的要求，其中审慎监管部门可以从立法的角度确定市场透明度规则并实时监测透明度风险。行为监管部门则承担了透明度监管的一般内容，包括公司信息披露监管和市场交易信息监管。在实践中，行为监管机构基于"实质重于形式"的原则甄别业务性质，严控信息披露，穿透核查财务，并实施有针对性的惩处措施，可以从技术上抑制金融机构跨部门风险的传导。

在宏观层面，双峰监管模式架接起两大监管机构间的沟通桥梁，两部门间的明确分工和协调沟通均能大大降低信息不流畅的风险，提高监管效率。一旦审慎监管机构监测到高风险事件，就会及时转达给行为监管机构，行为监管机构随即做出约束措施，制止或处罚风险行为，从而及时保护消费者的权益。可见，在双峰监管模式下畅通的信息共享优势能显著加快监管政策向市场行为传导的速度，提高金融市场运行的有效性，对于减少监管过程摩擦、防范监管失灵和强化投资者保护尤为重要。

## 二、双峰监管的国际经验与实践

根据 Group of Thirty（2008）的研究，在所考察的 146 个国家中，实行标准的双峰监管模式的国家只有 2 个：澳大利亚和荷兰。但是，在 2008 年国际金融危机之后，很多国家有效吸收了双峰监管的合理内核，将双峰监管的特征内嵌于其监管体制之中，形成了各种内嵌双峰监管模式，比如美国的"伞＋双峰"模式，英国的"准双峰"模式。中国也在最近几年的金融监管体制改革中体现了强化"双峰"监管的取向。本节将对这些经验与做法进行具体说明。

### （一）标准的双峰监管模式：澳大利亚和荷兰

#### 1. 澳大利亚的双峰监管模式及其主要特征

1998 年澳大利亚进行金融监管体系改革，成为世界上首个实践双峰监管的国家，设立了分别负责审慎监管和行为监管的两大机构。直至现在，澳大利亚现行的金融监管体制依然基本保留了双峰监管模式（见图 9－4）。整体上，澳大利亚的监管体系表现为双层结构。最高层由金融监管理事会（CFR）统筹。在第二层中，基于维护金融稳定和保护消费者权益的两大监管目标，澳大利亚审慎监管局（APRA）和澳大利亚证券与投资委员会（ASIC）两大监管机构组成审慎监管和行为监管的"双峰"，并与澳大利亚储备银行（澳大利亚的中央银行，RBA）并立构成了当前澳大利亚的金融监管核心体系，加上澳大利亚联邦财政部（CTA）的协助，共同为澳大利亚金融体系的稳定发展提供保障。

澳大利亚储备银行作为中央银行并不承担任何直接的微观监管职责，主要负责货币政策的制定与实施，并通过立法确立其对支付系统的监管权。金

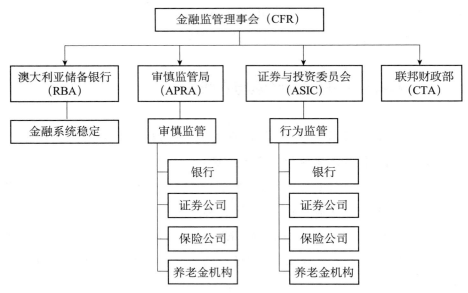

图 9-4　澳大利亚的金融监管体制

融体系中原本的监管职能则采用双峰监管模式，设立澳大利亚审慎监管局和
澳大利亚证券与投资委员会两大监管机构，分别负责微观审慎监管和机构行
为监管。具体而言，澳大利亚审慎监管局主要负责澳大利亚的银行、证券公
司、保险公司和部分养老金机构的微观审慎监管，也具有发放经营许可牌照
的权力，维护金融机构的稳健经营；而另一峰证券与投资委员会负责监管各
个领域的金融市场行为，包括确保公平交易、监督金融服务、调查违规行为
和提供市场信息等，充分保护投资者权益。此外，澳大利亚联邦财政部在监
管体系中侧重于宏观管理，有权任命审慎监管局和证券与投资委员会的主要
负责人，且充当监管机构与国会、政府之间的沟通桥梁，协助其他监管机构
实现监管目标。为了便于澳大利亚储备银行、审慎监管局、证券与投资委员
会和财政部之间的协调与沟通，澳大利亚构建了一个非法定的合作主体——
金融监管理事会。该理事会在国家的金融监管体系中起到统筹的作用，其成
员由三个监管机构的负责人和财政部长构成，并由央行行长担任理事会主席。
另外，澳大利亚的金融监管机构还以两两签订备忘录的形式建立双边协调机制，明确各自的职能分工和合作框架，并设立协调委员会，定期召开例会。

分析澳大利亚的金融监管模式，可以发现两大特点：一是监管机构之间的权力划分均衡，双峰模式清晰。"三机构"对应"三权力"，澳大利亚储备银行、审慎监管局、证券与投资委员会分别负责货币政策、审慎监管和行为监管。监管职能从央行中剥离出来，澳大利亚储备银行专注于货币政策的制定和实施，为金融体系稳定做好顶层设计。双峰监管部门审慎监管局和证券与投资委员会的工作围绕两大监管目标展开，互相之间责任分明、独立运行，降低了监管冲突和监管真空的可能性。二是具有完善的监管协调机制。在各部门之上的金融监管理事会通过增强机构间的协调力度，提高了整体的监管效率（Godwin & Ramsay，2015）。各部门之间的互相协调机制夯实了合作基础，畅通了信息共享渠道。其中，行为监管与审慎监管的有机协调能及时识别监管系统内的潜在风险和异常现象，切实提高监管效率。

2. 荷兰的双峰监管模式及其主要特征

2002 年，荷兰变革了原有的金融监管体制，从分业监管转为双峰监管，以不同的监管目标为导向构建金融监管体系。荷兰中央银行（DNB）除了制定国家金融政策外，还开始承担对银行系统的审慎监管，并由养老金及保险监管局（PVK）专门负责保险市场的审慎监管。2004 年养老金及保险监管局被并入央行，荷兰中央银行作为双峰监管体系的重要一员，开始负责整个金融体系（包括银行、保险公司、证券公司和养老金机构等）的审慎监管。而"双峰"的另外一峰为荷兰金融市场管理局（AFM）。该机构从 2002 年 3 月开始在荷兰金融体系中负责行为监督，其职能同样覆盖银行、证券、保险等各大金融行业，对包括储蓄、投资、保险和信贷等在内的所有金融市场行为进行监管，旨在促进荷兰资本市场运作公平有效和强化投资者保护。2007 年荷兰议会通过金融监管法，明晰了荷兰中央银行的审慎监管职能和金融市场管理局的行为监管职能，从法律层面正式确立了荷兰的双峰监管体制。

如图 9-5 所示，荷兰的金融监管体制具有明显的双峰特征。荷兰中央银行对内是荷兰主要的货币政策和审慎监管机构，同时隶属于欧洲中央银行体系，与其他合作国家共同保障欧洲金融体系的物价稳定和经济发展。在宏观层面，荷兰中央银行作为中央银行对货币政策负责：一是利用货币政策工具控制货币供给以保持物价稳定；二是通过对国家储备和金融资产的统筹管理来提高风险抵抗能力。荷兰中央银行的宏观审慎监管职能则要求其对资源进行有效配置，并持续监测国家信贷增长、银行流动性等重点领域的风险水平，构筑起稳定可靠的金融体系。在微观层面，荷兰中央银行直接监管荷兰的大型重要性银行，也对所有中小金融机构进行审慎监管，通过控制市场准入、评估抗风险能力等微观审慎监管措施来维护金融机构的安全稳定。

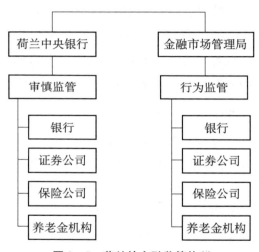

图 9-5　荷兰的金融监管体制

　　荷兰金融市场管理局在双峰监管中负责对所有金融市场的行为监管。金融市场管理局对金融机构的监督体现在开展企业调查和加强财务披露上。由于监管规则无法约束所有的风险动作，金融市场管理局依照搜集信息、资料整理、访谈调研和分析反馈等规范步骤考察金融机构的行为和文化是否合法合规，同时金融市场管理局鼓励金融机构主动加强披露，为消费者提供更多有效信息。金融市场管理局有权通过执法维护市场秩序，特别是对于金融机构的违规行为，金融市场管理局可以通过撤销许可证、处以行政罚款等方式进行处罚。

荷兰的金融监管体系是典型的双峰监管模式，其运作主要依靠两大监管机构，职能划分明确且结构简单清晰。与澳大利亚不同，荷兰的双峰监管模式重点强调了荷兰中央银行的核心地位（Conley et al.，2019）。荷兰中央银行具有双重身份，既是欧洲中央银行体系的成员，又是国内独立的监管机构，同时肩负着双重职责，即货币政策职能和审慎监管职能。荷兰中央银行既发布政策又实施监管，有利于降低沟通壁垒，润滑宏观政策的传导渠道。但荷兰中央银行集各项职能于一身也容易提高运作成本，容易因负担过重而造成工作效率低下。

### （二）内嵌双峰的监管模式：美国和英国

1. 美国的"伞+双峰"模式及其主要特征

自 1999 年起，由于美国金融机构允许混业经营，为管理复杂的金融业态和市场，美国的金融监管体制随之由分业监管转变为伞式监管，即以美联储为"伞尖"、以各监管机构为"伞骨"的综合监管模式（Mason，2015）。伞式监管结合了功能监管和机构监管的特点，由多个监管主体依据不同职能共同向下开展监管。2008 年国际金融危机后，伞式监管下监管体系日益臃肿的弊端显现。在危机后的金融监管改革中，2010 年通过了《多德-弗兰克华尔街改革与消费者保护法》，授权成立了跨部门的风险监测和监管协调机构——金融稳定监督委员会（FSOC）以及专门的金融服务和消费者保护机构——消费者金融保护局（CFPB）。金融稳定监督委员会负责识别并应对危及美国金融稳定的各类风险，促进金融市场的自我约束。消费者金融保护局将其他银行审慎监管机构、消费者保护机构以及其他联邦机构的消费者金融保护职能集于一身，在消费者信贷保护方面起到了重要的作用。

美国当局在承袭之前伞式监管体制的基础上纳入双峰体制的优点，形成了"伞+双峰"的监管体制（见图 9-6）。在这一体制下，美联储作为货币政策制定者和"超级监管者"，位于监管架构的顶端，对众多的复杂金融机构进行总体监管，维护金融市场的整体秩序，在宏观审慎监管中处于核心地位。除此之外，新组建的金融监管体系引入了金融稳定监督委员会作为监管协调者，负责监测金融体系中的系统性风险，对具有系统重要性的金融机构加强审慎监管。银行业、证券业、保险业等领域的金融机构分别受到如货币监理署（OCC）、证券交易委员会（SEC）、联邦保险办公室（FIO）等职能机构的审慎监管。而商业行为监管部门则主要负责规范金融机构的商业行为，包括信息披露、牌照注册、商业竞争、消费者保护等。各监管机构在美联储的协调下定期磋商，以节约监管成本，提高监管效率。不过，与传统的双峰结构不同，美国的金融监管体制改革立足于本国国情，巧妙地融入了双峰原则，保留了联邦存款保险公司和证券交易委员会等最高级别的监管机构，同时在原有的伞式监管体制基础上进行有针对性的结构改造和补充，弥补了旧有监管体制的漏洞与不足。

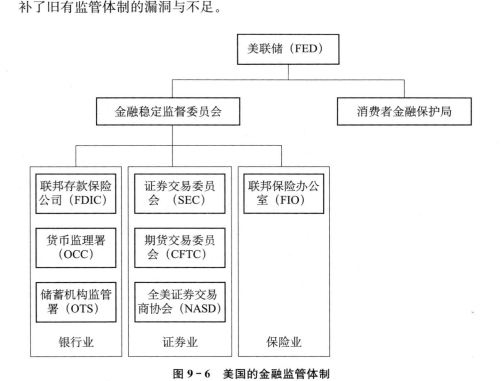

图 9-6　美国的金融监管体制

美国的"伞＋双峰"金融监管架构是对伞式监管模式的完善，也是对双

峰监管模式的灵活运用，完成了机构监管与功能监管的有益结合。美国市场
冗杂造成的监管混乱得到了一定改善，美国的金融竞争力得到了强化。但是
这种模式的监管成本巨大，对大型金融机构的业务限制将限制盈利能力，中
小型金融机构也面临着更高的金融服务成本。此外，在当前的美国金融监管
体系下，同一金融机构的行为受到多重监管，难免将对生产经营的效率产生
影响。例如，美国的一家从事衍生品交易的大型投行至少受到证券交易委员
会、货币监理署、联邦存款保险公司等横向监管机构不同职能层面的监管，
金融稳定监督委员会在其中居中协调（马鲲鹏和谭卓，2016），而且联邦和
州政府也具有对其实施金融监管的权力。

2. 英国的"准双峰"模式及其主要特征

20世纪90年代，英国金融行业混业经营的步伐加快，英国设立了金融
服务管理局（FSA）作为金融的唯一监管者，集证券、保险等投资服务业的
监管权于一身，同时承接了英格兰银行对银行业的监管职能，实行统一监管
（Hall，2001）。在统一监管体制下，金融服务管理局过度依赖金融机构的合
规性管理，忽视了个体金融机构的风险集聚和跨部门的风险。

在国际金融危机后，英国有意重塑金融监管体系，并于2012年通过了
《金融服务法》，对原有的综合监管模式进行全面改革，形成了"超级央行＋双
峰"的监管体制。首先，在英格兰银行内部设立金融政策委员会（FPC），并
赋予其宏观审慎监管权，以强化中央银行在维护金融稳定中的作用。其次，拆
分原有的统一监管机构金融服务管理局，监管体制调整为双峰结构，即审慎监
管委员会（PRC）负责微观审慎监管，金融行为监管局（FCA）负责行为监
管。从此，英国完成了从"统一监管"到"双峰监管"的转变。

在上述双峰改革的基础上，《2016年英格兰银行与金融服务法》又做出
了一些新的改革，主要包括：将金融政策委员会从英格兰银行董事会隶属机
构升级为与货币政策委员会同等的法律地位，以强化中央银行在监管体制中
的核心地位；将审慎监管局并入央行，确立审慎监管委员会（PRC），减少
审慎监管局和金融政策委员会之间的沟通和协调成本，充分发挥宏微观审慎

监管的协同优势。

　　上述以英格兰银行为主导的宏微观审慎监管相协调、审慎监管与行为监管相协调的"准双峰"监管体制如图9-7所示。在该体制下，英格兰银行作为"超级央行"统一履行货币政策、宏观审慎和微观审慎监管职能，在各个监管机构之间建立了定期沟通机制。其中，内设的金融政策委员会负责制定宏观审慎政策，识别、监控并采取措施消除或弱化系统性风险；并设的审慎监管委员会通过对重要性金融机构的微观审慎监管来维护金融稳定；另设金融行为监管局通过对不具有系统性影响的金融机构统一进行行为监管来维护消费者权益，提高金融体系的诚信水平，进而促进市场效率的提高。审慎监管委员会和金融行为监管局均在金融政策委员会的指导下运作。在新的监管体制下，存贷款机构、保险机构和大型投资机构都同时受到审慎监管（由审慎监管委员会执行）和行为监管（由金融行为监管局执行），其他机构则由金融行为监管局单独进行监管。

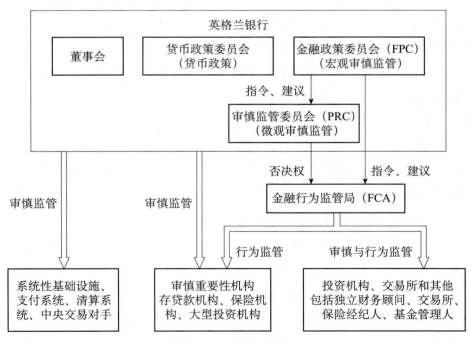

图9-7　英国的金融监管体制

英国的金融监管体系同样具有双峰特征，金融政策委员会、审慎监管委员会和金融行为监管局将审慎监管和行为监管分立，对维护金融稳定和保护消费者权益的两大监管目标负责。但英国实行的并非传统的双峰模式，金融政策委员会主要关注宏观审慎，也可对微观审慎监管机构和行为监管机构提出指令和建议。在此机制下，审慎监管委员会和金融行为监管局的层级均比央行低，审慎监管委员会作为内设机构与金融行为监管局作为下设机构受到英格兰银行的指导，彼此保持协调和联系。因此，英国的金融监管框架被称为"准双峰"模式，其弊端在于英格兰银行的权力过度集中，监管范畴广泛导致央行很难平衡货币政策和金融监管的重要性。

## （三）中国当前的金融监管模式及其内在的双峰特征

### 1. 中国当前的金融监管模式结构

中国金融监管体系历经多年的发展，自1992年起中国以建设社会主义市场经济体制为目标，逐步确立起了分业经营、分业监管的金融体制。中国人民银行负责货币政策和银行业、信托业的监管，中国证监会和中国保监会分别负责证券期货业和投资基金业以及保险业的监管。2003年成立中国银监会，银行类金融机构的监管权独立出来，中国正式形成了"一行三会"的金融监管体制。此后分业监管体制进一步发展和完善，特别是在2008年国际金融危机之后，中国渐进式地进行了各种具有中国特色的宏观审慎监管的尝试。2017年国务院金融稳定发展委员会成立，旨在深化分业监管体系下的协调配合。2018年中国银监会和中国保监会合并为中国银保监会，并且对不同监管机构的职能进行了调整优化。至此，中国形成了"一委一行两会"的金融监管体制。

2023年，《党和国家机构改革方案》的发布开启了新一轮金融监管改革，构建了党中央集中统一领导下的金融监管新模式，从结构上形成了更符合中国式现代化需要和现代金融监管要求的"二委一行一局一会"＋"各地局"的格局。各部门监管职责更加具体和明晰，分工协作机制覆盖市场各个领域，厘清了机构监管和功能监管的关系。从图9-8可以看出，目前的监管体制形成了非常明显的"三层"结构：顶层为中央金融委员会和中央金融工作委员会；中间层为各金融监管部门，具体包括中国人民银行、国家金融监督管理总局和中国证监会；底层为中央金融管理部门地方派出机构和地方金融监管局。

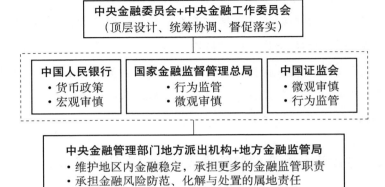

**图 9-8  中国的金融监管体制**

（1）顶层：中央金融委员会和中央金融工作委员会。中央金融委员会及其办公室体现党中央对金融工作的集中统一领导，负责金融稳定和发展的顶层设计、统筹协调、整体推进、督促落实以及研究审议重大政策、重大问题等。作为"三层"中的"顶层"，中央金融委员会及其办公室接续之前国务院金融稳定发展委员会及其办事机构的职能，进一步增强不同金融行业的统一监管与协调统筹能力，以及中央与地方在金融领域的统一监管与协调统筹能力等。

（2）中间层：中国人民银行、国家金融监督管理总局、中国证监会。中国人民银行除承担货币政策职能外，将更多地担负起宏观审慎监管、金融基础设施建设、基础法律法规体系及全口径统计分析和系统性风险预警等工作，其货币政策和宏观审慎政策双支柱调控框架更加清晰。中国证监会仍然负责资本市场监管职责，对证券业实行统一监督管理，其核心是维护资本市场秩序和健康发展。新组建的国家金融监督管理总局作为国务院直属机构，统一负责除证券业之外的金融业监管，承担了原来央行对部分金融集团的日常监管职责、有关金融消费者保护职责，以及中国证监会的投资者保护职责。

（3）底层：中央金融管理部门地方派出机构和地方金融监管局。地方金融监管体制以中央金融管理部门地方派出机构为主导，通过统筹优化中央金融管理部门地方派出机构设置和力量配备，共同构筑"三层"中的"底层"。地方政府设立的金融监管机构专司监管职责，不再加挂金融工作局、金融办公室等牌子，以维护地区内金融稳定为主要目标，担负起更多的金融监管职责，并承担金融风险防范、化解与处置的属地责任。

2. 中国金融监管模式中的双峰特征

中国以前的金融监管侧重于分业监管，忽视了行业监管的职责，从而忽视了对不当行为进行约束和对普通消费者展开保护，对宏微观审慎监管的职责划分也不清晰明确。随着中国金融监管模式的更新，特别是国家金融监督管理总局的组建，目前的国家金融监管格局特别强调了审慎监管和行为监管两大独立职能，在功能上具有双峰特征。

在金融稳定目标的指引下，中国人民银行牵头承担宏观审慎职能，构建了具有中国特色的宏观审慎政策框架，再结合国家金融监督管理总局和中国证监会在微观审慎方面发力，审慎监管足以全覆盖到各级金融机构，对于防范系统性风险具有重要意义。行为监管部分则由国家金融监督管理总局和中国证监会共同承担，重点关注金融机构的行为合规性及对金融消费者权益的保护。但二者职能覆盖范围不同，中国证监会仅面向证券业，而国家金融监督管理总局对银行、保险等金融机构均具有监管责任。其中，国家金融监督管理总局更是将中国人民银行、中国银保监会金融消费者保护、中国证监会投资者保护工作一手抓，强化了金融市场行为监管。可见，目前中国的金融监管模式已形成"审慎监管＋行为监管"的双峰功能布局，既能集中宏观审慎力量保障金融体系稳定，也能兼顾微观层面对个体金融机构的风险管理，更能从行为监管角度提升对金融消费者的保护力度，从而推动金融市场的健康有序发展。

随着混业经营的广泛覆盖和互联网金融等交叉行业的兴起，国际金融监管逐渐升维到依目标监管的模式来稳定各国金融体系。近年来，中国依据经济发展形势渐进式地改进国家金融监管模式，双峰监管的理念逐渐被采纳并应用到实践中。目前来看，由于审慎监管和行为监管是以人民为中心的现代金融监管体系不可或缺的组成部分，双峰监管在防范风险传染和保护消费者权益上具有天然的优势，可以预见，具有双峰特征的监管体系基本会在中国沿用并推行。

3. 中国未来的金融监管模式改革和发展方向

在未来一段时间内，我国金融体系仍需应对系列难题与考验，亟待进一步完善金融监管机制以维护金融稳定。从各国金融监管制度的实践经验可以看出，金融监管随着金融市场复杂性的提高，逐步走向由功能监管和行为监管构成的双峰监管框架，其中，功能监管以防范系统性金融风险为目标，以协调性、持续性与一致性为原则，而行为监管以金融市场稳定与保障消费者权益为主要内容。中国未来金融监管的发展应在现有金融监管体系的基础上，从以下三个可能方向继续深化双峰监管的理念并充分利用其优势，以强大的金融监管体系助力金融强国建设。

第一，健全宏微观审慎监管框架，有效防范系统性金融风险。首先，在微观审慎监管方面要在行为监管和功能监管上协同作用，强化金融机构的安全性和稳定性。其次，要逐步完善宏观审慎政策的顶层设计，贯彻落实"健全货币政策和宏观审慎政策双支柱调控框架"。央行应加快完善宏观审慎体系的步伐，从时空维度动态全面地监控风险水平，补充宏观审慎政策工具箱以控制宏观杠杆率及流动性风险。再次，加强微观审慎监管和宏观审慎监管的协调配合对于提高监管效率和金融稳定性至关重要。央行与国家金融监督管理总局、中国证监会之间应逐步建立常态化的沟通协调机制，增加定期交流，及时疏通政策实施的堵点，并发挥各自在宏微观审慎监管上的专业性，形成防范系统性风险的合力，协同维护宏观经济稳定。最后，审慎监管机构间应打造信息互通渠道，在中央金融委员会的统筹协调下搭建监管数据共享平台，从而降低信息壁垒，优化监管效果。

第二，完善行为监管，加强投资者保护。行为监管作为双峰监管重要的一峰，可以弥补审慎监管的不足，助力金融体系的维稳。随着我国监管改革的不断深化，未来金融行为监管的独立性将逐渐增强，行为监管领域立法体系也将走向完备，规范性随之提高。在金融乱象层出不穷的当下，首要的是把所有金融活动纳入行为监管的范畴，做到监管范围的全覆盖，尤其应关注新兴行业和跨部门企业的金融行为，保证新产品流入市场的质量，严格维护金融市场秩序。其次是要充实和提高行为约束范式，加强对企业行为的日常核查，建立全面贯通的综合评估标准，对企业的重要金融行动开展全流程管理，并严厉打击财务造假、内幕交易等违规行为。最后是要通过立法增强反垄断和反不正当竞争力度，为金融消费者合法投资营造健康有序的行业环境。

第三，结合中国的监管需求，应在上述双峰框架下进一步着重强化透明度监管。为提高金融服务于实体经济的质效，监管机构应提高透明度监管的要求，对企业的日常和定期的信息披露实施严格管理：一是事前应规范数据发布的时间和内容，二是过程中应合理评估信息的真实度并强化对虚假信息的识别和打击，三是事后要实行基于重要数据的风险水平动态跟踪。透明度监管的渗透将不断优化消费者获取信息的便利度，提振市场预期和信心，为实体经济发展提供更安全有保障的金融支持。基于数字金融和互联网金融等新兴业态迅猛发展的趋势，未来的金融监管体系将逐渐走向资本监管和透明度监管并重（吴晓求，2017），通过加紧企业的外部约束将有效提高甄别和遏制新型风险的速度和效率，降低金融危机的发生概率。

第四，在双峰监管框架下，应加强中央银行与金融市场（特别是资本市场）的联通与贯通，通过政策工具的创新，为金融市场的稳定运行提供托底式的流动性支持。无论是在理论上还是在法理上，中央银行都肩负着维持金融稳定的职能。但在历史上，中央银行的金融稳定职能侧重于为金融机构提供"最后贷款人"贷款，直接面对资本市场的金融稳定工具相对匮乏。与此同时，证券监管部门的资源（特别是货币信贷资源）比较有限，这就在很大程度上限制了其直接提供大规模流动性支持的能力。因此，通过将中央银行的"最后贷款人"功能进一步延伸至资本市场，在必要的时候为资本市场提供压舱石式的流动性支持，将极大提升金融政策稳定资本市场的长期能力，并且有助于改善市场预期，提高政策实施的综合效果和效率。

综上所述，为实现建设金融强国的目标，中国特色的金融监管道路应该以人民为中心，全面加强机构监管、行为监管、功能监管、穿透式监管、持续监管，动态调整优化金融监管架构，通过将双峰监管的理念内化到监管体系之中，优化宏微观审慎的协调配合，强调行为监管在消费者保护上的重要作用，特别是要重视透明度监管，夯实金融机构和资本市场发展的监管基础。在此基础上，应进一步加强中央银行与监管部门之间的政策合作，通过面向资本市场的货币政策工具创新，为资本市场的长期稳定运行提供新的助力和保障。

## 三、银行功能与银行监管

### （一）银行功能与经营特征

#### 1. 流动性创造

银行的核心功能之一是流动性创造。实体经济中大量的投资具有长期性，个人投资长期项目面临的一个重要的风险是长期投资产生收益之前因突发原因产生短期资金需求，也即流动资金不足的情况。此时如果将长期投资提前变现，将承受巨大的损失。银行的中介功能之一是利用规模经济降低储户流动性风险。具体而言，在实践中，每个储户面临突发短期流动资金需求的情况是不同时的，从统计意义上来说，这些流动性需求并不完全相关，因此，利用大数定律，银行可以估算出一定时期内可能面临的储户取现需求，在留足准备金的情况下，将其他资金投资到长期项目，缓解了单个储户投资长期项目面临的流动性风险。因此，银行存款对储蓄者来说成为一种流动性较好且具有一定收益性的投资，而银行通过履行流动性创造这一功能和承担信贷风险获得存贷利差。

银行流动性创造的这一功能在产生社会收益的同时也带来了一定的风

险。银行存款准备金制度发挥降低流动性风险作用的前提是储户不同时提现。但是当市场出现恐慌时，储户的挤兑行为会将市场恐慌情绪变为自我实现的预言。简言之，当大量储户因为担忧银行无钱可取而去取现时，银行的存款准备金就会耗尽，进而导致银行倒闭。为此，各国出台了存款保险制度来稳定银行体系。

2. 银行处理信息不对称的能力

（1）规模经济与监督成本。

在实践中，金融市场的投资与融资双方存在一定的委托代理问题。投资者将资金投到融资者手中，若融资者的投资项目获利了，双方将分享投资所得。在这个过程中，融资方对其获取资金的使用情况具有信息优势。这就产生了将资金挪作他用或不谨慎使用的可能。这使得投资者对融资方资金使用的监督成为必要。储户投资银行，银行通过信贷投资相对于分散的投资者分散投资多个项目而言的优势是通过规模经济降低监督成本。举例来说，10 个人分别投资 10 个项目，每个人都要花 10 份监督成本，即使所有人投的都是这 10 个项目。但若 10 个人都投银行，而由银行来投这 10 个项目，对项目的监督成本就从 100 份变成了 10 份，从而大大地减少了。从这个意义来讲，银行可以看作一个储户的联合体，通过联合产生的规模经济降低了对分散项目的监督成本。

（2）规模经济与资本成本。

投资活动中面临的另一个信息不对称问题是与投资者相比，融资者清楚融资项目的真实收益和风险情况。在这种情况下如果不确定性太大，融资项目就得不到投资。一种降低信息不对称程度的方法是融资方增加自有资本的投资。通过与投资者共同承担风险，融资方自有资本的增加具有信号传递的作用。然而，自有资本的占用是有成本的。相对于个人投资者而言，银行的资金规模更大，能够更加分散化地投资到不同的项目上去，因为分散化有利于降低项目投资组合风险，进而降低对项目自有资本投资信号的需求，因此，银行的存在可以降低融资方作为一个整体的资本成本。

值得注意的是，银行规模经济能够减少但并未消除信息不对称问题。从委托代理的角度来看，银行相对于个人投资者的项目监督成本更低，但个人投资者也面临对银行的监督问题。在现代经济体制下，银行等机构投资者都是有限责任的。具体而言，银行等机构投资者投资风险项目如果成功，可能获取较高收益，储户等投资者分走相对固定的收益。如果项目失败，因为有限责任，储户等投资者将承担较大损失。这种不对称性会使得银行等有限责任的机构产生过度承担风险的动机。机构的过度风险承担容易产生资产价格泡沫，滋生金融危机的风险。因此，银行的风险承担行为受到严格的监管。以资本监管为例，银行投资较高风险的项目会增加其风险加权资产总量，进而降低其资本充足率，进而可能增加其资本成本。这对银行风险承担行为会产生一定的限制。

3. 银企关系与信用贷款合同的特征

（1）抵押贷款合同处理信息不对称的方式。

银行在处理贷款需求时面临的一个重要的信息不对称问题是不清楚借款方的项目风险以及还贷能力。抵押品的作用与自由资本投资的作用类似。借款方通过提供抵押品表明自身的还债能力与意愿。

（2）信用贷款合同信用风险的特点及决定因素。

与抵押贷款合同不同，信用贷款没有抵押品的保护，如果借款人违约，则银行直接承担违约造成的所有损失。因此，信用贷款合同信用风险分析的重点是借款人还款能力和还款意愿的分析。对于借款人还款能力的分析部分来自其财务报表，往往财务净值越高的企业信用风险越小。对还款意愿的分析则更加复杂，涉及信用损失产生的成本，如法律执行成本和声誉成本。所谓声誉成本是指借款人的违约行为对其再次融资可能性和利率的影响。而该成本对还款意愿的影响既受到未来经济环境的影响，也受到借款人个体特征的影响，其分析具有一定的复杂性。

（3）信息不对称与贷款合同特征。

标准贷款合同形式往往是固定利率，在借款人正常还贷的情况下，银行并不花大成本来验证借款人的财务状况。但是在借款人无法还贷时，银行通过支付一定的成本验证借款人财务状况，并获得其剩余的财务残值。这种合同形式与信息不对称和借款人财务状况验证成本有关。企业知道其真实财务状况，而银行只有在支付一定成本之后才能知道其真实财务状况。如果验证企业财务状况是无成本的，银行就可以随时了解其投资回报，并根据其与企业的讨价还价能力获取更多的项目收益分成。

（4）银企关系与银行处理信息不对称的能力。

银行处理信息不对称的传统手段之一是依靠与企业建立起来的长期关系来增加对企业业务与经营的了解，提高判断企业项目风险与收益、企业还款能力与意愿的水平，进而降低信息不对称程度。

## （二）实体经济与银行风险的关系

1. 经济周期波动与银行风险

（1）信用贷款合同对经济周期的放大机制。

金融加速数理论认为信用贷款合同对经济周期具有放大作用。对于抵押贷款合同而言，经济下行往往会带来资产价格下跌，而资产价格下跌会使得其作为抵押品的价值下降，导致抵押贷款规模下降，进而限制实体经济的投资，进一步放大经济下行周期。反之，经济繁荣会带来资产价格上涨，提升抵押品价值，扩大抵押贷款规模和投资规模，放大经济上行周期。与之类似，信用贷款合同的特点也有放大经济周期的作用。经济下行导致企业资产负债表恶化，资信下降，融资成本上升，进而导致投资下降，实体经济进一步恶化。反之，经济上行导致企业资产负债表改善，融资成本下降，鼓励投资，实体经济进一步改善。因此，无论是抵押贷款合同还是信用贷款合同都对经济周期有放大的作用。

（2）经济繁荣对信贷标准的影响。

大量实证研究发现往往在经济繁荣的时候银行的信贷标准更加宽松。以抵押品要求为例，抵押品资质要求往往在经济繁荣的时候更宽松（Dell'Ariccia &

Marquez，2006；Dell'Ariccia et al.，2012）。银行可以通过对无抵押客户不贷款、对有抵押客户提供贷款的方式，将风险高低不同的客户区分开来。然而，抵押贷款合同对信息不对称问题的缓解是有潜在的效率损失成本的。当具有好项目的客户因为非主观原因和暂时性的困难无法偿贷时，没收抵押带来效率损失。因此，当潜在客户群中拥有好项目的客户比例较高时，信息不对称带来的问题较小，银行会选择降低抵押标准。这与我们前面提到的银企关系对银行处理信息不对称能力的影响有关。由于银行依靠银企关系降低信息不对称程度，进而降低其面临的贷款信用风险，一家与其他银行具有长期关系的企业来找别的银行贷款传递了一个负面信号，即该项目可能风险很大。假设经济体中没有新增无关系银行的企业客户，从别家银行转过来的企业客户大概率是高风险的，银行在无抵押的情况下会选择拒绝贷款申请。在经济繁荣时，新增无关系银行的企业客户中拥有好项目的较多，银行的最优选择则可能是对所有客户发放无抵押贷款。

（3）非理性繁荣与信贷周期。

金德尔伯格和阿利伯（2014）指出每一轮金融危机都伴随着信贷泡沫，借款人未偿还债务连续三四年以超出利率 2～3 倍的速度增长。他们认为信贷泡沫的共同原因是对繁荣的过度自信。这一观点与莱因哈特和罗格夫一致。莱因哈特和罗格夫（2010）把金融危机的共同原因总结为"这次不一样综合征"，也即在繁荣的当下，投资者容易遗忘过去的教训。他们指出在次贷危机中很多缺乏投资经验的风险投资机构进入市场，结果是在危机中大量倒闭。

2. 经济结构变迁与银行风险演化

（1）经济结构变迁对银行微观风险的影响。

经济结构变迁可以从多个方面影响银行微观风险。首先，行业投入产出关系的变化会影响不同行业企业间的资金流动，进而影响银行信贷风险。Li 和 Qian（2024）发现企业所在行业投入产出联系影响当企业出现财务困境时，企业间相互救助的能力与动机，进而影响企业对银行贷款的违约概率。

其次，技术革新导致的经济行业结构的变化会改变企业资产负债结构、行业竞争程度和利润率以及抵押品的特征，进而影响银行信用风险。

（2）经济结构和关联的变化对银行系统性风险的影响。

经济结构变迁改变不同企业、不同行业的经济联系，而银行之间则通过其实体投资的关联而间接联系在一起。企业、行业经济联系的变动通过改变银行的间接联系而影响风险在它们之间的传染，进而影响系统性风险。

（3）中国经济结构调整对银行业转型的要求及其对风险的影响。

金融强国要求金融做好服务实体经济的工作。这可能意味着银行要拓宽其业务范围和服务对象，并不断进行产品和业务模式创新。首先，创新本身是有风险的。其次，银行业务范围和服务对象的调整也会同时影响其微观风险和系统性风险。我们结合图9-9和图9-10来举例说明为适应经济结构调整而发生的金融体制改革（包括银行改革）可能增加系统性风险的渠道。

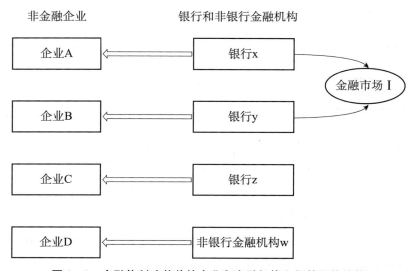

**图9-9　金融体制改革前的企业和金融机构之间的网络结构**

图9-9描述了一个金融体制改革前的企业和金融机构之间的网络结构（我们用箭头代表资金的流向，箭头指向的企业或机构为资金借入方）。这个网络中有4家非金融企业、3家银行和1家非银行金融机构。每家企业都有

唯一的金融机构为其提供融资。金融体系中有一个金融市场，银行 x 和 y 通过这个金融市场联系在一起。银行 z 和非银行金融机构 w 与其他金融机构之间相互独立。在这个金融体系中，可能的系统性金融风险是，银行 x 因为企业 A 的违约而不得不对银行 y 违约。换言之，单家企业的违约事件引起了金融风险的传染。值得注意的是，在这个简单的经济里，经济改革也可能通过增加企业之间的联系而间接增大金融机构之间的关联性。

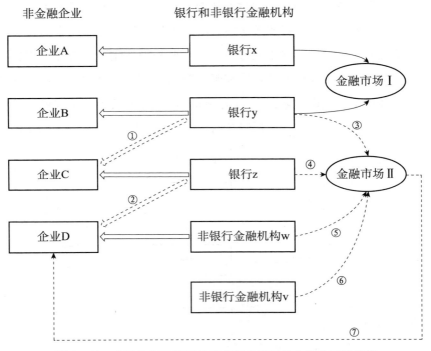

**图 9-10　金融体制改革后的企业和金融机构之间的网络结构**

图 9-10 描述了一个金融体制改革后的企业和金融机构之间的网络结构。金融体制改革引起的变化反映在三个方面：

第一，金融机构风险偏好改变，因而额外承担了风险。这在图 9-10 中表现为银行 y 对企业 C 新增了贷款，这可能是改革改变了银行业竞争结构，拓宽了企业 C 的融资渠道（图中箭头①）。此外，改革前无法从银行体系获得贷款的企业 D 从银行 z 获得了贷款（图中箭头②）。这可能是改革增加了小微企业的银行信贷可得性。箭头①或②都可能放松了企业的外部融资约束，并降低了其外部融资成本，这反映出改革增强了金融服务实体经济的能力。然而，金融机构风险承担的增加也增加了系统性金融风险。箭头①通过对企业 C 的共同风险暴露将银行 z 和银行 y 联系了起来。由于银行 x 和银行 y 在金融市场上的联系，银行 z 也和银行 x 间接联系起来了。类似地，箭头②通过对企业 D 的共同风险暴露将非银行金融机构 w 和银行 z 联系了起来，进而将非银行金融机构 w 间接和银行 x、y 都联系了起来。

第二，金融市场Ⅱ的出现，增加了机构之间和市场之间的风险联系。可以看到金融市场改革增加了企业 D 从金融市场融资的渠道（图中箭头⑦）。再一次地，改革增强了金融服务实体经济的能力。然而，金融市场层次的丰富也增加了系统性金融风险。图 9 - 10 中箭头③④⑤将银行 y、z 和非银行金融机构 w 联系了起来。此外，金融市场Ⅰ和Ⅱ也通过银行 y 联系了起来，产生了跨市场传染的可能性。

第三，新的机构投资者 v 的出现，增加了金融机构之间的关联性风险。可以看到 v 进入市场（图中箭头⑥）进一步增加了通过金融市场Ⅱ关联在一起的金融机构数量，扩大了金融传染的可能性。为了图形的简洁，图 9 - 10 中省略了个人投资者。在考虑个人投资者行为、信息约束等因素的情况下，可以进一步引入培育机构投资者的社会收益。因此，此处同样存在效率和稳定的权衡问题。此外，还值得注意的是企业 D 在金融市场Ⅱ中发行的证券引起了金融机构的广泛联系，因而成为这个经济中具有系统重要性的金融资产。

（4）高水平经济开放、金融开放与银行系统性风险。

经济高水平开放意味着贸易和投资的双向流动，这要求金融开放水平随之提高，以适应经济高水平开放对金融服务的需求。图 9 - 11 描述了金融开放对银行系统性风险可能的影响。

首先，外资金融机构进入境内金融服务行业产生的竞争压力，可能增加境内金融机构风险承担，增加系统性风险。如图 9 - 11 中箭头②所示，境外金融机构 F1 为境内企业 A 服务所产生的竞争压力，可能迫使境内金融机构

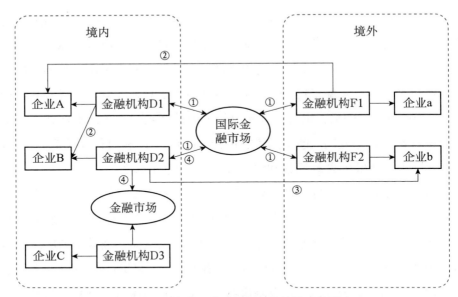

**图 9 - 11　金融开放对银行系统性风险的影响**

D1 新增对企业 B 的服务，进而将金融机构 D1 和 D2 联系起来。

其次，境内金融机构跨境经营，将间接和境外金融机构联系起来。如图 9 - 11 中箭头③所示，境内金融机构 D2 跨境经营，为境外企业 b 服务，将 D2 和境外机构 F2 连接起来。

### （三）银行监管与金融强国

1. 银行服务实体经济功能与风险的平衡

根据前面的论述我们可以看到一些银行风险是与银行服务实体经济的功能相伴的。银行部分准备金制度在通过规模经济降低储户流动性风险的同时产生了银行挤兑风险。规模经济是银行降低投资项目监督成本和资本成本的重要机制，而规模也是产生"大而不能倒"的道德风险的原因。银行因为经济繁荣而降低信贷标准在一定程度上降低了拥有好项目的企业因为非主观因素和突发事件冲击而被迫将抵押品变现的效率损失，但也产生了金融顺周期的现象，加剧了系统性风险。而银行赖以降低信息不对称程度的抵押贷款合同和信用贷款合同的特征也是其放大经济金融周期的重要机制。金融体制改革可能在通过增强银行风险偏好拓宽实体经济融资渠道的同时增加银行体系的系统性风险。金融开放能更好地服务于我国经济高水平开放，同时也会产生跨境风险传染。因此，银行监管的重点是在银行服务实体经济功能与风险防范之间做好动态平衡。在守住不发生系统性风险底线的同时，适度承担风险，服务好实体经济，才能真正建成金融强国。

2. 国际协同与中国特色的平衡

在银行业开放的过程中，监管的国际协同是必要的，这一方面是避免监管套利的必然要求，另一方面也是提升透明度、降低跨境投资风险、增强中国作为国际投资目的国吸引力的需要。然而，由于中国与发达经济体的发展水平不同，经济结构、金融服务实体经济的最优结构安排也必然不同，这意味着监管框架也会有所不同。应该正确处理好国际协调与中国特色的关系。

3. 银行数字化转型及其风险管理

技术进步推动银行数字化转型，可以多渠道增加金融机构之间的关联性风险。例如，大数据征信技术可能增加金融机构在实体经济中的服务对象，其增加系统性风险的渠道如图 9 - 10 中的箭头①②所示。又如，新技术对金融机构交易和清算结算体系的改造在提升效率的同时，使得该技术本身及其载体或运维机构变得具有系统重要性。

银行开发的金融科技产品形成新的市场，可以多渠道增加金融机构之间的关联性风险。其中直接渠道是多家金融机构对同一金融科技产品的风险暴露。金融科技增加系统性风险的这一渠道，如图 9 - 10 中金融市场 II 的出现。如前面的讨论，新金融市场的出现可能为实体企业或家庭部门提供新融资渠道，拓宽金融服务实体经济的广度，但也会直接或间接增加系统性金融风险。其中间接渠道如图 9 - 10 中的箭头⑦所示，新技术带来的市场或平台引导资金流若高度集中在某个实体部门，也会增加系统性风险。

因此，推动银行数字化转型和金融科技发展能够增强银行业服务实体经济的能力，但也需同时加强金融风险管理，防范新型系统性风险。

## 四、资本市场功能与市场监管

### （一）资本市场功能与特征

1. 企业融资中的银行与市场

（1）银行贷款融资、债权融资、股权融资的差异及各自的作用。

现代金融体系下企业融资渠道是多元的，包括贷款、债券、股票等。什么因素决定了企业的融资结构呢？权衡理论讨论了企业在债权融资和股权融资之间的选择。相对于股权融资而言，债权融资的优势是利息支出有避税的功能，但要承担资不抵债的风险及随之而来的破产成本。因此，企业的融资结构决定避税的动机和预期的破产成本。融资优序论则强调信息不对称的重要性。由于融资者比投资者更清楚融资项目的风险和收益，融资者有动机将差的项目出售给股权投资者，预见到这一点的投资者将给股权融资项目一个较低的价格，因此，在信息不对称问题比较严重时，股权融资的资本成本较高。Holmstrom 和 Tirole（1997）指出，对企业而言，债券市场直接融资比银行贷款成本更低，但只有在企业资本金充足的情况下，才能有足够的资信从资本市场上直接获得债权融资。因此，企业的融资结构是多元的，与税收、破产成本、信息不对称程度和企业资本状况等因素有关。银行贷款融资、债权融资、股权融资的多元发展有助于适应不同企业在不同发展阶段的需要。

（2）股权融资的特点及影响因素。

与债权融资不同，股权融资无固定收益，对融资者而言灵活性更高，且避免了杠杆产生的破产风险。但股权投资风险较大，同时股权投资者在企业破产时，清算的优先级在债权投资者之后，进一步加大了投资风险。与此同时，股权融资者比投资者更清楚项目的收益、风险以及经营状况，因此具有明显的信息优势。这些因素都使得只有在股权投资预期回报足够高的情况下，融资者才能获得投资。因此，在正常情况下，股权融资成本高于低风险的债权融资的成本。无论是在中国和美国股票都是折价发行的，这部分与股票的高风险以及信息不对称有关，但股权融资成本同时还受到市场情绪的影响。Ritter 和 Welch（2002）认为投资者情绪是影响美股 IPO 折价的主要因素。宋顺林和王彦超（2016）也发现在 A 股中投资者情绪对 IPO 折价有显著影响。这使得股票发行的择时对股权融资者变得十分重要。

（3）资本市场服务科技创新的比较优势。

资本市场在服务以技术为主导的创新型初创企业发展方面具有比较优势。有学者发现一个国家股权市场的发展与其高科技产业的规模之间存在很强的正相关关系。而且，更加发达的股票市场支持创新密集型高科技产业的更快增长。Hsu 等（2014）也提出在股票市场较发达的国家，更依赖外部融资和高科技密集度较高的产业表现出较高创新水平。一方面，股票二级市场的高额风险报酬激励投资者研究、关注企业的质量与管理行为，发挥市场价值发现功能，并吸引私募基金和风险投资在一级市场上为优质初创企业提供初始融资。不仅如此，股票市场通过市场估值变化引导资源优化配置，促进创新型企业的快速发展。另一方面，资本市场风险分散机制有助于化解技术创新风险，并且为初创企业提供股票期权等激励约束方案，进而促进科技创新。

2. 资本市场与公司治理

（1）资本市场的公司治理功能。

资本市场至少可以从两个方面发挥公司治理功能。首先，获取高额风险报酬的激励推动投资者关注企业的经营和管理，对企业产生外部监督。其次，投资者用脚投票的权利使得管理不善的企业股价下跌，进而面临被收购，进而失去控制权和经营权的风险。这一威胁对企业经营施加了一定的约束作用。

（2）中国资本市场的主要代理问题。

公司治理问题体现为一些重要的委托代理问题。一是股东和经理人的委托代理关系。企业所有权与经营权的分离使得股东享有参与公司分红和获取股票增值收益的权利，但并不直接经营企业。但是一些经营决策可能有利于经理人，而不利于公司价值的提升。例如，企业过度投资可能通过扩大企业规模、增加经理人可支配资源的方式使经理人获益，但不利于公司长期价值的提升。二是大股东与小股东的委托代理问题。不同股东企业控制权的差异使得大股东有动机和能力通过企业控制权来损害中小股东利益，获取私有收益，尤其是在股权分散度较低时，控股股东有更强的动机和能力来利用贷款担保、关联交易等"隧道行为"掏空上市公司（Johnson et al.，2000）。中国上市公司主要的代理问题是大股东与小股东的委托代理问题。Jiang 等（2010）发现在资本市场发展初期，股东间存在着较为严重的委托代理问题，存在着大股东利用控制权进行关联交易及资产转移的现象。而随着资本市场的发展与股权结构的优化，这一问题得到了有效缓解（Jiang et al.，2015）。

3. 资本市场的财富管理功能

（1）成熟资本市场财富管理功能特征。

发达资本市场具有明显的财富管理功能。1950—2023 年美股年化收益率达 11.32%，相对而言，1 年期美国国债利率超额收益率为 7.14%。美国资本市场较高的年化收益率以及显著的超额收益是美国财富管理行业的重要基础。从长期看，美国名义 GDP 在 1950—2023 年间实现了 6.31% 的年化增长，资本市场提供的超额收益较好地通过财富管理功能实现了投资者对美国经济增长的共享。投资者可通过在资本市场上直接投资个股或购买基金等多种途径配置资产实现财富的增值，进而通过财富效应促进居民部门的消费与投资，带动国内经济增长。另外，财富管理功能的实现又反过来吸引更多投资者进入资本市场，为资本市场发展与企业融资提供了积极的正反馈。在这一良性循环中，资本市场的财富管理功能是连接居民和企业、宏观与微观的核心。

（2）中国资本市场财富管理功能发展空间。

相较于发达资本市场，中国资本市场的财富管理功能仍有较大发展空间。自 1991 年至 2023 年，中国股票市场年化收益率为 8.48%，相对而言，

1 年期存款利率超额收益率为 5.54％。与同期限中国名义 GDP 年均 12.61％的增速相比，资本市场在发挥财富管理功能、共享增长红利方面仍有较大发展空间。另外，中国开放式基金业绩在选股与择时能力上均有较大成长空间（钱宗鑫和蒋超，2024）。不论是直接参与资本市场还是购买开放式基金，个人投资者通过资本市场获得合理的风险溢酬受限，在很大程度上限制了中国资本市场财富管理功能的实现，也直接体现为居民个人资产中现金及存款极高的占比。中国资本市场需要引入更多具有成长性的优质资产，增加居民财产性收入，为投资者提供与风险相匹配的收益（吴晓求等，2024）。用持续性的收益吸引丰富的存款资源自发地投资资本市场，将为资本市场更好地实现财富管理功能提供广阔的发展空间。

### （二）实体经济与资本市场风险关系

1. 经济周期波动对资本市场风险的影响

（1）经济周期与股市系统性风险。

经济周期波动通过影响上市公司现金流和贴现率影响股票价格。

实证研究发现在金砖国家中，宏观经济对未来股票收益有较好的预测效果。产出缺口对中国股票收益的预测效果优于其他宏观变量（Sousa et al.，2016；Bouri et al.，2020），并且中国股市收益率和各宏观经济因素变动存在非线性影响关系，经济周期是股市波动的原动力（孟庆斌 et al.，2020）。而美国通货膨胀率对股票收益有显著的预测能力（Rapach et al.，2005）。Choudhry 等（2016）发现美国经济周期与股价波动间存在非线性的双向因果关系，股票市场波动性是未来经济活动的显著短期预测因子，并对其他国家存在溢出效应。

（2）经济周期、非理性繁荣与市场风险。

Bordalo 等（2024a）指出股票市场上投资者倾向于对信息过度反应。这可能是因为他们无法准确观察股票的基本面，只能根据看到的财务信息推测股票基本面，而人们往往具有代表性偏差（Bordalo et al.，2022）。而投资者的非理性情绪会放大经济周期（Bordalo et al.，2024b）。

2. 股票风险定价与资本配置效率

在一个完全证券化的经济中，投资者的证券资产组合构成其财富。证券市场组合的收益率波动导致财富波动，进而通过影响投资者消费的稳定性影响其福利。和市场组合收益率正相关的投资放大市场收益率波动对投资者财富波动的影响，因而具有更高的系统性风险。反之，与市场组合收益率负相关的投资对冲市场收益波动对投资者财富波动的影响，因而具有风险管理的功能。资产定价理论因此把单只股票与市场投资组合收益率的相关性定义为系统性风险，相关性越高，风险越大。基于风险的资产定价理论认为股票高于无风险投资的预期收益率来自对其系统性风险的补偿，因为只有在预期收益率足够高的情况下，投资者才愿意承担额外的风险。通常认为小盘股比大盘股收益率高以及价值股比成长股收益率高的原因都是小盘股和价值股的系统性风险更高。资本市场的高效率运转要求高（系统）风险高收益。投资者通过承担额外风险获取更高的预期收益。

然而，各种资本市场的摩擦和非理性因素会导致资本配置效率受损。直观地说，投资者金融资源的最优配置要求投资的边际效用成本等于其边际效用收益。市场摩擦和非理性因素都会导致这一最优性条件无法满足。例如，对某些股票盈利过度乐观的估计会导致该股票价格的高估。由于卖空限制和投资者信念的异质性，股票价格的泡沫可能会持续一段时间，导致金融资源持续流入泡沫企业或行业，而挤压其他企业或行业的成长空间。卖空限制容易理解。这里简单解释一下投资者信念异质性。在股票价格被高估时，部分投资者可能已经意识到泡沫的存在，但是即使在不存在卖空限制的情况下，他们也可能会选择不卖空，因为只要市场上其他投资者仍然高估股票价值，泡沫就会持续下去，少量投资者的卖空行为就难以成功并获利。因此，泡沫的破灭只会发生在多数投资者已经意识到股票价值被高估的情况下。

3. 实体风险、机构风险、市场风险的动态关系

（1）实体风险通过金融市场的放大机制。

实体经济的波动可以通过影响资产价格进而影响抵押价值和企业财务报

表，从而通过投融资进一步放大经济的波动。具体而言，实体经济下行，通过现金流和贴现率等渠道压低金融资产价格，导致其抵押价值下降，同时使得金融资产价值缩水并使得企业资产负债情况恶化。这一方面会导致企业融资困难，另一方面会抬高其融资成本。融资难、融资贵抑制投资，进而导致经济进一步下行。其中"通缩-债务"螺旋是实体和金融风险相互放大的重要机制。经济下行导致企业有效需求不足及产品价格下跌，财务状况恶化导致去杠杆，去杠杆导致需求进一步下降，产品价格进一步下跌，进一步去杠杆。

（2）机构风险通过金融市场的放大机制。

在金融危机期间金融机构的风险会通过金融市场进一步放大。其主要机制是"资产价格-甩卖"螺旋。机构出现流动性困难，因此出售资产获取流动性，大量机构同时这么做导致资产价格下跌，资产价格下跌导致一些机构资产缩水，同时资产作为抵押品的价值下跌，被动去杠杆，进而导致资产价格进一步下跌。由于注意到这一危机放大机制的重要性，次贷危机以来，英美等发达经济体通过中央银行的最后做市商功能来切断危机扩散的路径。这表明中央银行的宏观审慎功能除了传统的机构顺周期交易行为的监管之外，也应关注资产市场的风险扩散。

4. 资本市场开放、跨境资本流动与金融风险传染

Moshirian 等（2021）表明，股票市场开放可以通过放松融资约束、分散风险和改善公司治理三条途径激励创新，进而推动生产率提升。他们发现平均而言，20 个经济体在股市开放后专利数量、专利引用次数和创新企业数量分别增长了 13%、16% 和 11%。然而，在带来效率提升的同时，金融市场开放也带来了额外的风险。

首先，金融机构参与国际金融市场便直接通过交易和境外金融机构关联起来。如图 9-11 中的箭头①所示。

其次，即使在境内金融市场不完全开放的背景下，国内金融机构参与国际金融市场，也将境内外金融市场联系了起来。如图 9-11 中的箭头④所

示，金融机构 D2 将国际金融市场和境内市场联系了起来。

最后，在开放的资本市场下，金融风险可以通过实体经济联系或信心联动实现跨境传染。Fu 等（2024）发现在俄乌冲突升级背景下，各国经济制裁通过直接和间接产业链联系传导到参与制裁各国股票市场，导致其与俄罗斯产业联系较深的行业股票收益率下跌。钱宗鑫等（2023）发现，发达国家资本市场风险对我国 A 股市场具有随时间推移而变化的单向传染效应。

### （三）市场监管与金融强国

#### 1. 资本市场服务实体经济功能与风险的平衡

前面的论述表明资本市场服务实体经济的功能是和风险联系在一起的。首先，企业采取何种方式融资与其项目风险高度相关。股权投资因其收益特征和信息不对称本身就是具有高风险的。其次，有效的资本市场通过风险定价，以高预期收益吸引投资者投资高系统性风险的资产。市场摩擦和非理性因素导致风险定价错误从而导致资源错配，进而降低经济效率。有效的风险定价也是资本市场充分发挥公司治理和财富管理功能的基础。最后，资本市场的开放可以通过激励创新推动全要素生产率提升，但市场的开放意味着要面临金融风险跨境传染。因此，与银行体系类似，资本市场服务实体经济功能的充分发挥伴随着适度的风险承担。资本市场监管需要动态平衡效率与风险。

#### 2. 银行监管和市场监管的协同

银行与市场的互动能够结合二者的比较优势，扩大服务实体经济范围，提升服务实体经济质量。然而，这也对监管协同提出了更高的要求。在"资管新规"出台之前，中国影子银行业务的发展对此有一定的启示作用。客观地看，影子银行业务的发展提升了金融服务实体经济的范围，增强了资金的可获得性。然而，缺乏有效监管也催生了过度风险承担，对资本市场可持续发展和银行稳健性都产生了压力。监管协同对于避免监管冲突和监管真空，进而维护银行与市场的良性互动具有十分重要的意义。

3. 监管套利、资本流动与国际监管协同

金德尔伯格和阿利伯（2014）指出非理性繁荣导致的信贷泡沫破灭通过跨境资本流动传染到世界其他地区。例如，他们认为 20 世纪 80 年代拉美债务危机将泡沫推向日本。日本泡沫破灭后，资本涌向东南亚。东南亚泡沫破灭后，资金流入美国。因此，跨境资本流动是国际金融危机传播的主要渠道。而资本跨境流动的推动力除了不同经济体金融周期的差异之外，还包括不同经济体监管强度的差异。在其他条件相同的情况下，资本从监管严格的经济体流向监管宽松的经济体。这不仅会直接增加监管宽松地区的金融风险，还会使得各经济体为竞争资本降低监管强度，导致由监管不足引发的全球性过度风险承担和金融过度繁荣的问题。因此，各国的资本市场监管也需要协同来消除监管套利的动机，并避免竞争性地削弱监管。

总而言之，金融强国要求银行和资本市场都充分发挥服务实体经济的功能。银行的流动性创造功能与挤兑风险有关，降低信息不对称程度的各种贷款合同的特征会产生金融顺周期。拓宽实体经济融资渠道的金融体制改革可能增加银行体系的系统性风险。金融开放在提升效率的同时可能导致跨境风险传染。资本市场风险定价引导资本的有效配置。与银行体系类似，资本市场服务实体经济功能的充分发挥伴随着适度的风险承担。因此，无论是银行监管还是市场监管都需要在金融服务实体经济功能与风险防范之间做好动态平衡。在守住不发生系统性风险底线的同时，适度承担风险，服务好实体经济，才能真正建成金融强国。

**参考文献**

[1] 查尔斯·P. 金德尔伯格，罗伯特·Z. 阿利伯. 疯狂、惊恐和崩溃：金融危机史：第 6 版. 北京：中国金融出版社，2014.

[2] 卡门·M. 莱因哈特，肯尼斯·S. 罗格夫. 这次不一样：八百年金融危机史. 北京：机械工业出版社，2010.

[3] 马鲲鹏，谭卓. 美国金融监管之密与疏. 金融市场研究，2016（4）：121-133.

[4] 孟庆斌，张永冀，汪昌云. 中国股市是宏观经济的晴雨表吗？：基于马氏域变模型的研究. 中国管理科学，2020，28（2）：13 - 24.

[5] 钱宗鑫，蒋超. 中国主动管理型开放式基金业绩研究. 应用经济学评论，2024，4（1）：142 - 161.

[6] 钱宗鑫，付鹏璐，宋科. 股票市场国际联动与金融传染. 中国工业经济，2023（2）：36 - 54.

[7] 宋顺林，王彦超. 投资者情绪如何影响股票定价？：基于 IPO 公司的实证研究. 管理科学学报，2016，19（5）：41 - 55.

[8] 吴晓求. 中国金融监管改革：逻辑与选择. 财贸经济，2017，38（7）：33 - 48.

[9] 吴晓求，方明浩，许荣. 中国资本市场的功能转型与估值校正. 财贸经济，2024，45（6）：1 - 16.

[10] Bordalo, P., Gennaioli, N., & La Porta, R., et al. "Long-Term Expectations and Aggregate Fluctuations." *NBER Macroeconomics Annual*，2024a，38（1）：311 - 347.

[11] Bordalo, P., Gennaioli, N., & La Porta, R., et al. "Belief Overreaction and Stock Market Puzzles." *Journal of Political Economy*，2024b，132（5）：1450 - 1484.

[12] Bordalo, P., Gennaioli, N., & Shleifer, A. "Overreaction and Diagnostic Expectations in Macroeconomics." *Journal of Economic Perspectives*，2022，36（3）：223 - 244.

[13] Bouri, E., Demirer, R., & Gupta, R., et al. "The Predictability of Stock Market Volatility in Emerging Economies：Relative Roles of Local，Regional，and Global Business Cycles." *Journal of Forecasting*，2020，39（6）：957 - 965.

[14] Choudhry, T., Papadimitriou, F.I., & Shabi, S. "Stock Market Volatility and Business Cycle：Evidence from Linear and Nonlinear Causality Tests." *Journal of Banking & Finance*，2016（66）：89 - 101.

[15] Conley, J.M., Smeehuijzen, L., & Williams, C.A., et al. "Can Soft Regulation Prevent Financial Crises？：The Dutch Central Bank's Supervision of Behavior and Culture." *Cornell International Law Journal*，2019，51（4）：773 - 821.

[16] Dell'Ariccia, G., & Marquez, R. "Lending Boom and Lending Standards." *Journal of Finance*，2006，61（5）：2511 - 2546.

［17］Dell'Ariccia, G., Deniz, I., & Laeven, L. "Credit Booms and Lending Standards: Evidence from the Subprime Mortgage Market." *Journal of Money, Credit, and Banking*, 2012, 44 (2 - 3): 367 - 384.

［18］Fu, P., Niu, J., & Qian, Z. "The Impact of Global Production Networks on the Stock Market: Evidence from the Russia-Ukraine Conflict." National Bureau of Economic Research Working Paper, 2024.

［19］Godwin, A., & Ramsay, I. "Twin Peaks—The Legal and Regulatory Anatomy of Australia's System of Financial Regulation." CIFR Working Paper, 2015,.

［20］Goodhart, C. "The Organizational Structure of Banking Supervision, Financial Markets Group." Financial Markets Group Special Papers, 2000.

［21］Goodhart, C. *The Emerging Framework of Financial Regulation*. London: Central Banking Publications, 1998.

［22］Group of Thirty. *The Structure of Financial Supervision: Approaches and Challenges in a Global Marketplace*. Washington, DC: Group of Thirty, 2008.

［23］Hall, M. "The Evolution of Financial Regulation and Supervision in the UK: Why We Ended Up with the Financial Services Authority." *Banca Impresa Società*, 2001, 20 (3), 377 - 412.

［24］Holmstrom, B., & Tirole, J. "Financial Intermediation, Loanable Funds, and the Real Sector." *The Quarterly Journal of Economics*, 1997, 112 (3): 663 - 691.

［25］Johnson, S., La Porta, R., & Lopez-de-Silanes, F., et al. "Tunneling." *American Economic Review*, 2000, 90 (2): 22 - 27.

［26］Jiang G., Lee, C., & Yue, H. "Tunneling through Intercorporate Loans: The China Experience." *Journal of Financial Economics*, 2010, 98 (1): 1 - 20.

［27］Jiang G., Rao, P., & Yue, H. "Tunneling through Non-Operational Fund Occupancy: An Investigation Based on Officially Identified Activities." *Journal of Corporate Finance*, 2015 (32): 295 - 311.

［28］Li, C., & Qian, Z. "Bank Credit Losses and Bailout in Real-Sector Network." SSRN Working Paper, 2024.

［29］Mason, J. R. Overview and Structure of Financial Supervision and Regulation in the US，2015.

[30] Merton, R. C. , & Bodie, Z. "Deposit Insurance Reform: A Functional Approach. " *Carnegie-Rochester Conference Series on Public Policy*, 1993, 38 (3): 1 - 34.

[31] Rapach, D. E. , Wohar, M. E. & Rangvid, J. "Macro Variables and International Stock Return Predictability. " *International Journal of Forecasting*, 2005, 21 (1): 137 - 166.

[32] Ritter, J. R. , & Welch, I. "A Review of IPO Activity, Pricing and Allocations. " *Journal of Finance*, 2002, 57 (4), 1795 - 1828.

[33] Sousa, R. M. , Vivian, A. , & Wohar, M. E. "Predicting Asset Returns in the BRICS: The Role of Macroeconomic and Fundamental Predictors. " *International Review of Economics & Finance*, 2016 (41): 122 - 143.

[34] Taylor, M. *Twin Peaks: A Regulatory Structure for the New Century*. London: Center for the Study of Financial Innovation, 1995.

第十章 >>>>>>>

# 市场主体的演进：金融机构与金融功能

　　**摘　要**：本章探讨了金融机构多样化与金融功能多元化在我国金融强国建设中起到的关键作用。基于 Merton（1995）的经典金融功能理论，本章分析了机构结构多样化与金融功能发展的动态关系，阐明了金融脱媒、金融创新及金融科技应用在推动金融体系多样化中的重要作用，并对其在金融强国建设中起到的重要作用进行了理论分析。结合案例研究，本章揭示了资本市场和金融科技在实现金融功能多元化中的重要性。最后，本章提出了从优化金融监管环境、深化多层次资本市场改革、推动金融机构国际化及培养高质量金融人才等方面促进金融机构多样化和金融功能多元化的改革措施。

　　面临百年未有之大变局，我国提出深化金融体制改革，推动金融高质量发展，实现金融强国目标。以商业银行、政策性银行、保险公司、证券公司和基金公司等为代表的金融机构作为建设金融强国的市场主体，其高质量发展是实现金融强国目标的关键，而鼓励金融机构的多样化发展从而实现多元化的金融功能是金融强国建设的核心要素之一。通过发展多元化的金融机构体系，不仅可以优化资金配置、增强金融服务的广度和深度，还能有效应对复杂的经济环境，提升金融体系的韧性和创新能力。

　　在当前复杂多变的宏观经济与金融环境中，金融机构要在激烈的市场竞争中立于不败之地，必须推动金融科技的创新与健康发展，优化和创新金融服务模式，提升管理和经营水平。同时，要紧跟科技发展的步伐，综合运用人工智能、大数据、虚拟现实等现代化技术，集中突破风险控制、产品结构、服务模式和客户群体等领域，全面构建数字化金融机构。这不仅确保了金融服务的精准性和便捷性，还实现了金融资源的最大化利用。因此，在推进金融强国建设中，强化金融机构的多样化与金融功能的多元化转型实践显得尤为重要。

## 一、金融机构定义和我国金融机构的发展现状

根据金融稳定委员会的全球非银行金融中介监测报告，我们可以把金融体系中的金融机构划分为银行和非银行金融机构，其中银行主要包括中央银行、存款类商业银行和公共金融机构，而非银行金融机构可以分为以下几类：第一类是集合投资工具，包括货币市场基金、固定收益基金、混合基金、信贷对冲基金、房地产投资基金等；第二类是依靠短期融资的信贷机构，包括金融公司、租赁公司、保理公司和消费信贷公司等；第三类是依靠短期融资的市场中介，包括证券经纪与承销商、托管账户和证券公司等；第四类是信用促进中介，如信用保险公司、金融担保机构和单一险种保险公司等；第五类是基于证券化的信用中介，包括证券化工具、结构融资工具和资产支持证券化工具等；第六类则是未分类的其他金融附属机构。

纵观我国金融体系的发展过程，长期以银行体系为主的间接融资为主导。在新中国成立后的前三十年，我国金融体系以中国人民银行为主，实行高度集中的计划经济模式。中国人民银行不仅是中央银行，也是唯一的商业银行，集中了中央银行、政策银行和商业银行的职能。银行的主要任务是执行国家的信贷计划，并通过资金调拨支持国家的经济建设。改革开放后，国家逐步推进金融体制改革，拆分中国人民银行的职能，逐步建立独立的商业银行体系。自 1979 年起，中国银行、交通银行等银行恢复设立，专门从事国际业务和商业银行业务；1984 年，中国人民银行明确成为中央银行，中国工商银行成立，专职从事商业银行业务。这一阶段的改革，标志着我国从单一银行体制向多元化金融体系的过渡。进入 20 世纪 90 年代后，随着市场经

济的深化改革，国家对银行体系进行了一系列市场化改革。1994年，三大政策性银行（国家开发银行、中国进出口银行、中国农业发展银行）成立，进一步明确了商业银行的职能。1995年实施的《中华人民共和国商业银行法》，确立了商业银行的法律地位。随着改革的深入，一些商业银行逐步推行股份制改造，中国银行、中国工商银行、中国建设银行、中国农业银行四大行先后完成股改并上市，吸引外资进入银行业。进入21世纪后，我国银行业逐步与国际接轨，推动现代化与国际化发展。加入WTO后，外资银行的进入推动了国内银行的竞争力提升。

随着利率市场化改革的不断推进，利差缩小导致银行盈利空间受到挤压，商业银行的盈利模式也受到冲击。近年来，数字银行、区块链技术、人工智能等新兴技术快速发展，我国商业银行的传统业务模式也面临转型挑战。金融科技的崛起不仅改变了支付和借贷模式，也冲击了传统银行在风险控制和市场份额上的主导地位。近年来我国商业银行也纷纷加快数字化转型，通过应用大数据、人工智能等技术，提升客户服务、风控管理、资产配置等方面的智能化水平，实现银行服务的全方位数字化转型并提供多元化金融服务，推动银行业进入全方位创新时代。

对比来看，以资本市场为代表的直接融资体系的发展相对滞后。1990年，上海证券交易所正式成立，标志着我国现代资本市场的正式诞生。同年，深圳证券交易所也开始运营，成为南方经济改革的试验田。1992年，国务院证券委员会和中国证券监督管理委员会（中国证监会）相继成立，资本市场监管体系开始逐步完善。1999年，《中华人民共和国证券法》颁布，成为资本市场运行的法律框架，进一步推动了证券市场的规范化运作。进入21世纪后，我国资本市场的发展慢慢进入了多层次市场体系建设的阶段。2004年，中小企业板成立，主要为中小型企业提供融资服务，标志着我国资本市场开始探索服务中小企业和创新型企业的途径。2009年，创业板在深圳证券交易所成立，主要面向科技创新型企业，支持这些高成长企业通过资本市场进行融资。2014年，沪港通机制启动，标志着中国资本市场向国际市场进一步开放。通过沪港通机制，境外投资者可以直接投资 A 股市场，增强了资本市场的国际化进程。2016 年，深港通启动，进一步加强了内地与香港资本市场的互联互通。2019 年，科创板在上海证券交易所设立，并率先实施注册制，主要为科技创新型企业提供融资支持。科创板的设立被视为中国资本市场改革的重要标志，体现了资本市场进一步服务科技创新的导向。2021 年，北京证券交易所成立，成为我国多层次资本市场体系的重要组成部分，进一步完善了为中小企业服务的市场机制。

尽管我国开始初步形成多层次的资本市场，服务对象和融资工具日趋多样，国际化程度不断提高，但从融资体量的统计数据来看，我国金融体系仍然是以商业银行为主导的间接融资模式为主，而企业通过发行股票和债券进行的直接融资占比相对较小。截至 2024 年 6 月末，根据央行的社会融资规模存量统计数据，我国社会融资规模存量为 395.11 万亿元。① 如图 10-1 所示，对实体经济发放的人民币贷款余额为 247.93 万亿元，占比约为 62.7%；外币贷款折合人民币余额为 1.66 万亿元，占比为 0.4%；委托贷款余额为 11.18 万亿元，占比为 2.8%；信托贷款余额为 4.21 万亿元，占比为 1.1%；未贴现的银行承兑汇票余额为 2.25 万亿元，占比为 0.6%；企业债券余额为 32.02 万亿元，占比为 8.1%；政府债券余额为 73.13 万亿元，占比为 18.5%；非金融企业境内股票余额（即企业通过 IPO 和增发等方式筹集的资金余额）为 11.55 万亿元，占比为 2.9%。从结构看，直接融资总占比为 29.5%，间接融资和直接融资的比例约为 7∶3。由此可见，商业银行贷款仍然是中国企业获得资金的主要渠道，这与发达国家的金融体系形成了鲜明对比。例如全球金融行业最发达的美国，其直接融资占据较大比例，尤其是企业通过股票市场和债券市场融资较为普遍。

从金融机构总资产角度来看，银行业的金融资产所占比例则更大。根据中国人民银行统计数据，截至 2024 年第二季度末，我国金融业机构总资产

---

① 2024 年 6 月社会融资规模存量统计数据报告．中国人民银行网站，2024-07-12.

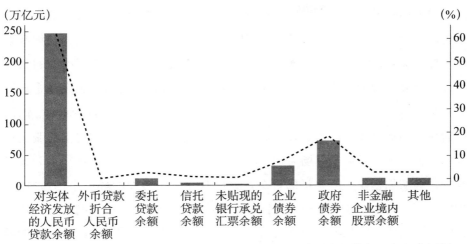

图 10 - 1　社会融资规模存量统计

为 480.64 万亿元，同比增长 7.0%，其中，银行业机构总资产为 433.10 万亿元，同比增长 6.6%；证券业机构总资产为 13.75 万亿元，同比下降 0.1%；保险业机构总资产为 33.80 万亿元，同比增长 15.7%。由此可计算得出，银行业总资产占全部金融资产的 90.1%。对比金融稳定委员会在 2023 年全球非银行金融中介监测报告中的数据，截至 2022 年末，全球主要经济体①的金融总资产为 461.2 万亿美元，其中银行类金融机构总资产为 243.4 万亿美元，占比 52.8%。从国际对比来看，中国金融体系仍然以银行业为绝对主导力量，在金融机构多样化上还有很大发展空间。

以银行贷款为主的间接融资模式在支持大规模制造业发展方面效果显著，这在本书对德国金融模式的探讨中得到了充分体现。德国的稳健银行体系通过长期低息贷款支持了大量中小企业（尤其是所谓的"隐形冠军"企业），这些企业在全球制造业中占据了重要地位。这种金融模式强调具有稳定抵押品的、可规模化的融资模式，契合我国改革开放以来大力发展制造业的强劲需求。然而，随着我国推进产业转型升级、实现高水平科技自立自

---

① 统计范围包括全球 21 个主要经济体和整个欧元区。

强，以美国模式为代表的直接融资在科技创新领域更具优势。美国的金融体系更加多元化，风险投资、私募股权以及发达的资本市场在推动科技创新方面发挥了关键作用。中国银行研究数据显示，截至 2022 年末，中国的私募股权投资基金规模约为 11.11 万亿元，而同期美国的私募股权投资基金规模为 6.02 万亿美元，约为中国的 4 倍。[①] 风险投资和私募股权为高风险、高回报的科技创新企业提供了必要的资金支持，并通过资本市场的退出机制实现利润回报。这种以资本市场为中心的融资结构能够快速响应市场需求和技术发展，为初创企业提供充足的资金，允许其在竞争激烈的环境中迅速成长。相较之下，初创企业通常缺乏抵押品，难以从银行获得贷款支持，且科技创新的技术路线难以预测，面临较高的失败风险。银行贷款主导的模式在债券收益率上限较低的情况下对风险的容忍度不足，难以满足科技创新的金融需求。因此，我国需要加大对直接融资的支持力度，促进各类金融机构的健康发展，以实现更为平衡的融资结构。同时，推动金融创新与科技深度融合，使金融服务更好地契合经济发展需求，从而为我国金融强国建设奠定坚实基础。

金融机构的多样化和由此带来的金融功能的多元化还可以提升金融体系的灵活性、抗风险能力以及服务实体经济的效率。因此，为推动高质量发展、建设社会主义金融强国，金融机构的多样化与金融功能的多元化是必然的发展方向。

## 二、金融机构多样化和金融功能多元化对金融强国建设的理论分析

20 世纪后期，随着金融全球化趋势的加速，金融市场的开放和金融创新使得金融机构的类型更加丰富。各种非银行金融机构和金融科技公司的崛

---

① 资料来源：中国银行研究院，https://pic. bankofchina. com/bocappd/rareport/202405/P02 0240520356999693026. pdf.

起，形成了现代多元化的金融生态系统。这种多样化的金融机构体系有助于满足不同层次和领域的金融需求，提升金融体系的整体效率和稳定性。金融机构类型多样化的理论基础可以追溯到金融深化和金融发展理论。Gurley 和Shaw（1960）指出，随着经济的发展，金融体系需要多样化的中介机构来满足复杂的金融需求。Levine（1997）强调，金融机构的多样化有助于资源的有效配置和风险的分散，从而促进经济增长。金融创新理论也支持这一观点，认为新型金融机构的出现能够推动金融市场的发展和效率的提升（Allen & Gale，1994）。

金融体系的基本功能是在不确定环境中进行资源的时间和空间配置。在金融机构广泛多样化发展的背景下，Merton（1995）提出了区别于侧重于金融机构视角的金融功能性视角的概念，强调金融体系的功能比金融机构的形式更为重要。他将金融功能分为六大类：清算支付、资源配置、风险管理、价格发现、激励机制和财产权分离功能。这一理论为理解金融业功能的多元化提供了基础。基于这一功能性观点，Merton 和 Bodie（2005）提出了功能和结构金融（functional and structural finance，FSF）的理论框架，在融合了新古典经济理论、新制度经济学和行为金融学的统一视角下完善了金融体系设计。其中，重点强调了机构结构的重要性、金融创新及风险测量对金融体系的推动、金融中介以及行为金融学的影响应用等，并从整体上分析了良好运作的金融体系对长期经济增长的显著影响，提出了金融体系设计的新思路。基于该框架，后续研究逐步实现了深入理解和预测金融体系的变化，以及这些变化对资产价格和资源配置的影响。

## （一）研究综述

### 1. 机构结构多样化与金融功能的动态关系

金融体系的核心在于其实现资源配置、风险管理、价格发现等功能的能力，而这些功能往往通过各种金融机构的动态结构实现。传统的金融机构（如银行、保险公司等）在其历史发展中承担了这些功能，但随着金融市场的全球化和复杂化，金融机构的结构性变化愈发显著（Cameron，1967）。Merton（1995）从功能性视角出发，指出金融机构的多样化和市场创新并非孤立现象，而是为了更有效地实现核心金融功能的动态调整。尽管金融机构的形式和结构在不同地区和时期有所变化，但金融体系的核心功能相对稳定，不易受地理和时间的影响。这种功能性视角不依赖于现有的金融机构形式，而是强调通过不同的制度安排来有效实现金融功能的目标。这意味着，金融机构的形式和结构会随着市场摩擦的变化而不断演变，以确保金融功能的高效执行。在此理论框架中，金融功能的稳定性和跨地域的一致性为金融体系的动态多样化提供了理论依据。

2. 金融脱媒与市场效率

金融中介机构在不同经济体中的角色，随着金融脱媒（disintermediation）进程的加速而发生变化。Merton 和 Bodie（2005）指出，随着资本市场的发展，许多传统上由银行等金融中介承担的功能，如资金的聚集和分配、风险管理等，逐渐由金融市场机制替代。例如，企业通过发行债券或股票可以绕过银行直接融资，而金融市场机制提供的服务则日益丰富，反映了市场效率的提升和金融功能多元化的趋势。

尽管金融脱媒削弱了中介机构在某些领域的主导地位，但其在提供衍生合约、风险分担等方面仍具有不可替代的优势。中介机构通过金融创新，在金融体系内继续发挥关键作用，推动市场和中介共同发展（Boot & Thakor，2010）。

3. 金融创新推动金融机构和功能持续发展

金融创新是推动金融机构更多样化并朝向更高经济效率发展的关键因素。Merton 和 Bodie（2005）在 FSF 框架中提出的金融创新螺旋（financial innovation spiral，FIS）理论阐释了金融体系的动态演变过程。该理论认为金融创新是由金融机构、市场和监管之间的互动所驱动的持续且循环的过程。在这一螺旋式发展中，新的金融工具和服务的出现，会引发金融市场结构和机构形式的改变，进而带来新的风险和监管需求。这些变化又会刺激进一步的金融创新，形成一个持续发展的螺旋。每一次金融创新都会通过降低交易成本、优化风险管理等方式提升市场效率，并促进金融体系整体结构的演变。例如，金融衍生品市场的发展不仅提供了更有效的风险管理手段，还大幅提升了全球资本的流动性。这些创新并不局限于传统中介机构，而是通过新型金融工具与市场机制共同推动系统性变革。

在 FSF 框架中，Merton 和 Bodie（2005）还引入了行为金融学的观点，强调市场参与者的行为偏差对金融功能发挥的深远影响。行为金融学揭示了个体和机构在面对不确定性时如何偏离理性决策，从而影响市场运行和金融中介的行为。这一领域的研究不仅拓展了金融理论的边界，也为设计更加高效的金融体系提供了新思路。金融市场的非理性行为往往导致资产价格波动、风险累积等问题，而通过金融创新和结构调整，能够在一定程度上缓解这些行为偏差的负面影响。

4. 金融体系对经济增长的关键作用

最后，Merton 和 Bodie（2005）强调，金融体系设计与经济增长之间存在密切联系。Solow（1956）的增长理论表明，技术进步是长期经济增长的主要推动力，但金融体系在将技术创新转化为实际经济成果中起到至关重要的作用。一个良好运作的金融体系能够通过降低交易成本、优化资源配置、提高资本流动性显著促进经济增长。

通过跨国研究比较可以发现，那些拥有高效金融体系的国家往往在经济增长中表现出色。这一点在金融重组中的中国和日本等国家体现得尤为明显。Merton 和 Bodie（2005）指出，短期的货币和财政政策无法替代金融体系的长期优化，只有通过制度改革提升金融效率，才能真正实现技术创新对经济增长的推动作用。

## （二）理论分析

正如文献所指出的，金融功能的多元化是金融体系适应复杂经济环境的有效机制，金融机构通过创新和调整结构，确保核心功能如资源配置、风险管理和价格发现的持续高效运作。另外，随着全球经济的复杂化和多样化，金融功能和金融机构的形态不断演变。这种演变不仅反映了金融体系对经济发展的支持，更是应对全球化、技术进步及市场复杂性的必然选择。Merton和Bodie（2005）提出的FSF框架为我们理解这种动态过程提供了清晰的理论基础。具体而言，该框架揭示了金融体系的功能性稳定与结构性调整之间的互动关系，强调了金融创新和机构演变在推动经济效率提升和长期增长中的作用。

Merton和Bodie（2005）强调，金融体系的设计不仅要应对现有市场的挑战，还需具备灵活性和前瞻性，以适应未来的技术变革和经济发展需求。在此背景下，理解金融功能与经济增长之间的紧密联系，成为分析金融体系如何助力经济发展的关键。不仅如此，金融体系的长期优化与改革还是推动技术进步转化为实际经济成果的核心动力。短期的政策调控固然能够应对金融市场的波动，但只有通过制度性的金融改革，才能构建一个支持技术创新、促进长期经济增长的金融体系。

因此，理论分析的核心在于通过功能性视角探索金融体系在经济发展中的深远影响。通过分析金融功能和机构结构的互动，进一步揭示金融体系如何通过创新和结构调整，在应对市场摩擦、提升效率的过程中，助力国家经济的现代化进程。这一视角不仅有助于解释现有文献中的发现，还为未来的金融政策设计提供了理论依据。

1. 金融功能方法论：多元化的金融功能需求

金融功能是指金融体系在经济运行中所发挥的各种作用，包括但不限于定价、支付、流动性提供、风险管理、财富管理、资源配置等。默顿将金融功能分为六大类：清算支付、资源配置、风险管理、价格发现、激励机制和财产权分离。但随着经济全球化和信息技术的飞速发展，金融功能呈现出前所未有的多元化趋势。这种多样化不仅改变了金融行业的内部结构，也深刻影响了全球经济的发展格局。

首先，传统的定价和支付功能已经无法满足现代经济的复杂需求。货币作为一般等价物，其定价功能为商品和服务的交换提供了统一的价值尺度。然而，随着电子商务和跨境贸易的蓬勃发展，支付方式经历了革命性的变化。移动支付、电子货币、区块链技术等新型支付手段应运而生，不仅提高了交易效率，还打破了地域和时间的限制。中国人民银行数据显示，截至2023年末，中国移动支付业务金额达到555.33万亿元，同比增长11.15%。这种迅猛增长反映了支付功能的多元化需求，也凸显了金融科技对传统金融体系的颠覆性影响。

其次，金融的流动性提供功能在全球范围内得到拓展。企业和个人对资金的需求已经超越传统的贷款和存款模式，多样化的融资和投资渠道成为新的焦点。资本市场的发展，使得股权融资、债权融资、衍生品交易等成为可能，为不同规模和类型的企业提供了定制化的金融解决方案。据国家统计局发布的《中华人民共和国2022年国民经济和社会发展统计公报》，2022年全年沪深交易所A股累计筹资15 109亿元，2022年全年各类主体通过沪深北交易所发行债券（包括公司债券、资产支持证券、国债、地方政府债券和政策性银行债券）筹资64 494亿元。这些数字不仅体现了资本市场在资源配置中的关键作用，也反映出投资者对多元化资产配置的需求。

再次，风险管理和财富管理已成为金融功能的重要组成部分。全球经济的不确定性和市场波动性的增大，使得企业和个人对风险对冲和财富保值增值的需求更加迫切。保险、期货、期权、资产管理等金融工具和服务不断丰富，为风险管理提供了多层次的手段。根据中国银保监会发布的保险业经营数据，截至2022年12月，我国保险业资产总额为27.15万亿元，总保费收入为4.7万亿元。这表明人们对风险管理的重视程度日益提高，同时也显示出财富管理市场的巨大潜力。

最后，金融的资源配置功能在推动经济结构优化和产业升级中发挥了更为显著的作用。金融市场通过价格机制和信息传递，使得资金能够高效流向最具潜力的行业和企业，支持科技创新和可持续发展。金融工具的创新，如绿色债券、社会影响力投资等，使得资本不仅追求经济回报，也关注环境和社会效益。这种资源配置的优化，有助于实现经济的高质量发展。金融功能的多样化还体现在金融包容性的提高和普惠金融的推进上。随着数字技术的应用，金融服务的可及性大大提高，金融排斥现象得到缓解。移动银行、互联网金融平台等，使得偏远地区和低收入群体也能享受到便捷的金融服务。但与此同时，金融科技的迅猛发展也带来了新的挑战和风险。数据隐私、安全漏洞、金融犯罪等问题日益凸显，对监管机构提出了更高的要求。监管科技（RegTech）和合规科技（ComplianceTech）的兴起，成为应对这些挑战的重要手段。

金融功能的多样化是经济全球化、科技进步和市场需求变化的综合结果。这种多样化为经济发展注入了新的活力，但也伴随着复杂的挑战。深入理解金融功能的演变规律，强化监管和风险防控，推动金融创新与实体经济深度融合，已成为新时代的迫切课题。

2. 金融机构结构的丰富化：适配多元化的金融功能

根据默顿的功能性金融观点和 FSF 框架，金融功能作为外生变量影响金融机构的结构。金融功能的多元化催生了金融机构结构的丰富化，以满足不同层次和领域的金融需求。传统的银行业已无法独自承担现代经济中日益复杂的金融服务，多样化的金融机构因此应运而生，为市场提供了更加全面和专业的金融解决方案。

当前，银行业正积极进行转型和升级，以适应新的金融环境。传统银行主要作为资金的中介提供存贷款业务。然而，随着金融脱媒趋势的加剧，银行业开始拓展业务领域。商业银行纷纷涉足投资银行业务，参与证券承销、并购重组等高端金融服务。同时，私人银行和财富管理等高端服务也成为银行业的重要增长点，满足了高净值客户对资产配置和财富增值的需求。这种转型不仅拓宽了银行的业务范围，也提高了其在金融市场中的竞争力。

除了银行业的转型升级，非银行金融机构的崛起也为金融体系注入了新的活力。证券公司、基金管理公司、保险公司、信托公司、金融租赁公司等在金融体系中扮演着越来越重要的角色。它们各自专注于不同的金融功能，为市场提供专业化和多样化的金融服务。例如，证券公司促进了资本市场的活跃，为企业融资和投资者交易提供了平台；基金管理公司为投资者提供了丰富的理财产品，满足了不同风险偏好的投资需求；保险公司通过风险分散和保障功能，增强了社会的风险抵御能力。这些非银行金融机构的兴起，使得金融服务更加精细化和专业化，进一步完善了金融体系的功能。

随着新技术的加持，金融科技公司的兴起重新定义了金融服务的模式。金融科技公司利用大数据、人工智能、区块链等新技术，为客户提供创新的金融服务。例如，蚂蚁集团、腾讯金融科技等公司在支付、信贷、理财等领域取得了巨大成功。截至 2023 年，支付宝的用户数量已超过 10 亿人。这些公司通过技术创新降低了金融服务的门槛，提高了服务效率，使得金融服务更加便捷和普惠。移动支付的普及不仅改变了人们的支付习惯，也推动了无现金社会的进程。

此外，新型金融业态的发展进一步丰富了金融机构的结构。随着金融市场的深化，各种新型金融业态不断涌现，如风险投资、私募股权、互联网金融、众筹平台等。这些机构为初创企业和中小企业提供了新的融资渠道，支持了创新创业活动的蓬勃发展。风险投资和私募股权为高成长性的企业提供了必要的资金支持和战略指导，互联网金融和众筹平台则利用互联网的优势汇集众多投资者的资金，支持了更多创新项目的落地。这些新型金融机构的出现，丰富了金融市场的层次和结构，提升了金融资源配置的效率。

金融机构结构的丰富化，不仅是对金融功能多元化的适应，也是推动经济发展的重要动力。多样化的金融机构通过各自的专业优势和服务特色，为不同的市场主体提供了量身定制的金融服务，满足了多元化的金融需求。同时，它们之间的竞争与合作，促进了金融创新和服务质量的提升。金融机构的多样化还增强了金融体系的稳健性，分散了金融风险。金融机构的丰富化也有助于推动金融的包容性发展。通过创新的服务模式和技术手段，金融机构能够覆盖更多的客户群体，尤其是传统金融服务难以触及的中小企业和农村地区。移动银行、互联网金融平台等的兴起，使得偏远地区和低收入群体也能享受到便捷的金融服务，缩小了金融服务的鸿沟，促进了社会公平。

总之，金融机构结构的丰富化是金融功能多元化的必然结果，也是现代金融体系发展的重要特征。多样化的金融机构通过满足不同的金融需求提升了金融服务的质量和效率，推动了经济的持续健康发展。在全球化和信息技术迅猛发展的背景下，金融机构将继续朝着专业化、数字化和多元化的方向发展，为经济社会的发展提供坚实的金融支持。

3. 金融脱媒——金融中介功能转移与机构演变

金融功能的多元化和金融机构的丰富化，共同推动了金融体系的深刻变革。其中，金融脱媒现象日益显著，成为金融功能转移和机构演变的关键体现。金融脱媒是指金融活动，尤其是融资活动，逐渐脱离传统银行中介，直接通过金融市场进行的过程。这一趋势在中国具有独特的现实意义，对传统金融体系产生了深远影响。

随着金融功能的日益多样化，资金供需双方对直接、高效的金融服务需求不断增加。传统银行业在资金中介方面的主导地位受到挑战，越来越多的企业和个人选择直接融资方式，以满足其多元化的金融需求。同时，金融机构的多样化为金融脱媒提供了有力支持。非银行金融机构、金融科技公司、新型金融业态的崛起，为市场参与者提供了多样化的直接融资渠道，加速了金融脱媒的进程。

在中国的国情下，金融脱媒具有重要的现实意义和必要性。传统银行主导的金融体系在支持经济高速发展的同时，也面临着金融资源配置效率不高、中小企业融资困难等问题。金融脱媒通过引入多元化的直接融资渠道，有助于优化金融资源配置，提高资金使用效率，降低融资成本，促进实体经济发展和转型升级。

推动金融脱媒的关键因素包括技术进步、市场需求变化和监管环境优化。信息技术和互联网的迅猛发展，使得信息传递更加高效透明，降低了资金供需双方的交易成本和信息不对称。金融科技的应用，为企业和投资者提供了便捷的直接对接渠道，提升了金融服务的效率和普惠性。经济结构的调整和产业升级，促使企业对融资方式的需求更加多样化和个性化，直接融资能够提供更灵活的资金安排，满足不同发展阶段的资金需求。与此同时，中国政府积极推进金融市场化改革，完善资本市场体系，鼓励直接融资的发展，为金融脱媒创造了良好的政策环境。

金融脱媒带来了诸多优势。它提高了金融资源配置的效率，资金可以更加快捷地从投资者流向有需求的企业，减少中间环节，降低交易成本。企业通过直接融资方式，能够以更低的成本获取资金，特别是对于信用良好、发展前景广阔的企业而言。此外，金融脱媒促进了金融市场的成熟和完善，丰富了金融产品和服务的种类，满足了投资者和融资者多样化的金融需求，提升了金融市场的深度和广度。

然而，金融脱媒也对传统银行业提出了挑战。银行业需要积极调整业务结构和发展战略，适应新的金融生态环境。通过拓展多元化业务领域，发展投资银行、资产管理、财富管理等综合金融服务，银行可以满足客户全方位的金融需求，提升自身的竞争力。银行要加快数字化转型，利用金融科技提升服务效率和客户体验，增强市场适应性；还要深化风险管理，加强对信贷风险、市场风险和操作风险的识别和控制，确保业务的稳健运行。

金融脱媒在中国的发展过程中，还体现出一些独特的特点。庞大的互联网用户群体和移动支付的普及，为直接融资和互联网金融的发展提供了广阔的市场基础。经济结构的转型升级，对直接融资的需求更加迫切，资本市场在支持实体经济发展中的作用日益凸显。

综上所述，金融脱媒是金融功能多元化和金融机构多样化共同作用的结果，是中国金融体系改革和经济高质量发展的重要方向。通过金融脱媒，可以优化金融资源配置，提升金融市场效率，支持实体经济的转型升级，具有重要的现实意义和战略价值。面对金融脱媒带来的机遇和挑战，各类金融机构应积极创新，顺应时代发展潮流，为构建功能完善、结构合理、运行高效的现代金融体系贡献力量。

4. 金融创新和金融科技推动金融机构和功能的多元发展

金融创新是推动金融机构多样化和金融功能多元化的重要动力，贯穿于全球金融体系发展的各个环节。通过不断涌现的金融工具、服务模式和技术手段，满足了企业、个人以及政府的多样化金融需求，同时推动了金融体系的转型升级。金融创新不仅是实现金融脱媒、金融功能多元化的核心手段，也是提升金融体系效率、应对全球化挑战的重要举措。

金融产品和金融工具的创新为市场带来了丰富的选择，并显著提升了风险管理和资本利用的效率。衍生品市场的发展便是一个典型例子。期货、期权、互换等衍生品工具的广泛应用，为企业和金融机构提供了更加灵活的风险对冲手段。通过这些创新金融工具，企业不仅可以更好地管理市场波动风险，还能够在全球化背景下提高资本配置效率。

另外，互联网、电子信息科技的蓬勃发展也一直是全球金融体系转型发展的重要原动力，不仅提升了金融服务的效率与便捷性，还推动了金融业的深度变革。近年来，以区块链、人工智能、大数据等前沿技术为代表的金融科技发展迅速，其在金融行业的广泛应用使得金融机构的运营模式和服务范式经历着深刻的变化。这些新技术创新不仅改变了金融市场的结构，还深刻影响了经济发展与社会进步。

数字支付、线上理财、虚拟银行等金融科技服务的普及，改变了人们的金融交易习惯。传统金融机构的业务模式面临巨大挑战，同时也迎来了转型与创新的机遇。中国作为全球金融科技发展的领军者，已经在移动支付、数字货币、区块链技术应用等领域取得了显著进展。金融科技的创新不仅是构建现代金融体系的关键驱动力，也是推动国家经济结构转型与金融强国建设的核心力量。

区块链技术因其去中心化、不可篡改和高度透明的特性被广泛应用于金融领域，尤其是在支付清算、跨境支付和供应链金融等方面。区块链通过分布式账本技术极大提升了金融交易的安全性、透明度和效率，降低了中介成本，减少了欺诈风险。例如，在跨境支付领域，传统的跨境支付流程复杂，涉及多方中介，结算时间长、成本高。而区块链技术能够实现支付信息的实时共享与自动核对，缩短跨境支付时间，降低交易成本。除了跨境支付，区块链还在数字资产管理、供应链金融等领域展现了巨大的潜力。例如，通过区块链技术，金融机构可以实现对供应链各环节的全面跟踪，提升供应链金融的透明度，帮助企业更好地进行融资。区块链技术的应用不仅提升了金融体系的安全性与透明度，还推动了数字金融的进一步发展，助力构建更加高效的全球金融体系。

人工智能技术的广泛应用是金融科技发展的重要标志之一。人工智能通过智能数据分析、机器学习、深度学习等技术手段，使金融机构能够更加精准地预测市场动态、洞察客户需求，并提供定制化的金融服务。人工智能不仅提升了金融产品的设计与优化能力，还在风险管理、运营效率提升、智能投顾等领域发挥了关键作用：在风险管理领域，人工智能可以通过分析海量数据，对金融市场的风险进行实时监控和预测。例如，人工智能可以根据历史数据和市场动态预测金融危机或市场波动的可能性，帮助金融机构提前制定风险防控措施，从而减少损失。在智能投顾领域，通过人工智能，金融机构能够为客户提供个性化的投资建议和资产配置方案。智能投顾系统可以根据客户的风险偏好、财务状况和市场变化自动调整投资组合，在提高投资收益的同时降低风险。在精准营销与客户管理方面，人工智能通过分析客户的行为数据和消费习惯，帮助金融机构更精准地进行市场细分和客户管理。借助人工智能的预测，金融机构可以为客户推荐个性化的产品与服务，提升客户体验和满意度。在未来，随着大模型和深度学习技术的进一步发展，人工智能将更加广泛地应用于金融领域，推动金融服务的智能化转型。

大数据技术为金融机构提供了前所未有的决策支持与风控能力。通过对大量金融数据的搜集、整理和分析，金融机构能够更好地理解市场动态和投资者行为，从而优化资源配置。例如，投资机构可以通过对股市、债市、房市等领域的市场数据进行深度分析，发现不同投资标的的风险和收益特征，从而制定更加科学的投资组合。这种基于数据驱动的投资决策不仅提升了投资的精准性，还促进了市场资源的高效流动。在帮助金融机构提升运营效率的同时，大数据还在精准营销、风险控制和产品创新等方面创造了巨大价值。在精准营销领域，金融机构可以通过大数据分析客户的消费行为和金融需求，提供个性化的产品推荐。这不仅提升了金融机构的营销效率，还增强了客户的黏性与忠诚度。在风险控制领域，大数据可以通过实时监控客户的信用状况和交易行为，帮助金融机构及时发现潜在风险并做出相应调整。例如，基于客户的交易历史和信用记录，大数据系统可以快速评估客户的还款能力，从而帮助金融机构做出精准的贷款决策，降低坏账风险。在产品创新方面，以智能合约与自动化为例，大数据与区块链技术相结合，使得智能合约的应用成为可能。智能合约能够基于预设条件自动执行交易，无须人工干预。通过大数据的支持，金融机构可以实现自动化的市场交易和合同执行，极大提高了市场运行的效率。

总的来看，金融创新的持续推进不仅满足了市场的多样化需求，也推动了金融体系的现代化转型。通过创新金融工具、服务模式和技术应用，金融市场的深度与广度得以大幅扩展，金融资源的配置效率不断提高。从金融科技的发展势头来看，正在进行的下一轮大规模金融创新将继续以金融科技为引领，推动金融体系更加灵活、透明、高效地运行。在此过程中，监管机构也需保持平衡，既要鼓励金融创新，又要防范潜在的系统性风险，以确保金融体系的健康稳定发展。

## （三）金融强国建设中的要素作用

金融机构的多样化能够有效推动金融功能的多元化，从而提高金融体系的效率和稳健性。更为重要的是，多元化的金融功能在支持实体经济增长方面发挥了关键作用。基于过往文献和经典理论的研究，我们进一步探讨了金融功能多元化如何通过优化金融体系的核心要素促进实体经济发展，进而推动金融强国的建设。

具体而言，从降低系统性风险到科技推动金融脱媒创新，再到金融服务泛化与金融体系国际化，多样化的金融功能共同构成了金融体系的核心推动力。这些要素在维持金融体系稳定、支持科技创新和经济增长方面为实体经济注入了强劲动力。展望未来，在全球金融开放与合作的宏观背景下，理解并推动金融功能与金融机构的协调发展，已成为建设金融强国的必经之路。这一过程不仅关乎金融体系的内部优化，更决定着国家在国际金融格局中的竞争力与可持续发展能力。

1. 降低系统性金融风险并提高金融市场效率

首先，金融机构和功能的多样化能够有效分散金融风险，优化资源配置，显著提升金融体系的稳定性。Markowitz（1952）的最优投资组合理论强调，投资多样化是实现风险分散的有效途径，金融体系亦遵循这一规律。不同类型的金融机构，如银行、证券公司、保险公司和金融科技公司，各自在业务模式和风险管理上有着不同的侧重点，提供多样化的金融服务，这种差异化使得金融体系在面对经济波动时更加具有韧性。在金融脱媒趋势下，企业通过资本市场直接融资，不仅分散了传统银行贷款的风险，也使金融体系能够更好地吸纳经济波动带来的冲击。金融机构的多样性使得各类风险分散在不同的市场和机构中，有效降低了系统性风险的发生概率。

例如，商业银行专注于传统的存贷款业务，而保险公司则通过承保与再保险工具承担经济风险管理的职能。资本市场通过股权融资和债权融资支持了不同企业的长期发展。2008 年由美国次贷危机所引发的国际金融危机揭示了金融体系过度集中于单一机构（如商业银行）的潜在风险，容易导致系统性危机。多样化的金融机构体系则有助于增强金融体系的抗风险能力。在金融危机期间，保险公司和私募基金等非银行金融机构通过提供流动性支持减轻了银行体系的压力，帮助市场更快恢复稳定。这一多样化体系不仅有效分散了经济运行中的金融风险，提升了风险共担能力，还增强了金融体系在应对经济周期波动及外部冲击时的韧性，降低了单一金融机构主导下的系统性风险。而随着大数据、云计算的迅速发展，当前金融行业的隐私计算平台通过确保数据在不同金融机构间的安全共享，显著提升了数据资源的配置效率，降低了系统性金融风险，也充分展示了多样化金融功能在促进资源有效配置中的重要作用。

此外，股票市场、债券市场、货币市场等多样化的金融工具为实体经济中的各类产业和企业提供了多样化的融资渠道。风险投资和私募股权投资为初创企业提供了必要的资金支持，推动了科技成果的产业化。资本市场的股权融资和债权融资机制为科技创新型企业提供了长期资本支持，而货币市场则为短期融资需求提供了便利渠道。金融功能的多元化使得资金配置更具精准性，从而提升了资源配置效率，在科技创新和产业升级方面发挥了重要作用。此外，区域性金融市场的发展也促使更多资金流向欠发达地区，平衡了区域经济发展的不均衡现象。

2. 金融脱媒并提升中介效率

随着资本市场和金融科技的快速发展，金融机构的多样化与技术进步为金融创新提供了广阔空间，推动了传统金融中介功能的深刻变革。金融科技公司、数字银行和互联网保险公司等新兴金融机构通过技术手段，逐步将支付结算、财富管理和借贷等服务智能化、数字化，使金融服务效率得到显著提升。例如，蚂蚁金服、微众银行、京东金融等平台的崛起，使得移动支付和小额信贷等服务的可得性大幅提高，为传统银行难以覆盖的小微企业和个人消费者提供了更加便捷的金融支持。

在这一金融生态中，传统银行的中介功能逐步转移至市场和金融科技平台，打破了单一金融机构对资金配置和风险管理的垄断地位。金融科技平台不仅通过技术创新推动金融服务多样化，还将股权投资理念融入银行信贷文化，探索更灵活、高效的信贷和投资模式，进一步推动了金融脱媒的进程。银行等传统中介机构与资本市场和金融科技平台的合作日益紧密，共同承担起金融资源配置和风险管理的职能。

3. 提升金融服务普惠性

金融机构的多样化显著拓宽了金融服务的覆盖面，增强了普惠金融的广度和深度。不同类型的金融机构能够有效满足企业和个人的多样化需求。例如，大型企业通常依赖银行贷款或债权融资，而中小型企业，尤其是科技创新型企业，更倾向于通过私募股权、风险投资等直接融资方式获取资金。科技金融股权投资指数的推出，进一步强化了资本市场对科技创新企业的支持，提升了金融服务效率。

通过金融机构和功能的多样化，企业在不同发展阶段的融资需求得到了更有针对性的满足。从初创阶段依赖风险投资到成熟阶段通过债权融资，企业的各类资金需求都能在多层次的金融体系中找到合适的支持渠道。由此，金融服务的创新不仅有效促进了实体经济的健康发展，也为经济结构的优化和升级提供了重要动力。这种金融功能的多元化进一步凸显了其在助力经济转型中的核心作用。

金融创新与金融科技的融合为金融体系的多元化发展注入了强大动力。"AI＋金融"技术推动了人工智能在投研和企业支付等领域的广泛应用，显著提升了金融服务效率，并加速了传统金融机构的数字化转型。通过数字化、智能化手段，金融科技推动了普惠金融的发展，使更多小微企业和个人消费者能够获得便捷的金融服务，扩大了金融服务的覆盖面，增强了普惠性，为经济的长期稳定发展提供了有力支持。

金融服务的多样化对消费增长和内需扩展的推动作用同样不可忽视。随着居民收入水平的提高，中国消费者对金融产品和服务的需求日益多样化。互联网金融的快速发展，特别是消费信贷和互联网理财产品的普及，为居民提供了更加灵活的金融选择，促进了消费升级。通过金融创新，居民不仅可以通过消费信贷满足日常消费需求，还可以通过多样化的理财产品实现财富管理目标。这些金融服务的广泛应用，在一定程度上缓解了宏观经济中的消费不足问题，成为推动中国经济高质量发展的重要动力。

4. 提升金融体系的国际竞争力

金融体系的多元化使得资金流动更加灵活多样。例如，通过发展股票市场、债券市场、外汇市场以及其他金融衍生品市场，企业和政府可以更容易地进行跨境融资。在国际化背景下，创新型金融产品，如人民币计价的跨境贷款、QFII（合格境外机构投资者）类产品和金融科技支持的跨境支付产品等，能够更好地适应全球化的资本需求，吸引更多国际投资者进入中国市场，为国际资本提供更多参与中国经济发展的机会，帮助提升金融市场的国际化程度。

国际投资者对一个市场的系统性金融风险水平的判断对其投资决策至关重要。多元化的金融体系通过稳健的风险管理体系降低了金融市场的波动性和不确定性，增强了市场对外资的吸引力。在金融科技快速发展的背景下，相对于欧洲、亚洲等市场，我国在金融科技领域具有一定的创新优势，区块链、大数据、人工智能等技术的应用，不仅提高了金融服务的效率，也使得我国金融服务体系更加国际化，为吸引国际资本、促进全球资本流动提供了有力支持。通过引入国际投资者和资本，市场竞争的加强也会促进金融体系法治化、透明度和效率进一步提升，形成良性的反馈循环。

通过开放和创新，国内外金融机构之间的合作变得更加密切。例如，跨境金融合作、金融产品互认、外资金融机构的参与等多元化的金融机制，有助于我国金融市场与国际规则的接轨，打破国界壁垒，促进全球金融市场的深度融合，并提升我国金融机构在国际市场中的竞争力和我国在全球金融领域的影响力和话语权，为实现金融强国的目标提供了坚实的基础。

综上所述，金融功能和机构的多样化对经济增长具有多方面的积极影响。它不仅有助于分散系统性风险、优化资金配置效率，还在支持科技创新、推动普惠金融和提升金融体系国际竞争力方面发挥了重要作用。这一多元化的发展路径通过优化金融体系结构、提升市场效率改善了资源配置方式，增强了中国经济的活力和韧性。展望未来，随着金融市场的进一步开放与创新，金融体系将在推动经济增长和实现金融强国目标中继续发挥关键作用。

## 三、金融机构多样化和金融功能多元化对金融强国建设作用的案例分析

从具体的金融市场案例分析来看，金融机构的多样化和金融体系功能的

多元化对于实体经济和科技创新都具有非常重要的作用。以下第一个案例以中微公司的融资实践为例，揭示了为什么多层次资本市场对于支持高科技初创企业发展来说至关重要。

## （一）中微公司融资案例分析

中微半导体设备（上海）股份有限公司（简称"中微公司"）是一家中国领先的半导体设备制造商，成立于 2004 年，致力于为集成电路和泛半导体行业提供极具竞争力的高端设备和高品质的服务。作为我国半导体产业链中的重要一环，中微公司通过多元化的融资方式，获得了企业高速发展所需的资金支持。其融资模式涵盖了风险投资、私募股权投资、资本市场融资等多种手段，成为我国高科技企业通过资本市场实现快速成长和金融服务高新科技发展的典型案例。

### 1. 初创早期融资：风险投资与私募股权投资

中微公司在初创阶段主要依赖风险投资和私募股权投资进行融资。在成立后的早期阶段，风险投资为其研发和设备制造提供了充足的资金支持。通过多轮融资，中微公司吸引了包括红杉资本中国、启明创投、尚城资本等知名风投机构的注资。在风险投资支持下逐步成长后，中微公司后期通过私募股权投资获得了更多的资金支持，用于扩大生产规模和进入国际市场。

在中微公司成立初期，由于半导体设备研发的资金投入要求高、周期长，而且市场对其产品的接受程度仍存在不确定性，同时，作为初创企业的中微公司也难以提供足额的抵押品，因此它难以通过银行获取足额贷款。这是因为商业银行贷款作为债权投资的特点是，即使企业最终发展很成功，银行贷款收益的上限也是固定的，因此银行承担的风险和潜在的收益难以匹配。传统商业银行从风险管理的角度来看，一般不会对此类高科技初创企业发放大额度贷款，从而难以满足其对资金的需求。对比而言，风险投资机构和私募股权投资机构是股权投资者，其对风险的承受能力要高于商业银行，此类初创公司的股权投资一旦成功，在成功上市后，初期的风险投资能增值几十乃至数百倍。风险投资机构和私募股权投资机构通过投资较多数量的初创企业来分散风险，只需要其中的一小部分投资成功，就足以弥补其他投资失败产生的亏损。成功的风险投资机构一般在其擅长的投资行业中具有较强的学术和产业资源积累，往往对行业的科学技术发展方向有较好的把握，同时也可以帮助初创企业整合行业和学术界的相关资源。这些风险投资机构和私募股权机构由于对中微公司技术的长期看好，在发展初期就向其注入了数亿元资金，使其能够完成核心设备的研发并逐步实现产业化。

2. 第二阶段资本市场融资：科创板上市

2019 年 7 月，中微公司成功在上海证券交易所科创板挂牌上市，证券代码是 688012，成为首批登陆科创板的科技企业之一。中微公司通过首次公开募股（IPO）筹集了约 16.5 亿元。此次融资主要用于加强研发、扩大生产能力和提高市场份额。这笔资金为中微公司在全球市场中保持竞争力奠定了基础，帮助其加速了技术迭代和产品开发。这一举措标志着中微公司进入了一个全新的发展阶段，中微公司通过资本市场筹集了大规模资金用于企业扩展和研发投入。中微公司自上市以来股价表现稳步上升，市场认可其在半导体设备领域的领先地位。截至 2021 年，中微公司市值突破 1 000 亿元，成为中国半导体制造产业链中的标杆企业之一。

3. 后续阶段融资：发行可转债与股票定向增发

在成功上市后，中微公司继续通过资本市场募集资金。2021 年，公司宣布发行约 20 亿元可转债，债券期限为 5 年，用于进一步扩充研发与生产设施。相比于传统的银行贷款和债券发行，可转债具有更高的灵活性和较低的票面利率负担。这种可转债融资模式给予投资者在未来约定的时间将债券转换为公司股票的选择权。相比传统公司债券，此类包含转股选择权的债券往往享有更低的融资利率，可以降低企业的债权融资成本，也为企业的长期发展提供了更为灵活的资金支持。中微公司通过可转债融资，能够在保持较低的债务利息负担的同时为公司未来的股权增值提供空间。

此外，中微公司还通过定向增发股票吸引了大量战略投资者，2021 年中微公司通过定增，募资规模超过 30 亿元。此笔定增资金主要用于公司扩大半导体生产线，提升技术水平，建设先进的半导体设备生产基地。借助资本市场的资金支持，中微公司加速了全球化布局。目前，公司已在全球多个国家和地区设立了分支机构，其产品销给欧美和亚洲的主要半导体生产商。中微公司通过资本市场的股权融资和债权融资不仅提升了其研发能力，也帮助其在国际竞争中快速占据重要市场份额。在公司上市以后，公司规模扩大，抵押价值提高，因此也更容易获得银行贷款。支付银行贷款的利息是经营费用，具有税盾效应，可以减少公司实际财务成本。作为配套融资手段，中微公司也通过商业银行贷款，为其日常运营提供相对短期的资金支持。但相比中微公司在资本市场获得的直接融资，银行贷款在规模和灵活性上相对有限。

### 4. 总结与启示

中微公司从科技类初创企业发展成国内半导体设备制造行业的领军企业之一，其发展壮大过程中的融资经验充分体现了我国多层次资本市场对科技创新型企业发展所起到的重要作用。从早期的风险投资和私募股权投资，到在科创板首次公开募股上市，以及后续通过资本市场发行可转债和股权定增融资，中微公司通过多元化的融资模式实现了公司的核心技术研发迭代和规模的快速扩展。资本市场为企业提供了充足的长期资金支持，帮助其在全球半导体设备制造市场中占据了重要地位。如果我们的金融体系还是开展单一的存贷款银行业务，依靠商业银行贷款来支持此类科创企业，那么很可能中微公司难以如此快速地发展成为行业标杆。这一案例非常清晰地表明，金融机构多样化和金融功能多元化在支持科技类初创企业成长、运用金融市场的力量推动我国科技创新和产业升级方面起到了关键的作用。

## (二) 蚂蚁金服旗下的网商银行案例分析

第二个案例分析蚂蚁金服旗下的网商银行，如何通过大数据、机器学习等新兴金融科技方法，来有效满足中小微企业的金融服务需求，展示了多样化的金融机构有助于提升金融体系服务的覆盖广度和普惠性。众所周知，中小微企业对于增加经济活力和吸纳就业贡献度很大。根据第四次全国经济普查数据，我国中小微企业法人单位占全部规模企业法人单位的99.8％，其吸纳就业人员占全部企业就业人员的比重为79.4％。网商银行通过对中小微企业的精准金融支持来帮助其健康成长，对于促进实体经济的多样化发展、解决就业问题起到了重要作用。

网商银行（MYbank）成立于2015年6月，是蚂蚁集团旗下的首家互联网民营银行，专注于为中小微企业、个体工商户和农村用户提供综合金融服务。通过运用大数据、云计算和人工智能等金融科技手段，网商银行致力于解决中小微企业"融资难、融资贵"的问题。传统商业银行发放贷款时通常要求借款人提供抵押品（如房产、土地或其他资产）作为贷款担保，以降低信贷风险。这使得一些中小微企业和个体工商户难以获得贷款，尤其是那些缺乏可抵押资产的企业。相较于传统商业银行，网商银行的贷款业务不依赖传统的抵押担保模式，其信用评估模式的核心是通过使用蚂蚁集团的大数据、云计算和人工智能技术，分析企业来自支付宝等平台的交易数据、资金流、客户评价等信息，评估其信用状况，从而实现无抵押贷款。这种方式特别适合电商平台的中小微企业和个体工商户，他们可以通过交易记录和经营数据来证明自己的信用和贷款能力。网商银行贷款的特点还包括高效便捷性和小额分散性。网商银行的贷款申请、审批和发放全程在线操作，简化了流程，还创新性地推出了"310"贷款模式，即3分钟申请、1秒钟放款、0人工干预。客户通过手机即可完成贷款申请和审批，极大提高了贷款效率。其单客户的平均贷款额度约为3万元，贷款客户高度分散，既体现了小额、普惠的特点，也有助于降低信贷风险。

根据网商银行的财报和2023年ESG报告，截至2023年底，网商银行的贷款余额达2 705.82亿元，其中绝大部分投向了中小微企业和个体经营者，累计服务了超5 300万家小微企业和个体经营者。根据工信部的数据，截至2022年末，我国中小微企业数量已超过5 200万户，比2018年末增长

51％。网商银行服务的小微企业数量，占到我国小微企业和个体工商户总数的相当大比例。网商银行的贷款利率一般在年化6％和15％之间，高于一般商业银行贷款利率，但低于许多小贷公司和民间借贷的利率水平，为小微企业降低了融资成本。其贷款没有额外的手续费和隐性收费，利率透明，客户可提前还款，无须支付违约金。从贷款效益来看，网商银行依靠大数据、机器学习和人工智能算法，实时监控贷款客户的经营状况和还款能力，及时预警潜在风险。得益于这个先进的风险管理体系，网商银行的不良贷款率维持在1％左右，远低于行业平均水平。

作为金融体系的补充者，网商银行一直关注普惠金融的"空白地带"和"薄弱地带"。其ESG报告显示，网商银行服务客户中近一半来自县域及农村地区，特别是传统金融服务难以覆盖的农村和偏远地区，发放贷款增速前十的省份全部位于中西部地区。同时，网商银行还在加快人工智能技术在金融风控领域的应用探索，例如推出"大雁"系统来首次将AI大模型的知识抽取能力应用于产业链金融，已搭建了涵盖汽车、医疗等领域的9个产业链图谱，识别出了超过2 100万家小微企业，其中汽车产业链上的100万家小微企业因此获得了信贷额度支持。

**总结与启示**

网商银行通过运用金融科技手段成功解决了中小微企业在传统金融体系中面临的融资难题，实现了金融服务的普惠化和高效化。其成功经验体现了多样化金融机构在促进普惠金融、供应链金融、就业增长和支持实体经济发展中的重要作用。

## 四、促进金融机构多样化的改革措施

以上理论和案例分析表明，金融体系中多样化的金融机构能够实现多元化的金融功能，是建设金融强国的重要保障。通过构建多层次、多类型的金融机构体系，能够更好地服务于不同类型的企业和个人需求，促进科技创新、提高金融普惠性，并提高金融机构的国际化竞争力。从我国金融体系发展历程来看，央行和商业银行一直是金融体系的主导力量。截至2024年上半年，根据央行的统计，我国的银行业机构总资产为433.10万亿元，占金融总资产480.64万亿元的比例高达90.1%，而金融稳定委员会发布的2023年全球非银行金融中介监测报告显示，全球主要经济体的银行业金融机构的资产占比为52.8%，远低于我国的比例。这说明我国金融机构多样化发展状况和国际平均水平还存在较大差距。

促进金融机构多样化、完善多元化金融功能也意味着资本市场的深化与完善。非银行金融机构如基金公司、证券公司、信托公司等依赖金融资产的准确定价，其健康发展离不开透明、有效的资本市场。因此，深化市场化改革，使金融机构不仅能满足传统借贷需求，还能为科技创新提供多元化金融服务，是推动国家经济转型升级的重要途径。

这一转型是一个长期、艰难的过程，不仅要推动非银行金融机构的发展，还需促进银行体系的改革创新，提供更加多样化的金融服务。要实现这一目标，国家立法机构、监管部门、政策性金融机构与市场参与者需共同努力，从完善监管法规、健全资本市场、推广金融科技、推动国际化和培养金融人才等多个方面发力，共同推动金融体系的多样化与现代化。

## （一）完善金融相关法律法规，优化金融监管环境

促进金融机构多样化并实现多元化金融功能，首先需要相应的国家法律和金融监管政策来起到关键性的制度保障作用。完善的法律框架和监管政策能够为资本市场提供明确的规则和法律保障，确保金融机构的行为符合规定，降低不规范操作的风险，推动金融体系的稳健发展。

首先，健全的金融监管环境能够有效防范金融机构的系统性风险。特别是在各类金融机构不断扩展业务种类和服务的情况下，市场上的风险也随之增加。例如，随着银行、证券、保险等金融行业的交叉渗透，单一的监管模式已经难以应对金融产品和服务日益复杂的风险，因此，金融监管机构需要

推动"功能监管"的改革，即基于金融机构提供的产品和服务的具体功能，而非根据其机构类型进行分类监管。这样能够更好地覆盖不同金融机构的活动，防范系统性风险。

其次，当金融法规更加完善且监管环境更加优化时，金融机构能够更加放心地进行产品和业务创新。新兴的金融服务，如绿色金融、数字金融、普惠金融等，都需要在一个合理的法律框架内发展。通过优化完善法律法规，政府能够明确对新兴金融业务的监管，杜绝金融监管的灰色地带，同时也能够为这些创新业务提供政策支持，鼓励金融机构根据市场需求推出更多元化的金融产品。

最后，随着中国资本市场的国际化，外资金融机构的进入和中国金融机构的"走出去"需要一个与国际接轨的法律法规体系。我国金融监管部门也在与国际金融监管机构（如金融稳定委员会和国际货币基金组织等）保持密切合作，推进跨境金融活动的合规管理，提升监管透明度。未来通过进一步优化监管政策，可以提升中国资本市场的透明度与公信力，吸引更多国际资本的流入，同时也为中国企业拓展国际市场提供坚实的法律保障。

从金融学经典理论来看，完善法律和监管框架，从而提高资本市场的定价效率需要从以下几个方面改进。

第一，降低行政手段对资本市场的过度管制和干预，简化行政审批程序是推动资本市场化改革的关键举措。通过减少行政干预、降低企业进入资本市场的门槛来提升市场活力与运行效率。近年来，我国持续深化政府"放管服"改革，2024年刚发布的新"国九条"进一步要求减少不必要的行政审批，建立更加透明和公平的市场准入机制。这不仅优化了营商环境，也为各类企业提供了更加公平的竞争条件，促进了资本市场的规范化与健康发展。

第二，提升市场信息披露的透明度，降低市场主体间的信息不对称性，是资本市场健康发展的核心原则之一。根据金融学经典理论，信息不对称性是指交易一方掌握的信息比另一方更多，这种不对称性在资本市场中可能导致逆向选择和道德风险，进而影响市场效率。

在资本市场中，信息透明度至关重要。上市公司及其他市场参与者提供准确、及时、完整的信息披露，是保障投资者权益、维护市场公平的重要手段。投资者依赖上市公司和其他市场化金融机构提供的信息来做出投资决策。如果信息披露不充分或不透明，投资者就无法准确评估投资风险和回报，就会导致市场的无效定价和资源错配。正如 Akerlof（1970）在"柠檬市场"理论中所指出的，信息不对称会导致市场中"劣币驱逐良币"的逆向选择现象，即高质量资产被低估，低质量资产占据市场主导地位。在融资市场中，如果投资者无法准确评估企业的真实风险，可能会拒绝提供融资，或者要求更高的风险溢价，这会提高优质企业的融资成本；在保险市场中，人寿保险公司无法准确了解投保人的健康风险，这可能导致健康状况不佳的人更愿意购买健康保险，而健康状况较好的人则选择不购买，这会使得保险公司面临高赔付风险，从而使得保险公司被迫普遍提高保费。通过提升信息披露的透明度，可以让投资者更好地区分高风险企业和低风险企业，从而降低逆向选择的概率。

另外，Fama（1970）的有效市场假说指出，如果证券价格能及时且充分地反映所有相关信息，市场就能达到有效状态。透明的信息披露不仅能让投资者对企业的运营状况、财务健康以及未来前景有更好的了解，还能增强市场的信任度和公平性，防止内幕交易等不正当行为的发生。信息不对称还是导致道德风险的主要原因，例如可能会导致企业的管理层在股东和债权人不知情的情况下开展高风险的项目。通过增加信息披露，投资者和监管机构可以更好地监督企业行为，从而减少这种道德风险。

从发达国家的金融实践来看，信息披露也一直是市场改革的重要方向。例如，为了提升资本市场中的信息披露质量，美国在 2002 年通过了《萨班斯-奥克斯利法案》。该法案要求上市公司在财务报告中提高透明度，并规定公司高层对财务信息的准确性负责。这项法律显著降低了信息不对称程度，并增强了投资者的信心。我国金融监管部门也一直致力于通过法律法规提高市场信息披露透明度，尤其是对上市公司的财务报告、重大事项的公开披露以及 ESG 信息等的披露。实际上，信息披露透明度的提升要求也与我国近年来逐步推进的注册制改革高度契合。通过强化信息披露，市场可以在更加公开、公正的环境中运行，提高资源配置效率，为投资者提供更可靠的决策依据，进一步推动资本市场的成熟与发展。

第三，加强建设信用信息平台体系、构建全国统一的信用信息共享平台是完善金融监管环境的重要步骤。提升信用数据的质量和覆盖范围，能够帮助监管机构及市场参与者更准确地评估信用风险，增强市场的稳定性与安全性。一个覆盖广泛、数据准确的信用信息体系，不仅能降低信息不对称程度、增强市场透明度，还能减少潜在的金融风险。这一信用信息共享机制不仅能为金融机构的风险管理提供有力支持，也使监管机构能够更及时地发现市场中的异常和风险，采取更加精准的监管措施，从而进一步促进我国信用市场的健康与可持续发展。

综合来看，在当前全球经济复苏缓慢、科技创新加速推进的背景下，优化金融监管环境对于提升金融机构的市场化水平、实现多样化金融功能至关重要。我们需要注重与国际标准接轨，积极借鉴发达国家在资本市场建设中的成功经验，推动金融机构在市场化改革中不断向前发展，从而为实现金融强国的目标奠定坚实基础。

## （二）深化多层次资本市场改革，完善投融资功能

促进金融机构多样化，实现多元化金融功能，依赖于完善的多层次资本市场。非银行金融机构围绕资本市场提供多元化金融服务，资本市场作为现代金融体系的核心枢纽，在多元化金融服务中至关重要。一个强大、完善的多层次资本市场是金融强国的重要标志之一。

为实现这一目标，我国近年来实施了一系列优化资本市场结构与功能的政策。2021 年发布的"十四五规划"明确提出深化金融供给侧改革，提升资本市场的广度和深度。其中，IPO 注册制改革是关键举措之一，使企业上市流程更加市场化、透明化，有利于引入优质企业，尤其是中小企业和创新型

企业，来支持实体经济高质量发展。同时，强化退市机制也确保了市场的健康运行。

2020 年开始施行的《中华人民共和国证券法》及 2021 年开始施行的《中华人民共和国刑法修正案（十一）》加大了对资本市场违法违规行为的处罚力度，提升了违法成本，强化了对中小投资者的保护。这些措施通过增强市场透明度和公信力，为资本市场长期健康发展奠定了法律基础。

2024 年上半年，国务院发布了《关于加强监管防范风险推动资本市场高质量发展的若干意见》，强调强监管、防风险、促高质量发展，旨在构建安全、规范、透明、开放且有韧性的资本市场，以更好地服务中国式现代化的战略目标。

从改革的具体措施和政策目标来看，可以总结为以下四个方面。

第一，持续推进股票发行注册制改革，是深化我国资本市场改革的重要举措，旨在提高市场效率、增强市场透明度、推动资本市场健康发展。股票发行注册制改革的核心是放宽企业上市门槛，增强市场化运作，使得资本市场更加高效、灵活。相较于过去的审批制和核准制，注册制允许企业在满足基本条件后直接向市场申请上市，降低了行政干预的程度。在注册制下，发行价格、发行时机和发行规模更多地由市场决定，提高了资本市场的资源配置效率。

注册制的核心优点在于有效拓宽企业的融资渠道，降低企业尤其是中小型和科技创新型企业的上市门槛，简化的发行程序和灵活的上市条件能够缩短企业融资时间，为其提供更多直接融资机会。做好注册制改革的前提是要加强信息披露监管，强调企业必须充分披露与企业运营、财务健康相关的信息，确保投资者能够依据真实数据做出判断。要避免企业使用虚假信息影响投资者的判断，扰乱市场秩序。同时也要做好投资者教育，尤其是要引导加大机构投资者占比，从而有效减少过多散户投资者由于情绪和行为金融偏误等原因造成对新股发行价偏离基本面的错误定价。

第二，完善的退市机制是实施注册制的重要配套措施，旨在通过清除不合格或表现不佳的上市公司，为更多优质企业腾出市场空间，提升整体市场质量。自 2018 年上交所和深交所发布《上市公司重大违法强制退市实施办法》以来，退市制度逐步完善，退市标准已从单一的财务指标扩展至市值、合规性和交易活跃度等多维度标准。具体包括：（1）市值退市。若公司市值连续低于一定门槛，则可能面临退市。这确保了市场中没有流动性和投资价值的公司会被清除。（2）合规退市。如果公司存在严重违法违规行为，比如财务造假、信息披露不实等问题，监管部门有权对其进行强制退市。（3）交易退市。上市公司若股票长期不活跃，成交量低，股票交易价格过低，也会面临退市。

改革后的退市流程更加简化高效，快速退市机制加快了不合格公司的退出，减少了长期亏损公司占用市场资源的现象。同时，自动触发机制确保公司一旦触及退市标准，即自动启动程序。此外，退市制度改革注重保护中小投资者权益，通过集体诉讼、赔偿机制和信息透明度的提升，帮助投资者减少损失。退市公司还需为投资者提供必要的赔偿措施。通过强化"优胜劣汰"机制，退市制度改革提升了上市公司的质量，优化了市场资源配置。

第三，培育多层次资本市场是实现资本市场多元功能的重要要求。我国通过设置主板、科创板、创业板、新三板等不同板块，满足各类企业在不同发展阶段的融资需求，提供多样化的资本支持，助力其在全球竞争中实现可持续增长。主板服务于成熟的大型企业，而创业板和科创板则专注于科技创新型和高成长性企业，通过注册制试点降低了上市门槛，加快了融资速度。新三板为中小微企业提供了灵活的融资平台，满足其初创阶段的资金需求。多层次资本市场为企业提供了有针对性的融资渠道，提升了整体融资效率，促进了企业健康发展。

金融衍生品市场对金融功能的多元化也发挥着重要作用。发展衍生品市场不仅是构建多层次资本市场的关键举措，还为企业提供了有效的风险对冲工具，帮助企业应对市场波动和不确定性。2023 年，中国银行间衍生品市场交易名义本金达到 196.8 万亿元，同比增长 18.2%，显示出市场规模的稳步增长和产品种类的丰富。衍生品市场通过转移和分散风险，提升了市场的效率和稳定性，未来将在金融功能多元化和市场稳健发展中继续发挥重要作用。

提升债券市场的深度与广度是增强我国资本市场功能、推动金融体系稳健发展的重要举措。成熟的债券市场能够有效分散企业对银行信贷的依赖，降低系统性风险，为企业提供灵活的融资选择。债券市场作为传统信贷融资的补充，帮助企业根据市场环境选择中长期债券，优化资金使用效率，尤其是对科技创新型企业和基础设施建设等中长期项目至关重要。

此外，完善债券信用评级体系、提升市场透明度，是扩大债券市场的重要步骤。健全的信用评级体系可以增强投资者对企业信用风险的判断，推动理性投资决策，降低融资成本。通过改革评级体系并与国际标准接轨，中国债券市场将更好地融入全球资本市场，吸引国际投资者，增强国内企业的国际竞争力。

在科技创新加速的背景下，推动资本市场的国际化已成为中国顶层设计的重要方向。进一步开放资本市场，吸引国际资本参与国内融资，不仅为中国企业带来了更多国际投资机会，也推动了国内资本市场的国际化进程。

第四，完善资本市场的投融资双重功能，吸引长期资金入市。资本市场的核心功能是高效对接资金供需，通过证券发行和交易帮助企业融资。要实现金融强国的目标，资本市场需成为具有高流动性和成长性且透明的资产管理平台，充分发挥融资与投资双轮驱动作用。截至2024年第三季度末，A股市场总市值约为90.29万亿元，较2023年末增长10.2%，全球排名第二，仅次于美国。然而，尽管A股市场在融资方面表现良好，但在投资回报上长期徘徊于上证指数3 000点左右，表现相对较弱。

下一步的改革应重点提升资本市场的投资功能，首先需强化投资者保护，完善信息披露机制，加强对内幕交易和市场操纵的打击，并通过集体诉讼和赔偿机制保护中小投资者，增强市场信心。高质量资本市场不仅能推动科技、产业和资本的良性循环，助力制造业升级，还能为居民提供通过投资实现财富增值的机会，进而刺激消费，带动实体经济增长。

同时，由于中小投资者易受市场短期波动影响，因此需加强投资者教育，帮助其理解金融产品的风险与回报，避免盲目投资，并鼓励他们通过专业基金投资股市。此外，要引导社保基金、养老基金等长期资金入市，以减少短期波动、增强市场稳定性。通过资本利得税激励长期投资，区分短期与长期收益，并为长期持股提供税收优惠或推出长期投资产品，将吸引更多投资者持有长期资产，从而增强资本市场的健康发展。

### （三）金融机构国际化

本国金融机构具备国际化竞争力是金融强国建设的重要标志之一，也是我国资本市场在全球金融体系中占据重要地位的关键路径。推动金融机构国际化有助于增强资本市场的全球竞争力，促进人民币国际化，支持中国产业链"走出去"，并吸引全球资本投资中国市场，从而改善国内资金环境，提升金融体系的稳健性和可持续发展能力。

作为全球制造业大国，金融机构的国际化必须与本土制造业和基建产能的全球扩展相结合，助力产业"走出去"。金融机构在支持"一带一路"倡议中发挥了重要作用，尤其是在共建国家的基础设施和能源项目建设中。例如，2023年中国工商银行为乌兹别克斯坦风电项目提供绿色银团贷款，不仅推动了中国新能源产能的输出，还在全球能源市场中占据了重要地位。这类成功案例展示了中国金融机构在支持"一带一路"倡议中的关键作用，并为促进共建国家基础设施建设和绿色能源发展提供了重要借鉴。

通过"一带一路"金融合作、人民币国际贸易结算的扩大，以及多边开发银行的协作，中国金融机构对全球金融体系产生了深远影响，提升了中国在全球金融市场中的地位。同时，人民币国际化也推动了资本市场功能的多元化，跨境结算和离岸人民币市场的发展逐步减少了对美元的依赖。

未来，资本市场的对外开放将是提升我国金融体系全球竞争力的关键。随着全球流动性的增大，中国可以通过引入"一带一路"共建国家的主权财富基金和海外养老基金等长期资本增强资本市场的活力和稳定性。同时，确保产业核心资产的控制权，维护国内核心企业的主导地位，仍是资本市场开放的底线。在有序引入国际资本的同时，保持经济竞争力和国家经济安全是至关重要的战略目标。

## （四）培养高质量金融人才，提高金融机构从业者素质

随着金融市场的全球化和复杂化，金融行业对高素质人才的需求日益增加。金融机构的多样化发展不仅依赖技术和资本，更需要具备扎实专业知识和全球视野的人才。作为高技术、高附加值的服务业，金融行业的发展高度依赖人才的能力，特别是在金融科技、绿色金融和普惠金融等创新领域，人才的质量决定着行业能否与国际接轨。

金融科技的快速发展对传统金融机构提出了新的要求，数字化转型、区块链、人工智能和大数据分析等技术需要金融从业者具备跨学科的知识与技能。因此，未来的金融人才不仅要理解传统金融，还需掌握科技和数据分析工具，提升创新能力和技术适应力。

《国家"十四五"期间人才发展规划》提出加快金融高端人才的培养，推动其向数字化和国际化方向发展。通过高校与金融行业的合作、实践型课程的深化培养兼具理论和实践经验的高素质人才至关重要，尤其是在金融科技和国际金融领域培养具备全球视野的人才至关重要。

同时，金融机构应为现有从业者提供持续的培训，确保他们掌握最新技术与市场动态，特别是在区块链和人工智能等新兴领域的知识更新。此外，提升从业者的道德素质和合规意识同样重要。通过加强与国际金融机构和学术界的合作，金融人才将获得更广阔的国际视野，增强应对全球金融市场的能力。

**参考文献**

［1］Akerlof，G. A. "The Market for 'Lemons'：Quality Uncertainty and the Market Mechanism." *The Quarterly Journal of Economics*，1970，84（3）：488 - 500.

［2］ Allen，F. & Gale，D. *Financial Innovation and Risk Sharing*. Cambridge，Mass. and London：MIT Press，1994.

［3］ Boot，A. W. A. & Thakor，A. V. "The Accelerating Integration of Banks and Markets and Its Implications for Regulation. " In Allen N. Berger，et al，eds. ，*The Oxford Handbook of Banking*. Oxford：Oxford University Press，2010.

［4］ Cameron，R. *Banking in the Early Stages of Industrialization：A Study in Comparative Economic History*. New York：Oxford University Press，1967.

［5］ Fama，E. F. "Efficient Capital Markets：A Review of Theory and Empirical Work. " *Journal of Finance*，1970，25（2）：383－417.

［6］ Gomber，P. ，Koch，J. ，& Siering，M. "Digital Finance and FinTech：Current Research and Future Research Directions. " *Journal of Business Economics*，2017，87（5）：537－580.

［7］ Gurley，J. G. ，& Shaw，E. S. *Money in a Theory of Finance*. Washington，D. C. ：Brookings Institution，1960.

［8］ Levine，R. "Financial Development and Economic Growth：Views and Agenda. " *Journal of Economic Literature*，1997，35（2）：688－726.

［9］ Markowitz，H. "Portfolio Selection. " *Journal of Finance*，1952，7（1）：77－91.

［10］ Merton，R. C. "Financial Innovation and the Management and Regulation of Financial Institutions. " *Journal of Banking & Finance*，1995，19（3－4）：461－481.

［11］ Merton，R. C. ，& Bodie，Z. "Design of Financial Systems：Towards a Synthesis of Function and Structure. " *Journal of Investment Management*，2005，3（1），1－23.

［12］ Solow，R. "A Contribution to the Theory of Economic Growth. " *The Quarterly Journal of Economics*，1956，70（1），65－94.

# 后　记

　　建设金融强国，是未来相当长时期里中国金融改革、发展和开放的总目标、总方向。如何建设金融强国，是中国面临的最为艰难的挑战之一。为此，必须做出深刻而系统的理论研究和国际历史比较，以期厘清其中的底层逻辑，设计出既遵循金融发展的一般规律，又符合中国国情的实现路径，这是我们写作本书的主要目的。

　　就金融强国建设而言，英美国家金融发展的历史和经验教训值得深入研究，本书就对此做了专章研究。就历史经验和理论逻辑而言，人民币国际化和资本市场开放是中国金融强国建设的两大支柱。而走市场化、法治化、国际化的道路是不二的选择，这些都是本书的核心观点。

　　我在 2024 年 7—8 月间起草并多次修改完善研究大纲，于 2024 年 8 月 10 日专门召开了本课题研究写作专家会议，就金融强国实现的路径、难点等问题进行了充分讨论。之后，我又分别与相关章节的专家、教授就各章节的核心要点进行了多次讨论。

　　各章节的作者分别是：导论，吴晓求、何青、郭彪、方明浩；第一章，谭松涛、彭秋怡、晋铭；第二章，刘振亚、詹钥淞、陈柏何；第三章，赵锡军、应展宇、胡学峰；第四章，吴晓求、郭彪、芦东；第五章，许荣、方明浩、孙翀琦、田文涛、陈柏何；第六章，邱志刚、陆超、刘庭竹、张斯毓、祝天琪、曹世祥；第七章，陆利平、林海权；第八章，宋科、刘嘉玮、熊陈言；第九章，钱宗鑫、马勇；第十章，吴轲。初稿完成后，我通读了全书，并对部分章节提出了修改建议。

　　中国人民大学国家金融研究院赵振玲女士做了大量的协调和编辑工作。

中国人民大学出版社崔惠玲编审和韩冰编辑高水平、高效率的编辑工作使得本书能在较短时间内如期高质量出版，谨此致谢！

**吴晓求**

2024 年 11 月 12 日于中国人民大学国家金融研究院

中国资本市场研究院

**图书在版编目（CIP）数据**

金融强国：中国之路 / 吴晓求等著 . -- 北京：中国人民大学出版社，2025.1. -- ISBN 978-7-300-33529-2

Ⅰ. F832

中国国家版本馆 CIP 数据核字第 2024QM9198 号

**金融强国：中国之路**

吴晓求 等 著

Jinrong Qiangguo：Zhongguo zhi Lu

| | | | | | |
|---|---|---|---|---|---|
| **出版发行** | 中国人民大学出版社 | | | | |
| **社　　址** | 北京中关村大街 31 号 | | **邮政编码** | 100080 | |
| **电　　话** | 010-62511242（总编室） | | 010-62511770（质管部） | | |
| | 010-82501766（邮购部） | | 010-62514148（门市部） | | |
| | 010-62511173（发行公司） | | 010-62515275（盗版举报） | | |
| **网　　址** | http://www.crup.com.cn | | | | |
| **经　　销** | 新华书店 | | | | |
| **印　　刷** | 涿州市星河印刷有限公司 | | | | |
| **开　　本** | 720 mm×1000 mm　1/16 | | **版　　次** | 2025 年 1 月第 1 版 | |
| **印　　张** | 26.75 插页 2 | | **印　　次** | 2025 年 5 月第 2 次印刷 | |
| **字　　数** | 373 000 | | **定　　价** | 98.00 元 | |

**版权所有　侵权必究　　印装差错　负责调换**